Heinrich Drimmel

Vom Justizpalastbrand zum Februaraufstand

Österreich 1927–1934

Amalthea

Das Umschlagbild ist das Foto vom tragischen Tod des Tischlers Rudolf Kunst. Er rückte am 12. Februar 1934 ins Linzer Hotel Schiff ein und hielt mit seinem gezielten MG-Feuer die Angreifer in Schach. Sein Tod im Feuerwechsel hatte den Zusammenbruch des Widerstandes der Verteidiger zur Folge.

Der Abdruck der Zitate aus Friedrich Funder, »Als Österreich den Sturm bestand. Aus der Ersten in die Zweite Republik«, Wien – München 1957, auf den Seiten 305 ff. und 310 erfolgt mit freundlicher Genehmigung der Familie Funder.

Schutzumschlag: Wolf Bachmann unter Verwendung eines Fotos aus dem Archiv Litschel, Linz
Satz: Fotosatz Völkl, Germering bei München
Druck und Binden: Wiener Verlag, Himberg bei Wien
Printed in Austria 1986
ISBN 3-85002-221-8

Inhalt

Österreich oder die Verfassung?

»Wenn der Tag kommt, an dem die Frage auftaucht, Deutschland oder die Verfassung, dann werden wir Deutschland nicht wegen der Verfassung zugrunde gehen lassen.«

Friedrich Ebert, Sozialdemokrat, 1918 erstes Staatsoberhaupt der Weimarer Republik

Zitiert aus: Otto Geßler, Reichswehrpolitik in der Weimarer Zeit, Stuttgart 1958, Seiten 83, 324.

»Sofern der Bolschewismus ein frei gewähltes System ist, bleibt er ganz in der Linie des Liberalismus. Wo die Glieder eines Staates nichts anderes kennen als geschlossene Unterwürfigkeit unter die Diktatur, geschieht ihnen in autoritären Maßnahmen Recht, selbst dann, wenn die Staatsautorität die freiheitlich Denkenden kalt niederschlägt.«

Hans Kelsen, Vertreter der Reinen Rechtslehre, Mitschöpfer der österreichischen Bundesverfassung 1920

Zitiert aus: Fedor Stepun, Der Bolschewismus und die christliche Existenz, München 1959, Seite 268

Auch ich war dabei

Es war im Winter 1933 auf 1934, als ich zum ersten Mal in meinem Leben kaserniert war. Die Studentenkompanie des Wiener Regiments des Freiwilligen Schutzkorps war allerdings in einer ungewöhnlichen Kaserne bequartiert. Das Gebäude, in dem sich unser Mannschaftszimmer befand, war nämlich noch unlängst Sitz der Bodencreditanstalt gewesen. Die Bodencreditanstalt hat einmal die Gelder der kaiserlichen Familie verwaltet. An ihrer Spitze stand kein Bankpräsident, sondern ein Gouverneur, meistens ein Exzellenzherr. Es entsprach ihrer Prominenz im österreichischen Wirtschaftsleben, daß sie das erste prominente Opfer der nach 1929 nach Österreich gekommenen Weltwirtschaftskrise war.
Jetzt trampelten über die jahrzehntelang sorgfältig gepflegten Parkettböden die Nagelschuhe der Schutzkorpsmänner. Hinter Polstertüren wickelte sich der Betrieb eines Kasernements ab, im Kassensaal wurden die Züge und Kompanien vergattert, und die Waffen rasselten schwerfällig auf dem Steinboden, dessen erstklassige Qualität nicht für das Klirren von Eisen auf Stein gedacht war. In der Toreinfahrt, durch die einmal der Wagen des Gouverneurs ins Bankpalais eingefahren war, dampften zwei Feldküchen des Bundesheeres, und auf der Prominentenstiege standen Schutzkorpsmänner in Reihe zur Menageausgabe.
Wer in Österreich zeitkritisch eingestellt ist, tut gut daran, auf das wechselvolle Geschick gewisser Lokalitäten zu achten und sich selbst ein wenig danach zu richten. Einmal war die sukzessive Verwendung ehemaliger Klostergebäude symptomatisch. Die Merkantilisten in der Umgebung Kaiser Josephs II. belegten die Gebäude aufgelöster Ordensgemeinschaften mit Beschlag und nutzten sie für Betriebe des Polizeistaats. Zum Beispiel für das k. k. Tabakmonopol. Aber die Zeiten besserten sich trotz Aufhebung der Klöster nicht, und das 1803 – im Gegensatz zu heute – als ungemein progressiv und human empfundene neue Strafgesetzbuch brachte mit seiner Einführung bedeutende Raumerfordernisse für den erweiterten Strafvollzug in Haftanstalten. Ehe-

malige Klöster wurden Kerker und Mönchszellen Arrestantenzellen.
Die Zeiten blieben unruhig, und der Strafrechtsreform folgte die zeitgemäße Heeresreform. Sie war unaufschiebbar, denn einmal mußte ja die Monarchie mit der Revolution in Frankreich und ihrem Sohn, Napoleon I., fertig werden. Die reformierte Armee brauchte noch mehr Raum als die reformierte Justiz, und daher wurden viele frühere Klöster Kasernen. Viele haben nachher in Klosterkasernen gedient, uns Klerikofaschisten blieb dieses Dessert versagt. Wir kamen in ein Fort des Kapitalismus. Aber der unaufhaltsame Fortschritt ließ das einmal sequestrierte Klostervermögen nicht mehr aus den Händen. Als Minister sah ich zum Beispiel in geschmacklosen Traumvillen eine Menge davon wieder: Heiligenfiguren über französischen Betten, Paramente auf Tischen und über Möblage gespannt, ja selbst Tabernakel für die Schnapsreserven, Betschemel als Hocker und Beichtstühle für ich weiß nicht was. So bekam das Milieu moderner Sachlichkeit inmitten von Beton und Glas Weihe und Intimität.
In der Weltwirtschaftskrise nach 1929 machten sich viele Menschen Gedanken über die Krise und deren Ablauf. Damals waren die Menschen noch nicht so pretentiös wie später, zur Zeit meiner Ministerschaft; als ich von Experten belehrt wurde, Dinge wie Währungsverfall oder Inflation oder sonst dergleichen wären im neuen System der Weltwirtschaft undenkbar. Und da um 1970 die Inflation in Raten kam und Arbeitslose als »freigesetzt« in den Statistiken geführt wurden, schien das Geschehen am Rand der Krise in der Tat nicht so dramatisch zu werden wie nach 1929.
Als ich jung war, lebten noch zu viele Menschen, die nach 1918 während der Geldentwertung von den Federn aufs Stroh gekommen waren und die man nicht mit Statistiken und Wortgeklingel abspeisen konnte. Ein früherer Berufsoffizier, der nach 1918 Stellungswechsel machen mußte, war einer unserer Vorgesetzten im Freiwilligen Schutzkorps. Als Heimkehrer 1919 zu jung und zu arm, um als Rentner zu leben, und zu anständig, um für den Rest seines Lebens einer unwiderbringlichen Vergangenheit nachzutrauern, begann er eine neue Laufbahn im Bankfach. Das war da-

mals, als zu Beginn der Geldentwertung nach dem Ersten Weltkrieg Bankfilialen aus dem Boden schossen wie um 1970 Autoverkaufssalons oder neuerdings wieder Bankfilialen. Aber die Inflation war noch progressiver als der allgemeine Fortschritt, und auf dem Höhepunkt der Inflation wurden viele hinter Bankschaltern beschäftigt gewesene Bankbeamte – die genau gesehen keine Beamten waren – beschäftigungslos und viele Filialen geschlossen. Besagter Offizier mußte neuerdings Stellungswechsel machen, und er konnte in der Tat während der wenigen Jahre, die der Sanierung bis zur Krise 1929 folgten, noch einmal Fuß fassen. Aber dann riß ihn eine aussichtslose Arbeitslosigkeit, wie so viele, endgültig vom Sessel.

So entstand in der Vorstellung dieses Mannes dessen höchstpersönliche Krisentheorie nach folgenden Phasen: Zeiten in Kaffeehäusern und an weißgedeckten Tischen – Umsturz – Ende der Herrlichkeit an weißen Tischen – Installation von Schaltertischen in ehemaligen Restaurants und Kaffeehäusern in guter Lage – Inflation – Ende des Geldverkehrs über Zahltische – Rückkehr eines gewissen Handels- und Gewerbefleißes, kurze Blüte der Nachkriegscafés zugunsten der neuen Kaffeehausexistenzen – Weltwirtschaftskrise – Sperre von Lokalitäten aller Branchen und Massenarbeitslosigkeit. Diesmal aus und basta.

Arbeitslose Fabrikarbeiter und beschäftigungslose Offiziere ergeben eine brisante Mischung. Ehemalige Generalstäbler von Rang tauchten während der zwanziger Jahre allmählich in den paramilitärischen Verbänden der politischen Rechten und Linken auf. Ein jüngerer, nichtgedienter Freund hielt von der Krisentheorie und den Erfahrungen unseres Zugsführers gar nichts. Er kannte ihn und hielt ihn für einen der gewerbsmäßigen Kaffeehaussitzer und Kurbler. Besagter Freund observierte nicht die wirtschaftlichen Vorgänge, sondern die Art der Bekritzelung der Wände. Solange er dabei Motive mehr erotischen Charakters wahrnehmen konnte, glaubte er beruhigt sein zu können. Ein Ausbleiben solcher Motive alarmierte ihn. Waren die Wände mit politischen Parolen und Symbolen bekritzelt, dann drohte nach seiner Ansicht Gefahr im Politischen. Tief unter dieser, immerhin mit gewählten

Worten erörterbaren Krisentheorie lag die eines ehemaligen Kommandanten einer Minenwerferkompanie. Er allerdings hatte bereits eine sausende Talfahrt durch die Ränge des gesellschaftlichen Lebens hinter sich. Im Suff vertraute er mir einmal an, die Weltgeschichte sei so etwas wie das Nachtgeschirr der Menschheit. Einmal in jeder Generation müsse es umgestülpt werden. Dieser Mann hielt auch im Falle solcher Umstürze Minen für kolossal wirksam und traf sich in dieser Ansicht mit der jugendlicher Intellektueller der sechziger Jahre, die eine Generation später anfingen, Warenhäuser, Universitätsgebäude und ganze Wohnblocks zu sprengen oder wenigstens in Brand zu stecken.
Wie gesagt, die Lebensphilosophie, auf die ich in den Reihen der Marschierer der dreißiger Jahre stieß, war uneinheitlich. Nicht unbedingt weltanschaulich bedingt. Wir hatten im Schutzkorps einen Abrichter. Im alten Österreich wurden Rekruten nicht ausgebildet, sondern abgerichtet. Unser Abrichter war im Krieg Korporal im k. u. k. Infanterieregiment Hoch- und Deutschmeister Nummero 4 gewesen. Eine Wiener Type, die einmal ein Feschak gewesen sein mußte, die es aber nie zum Typ des Clioms im Schema Ferenc Molnárs gebracht hätte. Eine Kleine Silberne und eine Bronzene Tapferkeitsmedaille samt Spangen verrieten eine bewegte Vergangenheit im Feld.
Indessen vertraute uns unser Abrichter während der Zigarettenpausen auf der Jesuitenwiese im Prater an, daß er bei Rapporten öfters am linken Flügel, unter den zur Bestrafung Befohlenen, als am rechten Flügel, unter den zur Belobigung Angetretenen, gestanden hätte. Daran war nach verschiedenen Andeutungen nicht zu zweifeln. 1918 hatte er ein wenig anarchistelt, aber es war nicht viel daraus geworden. Uns sagte er, wir seien keine Freiwilligen, sondern Mutwillige, die schon noch sehen würden, was Kommiß ist. Diese Drohung war weit ernster gemeint als andere, die ein Rekrut kaltblütig über sich ergehen lassen muß, um Soldat zu werden. So habe ich zum Beispiel meine Waden an Ort und Stelle behalten, obwohl unser Abrichter mir mehrmals gedroht hatte, er würde sie mir füririchten.
Der Konflikt mit unserem Ausbilder entstand nicht auf dem Exer-

zierplatz, sondern nachts, nach Zapfenstreich. Wir alle, auch der ausgezeichnete Korporal, existierten dann auf gleicher Ebene, nämlich auf dünnen Matratzen, durch die man die ausgezeichnete Qualität der Hartfußböden peinlich zu spüren bekam. Natürlich gab es unter uns, ich meine im Schutzkorps, mehr Mutige als Mutwillige. Nämlich Menschen, die eine Existenz aufs Spiel setzten, die dies taten, ohne daß sie an bezahlte öffentliche Funktionen dachten oder an Politikerpensionen. Das damalige Auslesekriterium im Politischen war das Risiko, vielleicht einmal die Existenz zu verlieren, die Freiheit oder gar das Leben.

In diesem Punkt unterschieden wir uns nicht von den nach wie vor legalen Sozialisten und den bereits illegal gewordenen Nationalsozialisten. Zugegeben: die Illegalität hatte für junge Menschen einen Schimmer an sich, den wir, in der Heimwehr, nicht bieten konnten. Es kam die Zeit, in der zum Beispiel die Wiener Burschenschaft »Teutonia« einen außergewöhnlichen Zulauf hatte, weil sie ihren Verbindungsbetrieb in Form von Appellen der illegalen SA abzog. Ein blinder Grundwachter hätte dieses illegale Treiben mit dem Stock greifen können, um so mehr gelang dies der Staatspolizei, und es folgten schwere Tage für die Burschenschaft und ihre Jungen. So wie wir Studenten uns nächtelang die Köpfe über die Streitfrage heiß redeten, ob uns wohl zuerst die illegalen Nationalsozialisten angreifen würden – ihretwegen waren wir gerade aus unseren Wehrverbänden eingezogen worden – oder, gestützt auf ihre Bastion in Wien, die noch durchaus legale Sozialdemokratie, gingen ähnliche Erwägungen auch in den Stabsquartieren und Kellern der anderen hin und her. In allen drei Lagern waren viele junge Menschen, die den bewaffneten Kampf nicht aus eigener Erfahrung kannten, die ihn aber als ein Motiv ihrer Lebens- und ihrer politischen Vorstellungen unbedingt bejahten. Sowenig wir an Arbeitermord dachten, sowenig dachten unsere nationalsozialistischen Kommilitonen an Judenmord. Uns ging es um Österreich, ihnen um das Reich. In den Arbeiterwohnungen aber saßen zu viele Ausgesteuerte.

Heute sind unsereiner und die überlebenden Teutonen aus der Wiener Kochgasse unterschiedslos über das Verlustkonto: Unbe-

wältigte Vergangenheit abgeschrieben und als Faschisten lebenslang abgestempelt. Diejenigen aus unserer Generation, die uns einmal in der Uniform des Schutzbundes angegriffen haben oder inzwischen die Rote Taufe empfingen, sind seit der Marx-Renaissance der sechziger Jahre Vorbilder einer Revolution, die wir seinerzeit aus »verbrecherischer Gesinnung« aufhalten wollten.
So um 1930 richteten sich unsere Aggressionen zuerst gar nicht gegen die anderen. Eher gegen bürgerliche Politiker, die, von Nazis und Sozis erschreckt, nicht mehr aus und ein wußten und anfingen, auf der Stelle zu treten. Diesen schien, so dachten wir, die notwendige Courage zu fehlen, und Courage fanden wir bei den neueren Männern, bei den starken Männern, von denen übrigens einige bessere Vorstellungen hatten als jene von besagtem historischen Nachtgeschirr.
Unseren Abrichter störten unsere nächtelangen Gespräche in einem seiner kostbarsten Erlebnisse: im Schlaf. Er hatte die Fähigkeit, unter allen Umständen und wann er wollte zu schlafen. Schlaf nachzuholen, auf Vorrat zu schlafen oder einfach eine miese Gegenwart zu verschlafen. Ohne diese Fähigkeit kann man als Soldat auf die Dauer, ich meine: wenn der Enthusiasmus dünne wird, nicht durchhalten. Im Schlaf gestört, griff unser Abrichter ein einziges Mal in unsere Diskussion ein: »Dös was ös da red's, is ollas a Beldsinn«, begann er, um sogleich zum Ende seiner Ausführungen zu kommen: »Beim Mülidäa braucht ma nur drei Sacherl. Z'erscht inhalieren, nacha a Spangerl und dann nix wia ei'schaun.« Das Wort Mülidäa sprach er so weich aus, als wäre es von Müli, zu Deutsch: Milch, abgeleitet. Das harte »t« schwächte er in ein samtweiches »d« ab, und die Endbuchstaben des Wortes Militär »ä« und »r« hörten sich aus seinem Mund wie ein »e« an, das in ein breites »a« ausklingt. Er demilitarisierte das Wort vollständig. Um es kurz zu erklären: Inhalieren ist so viel wie Nahrung zu sich nehmen; ein Spangerl ist eine Zigarette; und einschauen bedeutet: in tiefen Schlaf verfallen.

Aus: Heinrich Drimmel, Die Häuser meines Lebens, Erinnerungen eines Engagierten, Wien 1975, Seiten 259 ff.

Die SDAPÖ nach dem 15. Juli 1927

Arbeiten, kämpfen, sterben

Als Otto Bauer auf dem Parteitag 1927 der SDAPÖ den Saal betrat, erhoben sich die Delegierten, um zu applaudieren, und die Gäste taten alles, um die Stimmung im Saal anzuheizen. Otto Bauer war der Mann der Stunde, nicht aber Karl Renner, den nicht nur politische Gegner den »Hin-und-her-Renner«, den unablässigen Vermittler zwischen Parteien und Fraktionen, nannten. Renner erhielt nur eine Respekterweisung, denn die Stimmung in der Partei war Renner nicht günstig. Die meisten erwarteten nach dem 15. Juli 1927 die Fortsetzung der 1918 begonnenen Revolution, den versprochenen Sieg im Klassenkampf, den *sozialistischen* Staat. Hatte sich nicht der Feind am 15. Juli in seiner ganzen Gewalttätigkeit, Gemeinheit und Unbarmherzigkeit gegenüber den Opfern dieses Tages bloßgestellt? War dieser Feind, ganz allgemein gesagt der Kapitalismus, nicht daran, Ziele der Arbeiterbewegung, die schon 1918/19 zum Greifen nahe waren, für immer zu verbarrikadieren? Wer wollte, mußte doch erkennen, daß das Regime Seipel, des »Prälaten ohne Milde«, in schamloser Weise daran war, nicht nur die Möglichkeiten im Parteienkampf, sondern die Machtmittel des Staates einzusetzen, um seinen Geldgebern für immer den Druck der Arbeiterschaft vom Hals zu schaffen.

Jetzt, im Oktober, waren erst drei Monate seit dem 15. Juli vergangen. Reuelos übten die »Arbeitermörder« dieses Tages ihre Macht aus, nichts deutete auf einen Gesinnungswandel in den Reihen des Feindes hin. Im Gegenteil. Auch in Wien schoß jetzt die HW in die Halme. Sie, nicht wie nach Schattendorf die Frontkämpfervereinigung, bot das Feindbild der Zielansprache . . .

Eine Änderung im Programm des Parteitages 1927 im Vergleich zu jenem des Vorjahres in Linz alarmierte die Unbedingten. In Linz, wo vom unbedingten Klassenkampf und von der möglichen Diktatur des Proletariats gesprochen worden war, war Otto Bauer der Mann der Stunde gewesen. Jetzt, 1927 in Wien, sollten Otto Bauer *und* Karl Renner ein Referat zur aktuellen Lage halten. Von Renner wußte man, daß er ein absoluter Gegner der Gewaltanwendung im Klassenkampf um die Macht im Staate war. Er erwartete aber den Sieg der Arbeiterbewegung im Klassenkampf, indem die Bewegung Schritt für Schritt in den politischen Zustand unter dem bürgerlichen Gegner eindrang, ihm Wählermassen entzog, um zuletzt der vereinsamten gegnerischen Führung die Macht aus der Hand zu nehmen. Dazu war es jedoch notwendig, den Bauern in den Dörfern und den seit Karl Marx nicht eben geschätzten Kleinbürgern ihren seit dem Brand des Justizpalastes entstandenen Horror vor den »Roten« zu nehmen. Die Zerstrittenheit der sogenannten bürgerlichen Parteien, die zusammen nach wie vor die Mehrheit im Nationalrat stellten, bot, so Renner, die Möglichkeit von Allianzen mit jenen Feindgruppen, die Seipel nie grün gewesen sind. Für eine Übergangszeit mochten solche Gruppen und Grüppchen zu billigem Preis an der Regierung im sozialistischen Staat teilhaben. Nach dem von Karl Marx aufgestellten Gesetz war ohnedies mit mathematischer Sicherheit der Untergang des Kapitalismus, seiner Büttel und Lakaien samt den Pfaffen zu erwarten. Für Bauer und Renner ging es an jenem Tag im Herbst 1927 also um die Frage, ob es für die SDAPÖ für besagte *Übergangszeit* möglich, besser gesagt: zulässig oder zweckmäßig wäre, eine Regierungskoalition mit Teilen des Feindes einzugehen. Dazu bekannte Bauer einleitend:
»Es fällt mir nicht ein, für alle Zukunft jede Koalition abzulehnen; ich halte es für im höchsten Maße wahrscheinlich, daß wir auf dem Weg *von der Alleinherrschaft der Bourgeoisie zur Alleinherrschaft des Proletariats* eine Zwischenphase werden durchgehen müssen, in der das Gleichgewicht der Klassenkräfte wieder ein derartiges sein wird, daß die Koalitionsregierung der unvermeidliche Ausdruck dieses Gleichgewichts sein wird.«

Damit war alles gesagt. Nach der behaupteten Alleinherrschaft des Kapitalismus die Alleinherrschaft des Proletariats, also eine Diktatur des Proletariats.

Wieder, so wie 1903 auf dem Parteitag der Sozialdemokratischen Arbeiterpartei Rußlands im Exil, stand die Frage im Raum, welche Personen es denn sein werden, in deren Hände diese Diktatur, also die Machtausübung, gelegt werden sollte. Mochten sich die Feinde darüber den Kopf zerbrechen, für die Teilnehmer am Parteitag 1927 war es selbstverständlich, daß das Führungskorps ihrer Partei die Macht in die Hand nehmen und nie mehr hergeben würde. Schon gab es in der Führung des Schutzbundes Stimmen, die verlauteten, es stünde nirgendwo geschrieben, daß das Proletariat mit seiner Machtergreifung auf den Tag warten müsse, an dem endlich seine Partei die Mehrheit in der Volksvertretung erringen werde . . .

Bauer beruhigte seine Genossen hinsichtlich seiner grundsätzlichen Bereitschaft, eine Koalition mit Mächten des Kapitalismus einzugehen, durch den sofortigen Nachsatz, derlei wäre momentan sehr untunlich. Denn der Kapitalismus würde diese Chance nur dazu benützen, um die Arbeiterschaft seinem politischen Vorteil dienlich zu machen. Deshalb, so Bauer 1927 wörtlich, ». . . bin ich unter diesen Machtverhältnissen gegen jede Koalition«.

Beifall klang auf im Saal. Eine Koalition zum damaligen Zeitpunkt hätte ja selbst für die Getreuesten in der Partei die Gefahr gebracht, Kofferträger des Kapitalismus zu werden. Noch standen die Klerikalen in der Partei Seipels und die Nationalen in der »Großdeutschen Partei« in einer Linie mit Front gegen links. Dazu stießen auch bereits die Kompanien der HW, die der Major Fey jetzt selbst in Wien mit immer mehr Erfolg gegen die SDAPÖ und ihren Schutzbund rekrutierte. Viele verantwortlich denkende Sozialdemokraten nahmen durchaus ernst, was gestandene Christlichsoziale in Versammlungen sagten, wenn sie zu dem Anlaß die Windjacke überzogen, die HW-Kopfbedeckung aufsetzten und über die Roten herzogen, am Montag aber wieder – wie eh und je – in der von ihnen vor den Leuten abgeurteilten Stimmzet-

teldemokratie auf dem Boden der parlamentarischen Demokratie mitmachten.
Nur wenige Sozialdemokraten ahnten, wie beängstigend gewisse Formulierungen ihrer Führer in den Reihen des Gegners wirkten. Der Gegner, die »Schwarzen«, der Feind, das war in diesem Fall eine gestaltlose Mächtigkeit, so wie für die Genossen in der SDAPÖ der Kapitalismus eine war. Die Wählermassen hörten auf die Versammlungsredner und lasen in ihren Parteizeitungen, was dort über die Gefährlichkeit der jeweiligen Gegner geschrieben wurde. Und je nach Veranlagung fürchtete man sich vor den Drohungen der Feinde oder verschwor sich, es den »anderen« schon zu zeigen, wenn diese es wagen sollten, es mit der Gewalt zu versuchen. Diese Furcht bot selbst Männern wie Renner und Körner Anlaß, in ihren Reden vor aufmarschierten Schutzbundformationen darauf einzugehen. Ihnen kam nach 1945 zugute, daß diese Auslassungen vergessen sind, jene des Fürsten Starhemberg und anderer HW-Führer aber zur ständigen Verfertigung eines Image des »Austro-Faschismus« herangezogen wurden und werden. Niemand hätte es andererseits nach 1945 gewagt, etwa daran zu denken, daß er auch einmal die Windjacke getragen hat und er gewissen Einseitigkeiten schon im Interesse einer »Bewältigung der Vergangenheit« nach bestem Wissen und Gewissen hätte entgegentreten müssen.
Auf dem Parteitag 1927 vermutete Bauer noch ein beträchtliches künftiges Wählerpotential für seine Partei, das dem Feind abzuwerben Aufgabe der Stunde war. Für gefährlich hielt er aber ein ». . . schrittweises Eindringen in den bürgerlichen Staat, (das) nur zu oft auch eine schrittweise Übernahme des bürgerlichen Denkens und die stückweise Eroberung des Staates . . . zum stückweisen Verdruß des Sozialismus (werden kann)«.
Genauso hatte auch Lenin gedacht, als er die Menschewiken in der Heimat vor einer Teilnahme an der Regierung des linksliberalen Kerenski gewarnt und aus dem Exil seinen bolschewistischen Genossen aufgetragen hatte, sich ja nicht auf ein derartiges Zusammengehen mit dem Klassenfeind einzulassen. Auch für Bauer schien darnach ein Leben in der Freiheit eines sozialistischen Staa-

tes nur dann möglich, wenn das alte Gebäude der kapitalistischen Welt abgerissen und an seiner Stelle ein neues aufgebaut würde. Nach Bauer kam Karl Renner nur mühsam mit seiner Sicht der Lage an. Er setzte nicht vorbehaltlos auf die Verelendungstheorie des Marxismus, auf das Krepieren des Kapitalismus. Für ihn waren die Bauern und die Kleinbürger momentan nur Opfer des (wie Renner im kleinen Kreis sagte) Pfaffenbetrugs und der Verhetzung durch die vom Kapitalismus ausgehaltenen Medien (um den damals noch nicht üblichen Ausdruck zu gebrauchen). Renner rechnete richtigerweise damit, daß nicht nur die Besitzenden, sondern auch die Kirchengänger und andere politisch »Ungebildete« seit der Zeit der Rätediktatur des Jahres 1919 in Ungarn Angst in sich trugen und nicht wenige sich vor einer Diktatur, wie sie Otto Bauer nach der Endabrechnung mit dem Kapitalismus aufrichten wollte, fürchteten. Es war für die HW gut, daß der Major Fey im »Roten Wien« nicht von einer HW-Diktatur redete, sondern gegen die – wie man heute sagen würde – außerparlamentarischen Methoden der Sozialdemokraten, ausgeübt auf der Straße und in den Betrieben, 1926/27 seinerseits mobilmachte. Sicher war Bauer schlecht beraten, als er in Zeiten, da der grundsolide Schlesier Rudolf Ramek (seit 1926) Bundeskanzler war, den Teufel an die Wand malte und ausgerechnet diesen eher harmlosen Politiker als die übergroße Gefahr des Kapitalismus hinstellte und mit der eventuellen Repression durch eine Diktatur drohte . . .
Eine *Episode* nannte Bauer auf dem Parteitag 1927 das kurz zuvor geschehene Ereignis des 15. Juli 1927 in Wien. Er ahnte nicht, daß dieses Wort in den Reihen der Gegner gründlich mißverstanden werden würde. Wenn also der Brand des Justizpalastes nur eine Episode war, wie wäre dann das ganze Stück auf der politischen Bühne zu Ende gegangen, wenn Männer wie Bauer die Regie richtig in die Hand genommen und nicht den Massen ziellos freien Lauf in den Straßen Wiens gewährt hätten? Für die Mehrzahl der Gegner der SDAPÖ waren die Opfer im Kampf mit der Exekutive des Staates eine traurige Angelegenheit und nicht etwa gar ein Siegesbeweis. Diese Menschen deuteten denn auch die mißverstandenen und verballhornten Worte Seipels richtiger, der eben

kein »Prälat ohne Milde« für sie war, zumal der Prälat damals, im Juli 1927, nur von Härte gegen Brandstifter, Plünderer und ihre Hintermänner gesprochen, keineswegs aber Härte gegenüber den Opfern und ihren Hinterbliebenen angedroht hatte.

Eine weitere Aussage, die Bauer auf dem Parteitag von 1927 machte, hat sich als bedeutungsvoll und folgenschwer erwiesen: Er rügte in aller Offenheit den von einem *inkompletten* Führungsgremium seiner Partei ausgerufenen Generalstreik, der am 15. Juli 1927 quasi der Gegenschlag auf Exzesse der Exekutive und ihrer Befehlshaber hätte sein sollen. Bauer forderte:

»Kein Streik in lebensnotwendigen Betrieben ohne Einverständnis der gewerkschaftlichen Gesamtorganisation.«

Monarchisten und Frontkämpfer nannte Bauer, wenn er das Feindbild aufzeigen wollte, fortan immer seltener. Die HW in den Bundesländern, nicht etwa eine in Wien war es ja gewesen, die dazu beigetragen hatte, daß der von der SDAPÖ am 15. Juli 1927 ausgerufene Generalstreik nicht richtig zum Tragen gekommen war. Schon gebrauchte Bauer auch bei Hinweisen auf die HW öfter den Ausdruck Faschisten, obwohl ein Großteil der Marschierer der HW Mussolini samt seinen Methoden in Südtirol scharf ablehnte. So wie rechts sehr leichtfertig mit dem Schimpfwort *Bolschewik* umgegangen wurde, war fortan die Linke gleichermaßen daran, nicht mehr bloß den Kapitalismus zu verteufeln, sondern die *Faschisten* in der HW zu Hauptangeklagten ihres Rügeverfahrens in der Politik zu machen. Nur wenige wußten um 1927 in Österreich, daß bolschewistische Methoden keineswegs einfach Mord und Totschlag bedeuteten, sondern Diktatur einer linken Minorität über die Mehrheit im Volk; ebenso verband man auf der Linken mit dem Hinweis auf faschistische Methoden nur individuellen Terror gegen die Feinde des Duce und seines Regimes.

Noch stand man im Herbst 1927 mit den paramilitärischen Verbänden im Versammlungsraum der Kämpfer. Aber der Tag, an dem diese in den Bereitstellungsraum ausrücken würden, war abzusehen. Klugerweise nahm Bauer vorweg, was heute das Spiel mit Worten der Supermächte ist, wenn es um Abrüstung geht.

Niemand sage, es habe im Österreich des Jahres 1927 keine Politiker gegeben, die auf eine Entwaffnung der Wehrverbände drängten. Bauer nahm diese Tatsache ernst. So wie er es vermied, als prinzipieller Gegner einer Regierungskoalition vor der Öffentlichkeit dazustehen, so vermied er es auch, auf dem Parteitag ein *Abrüstungsabkommen* der Feinde im Bereich der Innenpolitik in Österreich vorweg abzulehnen. Allerdings nannte er sogleich Voraussetzungen dafür, die er seiner Überzeugung nach bei Seipel nicht vermuten wollte, nämlich eine *Bereitschaft zur Verständigung,* den Willen zur Verständigung und die Reife zur Verständigung. Daher, so schloß Bauer, könne niemand glauben, ». . . daß die Regierung Seipel heute ein solcher Gegner wäre«.
Der geneigte Leser wird wahrnehmen, daß die damalige Gesprächssituation aufs Haar jener gleicht, die zwei Generationen später in den Beziehungen der beiden siegreichen Supermächte USA und UdSSR entstand und besteht.
Die Wahrheit ist, daß nicht nur bei den Liberalen unter den Großdeutschen und im liberalen »Landbund« sehr wohl der Wunsch bestand, eine »Entwaffnung« der Wehrverbände durchzuführen. Mehr noch: Es gab solche Politiker auch in der SDAPÖ und bei den Christlichsozialen. Der populäre Klavierhumorist Hermann Leopoldi erntete mit einem Schlager, in dem der Textautor die mährische Stadt Znaim (damals längst in der ČSR) und ihre Gurken pries, allgemeinen Beifall des Publikums: ». . . Znaim hat keinen Schutzbund, keine Heimwehr.«
Niemand fürchtete die Aufrüstung der Wehrverbände mehr als viele Juden, die ahnten, daß dann, wenn geschossen wird, letztlich für sie böse Zeiten kommen werden.
Es haben erwiesenermaßen vertrauliche Gespräche zwischen sozialdemokratischen und christlichsozialen Politikern jener Tage stattgefunden. Sie führten zu nichts, denn sobald diese Gesprächspartner mit ihren Vorstellungen von einer »Abrüstung« in einen größeren Kreis traten, kam es sofort zum lautstarken Einwand derer, die einwarfen, man könne doch nicht so verrückt sein und die eigenen Waffen abliefern, während die »anderen« weiter aufrüsteten. In den Reihen der Linken haben bis heute

an sich einsichtsvolle Politiker nicht einsehen wollen, daß damals bei den »anderen« ihr ständiger Gebrauch der Worte *Klassenkampf, Diktatur* des Proletariats, zuletzt gar *»Heiligkeit der Gewehre«* Angstvorstellungen hervorrief, bei Menschen, die meinten, ein in die Auslage geworfener Ziegelstein bedeute für sie schon das Ende ihrer geschäftlichen Existenz. Lange nach 1945 hat Julius Deutsch die von Otto Bauer auf dem Linzer Parteitag 1926 gebrauchte Drohung mit der Diktatur des Proletariats heruntergespielt, indem er sagte, man habe damals das Wort »Diktatur« des Proletariats in dem Sinne gebraucht, daß damit eine Möglichkeit gegeben würde, den Feind von seinen Aggressionen abzubringen, und so für die SDAPÖ die Chance geblieben wäre, die Macht im Staate auf demokratische Weise zu erobern.
So wurde dann auch der Aufstand des Schutzbundes im Februar 1934 als letztes Mittel hingestellt, die Demokratie im Gegensatz zur »Diktatur der Dollfuß-Regierung« erneut zur Anwendung zu bringen. Eine Bewegung, die als erste das Wort »Diktatur« in der Diskussion über ihr Parteiprogramm verwendet hat und deren Schutzbund mit der Machtergreifung nicht warten wollte, bis die SDAPÖ die Majorität im Parlament erreicht hat, bot freilich dem Gegner keine Gewähr dafür, daß sie den Rückweg zur Demokratie auf dem Boden der Verfassung von 1920 beziehungsweise 1929 einschlagen würde. Daran dachten in der linken Linken wenige, und davon war der Gegner überzeugt. Nach dem tragischen Geschehen des Februar 1934 blieb es der Linken erspart, vor der Geschichte den Beweis dafür zu erbringen, sie würde das Schielen in Richtung Diktatur vergessen und (womöglich mit den Verlierern) angesichts der aus dem Untergrund angreifenden Nationalsozialisten Österreich ins Lager der Demokratien zurückführen. Was Bauer auf dem Parteitag 1927 sagte und wofür er den Beifall des Plenums und der Gäste bekam, klang übel in den Ohren der »anderen«, nämlich daß man:
». . . in den Massen Begeisterung erzeugen (müsse), die (Begeisterung), für unsere große Sache zu arbeiten und zu kämpfen und *zu leben,* aber auch, wenn man uns wirklich angreift, auch *zu sterben . . .* Nur was die Massen begeistert, was dem heranwachsen-

den Geschlecht ein wirkliches Lebensziel geben kann, nur das ist wirklich unbesiegbar.«
Überflüssig zu sagen, daß das heranwachsende Geschlecht in der HW so ziemlich dieselben Kampfziele der Bewegung zu hören bekam.
Unüberhörbar war das Kampflied der Linken:
»Und schießt uns so ein Bluthund tot, / Wir sterben für die Fahne rot ...«
Zuletzt übte man auch in der HW gewisse Marschlieder ein:
»Nazis, Rote, laßt euch sagen / Eure Stunde hat geschlagen. / Über eure Barrikaden / stürmen Heimatschutzbrigaden. / Kameraden reicht die Hände, / denn die Knechtschaft geht zu Ende. / Die Genossen werd'n erschossen, / Blut muß fließen bei der Revolution« usw. usw.
Die Jungen in der Arbeiterbewegung sangen aber nicht nur den schauerlichen Singsang vom »Mord des Bluthunds«. Sie priesen in einem anderen Lied die Schönheit des Jungseins, daß sie *aufwärtsblicken* und *vorwärtsschreiten* wollten. Bauer hat denn auch 1927 versprochen, die Jugend auf Straßen des Lebens zu führen, in denen nicht nur der graue Alltag herrscht, dessen elende Behausungen, die Mühsal des Broterwerbs, die Qualen der Arbeitslosigkeit und die Abhängigkeit des einzelnen von der Technologie des Maschinenzeitalters. Und: Der faschistische Anschlag wird an der ehernen Kraft Wiens und der Industriegebiete scheitern. Wenn Bauer so auf dem Parteitag redete, bekam er den jubelnden Beifall der nach dem 15. Juli 1927 eher enttäuschten Funktionäre und Gäste, unter denen sich auch eine Enkelin Kaiser Franz Josephs befand ...
Jetzt mußte Ruhe im Saal geboten werden, denn Renner trat ans Rednerpult, begrüßt von einem Achtungsapplaus. Daß Renner inmitten dieser aufgewühlten Situation im Saal mit großer Entschiedenheit seine sachlich ausgewählten Argumente vortrug, war an sich schon eine Leistung. Er war einer der mutigen Demokraten in den Umsturztagen 1918 und nie bereit, als Staatsmann die Demokratie für eine Weile in den Winkel zu stellen und der Gewalttätigkeit der Genossen freie Bahn zu geben. Gewandt um-

ging Renner den sofortigen Frontalzusammenstoß mit den eben gehörten Ansichten Bauers. Dafür begann er sofort mit einer Alternative zu der von Bauer beschworenen Begeisterungsfähigkeit, der Bereitschaft, für die Sache zu sterben. Nach Renner war der Marxismus die höhere *Synthese von nüchterner Realität und revolutionärem Schwung.* Nachdem Renner diesen reinen Akkord angeschlagen hatte, stieß er rasch zu den Fundamenten seiner Ansicht vor. Selbstverständlich lehnte auch er es ab, von den gewissen Tätern des 15. Juli 1927 aus den eigenen Reihen eine Rechtfertigung ihres Tuns zu verlangen. Das war taktisch klug eingefädelt, denn ein derartiges Verlangen hätte leicht die Frage aufgeworfen, ob eine und wenn ja welche Schuld für das Geschehen dieses Tages bei der Führung der eigenen Partei bestand. Da wäre Bauer mit der Darlegung seines Verhaltens in der Dämmerung des 15. Juli 1927 in ein schiefes Licht geraten, entließ er doch damals eine Deputation der Macher der Demonstration gegen das Schattendorf-Urteil weder mit einem Ja noch mit einem Nein aus der Parteizentrale in der Rechten Wienzeile. Ein Eingehen auf dieses Thema, also die Freigabe des Weges in die zerstörenden Exzesse, Brandstiftungen und einsetzende Tötung von Exekutivbeamten, wäre geradezu ein Motiv für die »anderen« geworden, jetzt erst recht gewappnet zu sein für den nächsten Ausbruch führerloser Massen. Renner ging rasch zu einem anderen Thema über. Er erinnerte die bewährten älteren Funktionäre daran, daß die Partei nicht mehr am Anfang der Arbeiterbewegung stand. Die ehedem ungeformte Masse nannte Renner freimütig eine stumpfe Masse, die erst wachgerufen werden mußte. So redete auch der erbitterte Feind Renners, der Altbolschewik Trotzki, wenn er von der Verschwörung der wenigen redete, von der elastischen Führung, deren die Masse bedarf, wenn Revolution gemacht werden soll. Und, so Renner weiter: 1927 stand man nicht mehr vor der Möglichkeit einer Überrumpelung des Gegners, also eines richtigen Umsturzes der im legalen Besitz des Gegners befindlichen Staatsmacht, eines *Staatsstreiches,* eines Putsches. Obwohl es Renner vor 1914 beim Militär nur bis zum Verpflegungsakzessisten gebracht hatte, verstand er von der Taktik des Bürgerkrieges immer-

hin so viel, daß er 1927 frei heraus sagen konnte, im Moment stünden einander die Feinde im Klassenkampf etwa gleich stark gegenüber. Was er nicht sagte, war die Warnung des technischen Beraters des Schutzbundes, des im Ruhestand befindlichen Generalmajors Theodor Körner, der immer wieder und ausdrücklich vor einer »Überrumpelung« warnte, wenn die Arbeiterschaft dem Militär gegenüberstehe.
Zum Trost erinnerte Renner daran, daß die Bewegung nach dem 15. Juli wieder voll gerüstet und kampfbereit dastand. Man müsse wachsam sein. Bloß Wache schieben, das war der Mehrheit der Genossen und der Gäste im Saal zuwenig. Erst als Renner von einer bevorstehenden *offenen Feldschlacht* (in seinem Sinn eine auf dem politischen Boden der Demokratie) redete, flammte der Beifall auf. Näherte sich Renner mit dem Bild von einer offenen Feldschlacht nicht doch dem Kampfauftrag, den Bauer der Bewegung vorher gegeben hatte? Offene Feldschlacht, das war ein Begriff aus schon damals veralteten Geschichtsbüchern, die immer nur von Kriegen und Schlachten längst vergangener Epochen berichteten. Seit dem Ersten Weltkrieg gab es keine offene Feldschlacht mehr, sondern Grabenkampf oder Trommelfeuer und Gasschießen vor einem Angriff. Renner verließ die Nähe zur Überlegung, ob er vom politischen Kampf oder vom Bürgerkrieg redete, und sprach ganz allgemein:
»In einer solchen Lage kann die Disziplinlosigkeit einer einzelnen Gruppe die sichere Niederlage bedeuten.«
Damit nahm er vorweg, was eine Generation später der Vizekanzler der Zweiten Republik und Parteiobmann der SPÖ, Adolf Schärf, im Rückblick auf das Verhalten der Bewegung, der er von Jugend auf diente, bezüglich ihrer Führung in den kritischen zwanziger Jahren vorwarf: die Eigenmächtigkeit einer kleinen Gruppe in der Führung, die mit ihren Entscheidungen die auch von Bauer verlangte *Gesamtverantwortung* illusorisch machte. Und Renner unterstrich, was später Schärf im Rückblick noch viel deutlicher herausstellte:
»Die Gesamtheit der Arbeiterschaft muß gegenüber einzelnen Teilen eine weitaus strengere Haltung annehmen.«

Renner verwendete nicht das Wort »Proletariat«, dessen Hervorkehren beim Gegner stets die Frage provozierte, wer denn die Männer seien, die in einer amorphen, eher instinktiv handelnden Masse nach den Gesetzen der Strategie und der Taktik im Klassenkampf führen. Für den Gegner war die Masse, das Proletariat, in diesem Zusammenhang einfach das auf die Machtergreifung erpichte Führerkorps der SDAPÖ, das besagte Masse über die Dämme trägt.

Nun aber beglich Renner eine alte offene Rechnung. Vor 1914 hat es Trotzki gefallen, im Wiener »Café Central« österreichischen Genossen ihre vom reinen Marxismus abweichende Einstellung vorzuwerfen. Nach 1917 ist daher Renner in gewissen Erinnerungen Trotzkis schlecht weggekommen. Jetzt, 1927, konnte sich Renner mit dem auseinandersetzen, was der zum Parteigänger Lenins gewordene Trotzki in den Ereignissen der sogenannten »Großen Sozialistischen Oktoberrevolution« von 1917 und nachher hervorkehrte. Im Wien von 1927 machte Renner seine Genossen darauf aufmerksam, daß nach Auffassung der Kommunisten Revolutionen zu einem Großteil *gemacht* werden. Gemacht von relativ wenigen Männern, die die Massen zur Tat hinreißen. Renner leugnete 1927 nicht, daß dieses Aktionsprogramm 1917 in Rußland Erfolg gehabt hat. In Österreich sei die Revolution aber ». . . bei . . . gleicher Klassenreife überall schlechthin unmöglich und verderblich«.

Und Renner stieß sofort nach. Ohne Bauer zu nennen, widersprach er dessen Auffassung in dem Punkt, in dem Bauer, 1917 Tatzeuge der Revolution in Rußland, kurz zuvor auf dem Parteitag 1927 gesagt hatte, daß jeder Genosse die Pflicht habe, mit dem Wort und der Feder die *Leidenschaften* in der Masse wachzurufen. Es käme doch, so Renner, in erster Linie darauf an, ». . . welche *Tat* das Wort auslösen kann«.

Renner erinnerte daran, daß die Bourgeoisie seit dem 15. Juli 1927 sich selbst für gestärkt, das Proletariat aber für geschwächt erachte. Diese Fehleinschätzung sei gefährlich. Leider unterbrach Renner an diesem Punkt die bisherige Logik seiner Ausführungen, indem er fortfuhr, daß nicht ein Gefühl der Überlegenheit, sondern

die *Furcht (!)* vor dem Proletariat beim Gegner den Willen zu verstärktem Rüsten erzeuge. Diesen fehlgesetzten Eckpfeiler brauchte Renner aber, um zu dem Schluß zu kommen, daß die SDAPÖ angesichts der Haltung des Gegners, also seiner Angst (!), und nicht aus dem Gefühl der Überlegenheit rüsten müsse. Also Gegenrüstung betreiben müsse. *Si vis pacem para bellum.*
Renner bestätigte ohne jede Einsichtigkeit, daß seit dem 15. Juli 1927 das Wettrüsten in Österreich beschleunigt würde. So wie Bauer nannte auch er jetzt den Feind: *Faschismus, Kapitalismus, Bourgeoisie* und dergleichen abartige Formen in der Politik, wobei er so ein Image des Feindes vorweg verallgemeinerte, aber eine fällige differenzierte Betrachtung unterließ. Nicht alle Gegner der SDAPÖ von damals waren Faschisten, Kapitalisten und Bourgeois, also Besitzbürger. So wie die katholische Kirche im Land ihre festesten Stützen in den Reihen der kleinen Leute und nicht in den Nachhuten der Aristokratie und der Industriellen hatte, bestand auch die Masse derer, welche konsequent die Christlichsoziale Partei wählten, nicht aus Typen, wie sie Bauer und Renner 1927 verallgemeinernd klassifizierten. Ganz im Gegenteil! Gerade die Gebildeten in den Reihen der Gegner (Intellektueller konnte man nach Ansicht der Linken ohnedies nur als Linksintellektueller sein) kamen nicht aus Mamas Kinderstube und Papas Studierzimmer oder Betriebsbüro. Immerhin gab Renner selbst in dieser Stunde in einem wichtigen Punkt der Wahrheit die Ehre: Er war überzeugt, daß nur eine kleine Schicht in den Reihen der führenden Gegner es auf Gewaltanwendung ankommen lassen wollte.
In der Propaganda wurden zu Wahlzeiten die gefährlichen anonymen Kämpfer als bloße »Handlanger der *alten Gewalt*« hingestellt. Gerade darin bestand 1927 der grundlegende Irrtum der Linken. Denn Männer im gegnerischen Lager, vor allem die jungen, gingen nicht in die HW, um letzte Wache für die »alte Gewalt« zu schieben. Ganz im Gegenteil! Die HW war ja von denen in der Doppelreihe als eine Volksbewegung gedacht und gesucht, die sich ausdrücklich von den bisherigen christlichen, liberalen

und reaktionären politischen Bewegungen lossagte. Was immer man der HW vorwarf, Tatsache ist, daß die HW zeit ihres Bestandes für den von der Linken erwarteten »Monarchistenputsch« keinesfalls zu haben war. Die Jungen in der HW fanden für die alten Politiker in den »bürgerlichen« Parteien harte Worte, wohl nicht dermaßen verletzende, wie sie solche den »roten Bonzen« zuwarfen, aber schon dieses Nein zu den bisherigen Parteien, die rechts von links standen, wirkte erschütternd auf langjährige Parteiführer, von denen noch einige aus der Vorkriegszeit stammten. Das waren Männer, die einfach nicht verstehen konnten, daß Angehörige der HW den Staat verneinten, den man mühselig aufgebaut und gegen die Machtergreifung durch die linke Linke verteidigt hatte. Auch ohne die HW.

Eines kann schon hier festgestellt werden: *Niemand* dachte im Herbst 1927 in Wien und in Österreich im entferntesten an die Möglichkeit, daß sich sieben Jahre später die Linke und die Rechte unter Einsatz von schweren Infanteriewaffen bis aufs Blut bekämpfen würden und daß der Schatten des Galgens über dem Land liegen würde. Aber man war in den Reihen der »Bourgeoisie« wirklich erschreckt, wenn man bei Aufmärschen der Linken Transparente sah, auf denen zu lesen stand:

»Demokratie, das ist nicht viel / Sozialismus ist das Ziel.«

Wenn die Roten, die Demokraten von 1918, nicht einmal mehr die Demokratie haben wollten, was war denn dann von einem Sozialismus zu erwarten, der die etwas wackelige Demokratie im Land ersetzen sollte?

Renner nahm auf dem Parteitag 1927 das Wort »Diktatur« nicht in den Mund. Aber das Wort *Revolution* kam ihm sichtlich leicht von den Lippen. Und, so Renner damals, für »uns Sozialisten und Marxisten ist die Revolution das hervorragendste Mittel der Entwicklung der Gesellschaft«, wörtlich: die *Lokomotive der Geschichte.* Die Auffassung, wonach jeder Revolution ein Anschlag der Reaktion folgt und dieser wieder ein neues revolutionäres Beginnen – wobei in allen Fällen die legendäre »unblutige Revolution«, zumal nach 1945, immer seltener in der Geschichte der Revolution vorkommt –, das war selbst für einen vernünftigen Politiker wie Renner nicht viel mehr als nur ein Gerede des Gegners. Das mit der Lokomotive gefiel den Delegierten des Parteitages, lebte man doch noch in der letzten Phase eines Schubs der industriellen Revolution, in der die Dampfkraft die Fernzüge bewegte.

Stimmte es 1927 noch, wenn Renner auf dem Parteitag feststellte, daß in Österreich eine Revolution auf absehbare Zeit eine Unmöglichkeit sei? Das war eine gewagte Vorhersage. Ungeniert und mit einigem Mut fuhr er fort:

»Man muß also das *rhetorische Pathos* des Vordersatzes im Nachsatz aufheben.«

Ob Renner gewahr wurde, daß solche, bloß rhetorische Kniffe im Lager der Gegner erst recht Verdacht erwecken mußten? Was galt nun, was war Pathos, das nicht von Bestand war? Renner hat nicht wie Bauer erlebt, was Pathos im Verlauf der beiden im Jahr 1917 in Rußland ausgebrochenen Revolutionen bedeutet hat. Kann der Politiker, der mit Pathos die Massen hinreißt, auch das Zauberwort finden, um während des Ablaufes der zerstörenden Wucht eines Aufstandes mit Erfolg zu befehlen: »Halt! Genug!«?

Auch Renner bestätigte, was schon jahrelang landauf und landab in Versammlungen seiner Partei, ja von ihm selbst gesagt worden war, daß nämlich der Staat um 1927 nicht mehr gewesen sei als ein bloßes Vollzugsorgan der »besitzenden Klasse«. Wieso dann die SDAPÖ bei freien Wahlen seit 1920 regelmäßig in der Minderheit blieb, die »bürgerlichen Parteien« aber insgesamt bis 1933 eine kompakte Mehrheit behaupteten, davon war auf dem Parteitag der Linken im Jahr 1927, aber auch später nicht die Rede. Auch der Hinweis, die Gefolgschaft der Feinde der Linken bestünde einfach aus Bütteln und Lakaien des herrschenden Kapitalismus, genügte nicht. Renner war zu klug, um diese *ultima ratio* herauszustreichen. In der Tagespolitik mußte ein Feindbild präsent bleiben, in dem gemästete, schlemmende Kapitalisten, feiste Prälaten oder dürre Hetzpfaffen, ehemalige Offiziere und degenerierte Aristokraten ein abscheuliches Image abgaben. Überflüssig zu sagen, daß die »anderen« auf ihren Wahlplakaten eine ähnliche Greuelpropaganda betrieben; auch sie bevorzugten feiste Schlem-

mer, Hetzer in Rot und bewaffnete Partisanen beim Anschlag auf den Staat und seine legale Ordnung.
Im Oktober 1927 war es eine unverkennbare Tatsache, daß den Ereignissen vom 15. Juli und der bereits vier Jahre zuvor erfolgten Vergatterung des Schutzbundes *nachträglich* ein zahlenmäßig bemerkenswerter Aufschwung der vorher eher lahmen HW in Wien folgte. Allerdings war die HW nicht *das* Bild in den Serien von Feindbildern, von denen Renner einige klar und den Tatsachen gemäß dem Parteitag vorzeigte. Der Kampfauftrag Renners kam hierin zu einem anderen Finale als der vorangegangene Bauers: Renner warf seinen Genossen vor, sie hätten *zuviel* Respekt vor der Mächtigkeit des von Seipel geführten Regimes. In Wirklichkeit sei es mit dieser angeblichen Übermacht nicht weit her, solange eine starke, von der Linken gestellte Opposition sie in Schach halte. Eines stand bei all dem, so Renner, der SDAPÖ im Weg, nämlich die Bundespolizei. Sie sei ein Relikt der Monarchie. Die Tatsache, daß 1918/19 die Linke ihren Staat vom 12. November 1918 nur mit Hilfe eben dieser von Schober intakt gehaltenen Polizei gegen die Anschläge der Kommunisten hatte halten können, das blieb auf dem Parteitag 1927 außer Evidenz. Es sollte lange dauern, bis Karl Seitz dahinlautende Bemerkungen im kleinen Kreis machte. 1927 bekannte Renner, es sei in der Umsturzära 1918/19 ein Fehler gewesen, dieses üble Instrument nicht in den Griff genommen zu haben.
Dabei versäumte es Renner zu erwähnen, daß nach 1918 die bisherigen k. k. Sicherheitswachmänner in Wien nunmehr als Sicherheitswache*beamte* größtenteils der sozialistisch ausgerichteten Freien Gewerkschaft beigetreten waren, ja daß der Obmann dieser Gewerkschaft, der Revierinspektor Schabes, vor dem 15. Juli 1927 vom Land Wien als Sozialdemokrat in den Bundesrat entsandt worden war. Hierin trat im Juli 1927 eine Änderung ein. Die Sicherheitswachebeamten, die von den Genossen des Kollegen Schabes rücksichtslos angegriffen worden waren (ehe sie mit Gewehren bewaffnet wurden), warfen ihrem bisherigen Obmann vor, daß er und andere Kollegen in der Führung der Gewerkschaft nichts vermocht hatten, um dem Treiben, das nachher zur Kata-

strophe führte, Einhalt zu gebieten. Richtig ist, daß 1919 die SDAPÖ mit ihrer gewerkschaftlichen Organisation sich der Masse der Schober-Polizisten bemächtigt hatte, daß aber die Abkehr von dieser Partei eines der folgenschwersten Ergebnisse des 15. Juli gewesen ist. Und dieses Ereignis störte zutiefst die strategischen Pläne des damaligen technischen Beraters des Schutzbundes, Generalmajor a. D. Theodor Körner.

Weitab von solchen Tatsachen bewegten sich Renners Analysen zum Finale seiner Rede auf dem Parteitag hin. Zunächst bestätigte er noch Bauer dessen gediegene und erfolgreiche Tätigkeit auf dem Boden des Parlaments. Indessen erziele die Partei ihre Wahlerfolge weniger wegen ihrer parlamentarischen Tätigkeit als vielmehr auf Grund ihrer Tätigkeit in der Kommunalverwaltung, vor allem im sozialdemokratisch verwalteten Wien. Renner warnte vor bloßen Siegen der Partei auf Grund von »Geistesschlachten«. Wichtiger sei es, die praktisch erzielten Leistungen der sozialdemokratisch instruierten Kommunalpolitik herzuzeigen. In dieser Hinsicht setzte Renner sein Vertrauen in Werbefilme – er sagte noch »kinematographische Darstellungen« – wie etwa jene über die Wohnungsneubauten der Gemeinde Wien.

Es war nach Renner nicht so wichtig, ob seine Partei im Nationalrat mit 43, 47 oder 49 Prozent der Mandate vertreten sei, wenn sie meine, sie sei mit 51 Prozent der Mandate plötzlich *allmächtig*. Denn auch mit 51 Prozent sei die Partei auf die Zustände im Dorf (!) angewiesen. Das war in einer Zeit, als noch mehr als 50 Prozent der Gesamtbevölkerung im Land mehr oder weniger der bäuerlichen Kultur verhaftet und daher dem Einzugsbereich der SDAPÖ fern waren. Im Zusammenhang damit kam Renner gleich auch noch auf die Frage einer Koalierung der Partei mit gewissen Gegnern im bürgerlichen Lager zu sprechen. Ganz energisch wandte sich Renner gegen den in Teilen der Partei verbreiteten Vorwurf, die von ihm 1918 bis 1920 eingegangene Regierungskoalition mit den Bürgerlichen sei ein »Unglück« gewesen. Er bezeichnete sie als »wahres Glück« für die eigene Partei, und für die Christlichsozialen sei sie »kein Unglück« gewesen. Das nun hörten jene Genossen gar nicht gerne, für die der Sieg im

Klassenkampf obenan stand, nicht aber der Staat, ja nicht einmal die Republik vom 12. November 1918.
Renner machte weiterhin aus seinem Herzen keine Mördergrube, indem er sogleich diese Genossen beruhigte: Eine solche Koalition mit dem Gegner würde ja den Klassenkampf *nicht beenden*, sie *verschöbe* ihn nur auf einen anderen Boden, auf dem der Kampf weiterginge; dies aber nur dann, wenn die eigene Partei stärker als der mögliche Koalitionspartner sei. Nur dann dürfe man sich auf eine derartige Regierungskoalition einlassen. Diesen Grundsatz bestätigte Renner erneut, als er 1931 den von Seipel, anfangs selbst von Bauer versuchten Weg in eine große Koalition in der eigenen Partei durch seine Gegenargumentation unmöglich machte.
Bauer und Renner strebten auf dasselbe Ziel, die Macht im Staate, hin. Am Schluß seiner Rede machte daher Renner den Versuch, vor dem höchsten Parteigremium einen drohenden Riß in der Tiefe der Parteistruktur zu vermeiden. Das tat er, indem er von einer *wohlbewaffneten* Arbeiterpartei sprach, von einer Partei, der es um Recht und Frieden geht, einer Partei, die auch den »anderen« Frieden und Recht anbietet, allerdings »auf den *Spitzen ihrer Lanzen*«. Also galt es, Distanz zum Feind zu haben, sich nicht mit Angeboten in seine Hände zu begeben, vielmehr das eigene Angebot auf der Spitze einer Lanze zu offerieren. Viele Delegierte haben sich da gewisse, sehr drastische Deutungen des von Renner angebotenen Bildes gemacht. Eine Abrüstung der Wehrverbände hat auch Renner nicht vorgeschlagen; diesmal noch nicht.
Karl Seitz, der Leiter der Veranstaltung, hatte es nicht leicht, die Geschlossenheit der alten Arbeiterpartei gegen ungeduldige Aktivisten zu verteidigen. Er vermied es, eine konkrete Schlußfassung zustande zu bringen. Das war ein momentaner Erfolg des Parteiobmannes.
Kaum aber war der Parteitag vorbei, da fing der Richtungsstreit innerhalb der Partei wieder an, angeführt von Publizisten. Robert Danneberg trat dabei immer mehr in den Vordergrund. Er wurde der Lotse seiner Partei. 1929 unterhandelte er mit Schober und brachte das HW-Projekt einer Verfassungsreform zu Fall. Er

scheute sich nicht, selbst dem verteufelten Bundeskanzler Dollfuß Vorschläge zur Bereinigung der Lage zu machen, die daraus entstanden war, daß Renner im März 1933 die sogenannte »Selbstausschaltung« des Nationalrates durch einen übereilten, von keinem kompakten Führungsgremium der Partei beschlossenen Rücktritt vom Präsidium des Nationalrates eingeleitet hat. Davon wird noch die Rede sein. Danneberg kam am 12. Februar 1934 aus dem Bürgermeisterbüro des Wiener Rathauses in jene Sitzung der Zentralleitung des Schutzbundes, in welcher beschlossen wurde, einen Hilferuf der Linzer Genossen durch die Ausrufung des Generalstreikes zu unterstützen und »Feuer frei« für den Schutzbund in Wien zu geben.

Und da war nach Austerlitz fortan Oscar Pollak Chefredakteur der »Arbeiter-Zeitung«. Er besaß wohl nicht den brillanten Stil seines Vorgängers, indessen war er ein viel genauerer und konsequent denkender Chefredakteur, der nicht mit sensationellen Eskapaden die Leser elektrisierte; er gab jedoch dem Blatt eine Linie, die er auch nach 1945 in der Zeit des sowjetischen Besatzungsregimes in Österreich durchgezogen hat.

Der junge Ernst Fischer, ein Tornisterkind aus dem alten Österreich, 1918 noch als Fähnrich ins Feld abgestellt, hatte sich am 15. Juli 1927 vergebens dafür stark gemacht, der Partei die Führung im Aufstand der Massen in den Straßen Wiens zu verschaffen, um die Chance eines Umsturzes im Staat ja nicht zu versäumen. Er ging nachher konsequent in die KPÖ der Ära Stalin, verließ aber diese Kampfgenossenschaft, als er 1968 im »Prager Frühling« erlebte, was er angesichts der militärischen Intervention der Warschauer-Pakt-Staaten in der ČSSR als den »Panzerkommunismus« der Weltöffentlichkeit präzise hingestellt hat.

Männer wie die drei eben genannten brachten einen neuen Offensivgeist in die alte Arbeiterpartei. Über ein am 15. Juli 1927 verwüstetes Kampffeld im Politischen hinweg sollte der Angriff gegen die vermeintlichen gegnerischen Sieger jenes Tages energisch vorgetragen werden. Aber noch immer ging innerhalb der SDAPÖ auch die Diskussion über die verschiedenen Motive eines »Gesinnungssozialismus« und eines »Interessensozialismus«

weiter. Irgendwie hat Renner dazu einen Anstoß gegeben, als er die Wohnungsbeschaffung in den Städten höher bewertete als die mit intellektueller Brillanz angesagten Kampfmethoden Bauers. Niemand konnte ahnen, daß Renner damals kurz vor dem Anfang dessen stand, was nach 1945 den politischen Parteien mit deren »Entpolitisierung« das Mark aus den Knochen gesogen hat. Im übrigen trat Renner nach 1927 von der Angriffsspitze im Kampf gegen den äußeren Feind in der Republik zurück, um sich einer anderen wichtigen Aufgabe zu widmen.

Was Renner damals für seine Bewegung geschaffen hat, das gab der Partei nach 1945 so recht die innere Kraft, eine Alleinregierung der ÖVP bereits nach einer einzigen Wahlperiode aus dem Feld zu schlagen und nachher auf zunächst unabsehbare Zeit selbst ohne Rücksicht auf die andere Großpartei die Republik zu regieren. Renner schuf in den zwanziger Jahren das *materielle* Fundament der Partei, eines, das weder die Christlichsoziale Partei noch deren Epigonen jemals für sich gehabt haben. 1950, am Ende seines Lebens, konnte Renner von sich behaupten, daß nicht Barrikadenkämpfer, sondern sozialistisch instruierte Gewerkschaften und Genossenschaften gemeinsam mit dem von Sozialisten in Kraft gesetzten System der obligatorischen Sozialversicherung unzählige Elemente in die *Reste der kapitalistischen Ordnung in Österreich* getragen haben. Und:

»Ohne Gewaltanwendung hat man den Gegner gezwungen, sich mit diesen für ihn entstandenen Risiken abzufinden.«

Mehr noch: Für seine Partei als Juniorpartner in den Koalitionsregierungen Figl und Raab erwies sich Renners Koalitionsidee aus der Zeit vor 1934 als ungemein ergiebig. Die in die Koalitionsregierungen jener Zeit entsandten Genossen und deren Art der Zusammenarbeit in dieser Koalitionsära nahmen dem Sozialismus jenen *Horror,* der die Menschen solange erschreckt hatte; jene unzähligen Österreicher, die an sich vorher ihre materiellen Interessen und ihre soziale Sicherheit lieber nicht der Linken anvertraut hatten, und die katholische Kirche in Österreich, die zuletzt auch noch mit der SPÖ ein Appeasement einging. Im Zuge dieser »Entideologisierung« ist es gleichzeitig mit der in dieses

Experiment verstrickten ÖVP unaufhaltsam abwärtsgegangen. Nach 1945, als es auch im Wiener Rathaus eine freiwillig eingegangene Koalition der beiden Großparteien gab, wurde in den Städtischen Bibliotheken das Werk des in den USA lebenden politischen Publizisten Charles Gulick eingestellt. Gulick spart darin nicht mit dem Tadel an den Feinden der bis 1934 bestandenen Arbeiterpartei. Aber er lobt nicht so sehr Bauer, wie er Renner verurteilt. Ihm billigt Gulick für die Ära von 1918 bis 1934 nur Scheinerfolge zu. Die nach 1927 eingetretene »Pause« im Fortgang der Revolution in Österreich hätte die Kämpfer in der Arbeiterbewegung »enerviert«. Dabei verfolgt Gulick in seinem Werk nicht einfach die Idee einer »permanenten Revolution«, wie dies gewisse Linksintellektuelle taten und tun. Er hakt dort ein, wo der große Mann des Austro-Marxismus, Max Adler, vor 1934 mit Bauer ins Gericht ging.

Adler gefiel das Bild einer »Koexistenz« seiner Partei mit der Bourgeoisie ganz und gar nicht. Auch Gulick nicht. Er fand es abscheulich, wenn Renner zuweilen so weit ging, daß er den »bürgerlichen Staat« (der doch ohnedies längst dekrepit war) als »Schutzschild« für die Arbeiterpartei benutzen wollte. So wie Renner den Kommunikationsraum der 1918 untergegangenen Monarchie als besseren Wachstumsboden für den Sozialismus ansah als das, was nach 1918 in den Nachfolgestaaten geraten ist, so schätzte er auch die demokratische Ordnung in der Republik mehr als einen von revolutionären Exzessen aufgewühlten Boden. Adler warf Renner vor, er sei geradezu zur Mentalität der Revolutionäre des Jahres 1848 zurückgegangen (!). Damit kam er bei Renner schlecht an; dieser kehrte nämlich den Spieß um, indem er der radikalen linken Linken eine »intellektuelle, moralisiserende Schulmeisterei« anlastete. Für sich beanspruchte Renner die Wirksamkeit seiner Methode, den Massen die für sie *verwertbaren* Tatsachen anschaulich zu machen. Renner ging so weit, die 1926 auf dem Parteitag von Bauer als Repressionsmittel angedrohte Diktatur des Proletariats auf ihre Anwendungsmöglichkeit zu untersuchen. Was er gegen dieses Drohmittel und seine parteipolitische Bedeutung ins Treffen führte, war – wie man einmal beim österreichischen Kommiß gesagt hat – watscheneinfach: Was ging im Winter auf 1919 die Arbeiterschaft in den Industriezentren der Ideologiestreit der Intellektuellen in ihrer Partei an? Nichts. Für den damaligen Staatskanzler Renner ergab sich das schwierige Problem der Versorgung der Massen mit Mehl, mit Brotgetreide, und zwar für die nächsten 14 Tage. Wer konnte überhaupt die Versorgung mit Lebensmitteln in die Hand nehmen, nachdem nicht nur die feindlichen Nachfolgestaaten der Monarchie, sondern auch die Länder der klein gewordenen Republik die Lieferungen nach Wien einstellten! Oder: Wovon sollte der nächste Monatslohn der Staatsbediensteten, wovon in den Betrieben der fällige Wochenlohn bezahlt werden? Hunderte solcher Fragen gab es damals, hielt Renner seinen Kritikern in der eigenen Partei vor. Und daher hielt er es ». . . für eine unverantwortliche Gewissenlosigkeit (!), in einer taktischen Diskussion von Diktatur zu reden . . . Hoffentlich versteht er [gemeint war Adler] diesmal und unterläßt er es, mir, wenn ich von Tatsachen rede, Demagogie (!) vorzuwerfen.«

Adler blieb keinen Gegenschlag schuldig, aber es wurde zu Renners Vorteil, daß just in diesen zwanziger Jahren noch nicht die Schatten der Arbeitslosigkeit und der wirtschaftlichen Depression über Österreich und der Welt lagen. Ein wenig keck wagte Renner schließlich den Satz: »*Die* Armee wäre verloren, die ihre Feldprediger zu ihren Feldherren machen wollte.«

Aber gerade das war im Kommen. Im Reich machten die Massen keinen Wirtschaftsfachmann zum Retter in der Krise der dreißiger Jahre, sondern einen Predikanten, nämlich Hitler. Adler starb 1937, ehe Hitler nach Wien kam und ehe Adler imstande war, Renner punkto der Gefährlichkeit eines Feldpredigers zu widerlegen. Jahre früher rechnete Bauer hierin mit Renner ab:

»Das Geschäft des Politikers ist das Reden, das Geschäft des Zeitungsschreibers ist das Schreiben, beide sind geneigt zu glauben, daß die Rede- und Schreibweise den Gang der Geschichte bestimme. Aber – sind es nicht sonderbare Marxisten, die auf die Phraseologie zurückführen, was das unentrinnbare (!) Resultat eines allgemein *historischen* Gesetzes ist?«

Seither ist wissenschaftlich widerlegt, was zu Marxens Lehrjahren gegolten hat, nämlich ein Determinismus, der auch im Politischen quasi Ewigkeitswert besitzen soll. Längst ist die Tatsache bekannt, daß die Zukunft jeweils offen ist und ihre eigene Gesetzmäßigkeit entwickelt. Aber die »Pause« in den zwanziger Jahren ging zu Ende, Hitler stand vor der Tür, und die ideologischen Turbulenzen in Kreisen der Intelligenzia der SDAPÖ hörten nicht auf. Nicht nur in der Partei ereignete sich hierin eine *itio in partes*, sondern auch in deren Schutzbund, in dem prominente Militärs wie Körner und Eifler sich über Wesen und Aufgabe dieses Wehrverbandes der Linken zerstritten. Mit einer dermaßen in Unordnung befindlichen Etappe, mit Streitereien in den Stabsquartieren hinter der Front, trat der Schutzbund im Februar 1934 aus der Bereitstellung in den Kampf. Dieser Tat soll an anderer Stelle dieses Buches der Respekt des Gegners erwiesen werden.

AUFMÄRSCHE STATT DEMONSTRATIONEN

Die Marschierer ergreifen das Wort

Um 1929 sang der damals ungemein populäre Kabarettist Armin Berg ein Couplet, dessen von Louis Taufmann verfaßter Text einer Strophe folgendermaßen lautete:
»Eine Demonstration auf der Straße sich zeigt – in Wien / Begeistert schrei'n alle, heut' wird wieder g'streikt – in Wien. / Warum tut's denn streiken, frag ich aan' voll Sorgen. / Der sagt, lieber Herr, das erfahren wir morgen. / Heut' wird Hoch! und Nieder! noch g'schrien / In Wien, in Wien, in Wien.«
Monatelang erntete der Vortragende damit Lachstürme in Kabaretts und Nachtlokalen. Es lachten auch jene, die selbst zuweilen demonstrierten, so wie andere, die sich wegen der Demonstrationen eher Sorgen machten und manchmal dabei tatsächlich mit ihrem Besitzstand zu Schaden kamen. Der gesungene Text war um 1929 gar nicht mehr aktuell. Vorbei waren die Zeiten, in denen sich mächtige Demonstrationen über die Ringstraße bewegten, geleitet von Ordnern, die darauf achteten, daß es zu keinen jener Ausschreitungen käme, die dann die gegnerische Presse in die Lage versetzt hätten, die Demonstranten und ihr momentanes Anliegen zu diffamieren. Wo waren die Zeiten nach dem Krieg, als man im anderen Lager Kriegerdenkmäler zur Erinnerung an die Gefallenen errichtete und Parteipolitiker, die meistens den Krieg weit hinter der Hauptkampflinie erlebt hatten, vom Opfer der Toten redeten, das die Überlebenden zu neuen, sinnvolleren *Opfern im Politischen* ermuntern sollte.
1929 war schon die Zeit der Marschierer gekommen. Man marschierte in der Uniform des jeweils zusagenden Wehrverbandes auf. Die HW konzentrierte solche Aufmärsche gern auf die soge-

nannten *Hochburgen der Roten,* wobei die Veranstalter Kameraden von weit her mit Lastkraftwagen herankarrten. Die so in ihren Hochburgen bedrohten Roten zögerten nicht, auch ihrerseits an Ort aufzumarschieren und dazu aus der Umgebung Verstärkung aufzubieten. Manchmal ging dem Aufmarsch des Schutzbundes eine der von General Körner strikte abgelehnten Feldübungen voraus. War dies der Fall, dann trug die Flügelcharge in der ersten Doppelreihe ein MG auf der Schulter. Dann ging ein Raunen durch die Zuschauer. Die Gendarmen, die mit »Bajonett auf!« für Ordnung sorgten, schauten gelassen zu.
In den Alpenländern marschierten zuweilen schon HW-Formationen auf, deren »Sturmkompanien« Mann für Mann mit Karabinern bewaffnet waren, wobei sie nicht nur mit dieser Waffe präsentierten, sondern bei Heldenehrungen auch die Generaldecharge abgaben. In Gebieten, wo die klerikale Bevölkerung darauf aus war, daß die Männer wegen eines Aufmarsches nicht die Sonntagsmesse versäumten, wurde vor der Kundgebung eine Feldmesse zelebriert.
In allen Fällen hatte ein schneidiger Redner das letzte Wort. Der strich dann die Gefährlichkeit eines eventuellen Angriffes des jeweiligen Gegners heraus, um die Kampfbereitschaft seiner eigenen Leute zu stärken. Immer mehr ähnelten einander die *Texte* der dabei gebrauchten Zielansprachen, nur die *Ziele* waren bald auf zwei spezielle beschränkt: Der Feind war in einem Fall der *Faschismus,* im anderen Fall der *Marxismus.* Was in Worten nicht genug drastisch zum Ausdruck kam, das wurde bei Wahlen auf Plakaten bildlich dargestellt.
So gehörte in jenen Jahren zur Devise »Wählt sozialdemokratisch!« das Bild eines mundtot gemachten und gefesselten halbnackten Proletariers inmitten eines Quartetts von Peinigern, einem mit Orden bedeckten Offizier in der alten k. u. k. Uniform, einem Pfaffen, einem Kapitalisten mit Zylinder und einer bürgerlichen Type, die eine Peitsche schwingt. Zum einschlägigen Plakat mit der Devise »Wählt christlichsozial!« gehörte das Bild des erbärmlichen Schicksals von fast aller Kleider beraubten Frauen und Männern. Diese Unglücklichen hingen in den Fang-

seilen einer Gruppe feister Kapitalisten (einer von ihnen mit jüdischen Gesichtszügen), einer Kokotte, die ein Sektglas schwingt, und eines Mannes mit der traditionellen Ballonmütze der Linken in Rot. Beherrscht wurde diese Szene von einem kräftigen Mann mit nacktem Oberkörper (sichtlich kein Kapitalist), der die Unglücklichen den Seilen ihrer Verführer und Nutznießer entreißt. Bald kam die HW in der Propaganda immer häufiger ins Bild, und die drohenden Gefahren wurden von der Linken mit äußerster Drastik gezeigt. Dem blieb man nichts schuldig, und HW-Männer klebten zum Beispiel kleine Zettel an die Plakatwände, die einen Ochsen zeigten, der – mit menschlicher Stimme begabt – brüllt:

»Ach, mein armer Bruder ist auch beim Schutzbund . . .«

Wie immer am Vorabend mörderischer Zeiten gab es auch in den zwanziger Jahren in Österreich sogenannte Schreibtischmörder und -zeichner, die das Unheil an Plakatwänden aufzeigten. Der 1918/19 von Kommunisten angezettelte Straßenkampf verebbte und hörte zeitweilig ganz auf, als es Mitte der zwanziger Jahre weniger Arbeitslose, ja einen gewissen Wohlstand gab. Nach dem 15. Juli 1927 flammte Haß auf, wenn es gegen die »Arbeitermörder« in der Exekutive ging. Solange Vaugoin Bundesminister für Heereswesen war, blieb er darauf bedacht, das Bundesheer aus blutigen Konfrontationen herauszuhalten. Seine Parteilichkeit bei der politischen Ressortleitung im Interesse christlichsozialer Parteigänger blieb unbestritten, aber zu seiner Zeit hat das Bundesheer nicht – wie die Legende nach 1945 lautete – *nur* auf Arbeiter und Arbeiterhäuser geschossen. Die Frontkämpfervereinigung, unauslöschlich mit der Erinnerung an Schattendorf 1927 und dem folgenden Justizpalastbrand verbunden, büßte mit dem Altern der Frontkämpfergeneration ihre Stärke ein. Die HW rückte in die so entstehende Frontlücke ein und entwickelte sich nach 1927 tatsächlich zu einer *politischen Bewegung*, also zu weit mehr als einem bloßen Wehrverband.

Die Gefechtslage änderte sich. Galt nach der fertigen Organisation des Schutzbundes im Jahr 1923 und dem machtvollen Aufmarsch dieser Formation in Wiener Neustadt für die Lage: »Rot greift an«, so verschob sich das nach dem Brand des Justizpalastes. Im Politischen dauerte der Angriff von links bis zum Umsturz der »bürgerlichen Ordnung« in Gesellschaft und Staat fort. Im Ringen der Wehrverbände wählte der Schutzbund die stärkere Position im Kampf, nämlich die Defensive in fast uneinnehmbaren Baulichkeiten des sozialen Wohnbaues der Gemeinde Wien, in denen später tatsächlich Kampfstellungen und Waffendepots eingerichtet wurden. Daß sie bestanden, blieb umstritten. Am 12. Februar 1934 fielen die Tarnungen, das gezielte MG-Feuer prasselte aus gewissen Kampfstellungen des Schutzbundes auf die Angreifer.

Daß die HW von Anfang an mit der Doktrin des Faschismus einverstanden war, wie er unter Mussolini im benachbarten Italien an der Macht war, ist Legende. Nach 1945 wurden Berge von Büchern über Wesen und Gefährlichkeit des Faschismus verfaßt. Vor 1934 wußte kaum einer in einer HW-Kompanie, was Faschismus ist, außer daß der verfluchte Mussolini die Tiroler in Südtirol drangsalierte und selbst auf Grabsteinen in den Friedhöfen deutsche Familiennamen verbot. Ein faschistischer »Sprachwissenschaftler« machte sich damals daran, die uralten deutschen Orts- und Geländebezeichnungen in Deutsch-Südtirol zu »italianisieren«. Ein mit Emblemen des Faschismus geschmücktes Riesendenkmal preist dort heute noch jenes Italien, das sich zufolge seiner geschichtlichen Aufgabe der »Barbaren des Nordens« zu erwehren und zu siegen wußte. Manche HW-Kompanien sangen nach der Melodie der Hymne des italienischen Faschismus »Giovinezza« den Kehrreim des geänderten Textes etwa so:

»Mussolini! / Tiroler bin i / Tiroler bleib i! / jetzt und in aller Ewigkeit . . .«

Die HW griff zunächst nicht unter dem Banner des Faschismus an, vielmehr wurde den Männern gesagt, die Demokratie sei in Österreich nicht in Ordnung; das aber sagten auch viele von der Linken, freilich mit einem anderen Ziel vor Augen. Die HW trat unter der Devise an, es müsse eine »wahre Demokratie«, eine *Volksherrschaft* anstatt der *Bonzenwirtschaft* hergestellt werden. Das war eine gängige Parole, da um 1930 eine nicht unbegründete

Parteimüdigkeit allgemein verbreitet war. Die Alltagspraxis im Hohen Haus am Ring des 12. November in Wien war wirklich kein sinnfälliges Idol junger Menschen von damals. Obwohl sich die HW 1927 im strategischen Sinne in einer politischen Offensivbewegung befand, hörte sich ihre Redeweise so an, als sei sie eher in der Verteidigung, in einer Verteidigung gegen eine 1926 von der Linken angedrohten Diktatur. Manche Redner der SDAPÖ taten das Ihre, um diese Gefahr dem politischen Gegner so richtig einzuhämmern.

Selbst gestandene Christlichsoziale, die nur mäßige Sympathien für die HW entwickelten, fühlten sich betroffen, wenn von links her die Drohung mit der Diktatur des Proletariats fiel. Um es gleich hier zu sagen, die Abscheu vor der Linksdiktatur befiel nicht nur die Besitzenden und die tieftrauernden Hinterbliebenen der »alten Macht«. Im Demokratieverständnis der so verängstigten Österreicher zog sich über das Bild der Demokratie ein Film, nämlich die Erinnerung an die Jugendtage der Republik, an Tage, an denen die linke Linke mächtig aufbegehrt hatte. Dazu kamen Parolen in Versammlungen der SDAPÖ, in denen der alte Stehsatz: »Demokratie, das ist nicht viel, Sozialismus ist das Ziel«, immer wieder aufschien. Die »kleinen Leut'« in den sogenannten bürgerlichen Parteien fühlten sich verhöhnt, wenn sie von der gegnerischen Propaganda in eine Linie mit Kapitalisten und üblen Nutznießern gestellt wurden.

In sogenannten staatserhaltenden Kreisen kam der Plan auf, einer von der HW in ihrem Sinne erstrebten Verfassungsänderung, die mehr auf erkennbare, verantwortungsbewußte Autoritätsträger abgestellt war, zuvorzukommen. So kam der liberale Landbund, der dann 1934 mit seinem Wehrverband am Aufstand der SA teilnahm, der HW mit dem Ruf nach einer *Verfassungsänderung* zuvor. Man hoffte der HW damit das Wasser abzugraben, denn ansonsten fühlte sich der Landbund auf dem Boden der Verfassung von 1920 und dem von Karl Renner inspirierten Wahlgesetz für Nationalratswahlen gut gesichert. Bei den Christlichsozialen griffen die letzten Lueger-Veteranen den Wunsch nach einer Reform auf; sie folgten damit ihrem Parteifreund Wilhelm Miklas, der seit

1928 Bundespräsident war. Miklas war schon in der Umsturzzeit nach dem Krieg der Auffassung gewesen, es müsse das ganze *Staatsvolk*, also alle wahlberechtigten Jahrgänge, nicht aber eine noch dazu selbsterwählte, aus der Zeit der Monarchie stammende *Vertretung* über die Staatsform und deren Verfassung entscheiden; wobei Miklas selbst niemals nach einer Ausdehnung der Macht des Staatsoberhauptes, momentan also für sich, strebte.
Noch saßen die meisten Väter der Republik von 1918 im Nationalrat. 1918/19 waren sie in den unruhigen Zeiten von damals gegen die Befragung des ganzen Wählervolkes aufgetreten, weil dabei noch mehr Unruhe in eine schon von schweren Unruhen geschüttelte notige Zeit gebracht worden wäre. Niemand erinnerte sich 1929 gerne daran, daß schon die Republik von 1918 unter *Bruch der Rechtskontinuität* – nämlich des Staatsgrundgesetzes von 1867 – entstanden war. Auch alle weiteren Verfassungsexperimente in Österreich bis 1938 kamen über einen solchen Bruch in der Tiefe des Verfassungswesens nicht hinweg. Wie es auch war, immer mehr einsichtige Parlamentarier und Parteiführer schwenkten 1929 auf den Weg zu einer Verfassungsänderung ein, allerdings – wie sie meinten – auf legaler Basis. Die SDAPÖ tat das einzige, was sie angesichts der Gefahr, die ihrem Staat von 1918 drohte, tun konnte: Sie stellte sich resolut mit an die Spitze der Reformer und schickte für allfällige gesetzesändernde Maßnahmen ihre Besten ins Feuer. Das aber bedeutete nicht weniger, als daß die »Todfeinde« vom 15. Juli 1927, nämlich die SDAPÖ und der Anführer der damaligen »Arbeitermörder«, Polizeipräsident Schober, seit September 1929 wieder Bundeskanzler, die Verfassungsreform durchs Ziel trugen, damit aber die HW-Absichten für eine Verfassungsabänderung zunichte machten.
Für die Zukunft zeichneten sich so neue mögliche Allianzen auf parlamentarischem Boden ab. Die SDAPÖ ließ sich mit dem aus dem nationalen Lager kommenden Schober ein, nachdem sie auf ihrem Parteitag 1928 eine Erneuerung der großen Koalition mit der Partei Seipels abgelehnt hatte, 1928, als wieder Bauers Parole »Kampf bis zum Sieg im Klassenkampf« zog. Noch immer stellte die SDAPÖ nur eine Minorität im Plenum des Nationalrates. Ihre

Stärke bestand auf parlamentarischem Boden darin, daß sie in Österreich *eine umfassende allgemeine Linke* repräsentierte, während in der sogenannten Bourgeoisie die Christlichsoziale Partei niemals dieses Privilegium für sich hatte, Seipel also unentwegt nach einem Koalitionspartner unter den Kleinparteien suchen mußte. Es muß damals gewesen sein, daß Seipel im engeren Kreis sagte:

»Quintessenz für die Christen im Politischen muß es sein, ihre *effektive* Minorität möglichst selten *ostensibel* zu machen.«

Es war Danneberg, der zusammen mit dem Parteivorsitzenden Karl Seitz im Unterausschuß des Verfassungsausschusses mit größtem Geschick die Verhandlungen mit Vertretern der Regierung Schober führte. Im Ausschuß sorgte der 1927 als Jüngster ins Hohe Haus gekommene Innsbrucker Rechtsanwalt Kurt Schuschnigg für Ordnung in der Gesprächssituation. Der liberale Landbündler Universitätsprofessor Ernst Schönbauer war – wie 1918 – ein wertvoller Kenner im Wirrwarr der Parteitaktiken. Daß die HW in Bereitschaft stand, um einen ihr mißliebigen Ausgang der Verhandlungen mit einem Staatsstreich zu quittieren, ist Legende. Richtig ist, daß sie seither Schober des »Verrats« und einer üblen Packelei mit Danneberg bezichtigte. Innerhalb der Christlichsozialen Partei kam eine scharfe Kritik vom steirischen Landeshauptmann Rintelen; aber auch Seipel war mit dem Ergebnis der Verfassungsreform 1929 nicht glücklich. Er fürchtete, daß halberfüllte Hoffnungen hüben und drüben künftig erneute Begehrlichkeiten nähren könnten und daß niemand wisse, unter welchen Umständen solche zur Austragung kommen würden. Die Verfassungsreform 1929 führte zu einer Stärkung der *Staatsautorität* und der Befugnisse des Staatsoberhauptes, eine Neuerung, die aber in der Krise der Demokratie im Jahr 1933 nicht in Anschlag kam. Der Sieg der Linken bestand hauptsächlich im ungeschmälerten Bestand der parlamentarischen Gewalt (um so unverständlicher, daß Renner diese im März 1933 aus der Hand ließ) und in der Abwehr der Idee einer Ständevertretung. Letztere blieb als eine den Bundesrat betreffende Promesse bis heute eine Leerformel.

Es muß an dieser Stelle eingefügt werden, daß die SDAPÖ nach der Verfassungsreform, als man von einer auf dem Höhepunkt der Macht befindlichen HW redete, in Wahrheit die stärkste politische Formation im Land war. Sie verfügte über ein im Anschluß an Marx entstandenes, genau punktiertes und fixiertes *Programm* und hatte ein *Ziel:* Alle Macht dem Proletariat, wenn es sein muß, auch auf dem Weg der Handhabung einer Diktatur. Sie verfügte über *Symbole,* die in den eigenen Reihen unbedingte Achtung genossen, und sie zeigte sie im Angriff stolz dem Gegner: die rote Fahne und das Parteiabzeichen (die rote Nelke auf schwarzem Grund mit der Inschrift SDAPÖ in goldenen Lettern); sie verfügte über *Finanzierungsquellen* im eigenen Bereich, sie bestimmte, *wer* für sie bei Wahlen kandidierte, und sie bestimmte im Tageskampf und in den Vertretungskörpern, *wer zu welchem Thema was* sprach. Auf außerparlamentarischem Gebiet war sie unschlagbar zufolge der Massenmitgliedschaft der von ihr geführten *Freien Gewerkschaften* und eines *Wehrverbandes,* des Schutzbundes, der unter dem Oberbefehl der Partei stand. Damit hat sie die Herrschaft auf den Straßen und in den Betrieben erkämpft.

Ganz anders stand es um die HW. Ihr *einziges allgemein anerkanntes Symbol war der Hahnenstoß;* aber nicht alle trugen den grünen Hut, einige zogen die Kappe im Schnitt der alten Armee vor. Die *angeschlossenen Verbände* waren zum Teil unterschiedlich organisiert und uniformiert; es war ein bunter Haufen, der allerdings anfänglich den Anschein einer Volksbewegung hatte und damit werben konnte. Daß die HW *keine Partei* war, daß sie das Parteiensystem ablehnte, kostete sie den Vorteil des Halts bei *einer* mächtigen Partei; sie hatte eben zu vielerlei Fleisch an sich. Parteipolitiker mischten sich in die Führung der HW-Organisation ein, während die militärischen Führer in den angetretenen Formationen wenig zu sagen hatten. Viele in der HW meinten, ihre Beziehungen zur Christlichsozialen Partei seien für diese Partei ein Vorteil im Kampf gegen die Linke, oft aber ein Nachteil in den eigenen Reihen. Da jedoch alle mit der Christlichsozialen Partei scharf konkurrierenden »bürgerlichen Parteien« Parteigänger in der HW hatten, war diese *im kleinen ein Abbild der Partei-*

en, in dem sich bis zu ihrem Untergang 1933/34 ein Kampf der Mäuse mit den Fröschen abspielte. Dennoch verlor die SDAPÖ in der großen Krise der dreißiger Jahre den Kampf, just um die Zeit, da ihre Genossen in West- und Südwesteuropa im Bündnis mit Liberalen, zuletzt in einer Volksfront, über die Rechte einen Sieg davontrugen.

Hiezu eine Randbemerkung: Unversehens hatte sich die SDAPÖ bei der Verfassungsreform 1929 eine gefährliche Infektion zugezogen. Gemeint ist hier die im Zusammenhang mit anderen Kompetenzen dem zuständigen Bundesminister bei Gefährdung der öffentlichen Ruhe und Ordnung in einzelnen Gemeinden eingeräumte Kompetenz, Maßnahmen für die Dauer der Gefährdung zu treffen und *damit eigene Bundesorgane zu betrauen.* Angesichts der Persönlichkeit des Verhandlungspartners des Jahres 1929 zögerten die Unterhändler der SDAPÖ offenbar nicht, ihr Vertrauen in die Person Schobers zu setzen. Solange man die Gefahr der HW im Auge hatte, war die Linke im Falle Schober eines verläßlichen Organs zur Wahrung von Gesetz und Ordnung sicher. So nebenbei ließen die Regierungsvertreter bei der Verfassungsreform die Gemeinde Wien, die zugleich auch das Land Wien darstellte, der Kontrolle durch den Rechnungshof entschlüpfen. Wien konnte sich fortan in seinem Rechtsbereich die Kontrolle einem eigenen Organ vorbehalten, so daß hier die Einmaligkeit entstand, daß jene Behördenorganisation, deren Rechnungsgebarung geprüft werden soll, sich durch ihre Organe die ihr genehme Kontrollinstanz selbst aussuchen kann.

Noch einen Sieg trug die Linke im Jahr 1929 davon. Terror, freilich ein ganz anderer Terror als jener, der zwei Generationen später große Teile der Welt in eine Hölle der feigen Brutalität, der Geiselnahme und Ärgerem verwandelte, erregte die Gemüter. Damals aber war der Terror in den Betrieben keiner, der von der Unternehmung ausging, sondern jener, mit dem Arbeitnehmer verschiedener Anschauung und Herkunft einander quälten. Österreich kannte nicht den Terror, den Gewerkschaften in angelsächsischen Ländern ausüben. Wo Gewerkschaften nicht bloß Interessenverbände lohnabhängiger Arbeitnehmer sind, sondern vielmehr unter *Pression* zustandegekommene Zusammenballungen von Arbeitnehmern in den Händen oligarchischer, professionalisierter Führungsgruppen, letzten Endes Manager, die für ihre Sache nicht bloß die ausschließliche, sondern auch die hundertprozentige Erfassung aller Lohnempfänger ihrer Branche beanspruchen, oft genug auch erzwingen. In Österreich geriet nämlich die Entwicklung in eine andere Richtung. Die Freien Gewerkschaften entsprachen der Fixierung der Idee einer *Parteieinheit* im durchaus marxistisch-sozialistischen Sinn. In Gemeinden mit einer sozialdemokratischen Mehrheit in der Volksvertretung und der dementsprechend ausgerichteten Verwaltung entstand so ein in sich geschlossenes System der Machtausübung, das zu Konflikten führen mußte.

Leopold Kunschaks christliche Gewerkschaften gerieten bei diesem Stand der Dinge unter doppelten Druck. Nicht nur die in den Händen der Linken befindlichen Gewerkschaften stemmten sich gegen das Auftreten der »Christlichen« in den Betrieben; es empfanden auch viele Betriebsleitungen die Präsenz christlicher Gewerkschafter als Gefahr, als eine Störung ihres mit Freien Gewerkschaftern mehr oder weniger einvernehmlich ausgehandelten, eher ruhigen Betriebsklimas.

Diese Problemstruktur änderte sich, als, beginnend in der Obersteiermark, gewisse Unternehmungen die Gründung von Arbeitnehmerorganisationen im Schutze der HW begünstigten und diese Neugründungen sich da und dort auch durchsetzten. Es nützte nichts, derlei Gewerkschaften so wie jene Kunschaks als »gelbe« zu diffamieren. Die Mitgliederzahlen der Freien Gewerkschaften sanken langsam, aber unaufhörlich. Umfaßten sie 1923 noch um 80 Prozent aller gewerkschaftlich Organisierten, so sank diese Quote allmählich bis 1930 auf 72 Prozent. Trotz Anwachsens der Arbeitslosigkeit erhöhten gleichzeitig die christlichen und die nationalen Gewerkschaften stetig ihren Stand an Mitgliedern.

Bemerkenswert war neben diesen erwähnten Erfolgen der im Gefolge der HW entstandenen Veränderungen im Gewerkschaftssystem, daß so wie in der Stadtgemeinde Wien Freie Gewerkschaften im Bereich bestimmter Bundesministerien *nationale Gewerk-*

schaften zu einflußreichen Machtfaktoren anwuchsen; etwa im Bereich der Bundesbahnen, die zwar 1922/23 als eigener Wirtschaftskörper organisiert wurden, aber dem Hoheits- und Aufsichtsrecht des Staates unterworfen blieben. In diesem Fall unter einer politischen Ressortleitung, die jahrelang für das Bundesministerium für Handel und Verkehr von der Großdeutschen Volkspartei gestellt wurde.
Die ganze Schärfe der Problematik des geforderten Antiterrorgesetzes kam zutage, als die Oesterreichisch-Alpine Montangesellschaft nach dem 15. Juli 1927 keine freigewerkschaftlich organisierten Arbeitnehmer mehr einstellte. Arbeitssuchende mußten vor der Aufnahme im Betriebsbüro eine Bestätigung über ihre Zugehörigkeit zur HW vorweisen. All das wurde, allerdings mit weniger drastischen Methoden, auch im Verband des Wiener Magistrats geübt. Der gefährliche Wirrwarr erreichte seinen Höhepunkt, als christliche Gewerkschafter eine Diskriminierung von links und rechts traf. Damals entstand im Umkreis solcher Praktiken in der HW der Leopold Kunschak zugedachte Schimpfname »Bela Kun-schak«, der ihn in eine Linie mit dem Diktator in der Zeit der Rätediktatur der Kommunisten in Ungarn stellte.
Spät, zu spät, kamen jetzt aus verschiedenen Richtungen Vorschläge für eine Entwaffnung der Wehrverbände, also für eine *Abrüstung am Vorabend* des befürchteten Bürgerkrieges. Der geneigte Leser, der seine einschlägigen Erfahrungen aus den Massakern der Bürgerkriege in der Zeit nach 1945 aus dem Fernsehen bezieht, mag in der Handhabung einer »Abrüstung« in einer Ära gegenseitiger Mißachtung, gegenseitigen Mißtrauens und ideologisch verursachter Feindseligkeit eine gewisse Gesetzmäßigkeit erblicken. Es gehört zur Tragik im Leben des Wiener Polizeipräsidenten und mehrmaligen Bundeskanzlers Schober, daß es just während seiner letzten Kanzlerschaft in der Zeit von September 1929 bis September 1930 zu den ersten drastischen Anzeichen eines sichtlich unabwendbaren Bürgerkrieges kam. Daran änderte auch die Konsenspolitik Schobers mit Exponenten der SDAPÖ nichts. Schober setzte alle ihm zur Verfügung stehenden Möglichkeiten ein, um Massenzusammenstöße zwischen Wehrverbänden

zu verhindern, zumal die Exekutive in diesen gefährlichen Situationen zum Waffeneinsatz gezwungen worden wäre. Hierin wurde er vom Bundesminister für Heereswesen Vaugoin unterstützt, während dessen Amtszeit das Bundesheer eben nicht nur »auf Arbeiter und Arbeiterwohnungen« geschossen hat. Schober konnte manches verzögern, den Marsch ins Chaos konnte er schließlich nicht aufhalten.

Das Jahr 1929 begann damit, daß in Wien kommunistische Störtrupps versuchten, eine Werbeveranstaltung der HW des Major Fey zu sprengen. Bei diesem Anschlag wurden zwei HW-Männer schwer, zwei der Angreifer leicht verletzt. Der Polizeibericht formulierte das Geschehen wie üblich, das heißt, er unterspielte den Grad der Verletzungen, bezeichnete sie als unerheblich. Wer aber die Verwundeten gesehen hatte, fragte sich, was wohl geschehen müßte, um derartige Verletzungen als erheblich oder gar lebensgefährlich zu diagnostizieren.

Im nächsten Monat war das niederösterreichische Gloggnitz der Ort des blutigen Geschehens. Dabei wurde der rührige sozialistische Vizebürgermeister von Wiener Neustadt, Josef Püchler, eine Schlüsselfigur im Geschehen dieser Jahre, im Kampf mit der HW verletzt, ebenso ein HW-Mann. Solche Zusammenstöße endeten bald nicht mehr, ohne daß es Serien von Leichtverletzten gab. Nach einigen ruhig verlaufenen Wochen kam es dann bei einem Werbeaufmarsch der HW in der »roten Hochburg« – so die jeweils taktische Bezeichnung – Gratwein bei Graz zu schweren Zusammenstößen. Die abmarschierenden HW-Männer wurden aus dem Werksgasthaus eines dortigen Betriebes durch wilde Beschimpfungen provoziert. Der Abmarsch wurde unterbrochen, um das Gasthaus entstand ein wilder Kampf, bei dem es wieder auf beiden Seiten Schwer- und Leichtverletzte gab. Am selben Tag kam es im niederösterreichischen Wallfahrtsort Maria-Enzersdorf zu einer Schlägerei, bei der der Bürgermeister, der HW-Mann war, sowie einer seiner Kameraden verletzt wurden.

Dennoch gab es ältliche Dummköpfe, die noch immer versuchten, dieses gefährlich um sich greifende Geschehen zu unterspielen. Sie vermeinten, in ihrer Jugendzeit hätte es doch auch an je-

dem Sonntag in irgendeinem Ort Raufereien gegeben. Jetzt trage man halt diese quasi landesüblichen Konflikte in Uniform aus. Früher sei die Gendarmerie solchen Wirtshaus- oder Kirchtagsraufereien aus dem Weg gegangen, was sich so auswirkte, daß der sonst üblicherweise mit »Bajonett auf!« durchs Dorf patrouillierende Gendarm eine andere Runde machte. Diese Zeiten waren vorbei. Vorbei auch die Zeiten, da man im burgenländischen Schattendorf immerhin eine Einigung zwischen dem örtlichen Schutzbund und der Frontkämpfervereinigung erzielt und eine Zeitlang auch gehalten hatte, nach der niemals *beide* Verbände am *selben* Tag am selben Ort ausrücken sollten. Bekanntlich hat der Bruch dieser Vereinbarung, die zwei Generationen später als eine etwas merkwürdige Art der Verhütung von Vergehen und Verbrechen mit Waffenanwendung diskreditiert wurde, schwerwiegende Konsequenzen gehabt. Der Freispruch der Schattendorfer Gasthausinhaber Scharmann, die zwei Menschen mit Schrotschüssen getötet hatten, eine Verneinung eines Schuldspruches in diesem Fall durch ein *Wiener* Geschworenengericht, führte zum Ausbruch des ungezügelten Massenaufmarsches in Wien, dem Brand des Justizpalastes und forderte jene Todesopfer, über deren Gräber die Feinde nie mehr ganz hinweggekommen sind.
Nun war Ende der zwanziger Jahre auch die Zeit gekommen, in der die SA dem Beispiel des rasanten Vorgehens ihrer Kameraden im Reich folgte und dabei viel schärfer angriff als HW und Schutzbund. Eine der ersten Hochburgen der Linken, wo sie sich so versuchte, war das salzburgische Hallein. Die Kommunisten störten die von der Hitlerbewegung als Werbeveranstaltung gedachte Zusammenkunft, und die zum Schutz aufgebotene SA verzeichnete dabei sechs Verwundete. Man sagt, die SA habe für ihre Verletzten keine Spitalsbehandlung in Anspruch genommen, vielmehr andernorts ärztliche Hilfe gefunden.
Krems in Niederösterreich wurde schon vor 1934 mehrmals Ort blutigen Geschehens. Die Stadt hatte eine in der nationalen Tradition aufgewachsene bürgerliche Bevölkerung, aber auch die Christlichsozialen waren gut vertreten; hier holten sich sozialdemokratische Angreifer blutige Köpfe. Im April 1929 machten in

Liesing Sozialdemokraten und Kommunisten einmal gemeinsame Sache (!), was die Parteiführung der SDAPÖ nachher unterbunden hat. Auf der anderen Seite kamen HW-Männer und nationalsozialistische Parteigänger gemeinsam zu Schaden. So begann die Zeit, in der die HW schon Mitglieder an die Hitlerbewegung verlor, in beiden Lagern so etwas wie die Idee einer möglichen Kampfgemeinschaft bestand. Starhemberg selbst war es, der anfangs solche Intentionen auch in der Öffentlichkeit bei seinen Stegreifreden nährte.

Mit Sorge sah die Exekutive dem 1. Mai 1929 entgegen. Da und dort versuchte die örtliche HW, die traditionelle Maifeier der SDAPÖ zu stören. Größere Zusammenstöße gab es aber nur im steirischen Kapfenberg. Von den mehr als 20 Verletzten waren die meisten Angehörige der HW. Typisch für das Geschehen dieser Monate war ein Vorfall im niederösterreichischen Industrieort Leobersdorf. Seit langem, schon in der Zeit der Monarchie, war dort ein Stützpunkt der Sozialdemokraten, ein Arbeiterheim. Dieses Leobersdorf wurde Stätte eines üblen Konflikts, als einige Lastwagen der HW mit Teilnehmern einer Werbeveranstaltung den Ort durchfuhren. Es fielen Drohungen und Beschimpfungen seitens derer im Arbeiterheim. Der Konvoi hielt an, die Männer der HW schnallten die Überschwungriemen ab und stürmten das Heim. Es gab neun Verwundete.

Die Montagsausgaben der parteigebundenen Zeitungen, aber auch der als »unabhängig« deklarierten liebten es, anders als der Polizeibericht, die tragischen Sonntagsereignisse zu dramatisieren. Den »unabhängigen« Blättern lag daran, alle Wehrverbände gleicherweise durch das Skandalisieren solcher Zwischenfälle in der öffentlichen Meinung herabzusetzen, um so womöglich dem unheimlichen Spuk ein Ende zu bereiten. Die parteigebundenen Organe berichteten mit der krassesten *Einseitigkeit*, wobei als Kennzeichnung für den Gegner die Worte »Arbeitermörder« oder »Bolschewiken« gerne in den laufenden Text eingesät wurden. So entstand auf beiden Seiten der Kampffront ein bis heute nicht berichtigtes Image, wonach es im Bürgerkrieg in Österreich jeweils nur *einen Alleinschuldigen* gegeben habe. Im sozialistischen Österreich nach 1970 war dies die HW und immer nur die HW.

Seit dem Auftreten der sozialistischen Kinderfreunde war der Fronleichnamstag für diese längst kein Festtag im Spätfrühjahr, sondern oft Anlaß für eine Gegenveranstaltung zur Fronleichnamsprozession. Sobald die örtlichen Kinderfreunde dem Pfarrer genug Kinder abgeworben und damit der Fronleichnamsprozession entzogen hatten, konterkarierten sie diese da und dort mit einem Umzug. Hell klangen die Lieder derer hinter der roten Fahne durch den Ort und mischten sich mit dem Gesang der Prozessionsteilnehmer. In Mödling wurde der Fronleichnamstag 1929 ein Tag, den die Alten nicht vergessen haben. Die Kinderfreunde standen unter dem Schutz des Republikanischen Schutzbundes. Die HW war weniger an frommen Gebeten interessiert als an dem für sie provokanten Gebaren der »anderen«. Zwischen ihr und den Ordnern des Schutzbundes kam es zu Tätlichkeiten, der örtliche Kreisführer der HW, der weitum bekannte Baron Manndorff, wurde schwer verletzt. Mödling war fortan für Kundgebungen der Kinderfreunde und der Roten Falken nicht eben eine Hochburg, aber immerhin ein sicherer Ort. So war der ständige Kleinkrieg nicht in jedem Fall ein Blutbad, aber immerhin ein Kampftraining, aus dem beidseitig geübter Haß entstand, der sich später bei ernsteren Vorfällen auf furchtbare Weise entlud.

Wer dachte in der guten alten Zeit an Gefahren bei einem Ausflug nach Purkersdorf bei Wien, einem Ort, den Josef Weinheber als Ziel lieblicher Überlandpartien beschreibt? 1929 unternahmen Männer der HW eine Werbefahrt auf Fahrrädern. In Purkersdorf gerieten sie in eine Sperre, die der Schutzbund aufgerichtet hatte. Die HW-Männer saßen ab, faßten die Überschwungriemen und verfolgten die Störer, die sich im Arbeiterheim verschanzten. Beim Sturm auf das Heim wurde ein HW-Mann schwer verletzt. Hier ist der Platz, um auf einen Vorteil des Schutzbundes hinzuweisen. Er hatte die längst in vielen Orten bestehenden Arbeiterheime als Stützpunkte – und sie waren mehr als das. Die HW hatte nie derlei »Unterstände«, denn die da und dort von katholischen

Vereinen unterhaltenen Heime waren ihr verschlossen. Einige Pfarrer ließen sich zwar mit der HW ein, haben das aber nach 1938 und nach 1945 büßen müssen.

In Schlagzeilen der verschiedenen Parteiorgane schien regelmäßig die Überschrift auf:

»HW erstürmt Arbeiterheim« oder »Heimwehrfaschisten verwüsten Arbeiterheim«. Oder: »Wieder ein HW-Mann schwer verletzt«.

Wie das einschlägige Kampfgeschehen verlaufen ist, wurde bereits erzählt.

Der 18. August war vor 1914 der Tag, an dem in der ganzen Monarchie Kaisers Geburtstag gefeiert wurde. Man freute sich über diesen zusätzlichen freien Tag und den Festcharakter, der nach altem Brauch bestand. Am 18. August 1929 wollte die Lokalorganisation der SDAPÖ im Bezirk Bruck an der Mur das Jubiläum des zehnjährigen Bestehens der Ortsgruppe St. Marein feiern. Der Zuzug von 1000 Genossen wurde erwartet, der Aufmarsch des Schutzbundes zur eventuellen Abschreckung des Gegners vorweg groß herausgestellt. Als Festredner wurde der Vizebürgermeister von Bruck, der sozialdemokratische Landtagsabgeordnete Koloman Wallisch, angekündigt. Wallisch war seit seiner Teilnahme am Räteregime in Ungarn von bösen Gerüchten umwittert. Er selbst, seine Partei und – zumal nach seinem Tod – seine Frau haben darauf hingewiesen, daß er nicht bei den Hinrichtungskommandos jener Tage in Ungarn gewesen war. Das nützte wenig. Wer beim Gegner einmal einen solchen fatalen Ruf hatte, der war in *jedem* Fall übel dran. Für die Männer des Steirischen Heimatschutzes war und blieb Wallisch bis zuletzt ein blutbeschmierter Bolschewik. An Ort war sein Todfeind der äußerst aggressive HW-Führer Konstantin Kammerhofer. Kammerhofer, der später konsequent den Weg in die Hitlerbewegung gegangen ist, hat die Formationen des Steirischen Heimatschutzes zum Großteil aus der HW herausgeschält und sie der SA und der SS zugeführt. Wallisch und Kammerhofer gingen beide einem bösen Schicksal entgegen. Wallisch wurde nach seiner Teilnahme am Februaraufstand 1934 standgerichtlich abgeurteilt und hingerichtet. Das gleiche Urteil drohte nach 1945 Kammerhofer als SS-Führer im Falle seiner Auslieferung an Jugoslawien. Er entging aber seinem Schicksal und starb 1959 in der Bundesrepublik Deutschland den Strohtod. In Jugoslawien wurde er *in absentia* zum Tode verurteilt.

An jenem Tag im August 1929 war es Kammerhofer, der die Kampfvorbereitungen für das Einschreiten des Steirischen Heimatschutzes traf. Der Bolschewik Wallisch sollte – so die Gefechtsannahme – nicht in die Lage kommen, deutsche Arbeiter zu verführen, um es denen nachzumachen, die es 1919 in Ungarn mit der Rätediktatur versucht hatten. 3 000 Mann versammelte Kammerhofer; für die notwendige Ausrüstung dieser Mannschaft war gesorgt. Ausdrücklich wurde die Mitnahme von Stahlhelmen angeordnet. Die so ergangenen Weisungen kamen der SDAPÖ in die Hände; sie hat daher auch nach diesem Tag in den Reportagen ihrer Blätter die Öffentlichkeit darauf hingewiesen, daß die HW für den Zusammenstoß *gefechtsmäßig* vorbereitet worden sei. Die Gendarmerie nahm die von beiden Seiten verlauteten drastischen Drohungen nicht ernst. Anstatt die bewährten Mannschaften zu konzentrieren, schickte sie die kasernierte, aber im Dienst unerfahrene Mannschaft der Gendarmerieschule an die Stätte des zu erwartenden Geschehens.

Die zuständige Bezirkshauptmannschaft erteilte die Genehmigung der Veranstaltung der SDAPÖ ohne ernste Bedenken, so als handle es sich um eine ungefährliche und ungefährdete Kundgebung. Waffen sollten nicht sichtbar getragen werden (!). Der Schutzbund lieferte daraufhin 54 Spaten, also die bei Konflikten gerne benutzten Hiebwaffen, ab. Die HW deponierte ihre Waffen auf Schloß Nechelheim, nahe St. Lorenzen. Am 18. August marschierten die Sozialdemokraten im geschlossenen Zug, von den Ordnern des Schutzbundes begleitet, zur Festwiese. Dort angekommen, trafen sie auf die HW, die in etwa gleicher Stärke ausgerückt war. Obwohl die HW sich daran machte, die roten Fahnen herunterzureißen und durch weißgrüne zu ersetzen, versuchten die Roten vorerst noch, einen Zusammenstoß zu vermeiden. Der örtliche Schutzbundkommandant dirigierte den Marsch in Richtung Kirchplatz des Ortes um. Dieser Ablauf der Veranstaltung entsprach tatsächlich nicht der von der Bezirkshauptmannschaft erteilten Genehmigung der Festveranstaltung. Die HW erstattete daraufhin bei der Behörde Anzeige wegen Abhaltung einer Veranstaltung an einem dafür nicht genehmigten Ort. Nach dem, was vorher auf der Festwiese geschehen war, mußte das wie herausfordernder Hohn auf Wallisch und seine Leute wirken. Sie haben es auch so empfunden und begrüßten Wallisch mit lautem Beifall, als er schließlich das Wort ergriff. Noch einmal versuchten Besonnene auf beiden Seiten das Ärgste zu verhindern. Aber jetzt nahmen die Kämpfer die Sache in die Hand: Die HW ging mit Stahlruten und Gummiknüppeln, der Schutzbund seinerseits mit Überschwungriemen, Latten und Prügeln auf den Feind los. Und es fiel auch diesmal der fatale »erste Schuß«. Nie wurde festgestellt, wer geschossen hat. Als von beiden Seiten weitere Schüsse fielen, zeigte sich, daß sowohl HW-Männer als auch Schutzbündler mit Schußwaffen versehen waren. So war die Prügelei in einen Schußwechsel ausgeartet, der in der Beengtheit der Örtlichkeit zahlreiche Tote hätte fordern können. Zuletzt beklagte der Schutzbund zwei Schwerverletzte mit tödlichen Schußwunden. Die HW hatte keinen Toten, wohl aber 40 Schwerverletzte. Insgesamt wurden 57 Verletzte ins Krankenhaus eingeliefert. Beide Teile sollen ihre Leichtverletzten erst gar nicht den Spitalsärzten anvertraut haben. Der HW wurde nachher vorgehalten, sie hätte ein MG in Stellung gebracht, Ohrenzeugen wollten das an einer raschen Schußfolge erkannt haben. Hätte tatsächlich MG-Feuer in die in Kämpfe verwickelte Masse der HW und des Schutzbundes eingeschlagen, dann wäre es zu einem Massaker gekommen . . .

Das Gerücht von diesem Gefecht – so muß man es nennen – verbreitete sich, und falsche Angaben brachten zusätzliche Zahlen von Opfern auf beiden Seiten hinzu, die alarmierend wirkten. Vaugoin beorderte umgehend zwei Kompanien des Bundesheeres nach Bruck an der Mur. Die Landeshauptleute der an die Steiermark angrenzenden Bundesländer wurden von Wien aus angewiesen, das von alters her bestehende kaiserliche »Waffenpatent«

mit aller Schärfe anzuwenden und einen eventuellen Zustrom zum Ort des Geschehens in der Steiermark unter Kontrolle zu nehmen.
Halten wir hier fest, daß an jenem 18. August 1929 in der Steiermark eine Generalprobe für das stattgefunden hat, was sich nach dem 12. Februar 1934 im ganzen Land abspielte. Beide Teile versprachen, bei nächster Gelegenheit miteinander abzurechnen. Die einen wollten sich dann den Arbeitermörder Kammerhofer vornehmen, die anderen den Bolschewiken Wallisch. Eingedenk des Geschehens vom 15. Juli 1927 ließ die SDAPÖ in der Umgebung des Geschehens raschest ein Flugblatt verbreiten, in dem ihre Parteigänger aufgefordert wurden, vor weiteren Aktionen die Beschlüsse der Parteizentrale in Wien abzuwarten. Anders die KPÖ, die, so wie es am 15. Juli 1927 Ernst Fischer in Wien getan hat, ihre Kombattanten aufrief, einen Generalstreik heranzuzwingen und sofort in den Kampf mit der HW einzutreten.
Das zur Wiederherstellung der Ruhe aufgebotene Bundesheer konnte diesmal noch durch seine bloße Präsenz alle weiteren Ausschreitungen an diesem Unglückstag verhindern. Aber in einem Außenbezirk Wiens kam es zu Streitigkeiten der Parteigänger der Kombattanten in der Steiermark. Dabei wurde ein Mitglied der NSDAP ermordet. Zwei seiner Kameraden ließen ihn glatt im Stich; das Opfer ist so zum ersten »Blutzeugen« der Bewegung in dieser Gegend geworden.
Opfer des Geschehens war auch der erst kurz amtierende Bundeskanzler Streeruwitz. Längst von der HW als Gegner agnosziert, wurde er jetzt erst recht diffamiert und für gänzlich ungeeignet angesehen. Gewisse Gegner des Kanzlers im »bürgerlichen Lager« benützten solche Zwischenfälle, die so gar nicht auf der Linie des Kanzlers lagen, um ihn zu stürzen, obgleich die Wirtschaftskrise gerade einen Wirtschaftsfachmann, wie Streeruwitz einer war, erfordert hätte. Damals hat man sich erzählt, daß Streeruwitz, der keine Kollision mit der HW in der Öffentlichkeit anstrebte, in Kreisen von Industriellen, die Förderer der HW waren, einige kritische Bemerkungen über gewisse HW-Führer fallenließ. Fachkollegen aus der Steiermark trugen diese Äußerun-

gen weiter, und Streeruwitz war dann nicht der einzige bürgerliche Kanzler der Zwischenkriegszeit, den die Steirer mit zu Fall brachten.

Wendig bis zur Charakterlosigkeit verstand es der Landeshauptmann der Steiermark Anton Rintelen, sich aus der Affäre zu ziehen, ohne dabei wegen des Versagens seiner Behördenorganisation im Land oder seiner Gewährsmänner in den ihm nahestehenden Reihen des Steirischen Heimatschutzes die Konsequenzen tragen zu müssen. Vor 1914 wäre nach einer solchen Katastrophe ein derartiger Landeschef keinen Tag länger im Amt geblieben. In seinen 1941 erschienenen Erinnerungen geht Rintelen über das Geschehen vom 18. August 1929 mit einem Satzteil hinweg, wonach Bundeskanzler Streeruwitz nach diesem Unglückstag zurückgetreten ist, so als ob der Kanzler fluchtartig seinen Posten verlassen hätte.

Der 18. August 1929 erzeugte einen ersten Riß in der HW, über den auch spätere machtvolle Aufmärsche nicht hinwegtäuschen konnten. Der Zulauf zu den paramilitärischen Formationen der HW, der vor allem die erste Nachkriegsjugend erfaßte, konnte die Uneinigkeit und Unfähigkeit vieler Führer nicht ersetzen. Diese gaben *Siege* leichtfertig aus der Hand und zogen aus *Rückschlägen* nicht rechtzeitig die Konsequenzen in den eigenen Reihen.

So begann denn auch bald nach diesem Unglückstag die Rechtsschwenkung des Steirischen Heimatschutzes, und einige seiner Förderer gaben fortan gern die Mittel her, die es brauchte, um diese Wehrformation zuletzt in der Hitlerbewegung aufzurüsten.

Im übrigen ging der mörderische Kampf *Mann gegen Mann* weiter. Schon eine Woche nach jenem 18. August meldete die HW einen Schwerverletzten, der nach einem Zusammenstoß im niederösterreichischen Bezirk Melk gerade noch mit dem Leben davonkam. Die Gefechtslage in politischer Hinsicht wurde im Fall der HW zuweilen unübersichtlich, da sie jetzt nicht nur ihre eigenen Mitglieder im Stand führte, sondern geschlossene, an sich selbständige Wehrverbände unterschiedlicher Herkunft; so zum Beispiel die Wehrzüge des nationalen »Deutschen Turnerbundes«, den Verband »Deutsche Wehr«, den »Bund Oberland« und

kurze Zeit sogar den von dem strammen Christlichsozialen Josef Dengler geführten »Freiheitsbund«. Diese »verbündeten Truppen« kämpften ihrerseits an gewissen Kampffronten, die nicht immer jene waren, an denen die HW sie gerne eingesetzt hätte.
So konnte etwa in der HW der *Antisemitismus* nie allgemeinverbindlich werden, weil es, vor allem in der Wiener Heimwehr, prominente Führerpersönlichkeiten gab, die den rassischen Ansprüchen anderer Verbündeter der HW nicht entsprachen. Selbst im Heimatschutz der Steiermark gab es einen prominenten Direktor der Oesterreichisch-Alpinen Montangesellschaft, der in dieser Hinsicht umstritten blieb. Da er Corpsier war, veranlaßte das im Hinblick auf seine Herkunft einen Waffengang unter den Corpsstudenten in Leoben. Nach 1934 wurde er Regierungskommissär für besagte Werke und 1938 ins KZ eingeliefert. Man muß derlei und ähnliche Vorfälle, die nicht in den Raster des damaligen Politisierens passen, im Auge behalten, um zu verstehen, daß da und dort auch *Mitglieder der Loge* in der HW so oder so mittaten, als sie erkannten, daß ein Sieg der Hitlerbewegung in Österreich auch ein Ende des Logenwesens bedeuten würde. 1938 lautete denn auch die erste Frage in dem gewissen Fragebogen: »Sind Sie Jude, Mitglied einer Loge oder Angehöriger des CV?« Das entsprach der längst vermuteten Trias, wonach alles Übel von *Juden, Freimaurern* und *Klerikalen,* genauer Jesuiten, kommt.
Im Sommer 1929 erwartete man auf beiden Seiten einen stürmischen Herbst und sammelte dafür Kräfte. Nicht immer waren traditionelle Wirtshausraufereien politisch gemeint. Ende September ereignete sich in Kapfenberg so allerlei. Ein Holzknecht kam ums Leben. Er gehörte aber, wie sich herausstellte, der HW an. Kurze Zeit später kam wieder ein Holzknecht ums Leben; ihn brachten die Roten um, hieß es. Sinnlose Brutalität, feige Akte krimineller Elemente mischten sich in das Geschehen, bei dem auf beiden Seiten so viele Menschen aus ehrlicher Überzeugung mitmachten.
Die nähere Umgebung des »Roten Wien« war ein heißer Boden für die HW. Aber auch da sollte die Bewegung Fuß fassen, also wurden die Marschierer eingesetzt. In Oberlaa sollte ein Fackel-

zug für das weißgrüne Banner werben. Die Nähe zum Bezirk Favoriten, einer Hochburg im »Roten Wien«, wirkte sich verhängnisvoll für die Fackelträger aus. Es kam zu einer Schießerei, bei der acht HW-Männer und zwei sogenannte Spaziergänger niedergeschossen wurden. Die Letztgenannten waren laut Zeitungsberichten harmlose Heimkehrer von einem Ausflug (!). Von welchen Schützen die Schüsse kamen, die auf die HW abgegeben wurden, ist in den Tageszeitungen je nach Tendenz »aufgeklärt« worden. Gerade diese Schreibweise gewisser Presseorgane trug zum Entstehen einer Lage bei, die jede der Kampfparteien in der Überzeugung bestärkte, sie selbst sei *harmlos,* bestenfalls in der Verteidigung, schuldige Angreifer seien ausschließlich die »anderen«. Daß es keinen Konflikt unter Menschen geben kann, bei dem die Ursache ausschließlich bei *einem* Streitteil liegt, wurde mit dieser Art von Publizistik sorgfältig unter Verschluß gehalten.
Es gab Formationen in beiden Lagern, denen der übliche Aufmarsch am Sonntag nicht genügte. Sie waren darauf aus, auch die Heimfahrt dem Gegner irgendwie zu versalzen. Langsam bildete sich der Typ des »Kämpfers« heraus, Männer, die nicht nur Kriegsteilnehmer als Vorgesetzte hinzunehmen, sondern auch auf eigene Faust loszuschlagen bereit waren. Koloman Wallisch lebte seit dem 18. August 1929 gefährlich. In einem Fall war er Manns genug, um sich mit der Pistole in der Faust so lange zu wehren, bis zwischen ihm und den Attentätern die Haustür ins Schloß gefallen war.
Manchmal nahm der Kampf seltsame Formen an. Nicht in allen Dörfern war die HW willkommen, der Schutzbund aber jedenfalls unwillkommen. In einem niederösterreichischen Dorf bildete sich ad hoc eine »Heim«-Wehr im wahrsten Sinne, die Eindringlinge, diesmal waren es solche von der HW, mit Mistgabeln und Knüppeln vertreiben wollte. Die Täter waren zum Teil Angehörige des »Reichsbundes katholisch-deutscher Jugend«, also Stockklerikale, die fünf der aus Wien gekommenen HW-Männer verletzten, wovon einer, noch dazu ein Angehöriger der in der WHW besonders geschätzten Straßenbahnerwehr, ums Leben kam.

In der Brigittenau, dem 20. Wiener Gemeindebezirk, der ein heißer Boden für die HW war, wurde einer von der WHW von Kommunisten überfallen und durch Schüsse schwer verletzt. Eine Schußwaffe ziehen und auf den »Feind« feuern wurde für die »echten Kämpfer« auf beiden Seiten eine Aktion, die so selbstverständlich war wie ein Schußwechsel auf einem Patrouillengang im Krieg. Was derlei Kampfaktionen aber von jenen unterschied, in denen sich seit den sechziger Jahren unseres Jahrhunderts die aus einer »Neuen Linken« hervorgegangenen Terrorgruppen bis dato hervortun, war, daß es meistens keine feigen Überfälle aus Hinterlist waren, keine Bombenanschläge mittels Fernzündungen und dergleichen. Man sah das Weiße im Auge des Feindes und riskierte sein Leben im Kampf. Nicht als Terrorist geschah all das, sondern als Kämpfer für eine Idee, wie allenthalben den Kämpfern glaubhaft gemacht wurde.

Neben den Arbeiterheimen wurden, nicht zuletzt in der Steiermark, die Lager und Verkaufsstätten der sozialistischen Konsumvereine Stützpunkte im Kampf. So auch jenes Konsumvereinsgebäude in Eggenberg bei Graz, wo 1934 beim Aufstand des Schutzbundes dieser in Stellung ging und wo er seine Gefangenen verwahrte. Schon 1929 kam es hier zu einem Zusammenstoß, bei dem es vier Schwerverletzte gab, drei Schutzbündler und einen HW-Mann. Das Zahlenverhältnis der Opfer wechselte, aber kaum eines blieb bei nächster Gelegenheit ungesühnt.

Leoben in der Obersteiermark war ein Kampfort, wo immer wieder an unterschiedlichen Fronten gekämpft wurde. Die HW, später die SA und die SS rekrutierten sich dort vor allem aus der großen Zahl der Waffenstudenten. Meistens verlief der Kampf so, daß die Sozialisten sich nach einer ersten Gefechtsberührung ins Arbeiterheim zurückzogen und ihre Gegner dann zum Sturm auf dieses ansetzten. Dann fielen wohl auch Schüsse. Noch waren es keine Kämpfe mit geordneter Feuerleitung wie im Juli 1934. Wer die Faustwaffe hatte, zögerte oft nicht lange, sie auch zu gebrauchen. Und doch war sie noch eher für den *Überrumpelungsfall* gedacht, wie es damals Weinheber beschrieben hat. Kommunisten bezeigten trotz geringer Zahl ihrer Verbände einen unbändigen

Angriffsgeist. Manchmal, so in Völkermarkt, gelang es ihnen, Sozialdemokraten mitzureißen. In Wien gab es die berühmt-berüchtigte »Gruppe Heger« der HW; sie wagte sich hinaus ins »knallrote Hirtenberg«. Dabei erging es ihr schlecht. Die schwachen örtlichen Exekutivkräfte mußten die Assistenz des Bundesheeres anfordern. Das brachte den Leuten von der »Gruppe Heger« den Hohn der Gegner ein. Nun waren sie nicht mehr gefürchtet, sondern bloße »Seicherln«, die sich hinter der Exekutive versteckten. Solcher Hohn des Gegners rief, zumal bei Feiglingen, Akte der Grausamkeit hervor.

Jetzt war es schon so weit, daß bei Zusammenstößen der Wehrverbände auch die Exekutive ins Schußfeld kam. Gewollt oder ungewollt, wer konnte das sagen, wer wollte das *zugeben,* erlitt die Exekutive Verluste. Derlei Zwischenfälle wurden in den Reihen der Exekutive, deren Männer seit dem 15. Juli 1927 längst nicht mehr in der Freien Gewerkschaft organisiert waren, nie mehr vergessen.

Als man in Hirtenberg die »Gruppe Heger« heimtrieb, wurde auch ein Gendarm verletzt. Wenige Wochen später wurden in St. Pölten zwei Gendarmen angeschossen. In St. Pölten haben, sehr zum Ärger von Leopold Kunschak, dessen Leute gemeinsame Sache mit der HW gemacht. Der »Kleinkrieg« riß nicht mehr ab. Bald kam es in Innsbruck zu verlustreichen »Gefechtsberührungen«, bald in Niederösterreich, wo sich die HW immer wieder an die rote Hochburg Neunkirchen heranwagte.

Jahre darnach haben sich Statistiker über die Analyse dieser Todesrate hergemacht. Solange die HW 1929/30 auf dem ersten Höhepunkt ihrer Macht war, erlitt sie als der *Angreifer* verständlicherweise, wie das eben so ist im Kampf, verhältnismäßig mehr Verluste. Der Schutzbund profitierte dabei von der alten Regel, wonach die Verteidigung die stärkere Waffe im Kampf ist, während die HW just feindliche »Hochburgen« bei Aufmärschen und Heldengedenkfeiern, oder wie immer der Anlaß in den Ansuchen um die behördliche Genehmigung einer Veranstaltung genannt wurde, angriff.

1930 war das Jahr, in dem der liberale Landbund es aufgab, sich

am Kampf der Wehrverbände nur mittelbar zu beteiligen. Die von ihm fortan rekrutierten Bauernwehren erreichten zumal in einigen Orten Oberösterreichs beträchtliche Stärke. Wo der Landbund auch auf diese Weise Politik machte, rückten seine Männer im Sommer 1934 zusammen mit der SA und der SS gegen die HW und die Exekutive in den Kampf. So entstand im Landbund jene Zerrissenheit, die einen Teil ins Lager Dollfuß' und nach 1945 in die ÖVP abdrängte, während andere Teile entweder die Neutralität der Liberalen zu wahren versuchten oder den Kampfverbänden der Hitlerbewegung beitraten.
Auch für die HW begann im Jahr 1930 ein bei den Marschierern unbemerkter Zersetzungsprozeß. Die Männer der Wehrzüge des »Deutschen Turnerbundes«, der »Deutschen Wehr« und Teile des »Bundes Oberland«, die noch im Jahr 1929 die Aufmärsche der Gesamt-HW verstärkten, lösten sich los und entließen viele ihrer Männer in die Kampfverbände der Hitlerbewegung. Nach dem Wahlsieg Hitlers bei der Reichstagswahl im Herbst 1930 gab es da vielfach kein Halten mehr. In Wien erlitten anläßlich der Nationalratswahl 1930, bei der sich die WHW nicht den Wahlwerbungen des »Heimatblocks« und seiner Liste anschloß, die Christlichsozialen eine Niederlage. So entstand jene Kampffront, an der wenige Jahre später ein entscheidendes Gefecht im Bürgerkrieg ausgefochten wurde: der Überfall der SS auf das Kanzleramt und die damaligen Kämpfe der illegal gewordenen Wehrverbände der NSDAP in den Bundesländern. Mehr und mehr spielte beim Zerfall der HW der erneut aufflackernde *Antiklerikalismus* im nationalen Lager eine Rolle. Die Austrittsbewegung erzeugte einen unauslöschlichen Haß zwischen jenen, die in der HW blieben, und denen, die fortan das Braunhemd trugen. Waffenstudenten, die auch noch 1933 beim Wiener Studentenfreikorps blieben, wurden in ihren Bünden diffamiert, entlassen oder schieden selbst aus. Nur wenige Corpsier verblieben in der HW. Nach dem 25. Juli 1934 – und erst recht nach dem März 1938 – artete die einstige Kameradschaft in der HW oft zur Grausamkeit des Siegers der Stunde aus. Horst Wessel, seit 1926 aktiv beim Corps »Normannia«-Berlin, studierte 1928 ein Semester lang in Wien, wo er

sich beim Corps »Alemannia« aktiv meldete. Er verstand nicht ganz die Anlage des Kampfes seiner Wiener SA-Kameraden. Er kam aus Berlin, wo der Text des von ihm hinterlassenen Liedes der Bewegung zutraf, wenn es darin heißt:
»Kam'raden, die Rot-Front und *Reaktion* erschossen, / marschiern im Geist / in unsern Reihen mit.«
Er erlebte im Reich die ganze Gegnerschaft, die konservativ-nationale Gruppen und ebenso linke Linke der Hitlerbewegung erwiesen. In Wien konnte Horst Wessel nicht ganz verstehen, daß sich seine Kameraden zu sehr in einen Kampf gegen die *Juden* verbissen, anstatt das »Rote Wien« so anzugreifen, wie der Gauleiter von Berlin-Brandenburg, Joseph Goebbels, seit 1925 das »Rote Berlin« angriff, um es für Hitler zu erobern. Und doch erzielte just in Wien die NSDAP 1932 einen erstmaligen Durchbruchssieg, allerdings auf Kosten der »Schwarzen«. Die SDAPÖ konnte damals ihre Stellung im Rathaus noch erfolgreich gegen die »Nazis« verteidigen. Diese Wiener Gemeinderatswahlen vom Frühjahr 1932 wurden zu einem rabenschwarzen Tag für Leopold Kunschak, der bis dahin immer wieder versucht hatte, die seit 1918 schwächliche Position seiner Partei im Rathaus zu verbessern, wenigstens aber zu halten. 1932 büßten die Christlichsozialen in Wien die meisten Wähler ein, und 15 ihrer Mandate fielen der Hitlerbewegung zu. Damit errang die NSDAP zum ersten und einzigen Mal auch einen Sitz im Hohen Haus am Ring des 12. November. Nach der mathematischen Errechnung der den Gemeinderatsfraktionen zufallenden Mandate im *Bundesrat* kam das Mandat an den Journalisten der DÖTZ, der »Deutsch-österreichischen Tageszeitung«, Franz Schattenfroh. Die Sitzungen des Wiener Gemeinderates wurden von den Mitgliedern der nationalsozialistischen Fraktion angesichts der erdrückenden Mehrheit der Sozialdemokraten bald dazu benützt, um jenes Theater aufzuführen, wie es vor 1918 im Hohen Haus am damaligen Franzensring stattfand, wenn im Nationalitätenstreit etwa die Tschechen ihr Erfolgsstück zum besten gaben.
Zu diesen Vorgängen gibt es aber einige Vorgeschichten zu erzählen, von denen noch die Rede sein wird.

Die industrielle Reservearmee wird mobilisiert

Österreich in den Fängen der Weltwirtschaftskrise

Der am Vortrag befindliche Lehrkanzelvorstand für Nationalökonomie war um die Fünfzig. Mittelgroß von Gestalt, hager und mit dem Äußeren eines Asketen, entfaltete er bei seinem Vortrag eine Sprachgewalt, die im überfüllten Hörsaal Freund und Feind faszinierte. Nationalökonomie war sein Nominalfach an der Wiener Juridischen Fakultät. Aber nicht das Pflichtfach zog die Hörer zum Besuch seiner Vorlesung, sondern die Verbindung des Fachgegenstandes mit den Fächern Soziologie und Geschichtsphilosophie. In einer Zeit, in der ein wilder Kampf der politischen Parteien an der Front des Marxismus tobte, war seine Kritik an Marxens Lehre, die pointierte Analyse und eine Widerlegung ohne die üblichen Stänkereien gegenüber anders argumentierenden Fachkollegen *das* Ereignis. Um 1930 waren jene Nationalen seine engagiertesten Anhänger, die später in der Henleinbewegung der ČSR, als diese Bewegung noch nicht in die Hitler-Partei inkorporiert war, deren am meisten ernst zu nehmende Jünger waren. Jene in der HW oder in einer der Verbindungen des CV folgten dem Professor keineswegs so unbedingt. Viele meinten, die Wortwahl des Professors sei gespickt mit Wortfindungen, die nur schwer zu verstehen seien.

In dieser Hinsicht waren die politischen und weltanschaulichen Gegner des Vortragenden, die der Vorlesung mit einer geballten Ladung von Polemiken und inneren Vorbehalten – allerdings schweigsam – folgten, von besserer Qualität. Obwohl des Antisemitismus verdächtigt, hatte der Professor viele jüdische Hörer, die mit gespanntester Aufmerksamkeit seiner Analyse des Lehrgebäudes Marxens folgten. Viele unterbrachen das Mitschreiben,

weil sie das Nein des Vortragenden herausforderte, ihr Ja zur Lehre Marxens tiefer zu erfassen, als sie es bisher auf Grund der Polemiken im Umkreis des politischen Tageskampfes taten.
Das Nein der Gegner des Marxismus im politischen Alltag war meistens von der Art, daß es keines gründlichen Studiums bedurfte, um solche Meinungen zunichte zu machen. Die HW beschäftigte sich angestrengt mit Antimarxismus, aber eine exakte Marx-Kritik erfuhren wenige in der HW. Es kam die Zeit, da ein in Couleur einer Verbindung des CV anwesender Hörer in einem Seminar vom Vortragenden mit den Worten angegangen wurde: »Ich nehme an, Sie sind Antimarxist. Warum sind Sie es?« Der Professor stand politisch eher rechts von der Mitte. Der Angesprochene war zunächst perplex, dann stammelte er: »Privat . . . eigen . . . tum . . .«
Wer bei Othmar Spann, von dem einleitend die Rede war, dessen Marx-Kritik erlebte, der stand, wenn er sein Studium ernst nahm, vor einer Alternative. Hier muß gleich eingefügt werden, daß Spann, in dessen Gedankensystem die Neuordnung von Staat und Gesellschaft ein unersetzlicher Bestandteil war, den Ständestaat der Ära Dollfuß mit der gleichen Entschiedenheit abqualifizierte, mit der er Marxens Lehrgebäude zu demontieren versuchte. Mit heller Begeisterung begrüßte der Professor im März 1938 den Anschluß, um kurz nachher als Inhaftierter der Gestapo nach München abgeschoben zu werden. Das Geschehen an dieser Front der politologischen Polemik jener Tage muß im Bewußtsein bleiben, um vieles von dem zu verstehen, was in diesem Buch erzählt wird.
In seinen Seminarübungen ging Spann angesichts der damals im Land grassierenden Arbeitslosigkeit vom Entstehen und von der Bedeutung einer *industriellen Reservearmee* aus, die nach Marxens Lehre im Kapitalismus systembedingt ist. Und dies deswegen, weil im Wettbewerbssystem des Kapitalismus mehr und mehr die *größten* Betriebe mit den *besten* Maschinen, dem *meisten* Kapital und der am *höchsten* entwickelten Arbeitsteilung obsiegen. Eine These, die angesichts der Kommandowirtschaft des jetzigen Staatskapitalismus nicht mehr so aufreizend wirken kann wie um 1930, als sie für viele noch nicht grausame Erfahrung, son-

dern eher Zukunftshoffnung war. Diese Enttäuschung wird verständlich, wenn man in dem fortfährt, was Spann 1930, ausgehend von der eben erwähnten Konzentration des Kapitals beziehungsweise der Betriebe, als eine Maxime Marxens vorgetragen hat. Demnach steht dem in den größten Betrieben aufgestauten »*konstanten* Kapital«, also Maschinen, Rohstoffen, Baulichkeiten usw., ein »*variables* Kapital« gegenüber, nämlich der Arbeitslohn. Da aber, so Spann im Hinblick auf Marx, das variable Kapital, der Arbeitslohn, abnimmt, werden Arbeiter »abgestoßen«, also arbeitslos. Diese Arbeitslosen, so Marx, bilden nun jene »Überbevölkerung«, die er als »industrielle Reservearmee« bezeichnet, eine Reserevearmee, die, um es gleich hier zu sagen, in der Zeit der Massenarbeitslosigkeit in der Welt von damals eine kampfentscheidende Rolle gespielt hat.

Nichts strich Spann von der Analyse Marxens ab, wenn er von den Folgen einer »lohndrückenden Arbeiterbevölkerung« redete, von der zunehmenden Verelendung der Massen. Vielen Hörern blieb damals der Begriff »Akkumulation von Elend« im Kopf, denn die Verelendeten jener Tage bettelten nahe dem Universitätsgebäude oder sangen in den Höfen der Mietshäuser. An diesem Elend, so Marxens Krisentheorie, geht die kapitalistische Gesellschaftsordnung folgerichtig zugrunde. Noch konnte sich das marxistische Lehrgebäude auf den *Determinismus* des 19. Jahrhunderts stützen, den viele heutige Zukunftsforscher angesichts dessen, daß die Zukunft offen und nicht unabwendbar vorbestimmt ist, verneinen. Im Rückblick auf jene Tage ist bemerkenswert, daß sich Spann mit dem Leninismus weniger beschäftigte, dessen Analyse ihm die Auffassung bestätigte, wonach Lenin sich schon in wichtigen Punkten von Marx losgelöst hat. Aber der Kommunismus spielte im Österreich der Zwischenkriegszeit nicht jene Rolle, in die er eine Generation später, nach 1945, anfänglich geriet. Selbst bei Menschen, die nach Herkunft und Anschauung in Elternhaus und Schule weitab von jeder im Anschluß an Marx entstandenen Lehre erzogen wurden, brach der Marxismus einer *Neuen Linken* ein. Heute, da Österreich den am höchsten entwickelten Staatskapitalismus innerhalb der Länder der

»freien Welt des Westens« besitzt, ist klar, daß Marx hierzulande mit seiner Erwartung, wonach die Arbeiter sich der Produktionsmittel bemächtigen werden, um sie in die Hände der *Gesamtheit* zu legen, nicht recht bekommen hat. Oft hörte man im Spann-Seminar die Frage, wie diese Kollektivierung der Erzeugung, wie die Verteilung und wie die ganze Zukunftsgesellschaft entstehen wird. Spann ging dann auf diese für ihn theoretisch unhaltbare Vorhersage nicht ein. Marx selbst hat in den ausführlichen Beschreibungen seiner Lehre gerade diesen Vorgang nicht näher beschrieben. Wer damals nicht den Gedankengängen Marxens folgte, dachte jedenfalls an die Aussagen Bauers auf dem Parteitag 1926. Demnach drohte dem Kapitalismus nach dem Fall seines international abgestützten Widerstands die Diktatur des Proletariats.

Damals, um 1930, als die Österreicher die Massenarbeitslosigkeit und eine beginnende Verelendung großer Kreise der Bevölkerung erlebten und insbesondere *mit*erlebten, war man sich überhaupt nicht bewußt, daß die Gesellschaft im Staate an den Folgen des *Imports* eines Systems litt, das bis dahin in den USA entwickelt worden war und das die Weltwirtschaftskrise des Jahres 1929 erzeugt hat. Die Unkenntnis solcher Zusammenhänge kam vielfach daher, daß die Beeinflussung der öffentlichen Meinung damals eher von einem Versagen des seit 1920 am Ruder befindlichen »bürgerlichen« Regimes in Österreich ausging. Amerika war weit. Kein Fernsehen, keine weltumspannende Macht der Medien durchbrach noch die zum Teil auch nach 1918 fortbestehenden Lebensanschauungen. Für die meisten Österreicher, die sich mit der Vorstellung eines glücklichen Amerika begnügten, also einem Land der unbegrenzten Möglichkeiten, war das katastrophale Geschehen, das Ende der zwanziger Jahre über die USA hereinbrach, völlig unverständlich, meistens sogar zunächst uninteressant. Was man von »drüben« erfuhr, das stammte von Bildern auf der Filmleinwand. Aber das vorgezeigte Image der USA von 1930 war ebenso unzutreffend wie jenes um das Jahr 2000. Eine spanische Kommunistin, die es von einer stockfrommen Fischverkäuferin zur legendären Persönlichkeit des internationalen Kommunismus gebracht hat, die »Pasionaria«, hat in der Ära vor Franco im Madrider Parlament das amerikanische System mit jenem Gangstersystem in einer Linie gesehen, das schon damals in Filmen den Menschen der Alten Welt ununterbrochen vor Augen geführt worden ist. Es war die große Zeit von Hollywoodstars wie Edward G. Robinson, James Cagney und der blutjungen Katharine Hepburn. Was da geboten wurde, ereignete sich nicht nur in vereinzelten Exzessen der Schilderung des Verbrechertums, sondern in einem unaufhörlichen Zyklus. Den einschlägigen Filmen folgten Broadwaymusicals, monströse Versuche in der bildenden Kunst, Bilder in Zeitungen, Illustrationen aller Art, wobei das Innere der Gefängnisse und die dortige Subkultur, wie man später sagte, breit ins Bild kamen. Das Narbengesicht Al Capones blieb via Film den Jugendlichen jener Tage unvergessen. Man lehrte die Jungen, diese Bilder des Amerikanismus ernst zu nehmen, und die Hitlerbewegung fing an, die in den USA ausgebrochene Arbeitslosigkeit in eine Linie mit einem viel großartigeren Politgangstertum zu stellen, welches das Volk mit raffiniertesten Methoden des Monopolkapitalismus ausbeutet. Wallstreet-Gangster wurden in der Hitlerbewegung ein Begriff, der zu Zeiten fast die gleiche Rolle spielte wie das Schreckensbild des Bolschewismus, dessen System sehr früh als »radikale Judenherrschaft« hingestellt wurde.

Dann aber erfolgte der Dammbruch. An sich wurde in der Ausgabe der »New York Times« vom 30. Oktober 1929 auf Seite 1, Spalte 1, ganz oben, die *Suche nach dem kleinsten Amerikaner*, der 1918 am Krieg in Frankreich teilgenommen hat, ausgeschrieben. Die übrigen vier Spalten beanspruchte allerdings die Schlagzeile vom Verfall der Aktienkurse im Gesamtausmaß von 16410030 Vorkriegsdollar. Eingestreut im Text waren noch immer ermunternde Details, etwa daß U.S. Steel seine Dividende um einen Dollar erhöht hat. Einer Panik unter den Börsenmaklern wurde die optimistische Einschätzung der Bankfachleute gegenübergestellt.

Diese alarmierende Nachricht kam für Banker und Börsenspekulanten nicht überraschend. Schon fünf Tage zuvor war die Zei-

tung mit dem Aufmacher erschienen, daß der bisher schwerste Börsenkrach von den Banken aufgehalten (!) worden sei. Die führenden Fachleute seien in Beratungen und fänden die »conditions sound«. Derlei Manöver der Medien nutzten nichts mehr, wenn auch anerkannte Fachleute verlauteten, die angespannte Situation hätte sich ein wenig entspannt. Am 29. Oktober war der Teufel los, und die Beschwichtigungsaktionen der Zeitungen kamen bei der Masse nicht mehr an. *Bei der Masse.* Denn dieser Krach ging nicht nur die Kreise der Spekulanten und sonstigen professionellen Teilnehmer am Börsengeschäft an, vielmehr gab es offenbar keinen Stand in den USA, der sich damals nicht an dem anscheinend gewinnbringenden Geschäft an der Börse beteiligt hatte. Hausfrauen, Taxichauffeure, Fensterputzer und Straßenkehrer hatten mitgespielt. Niemand hatte zu Weihnachten 1928 beachtet, daß schon damals der Wurm im amerikanischen Wirtschaftssystem war, denn bei diesem Weihnachtsfest fiel bereits das bisher ergiebige Geschäft mit Luxusartikeln fast aus. Es wurden weniger neue Autos an den Mann gebracht, die herrlich ausgestatteten Radioapparate blieben vielfach unverkauft, die Auslagen und Warenlager blieben überfüllt. Man redete von *Entlassungen.* Der Handel blieb auf seinen Beständen sitzen, aber die Geschäftsleute redeten achselzuckend von Zuständen, die bald vorbei sein würden. Und die Börsenkurse erreichten noch im September 1929 vielfach eine schwindelnde Höhe.
Alles war allen klar, als zwei Polizisten, die in einem oberen Stockwerk eines Geschäftshauses in der Wall Street Dienst machten, einen Mann faßten, der offensichtlich dabei war, sich in selbstmörderischer Absicht aus dem Fenster zu schwingen. Einer der Polizisten sagte beruhigend zu ihm: »Springen Sie nicht hinunter, so schlecht steht es ja nicht . . .« Der Mann antwortete erstaunt: »Wer will hier hinunterspringen? Ich bin dabei, die Fenster zu putzen.«
A good story – für die Zeitung, aber auch ein drastischer Hinweis auf den weiten Kreis der durch den Krach ums Geld gekommenen kleinen Leute. Viele verloren den Lebensmut; wer ihn nicht verlor, den traf die wachsende Arbeitslosigkeit mit unerwarteter

Wucht. Dem Krach folgte ein kalter Winter, und im März 1930 gab es in den USA schon einige Millionen Arbeitslose.
Heute noch lebende Österreicher erinnern sich, daß in ihrem Land der Winter auf 1934 ihr schreckliches Jugenderlebnis war. Was sie nicht wußten und vielfach auch heute nicht wissen, war und ist, daß damals die Arbeitslosigkeit in den USA einen unvorstellbaren Rekord erreichte. Endeten bisher gute Zeiten von Börsenspekulanten damit, daß Aktienbesitzer vor dem allgemeinen Kursverlust an den *Bankschaltern* Schlange standen, so begannen die Jahre der Weltwirtschaftskrise in den USA damit, daß die Arbeitslosen Schlange standen vor *Employment Agencies.* Ein kalter Tag auf der Straße vor dem Arbeits(losen)amt wurde nach dem Börsenkrach in New York das Schicksal der Massen in aller Welt.
Es ereignete sich, daß der bisherige Dollarmillionär Fred Bell, Erbe der Millionen der schwerreichen Therese Bell, in den Straßen Äpfel verkaufte. Es dauerte nicht lange, und derlei Äpfelverkäufer standen vor den Fruchtgroßhandlungen Schlange, um überhaupt Äpfel für den Wiederverkauf zu bekommen.
Da trat drüben die KP an: Am 6. März 1930 verlangte sie in Massendemonstrationen höhere Löhne bei Teilzeitbeschäftigung und überhaupt die Einführung des Siebenstundentages. So wie in Österreich hörte man drüben die Parole:
»Nieder mit dem imperialistischen Krieg! Auf zur Verteidigung der Sowjetunion!«
Oder in Deutschland: »Hände weg von Sowjetrußland!«
Das Modell einer Revolution made in Petrograd 1917 lag nahe. Aber die KP machte noch nicht das Rennen in den USA. Auch nicht, als die Bank of America, eine der größten Banken des Landes, ihre Kassen schloß. Der Name eines gewissen Isidor J. Kesel wurde als Schuldiger der Pleite genannt. Kesel sollte ins berühmte Sing-Sing-Gefängnis eingeliefert werden, entging aber der Haft dank des medizinischen Gutachtens eines Psychiaters. Seine Mithelfer, die Gebrüder Sinter, waren offenbar nicht mehr zu retten, und sie sahen, so wie Kinobesucher in Wien, Sing-Sing-Zellen von innen.

Aber anders als im Deutschland des Jahres 1930 zeigten sich in den USA keineswegs jene Folgen, die damals dem meteorhaften Aufstieg der Hitlerbewegung zugute kamen. Hitler selbst hatte bis dahin keine richtige Vorstellung von jenem Amerika gehabt, dessen Tagesgeschehen wenig sensationellen News-Wert besitzt, dessen Menschen aber in überwiegender Mehrheit unter allen Umständen dafür sorgen, daß der Himmel über ihrem Land nicht einstürzt. Die von Hitler erwarteten Exzesse des Antisemitismus in den USA, die quasi im Operationskalender seiner Bewegung eine Rolle spielten, ereigneten sich nicht. Die KP in den Staaten verschanzte sich hinter einer Clique von Linksintellektuellen, die wohl im Zweiten Weltkrieg dem Staat großen Schaden zufügen sollte, aber an die Masse kam die KP, kamen die Kommunisten, meistens Abkömmlinge aus besseren Kreisen, nicht heran. Irgendwie muß Hitler aber doch gespürt haben, daß es in den USA etwas gab, das ihm bei seiner Art der Propaganda und bei den Saalschlachten noch abging. Offensichtlich war die Masse der Arbeitslosen daran, in der fälligen Wende des Geschehens in Deutschland und in den USA gleichermaßen eine entscheidende Rolle zu spielen. Der Sohn einer vermögenden Münchener Familie, die Hitler schon vor dem mißglückten Putsch vom 9. November 1923 materiell sehr gefördert hatte, wurde nach seiner Rückkehr aus den Staaten befragt, wie das eigentlich mit der sichtlich erfolgreichen Massenbeeinflussung drüben vor sich geht.
Um es gleich hier kurz anzudeuten: Das Prinzip »Money makes it« galt und gilt auch im politischen Leben der USA. Wer nicht genug Geld zur Hand hatte, tat besser daran, nicht zu versuchen, etwa Gouverneur eines Teilstaates, Senator oder gar Präsident werden zu wollen. Dazu kam die kostspielige Mechanisierung der Wahlkampagne. Die Zeit war nahe, in der *Fundraising*, also die Aufbringung der enormen Mittel für die Wahl in ein höheres Amt, geradezu eine *Kunst* wurde. Nämlich die Kunst, gewisse Malversationen, gewisse Finessen der Geldaufbringung so gut zu tarnen, daß nicht etwa am Ende der Gewählte in politische Schwierigkeiten geriet, weil er seine Wahl auch Geldern und Typen verdankte, wie sie im Gaunertum zu Hause sind. Die Treue

zu einer Partei, ausgedrückt in den Formeln: »Ich habe nie meine Stimme der Demokratischen Partei gegeben«, oder: »In unserer Familie hat schon der Großvater immer demokratisch gewählt«, war zwar immer ein wichtiges Element, aber immer mehr setzte man auf Wechselwähler, auf Typen, die bei Änderung der politischen Lage ihre Gesinnung umschalteten wie einen Lichtschalter im Wohnzimmer. Langsam setzte sich die Meinung durch, daß Politiker und ihre Partei sich ebenso gut verkaufen lassen wie irgendeine Ware. Es entstand ein Kreislauf:

Die Zeitungen fabrizieren oder demolieren eine öffentliche Meinung. Die öffentliche Meinung produziert bis zum Wahltag eine gewisse politische Willensbildung. Aus einer bestimmten Willensbildung entsteht jene Majorität zugunsten des Kandidaten, der in diesem Kreislauf ins Amt gelangen soll. Der nunmehrige Amtsinhaber belohnt dann seine Mitkämpfer. Er feuert die von seinem Amtsvorgänger berufenen höheren Staatsfunktionäre, ersetzt sie durch seine Mannschaft oder belohnt solche Typen, die ihm dienlich waren, mit Botschafterposten oder dergleichen im Ausland. Ist es soweit, dann beruft ein Präsident sein Küchenkabinett, das heißt Privatpersonen, für die er dort nicht die Verantwortung zu tragen hat, wo der Souverän Volk regiert, nämlich im Parlament. Ein Regime auf *zwei Ebenen* etabliert sich: das *Kabinett* des Präsidenten der Vereinigten Staaten, bei dessen Berufung der Senat ein Wörtchen mitzureden hat, *und* das *Küchenkabinett* seiner persönlichen Wahl.

Es bleibt dem Leser überlassen zu beurteilen, wo und wie Hitler gleichermaßen an die Macht kam wie drüben Roosevelt. Da wie dort war eine Bewegung in den Massen: Die industrielle Reservearmee, also die Arbeitslosen, rückte an die Front der Entscheidung. In den USA, aber auch in Deutschland verließen um die gleiche Zeit der großen Agrarkrise erhebliche Teile der eher konservativ eingestellten Farmer und Bauern den bisherigen Weg in der Politik. Wählten die Farmer in den USA den *linksliberalen* Roosevelt, so gaben in Deutschland die Bauern Hitler ihre Stimme; Hitler, der vieles, nicht alles, kopierte, was in den USA eine Wahlwerbung so ergiebig machen kann: Massenkundgebungen auf dem größten Platz einer Stadt; Lautsprecher, die jene ehedem so sehr geschätzte *face to face relation* der Lincoln-Ära entbehrlich machten; das Flugzeug anstatt der Eisenbahn für beschleunigte Wahlreisen; und – in Deutschland erst nach der Machtergreifung Hitlers im Jahr 1933 – das Radio, das die Stimme der Großen in jedes Haus trägt.

Noch gab es hüben und drüben Menschen, Bürger, die angesichts solcher Praktiken nachdenklich und erschüttert waren. Aber solche Typen von gestern verloren die Möglichkeit, im Chor der Medien mit ihrer Ansicht genug gehört, verstanden und befolgt zu werden. In Deutschland gerieten die Dinge ähnlich, aber die Männer mit den harten Gesichtern in der Hitlerbewegung machten derlei störende Typen auf eine andere Manier mundtot. Sie begannen die Neinsager in *Schutzhaft* zu nehmen, was aussah, als schützte man sie auf Grund des Gesetzes vor der Entrüstung des Volkes. Das KZ wurde nicht etwa in Deutschland erfunden. Die Spanier hatten bereits solche Lager am Ende des 19. Jahrhunderts auf Kuba, ehe die Insel von den Amerikanern erobert wurde. Und die Briten brauchten solche Lager um die gleiche Zeit in Südafrika, als sie den letzten Widerstand der Buren unterdrückten, indem sie Frauen und Kinder der im Feld kämpfenden Buren in derlei Lager steckten, gleichzeitig die Farmen in Brand setzten und das Prinzip der verbrannten Erde ausprobierten. Das KZ in Deutschland hat sein grausames Image bis dato bewahrt, es wurde zum *Museum* der Grausamkeit. Hinter dem Eisernen Vorhang besteht das von Alexander Solschenizyn beschriebene KZ weiter; dort, wo im Klassenkampf der größte Massenmord der bisherigen Weltgeschichte stattgefunden hat.

Die USA wurden für Deutschland zum Schicksal und Deutschland für Österreich. Solange es im Verlauf der zwanziger Jahre den Amerikanern gut ging, ging es schließlich auch den Deutschen nach dem verlorenen Krieg wieder besser. Die *happy days* der zwanziger Jahre in den USA verbreiteten noch eine Generation später den Schimmer einer etwas krankhaften Nostalgie. Viele naschten damals mit an dem, was bis 1929 die größte Kapitalmacht der Welt, die USA, dem Rest der Welt abließ. Statt der so lange unversöhnt gebliebenen Franzosen bekamen die Deutschen in den zwanziger Jahren die Amerikaner an den Hals; Wirtschaftsfachleute, die nicht wie Clemenceau und Poincaré Revancheideen im Kopf hatten, sondern Projekte, bei deren Verwirklichung sie auf die Tüchtigkeit der Deutschen setzten, kamen von drüben. Immerhin waren die USA noch immer Gläubiger Frankreichs und Großbritanniens, die ihrerseits Deutschland im Debet hielten, weil sie nur mit den Reparationsleistungen der Deutschen ihre eigenen Rüstungschulden aus dem Ersten Weltkrieg an die Banken in den USA abstatten konnten. In dieser Hinsicht nützten die Sprüche, mit denen einmal Clemenceau und andere die Nachkriegsära eingeleitet hatten, wie etwa *Le boche payera tout* oder *L'Autriche est ce qui rest,* nichts. So wurden bloß jene Kühe, die Milch geben sollten, am Krepierhalfter gehalten.

Aber dann bekam 1925 der Amerikaner Charles Dawes den Friedensnobelpreis, jenen Preis, den einmal der Polarforscher Fritjof Nansen dafür bekommen hatte, daß er sich nach 1918 der Heimatlosen und Heimatvertriebenen und der Flüchtlinge vor dem Bolschewismus angenommen hatte. Wer aber war Dawes? Ein ältlicher Mann, der 1865, als Präsident Abraham Lincoln ermordet wurde, zur Welt kam. Ihn hat das Gehaben der *Roaring Twenties* nicht getäuscht. Er sah aus wie ein Gespenst aus der Mottenkiste, war aber für amerikanische Begriffe clever. Als Konservativer war er schon um 1900 dem damaligen Präsidenten der USA als Wirtschaftsberater zur Seite gestanden. Seine Qualitäten kamen aus der Verbindung von Anwalt und Banker. Der liberale Wilson machte dieses Relikt der konservativen Ära im Jahr 1918 zum Versorgungschef (!) der amerikanischen Expeditionskorps an der Westfront in Frankreich. Daher, so sagt man, kam seine Kenntnis von den Zuständen und der Mentalität in Europa, wohl auch eine gewisse Hochachtung vor der Leistungsfähigkeit der Deutschen. Dennoch schreibt der spätere Chefdolmetscher Hitlers, Paulchen Schmid, nach 1945, daß Dawes' Vorstellungen von den Zuständen und Notwendigkeiten in Europa um die Mitte der zwanziger Jahre seltsam waren:

»Von Dawes hatte ich den Eindruck, daß er nicht denselben

Überblick über die komplizierte Materie der (damaligen) deutschen Zahlungsfähigkeit hatte wie andere Mitglieder des (internationalen) Sachverständigenausschusses. In den wenigen Sitzungen, in denen ich ihn erlebte, schien mir seine Hauptstärke mehr in jener bei vielen Amerikanern von heute (1949!) noch zu beobachtenden unbekümmerten und formlosen Verhandlungsführung zu liegen . . .«

Immerhin bekam Schmid so wie andere jener Zeit den Eindruck, daß die seit 1918 bestehende Frage der Reparationen des Reiches von der rein politischen, unrealistischen Grundlage auf eine Ebene reiner Sachlichkeit gehoben worden war. Die Sachverständigen diskutierten daher um 1925 nicht mehr die Kriegsschuldfrage und die daraus entspringenden Folgen, sondern sprachen nach der Art von Geschäftsleuten, die noch einiges Vertrauen in eine alte Firma haben, über eine Firma, die momentan in Schwierigkeiten ist, welche man beheben will, um nicht selbst um seine Forderungen an die Firma betrogen zu werden.

Ein unerhörtes Novum ereignete sich: Statt daß den Deutschen Geld abverlangt und so oder so genommen wurde, erhielt das Reich eine internationale Anleihe in Höhe von 800 Millionen Goldmark. Die am Höhepunkt der Inflation geschaffene Rentenmark konnte aus dem Verkehr gezogen und durch die Ausgabe einer Goldwährung ersetzt werden. Dawes rechnete damit, daß amerikanische Banken in Deutschland ins Geschäft einsteigen würden. Dawes war kein Wohltäter. Das dekrepite Reich sollte schon 1926 imstande sein, den Siegern eine Milliarde Goldmark als Reparationsleistung zu zahlen. 1927 erhoffte man sich zwei Milliarden. Es ergab sich, daß mehr als die Hälfte dieser Summen den Steuerzahlern aufgebürdet wurde. Niemand ahnte jenseits des Atlantiks, daß damit der Mittelstand, der schon nach 1918 unter die Räder gekommen war, ein zweites Mal dieses Schicksal erlitt – und so zuletzt in der Person Hitlers seinen Retter sah.

Nun erschien in Berlin Mr. Gilbert Parker. Er konnte sich als Vertreter der amerikanischen Gläubiger ausgeben und zu diesem Zweck die Abwicklung des Dawes-Planes unter Kontrolle nehmen. Tatsächlich kamen aber die Deutschen bald in jene elende

Lage, in der sich die Türken zur Zeit des Sultanats befunden hatten, als in regelmäßigen Abständen von auswärtigen Mächten sogenannte Reformen verlangt wurden, die dem alternden Reich nicht guttaten. Im Deutschen Reichstag war die Ratifizierung des Dawes-Planes nur gegen die Stimmen der damals noch mächtigsten Rechtspartei, der Deutschnationalen, durchzubringen. Daß die Kommunisten auch dagegen stimmten, war selbstverständlich. Ihre Fraktion im Reichstag war aber erst im Aufsteigen begriffen.

Nun fing das Naschen der Deutschen am Kuchen des Wohlstandes an. Investitionspolitik war das anerkannte Allheilmittel. Länder und Gemeinden stürzten sich in Schulden. Die von alters her geübte preußische Sparsamkeit verlor ihr letztes Ansehen. Aber wer hätte auch 1925 in Deutschland ahnen können, was vier Jahre später an der New Yorker Börse geschehen würde? Für viele Geschäftsleute in Europa wurde der Dawes-Plan zum Verhängnis, für die Hitlerbewegung aber ein Motor, den vor allem der »Führer« selbst bei seiner wirkungsvollen Werbekampagne gegen das Regime angeworfen hat. Hitler brauchte dieses Motiv, denn an sich waren die Zeiten nach 1925, in denen ein bescheidener Wohlstand in Deutschland Einzug zu halten schien, für die nach dem mißlungenen Putsch im Dreiundzwanzigerjahr neuerdings errichtete NSDAP nicht günstig. Um so mehr bot die unablässige Propaganda gegen den Dawes-Plan ein Motiv für eine militante Kleinpartei, die ihre Propaganda ohne Rücksicht auf den Staat zwar langsam, aber nun schon stetig vorantrieb.

Die Politik der Konzerne lieferte Munition für einen Nebenkriegsschauplatz. Der Hugo-Stinnes-Konzern bezog damals von amerikanischen Banken einen 100-Millionen-Kredit. Zu den bald 1500 Einzelunternehmungen des Konzerns kam die Hugo Stinnes Corporation Baltimore. Die Rüsselsheimer Autofabrik Opel ließ sich auf kostspielige Investitionen ein, erschöpfte das Eigenkapital und ließ dann den größten Teil der Papiere an die General Motors Corporation in Detroit ab. Inzwischen schuf Henry Ford, stets ein Bewunderer der Deutschen, zuletzt sogar zeitweise Hitlers, ein Montagewerk seiner Firma in Deutschland. Bestandteile des in den USA erzeugten berühmten T-Modells wurden importiert und hier montiert, ehe Ford nahe bei Köln eine eigene Herstellungsfirma errichtete. Amerikanischen Vorbildern getreu, schlossen sich Deutschlands Großunternehmen zu Trusts zusammen. Sie haben sich in dieser Abhängigkeit von drüben und in deren Gefolge am berüchtigten *Schwarzen Freitag* des Jahres 1929 den Keim der Todeskrankheit ins eigene Haus geholt.

Aber vorderhand – nach 1925 – kam ein Aufschwung so ziemlich allen, vor allem aber auch der Arbeiterschaft, zugute. Die öffentliche Hand bekam die Möglichkeit, in Sachen *Sozialpolitik* freigebiger zu werden. Und die *SPD* durfte die Verbesserung der Verhältnisse ihren Regierungen oder Regierungsbeteiligungen zuschreiben, denn sie war *staatstragende Partei* geworden. So ziemlich von allen Parteien verlassen, stand der Mittelstand da. Intellektuelle Politiker fanden ihn unansehnlich und ungefährlich, anderen ging das stete Gejammer derer, die bei jedem Rückschlag seit dem Krieg zuerst verloren, auf die Nerven. Hitler genoß den Jammer der Mittelständler, denn der erzeugte eine ständige Unzufriedenheit in der Masse. Über den Ladentisch und die Werkbank des Handwerkers gingen jetzt die meisten Klagen der kleinen Leute hin und her. Als die Zahl der Arbeitslosen in Deutschland zu steigen begann, ließ auch sofort der Geschäftsertrag in den Kleinbetrieben nach. Die Arbeitslosen wurden Objekt eines mit unerhörter Grausamkeit geführten Kampfes zwischen der NSDAP und der KPD.

Es war für Hitler ein Triumph, als sich der Dawes-Plan letzten Endes als undurchführbar erwies. Die Westmächte, die auf die Zahlungen der Deutschen angewiesen waren, erhielten so jedenfalls nicht die erwarteten regelmäßigen Zahlungen. Wäre der Dawes-Plan bis ins Detail erfüllt worden, dann wären die Zahlungen bis in die jüngste Vergangenheit gelaufen. So aber bockte der deutsche Esel-streck-dich, und in den USA machte man sich Gedanken, wie man den Strom der Reparationszahlungen wieder zum Fließen bringen könnte. Diese Aufgabe übertrug man dem Manager O. D. Young, der um zehn Jahre jünger war als Dawes. Die umstrittene Young-Anleihe für Deutschland wurde 1930 zu

5 Prozent aufgelegt. Eine im niederländischen Den Haag getroffene Absprache sicherte die notwendige Teilnahme der Banken. Der Erlös floß den Deutschen zu, damit diese mit dem größten Teil der rund 300 Millionen Dollar ihre *Reparationszahlungen* erneut und pünktlicher aufnehmen konnten. Nur ein geringer Teil des Geldes durfte für Investitionen bei Reichsbahn und Reichspost verwendet werden. Später wurde in London auch ein Tilgungsplan vereinbart. Demnach hätten die Deutschen bis zum Jahr 1965 den Anleihedienst zu besorgen gehabt. Als sich das als undurchführbar erwies, wurden die Jahresraten verringert und die Laufzeit bis 1980 (!) erstreckt. 1980 hoffte man mit dem Ganzen, also mit den Reparationszahlungen der Deutschen an die Sieger von 1918, zu einem Ende zu kommen.
So wie nach 1945 Konrad Adenauer und Charles de Gaulle versuchten es in der Zwischenkriegszeit der vom Nationalisten der Kriegszeit zum einsichtigen Liberalen gewordene Gustav Stresemann und der Franzose Aristide Briand (vor 1914 ein wilder Revanchist) mit einer Verständigung der beiden sogenannten Erbfeinde. Das erbrachte dem Deutschen Reich die Aufnahme in den Völkerbund. Aber 1925 starb der sozialdemokratische Reichspräsident Friedrich Ebert. Ebert hat im November 1918 die Frontlücke geschlossen, die damals der letzte kaiserliche Reichskanzler eilfertig geschaffen hat. 1919 rettete er Deutschland vor dem Bolschewismus. Aber gewisse Akteure der rechten Rechten sahen in Ebert einen »Novemberverbrecher«. Sie verwickelten den Reichspräsidenten in einen Presseprozeß, und es fand sich ein Richter, der es weniger mit Recht und Gerechtigkeit als mit den Regisseuren des bösen Spieles hielt. Mit einem Makel behaftet starb Ebert. Damit verlor auch die Weimarer Koalition ex 1919 der Sozialdemokraten mit dem katholischen Zentrum und den liberalen Demokraten das Mark. Bei der fälligen Neuwahl des Staatsoberhauptes unterlag der Kandidat des bisherigen Systems, der Zentrumsmann Wilhelm Marx, nur knapp dem nach wie vor populären Heerführer des letzten Krieges, dem preußischen Generalfeldmarschall Paul von Hindenburg. Eine geringfügige Mehrheit von 900000 Stimmen bei einer Wahlbeteiligung von

30 Millionen Wählern entschied das Schicksal der Deutschen in den dreißiger Jahren. Bei dieser Wahl konnte der Kandidat der Kommunisten Ernst Thälmann immerhin schon 1,9 Millionen Stimmen für sich gewinnen! Damit lag er weit vor Adolf Hitler im Rennen. Aber die *kommunistische Gefahr* stand fortan als Warnung an der Wand. Niemand ahnte, daß die Wahl des streng konservativen preußischen Hindenburg das Deutsche Reich in ein Experiment stürzen sollte, das mit der Ernennung Hitlers zum Reichskanzler am 30. Jänner 1930 den Anfang vom Ende des Reiches bedeutete.

All das sah 1929 anders aus. Gegen den Young-Plan erhob sich sofort eine Allianz der nationalen Parteien. Nachdem die sogenannten Volkskonservativen demonstrativ die Deutschnationale Partei verlassen hatten, konnte letztere mit der NSDAP eine *Nationale Einheitsfront* bilden. Mit nur 4,1 Millionen Eintragungen von Gegnern des Young-Plans kam diese Einheit noch nicht an die Stärke der Weimarer Koalition heran. Die Finanzlage, die am Ende des Jahres 1929 ein Kassendefizit des Reiches von 1,7 Milliarden Reichsmark erreichte, führte zum Rücktritt des Reichsbankpräsidenten Schacht, des aus Wien stammenden (Austro-Marxisten) Hilferding, zuletzt Finanzminister, und schließlich zum Sturz des Reichskanzlers Müller (SPD). Die große Koalition zerbrach am Anfang eines Marsches ins Chaos, und der Zentrumsabgeordnete Heinrich Brüning, hervorgegangen aus den christlichen Gewerkschaften, bildete zusammen mit den Volkskonservativen eine Minderheitsregierung. Er tat dies in der begründeten Erwartung, daß der Reichspräsident nötigenfalls seine verfassungsmäßigen Rechte zugunsten des Bestandes der Regierung ausüben werde. Mit der SPD hoffte Brüning so auszukommen, daß auf parlamentarischer Ebene ein Nebeneinander nicht gefährdet sein werde.

Ein Schimmer der Freude lag über dem Land, als in jenen Tagen das Rheinland von der Fremdbesatzung geräumt wurde.

Dann aber geschah es. Brüning erbat und bekam für die ersten seiner Notverordnungen die Hilfe des Reichspräsidenten, so insbesondere jene zur »Sicherung von Wirtschaft und Finanzen«. Das war für die Jungen in der SPD Anlaß, im Reichstag ein Schneebrett loszutreten; eine Lawine ging zu Tal. Gemeinsam mit der NSDAP und der KPD trieb die SPD die Regierung in die Enge, als diese seltsame Trias die Aufhebung der Brüningschen Notverordnungen mit Mehrheit zum Beschluß erhob. Die Neuwahl des Reichstages wurde für den 14. September 1930 angesetzt.

Am 16. September 1930 wartete die Bayern-Ausgabe des »Völkischen Beobachters« mit einer Serie von bezeichnenden Schlagzeilen auf:

»Das Volk steht auf! 106 Nationalsozialisten im neuen Reichstag! Von 809000 Stimmen auf 6401210 Stimmen. Ein Vernichtungsurteil über die gesamte Erfüllungspolitik« (Dawes- und Young-Plan, Reparationen).

Die Partei des Reichskanzlers Brüning, eine von mittlerer Stärke, konnte sieben Mandate hinzugewinnen. Die SPD verlor neun Mandate, die liberale Volkspartei die Hälfte ihrer Mandate. Die KPD setzte ihren bedächtigen Anstieg fort. Die Auswirkungen dieses Wahlergebnisses im Reich auf Österreich waren zu erwarten, in ihren letzten Konsequenzen waren die Wahlergebnisse des Jahres 1930 aber noch nicht abzusehen.

Im November desselben Jahres, es war der 9. November, wurde in Österreich der Nationalrat neu gewählt. Der langsame, aber stetige Vormarsch der SDAPÖ hielt an: 72 statt der 71 Mandate bei der Wahl im Jahr 1927. Der Schober-Block, eine national-liberale dritte Kraft, büßte insgesamt zwei Mandate ein. Die große Verliererin war die Christlichsoziale Partei: Sie verlor, verglichen mit 1927, sieben Mandate. Von diesem Verlust profitierte die Liste des Heimatblocks, dessen Kern jener Steirische Heimatschutz ausmachte, der sich 1933 der Hitlerbewegung anschloß. Die Regierung Vaugoin trat zurück, Karl Renner wurde Erster Präsident des Nationalrates und damit die Schlüsselfigur zur »Selbstausschaltung des Nationalrates« im März 1933.

Geradezu im Gleichklang stiegen die Zahlen der Arbeitslosen in Deutschland und in Österreich an. Ende 1930 zählte man im Reich 4,4 Millionen Arbeitslose; in Österreich wurde im Jänner 1933 die Zahl von 397920 unterstützten Arbeitslosen erreicht.

Hinzu kamen zu Zeiten die bereits ausgesteuerten Arbeitslosen, die oft 50 Prozent derer ausmachten, die Unterstützung erhielten. 1933 begann die ärgste Krise auf dem Arbeitsmarkt in Österreich, zugleich aber auch der Zusammenbruch der parlamentarischen Demokratie.

Währenddessen reifte insgeheim ein Plan, der in längst vergangener Zeit von der Öffentlichkeit in Österreich diskutiert worden war: eine Form der wirtschaftlichen Kooperation mit dem Deutschen Reich. Es sah aus, als würde der gescheiterte Tardieu-Plan Frankreichs für Wien geradezu eine neuerliche Hinordnung auf Berlin bedingen.

André Tardieu, als einflußreicher politischer Redakteur der Zeitung »Le Temps« 1914 in die Politik übersiedelt, war vor 1914 ein radikaler Verfechter der Revanchepolitik in Frankreich, ein Sekundant Clemenceaus und 1919 immer bei den Verfechtern eines harten Friedens für die Verlierer des Krieges. Spät, zu spät erkannte er die verhängnisvollen wirtschaftlichen Folgen der Zerstörung des unersetzlichen Kommunikationsraumes der Donaumonarchie. Er war gegen die Restaurierung der Habsburgermonarchie, aber er unternahm es um 1930, den Plan einer wirtschaftlichen Kooperation der Länder im Donauraum anzubahnen. Für Tardieu war das weniger ein Vorhaben zum Vorteil des geschwächten Österreich als vielmehr der Versuch, Österreich in die Kleine Entente, die frankreichhörige Trias ČSR, Jugoslawien und Rumänien, einzubinden, also die endgültige Abblockung aller österreichischen Anschlußbestrebungen an das Reich. Das bedeutete im Moment auch die Verhinderung einer Zollunion zwischen Österreich und Deutschland. Gegen den Tardieu-Plan erhoben vor allem Mussolini in Rom und Beneš in Prag Einwände. Beneš hat nicht erst bei diesem Anlaß betont, daß jedes derartige Experiment eine Wiederholung der Ausbeutung der Tschechen wäre, wie sie in den Zeiten der Monarchie von Wien aus geübt worden sei. Außer einer 10prozentigen Zollreduktion steckte nicht viel im Tardieu-Plan, aber Beneš sah das Gespenst Habsburgs.

Während der aufregenden Tage vor der Reichstagswahl 1930, deren Ergebnis Hitler den Weg zur Machtergreifung eröffnete, bekam der amtierende Reichskanzler Brüning das ausführliche Protokoll der Verhandlungen zu lesen, die sein Vorgänger Hermann Müller mit dem österreichischen Bundeskanzler Johannes Schober im Februar des Jahres in Berlin geführt hatte. Näheres Studium ergab, daß damals nichts weniger als eine *Zollunion* zwischen dem Deutschen Reich und der Republik Österreich konzipiert worden war. Diese Tatsache paßte im Moment wenig in das außenpolitische Konzept des Reichskanzlers, das darauf hinauslief, das sogenannte Hoover-Moratorium durch eine endgültige Ablöse der deutschen Reparationsschuld (mit einer Abfindungssumme von drei Milliarden Reichsmark!) zu ersetzen. Eine Zollunion des Reiches mit Österreich käme diesem Bemühen in die Quere, dachte der Reichskanzler. Was Österreich betraf, so bestand in der Reichsregierung schon eine andere Zollverständigungspolitik, eine mit *allen* Ostanrainern, zunächst mit der ČSR, Österreich und Ungarn. In dieser Einbindung war auch die einschlägige Verständigung mit Österreich weniger provozierend für Paris, wo seit 1918 jede Annäherung Österreichs an das Reich mit Argusaugen verfolgt wurde. 1919 mußte ja der damalige Leiter des österreichischen Außenressorts, Otto Bauer, zurücktreten, weil die Siegermächte in Saint-Germain sein Ringen um Südtirol als störend empfanden. Bauer hat nie aufgehört, Anschlußpläne zu verfolgen. 1922 konterkarierte er die Seipel-Sanierung mit dem Plan einer *Währungsunion* mit dem Reich; eine Zollunion war um 1930 also keine Novität in Wien und Berlin, bloß im Augenblick kam sie in beiden Hauptstädten im unrichtigen Zeitpunkt aufs Tapet: Österreich war nach einem Bankenzusammenbruch und bei der steigenden Arbeitslosigkeit mehr denn je seit 1922 auf die Hilfen des Westens angewiesen, und Berlin kämpfte, wie gesagt, um das Ende der Reparationen.

Jedenfalls hatte Brüning das von seinem Vorgänger angerichtete Bad nunmehr mit dem Nachfolger Schobers, dem Kartellbruder Brünings, Otto Ender, auszubaden. Brüning hatte gute Freunde in London. Sie berichteten ihm, daß die monetäre Situation der österreichischen Banken katastrophal sei. Von der Gefährlichkeit

einer solchen miserablen Situation hatte Brüning durchaus richtige Vorstellungen, denn was jetzt im benachbarten Österreich abrollte, das ging schon viel länger über die Bühne des wirtschaftlichen Lebens im Reich.
Hier muß eingefügt werden: Wie ein Symbol für den Untergang einer alten Welt wirkte im Österreich von 1930 der Zusammenbruch der einst renommierten *Allgemeinen Österreichischen Bodencreditanstalt.* Bundeskanzler Schober veranlaßte, daß die Credit-Anstalt für Handel und Gewerbe die Trümmer der Bodencreditanstalt vereinnahmte. Für eine Staatsgarantie (!) hat Schober die Widerstände im Verband der Credit-Anstalt nicht überwinden können. Ehe Berlin mit dem anhängenden Problem der Zollunion zu Rande kommen konnte, kam aus Wien die alarmierende Nachricht, daß die Credit-Anstalt in der Bilanz für das Jahr 1930 einen Verlust von 140 Millionen Schilling hatte, ja daß die Bank eigentlich Konkurs ansagen sollte. Die Infektion, die sich die Credit-Anstalt beim Sterben der Bodencreditanstalt zugezogen hatte, erwies sich als eine Krankheit, die die Patientin nicht allein überwinden konnte. Schobers Nachfolger Ender, einer jener ordentlichen Kaufleute, die Alemannen stets sind, setzte sich in politischen Kreisen nicht mit der Ansicht durch, es müßten sich in erster Linie die Aktionäre um ihre Bank kümmern. Man sagte dem Kanzler, in diesem Fall hätten die Sparer das Problem am Hals, und ungefähr 70 Prozent der österreichischen Industrie hingen direkt oder indirekt von der Credit-Anstalt ab. Man beruhigte das Gewissen des Kanzlers mit dem Hinweis, die Österreicher stünden nicht allein da mit der Bredouille, in die ihre Großbank geraten sei; seit dem Schwarzen Freitag in New York seien an die 300 Banken in den westlichen Industrieländern zusammengebrochen. Nun griff der Kanzler durch und brachte Ordnung in die Angelegenheit. Es sollte kein Flickwerk werden, nicht 140, sondern 160 Millionen sollten der Credit-Anstalt nach Herabsetzung des Aktienkapitals um 25 Prozent zufließen. An Mitteln für besagte Aufstockung sollten 100 Millionen die Republik, 30 Millionen die Nationalbank und ebensoviel Baron Rothschild, damals Vorsitzender des Verwaltungsrates der Credit-Anstalt und immer noch

ein Symbol jener Finanzkraft, mit der die Niederlassung des Hauses Rothschild einmal zu Zeiten des Kaisers Franz in freigebiger Weise die Außenpolitik der Monarchie abgestützt hatte, aufbringen.

Noch waren nicht alle Brücken über den *linken* Grenzfluß des Regimes in Österreich abgebrochen: Für die Sozialdemokratische Partei verhandelten in der Sache Credit-Anstalt der Parteivorsitzende Karl Seitz, der Wiener Landtagspräsident Robert Danneberg und der Wiener Stadtrat für Finanzen Hugo Breitner. Sie ließen klar erkennen, daß sie die Ansicht der Regierung teilten, wonach man die Credit-Anstalt nicht zugrunde gehen lassen dürfe. Der Kanzler stellte die Frage:

»Also werden die Sozialdemokraten für das (Sanierungs-)Gesetz stimmen?«

Seitz erwiderte ehrlich:

»Herr Kanzler, das steht der Opposition nicht an.«

Zwei Generationen später wird die SPÖ in einer Krise der CA sehr wohl verlangen, daß die Epigonen Enders als Oppositionspartei *für* die Sanierung von Konzernunternehmungen der nunmehr großteils verstaatlichten CA stimmen. Damals hatte Seitz von seinem Standpunkt aus recht, wenn er meinte, es wäre verwunderlich, wenn die Opposition der Regierung die Alleinverantwortung vor der Öffentlichkeit abnähme. Er durfte damals noch sagen, das wäre auch nicht gebräuchlich. Aber er sagte auch:

». . . wir machen Ihnen keine Schwierigkeiten.«

Und so ist es geschehen. Die Propaganda der SDAPÖ leerte während der Beratung der einschlägigen Gesetzesvorlage Kübel von Schmutz über die Regierung aus. Aber für die Abstimmung war vorgesorgt, daß die Regierung die Mehrheit zugunsten ihrer Vorlage bekam. Ein Vorgang, der sich auf anderen Wegen bei der späteren Lausanner Anleihe des Bundeskanzlers Dollfuß wiederholte. So wie schon 1922 die Seipel-Sanierung nur gelang, weil die scharf opponierende SDAPÖ für eine zur Annahme des Sanierungsgesetzes unbedingt notwendige Zweidrittelmehrheit im Nationalrat sorgte.

Es war eine Tragödie in der Ersten Republik: Wenn es ums *Geld*

ging, verhinderte die oppositionelle Linke im Interesse ihrer Wirtschaftsunternehmungen eine drohende Finanzkatastrophe. In der Frage der allgemeinen *Abrüstung* der Wehrverbände aber ließ man das Lawinenseil reißen . . .
Das beschlossene Gesetz war kaum geeignet, das Mißtrauen der Konteninhaber zu beschwichtigen und sie davon abzuhalten, ihr Geld abzuheben. Das bedeutete eine Einbuße von vielen Millionen Schilling. Jetzt bekamen jene Berater recht, die vorher gemeint hatten, nur eine *vorbehaltlose Generalgarantie des Staates* zugunsten der Credit-Anstalt könnte diese Bank aus der Gefahr retten.
All das wußte man in Berlin, als man über das fragliche Projekt der Zollunion mit Österreich beriet, und man wahrte diesbezüglich strengste Vertraulichkeit. Nach Schluß der einschlägigen Regierungssitzung wurden die den Mitgliedern der Reichsregierung überlassenen Beratungsunterlagen wieder eingesammelt. Es fehlte kein Exemplar. Und doch war das Wolffsche (Nachrichten-)Büro schon informiert, und am Tag nach der Beratung in der Regierung stand die Sache in den Zeitungen. Einige Blätter taten, als handle es sich nur um den Teil einer umfassenden Zollverständigungspolitik des Reiches, in der es nicht allein um Österreich ginge.
Wie immer es war: Die SPD, ansonsten für eine Duldung des Kabinetts Brüning, nahm (anders als ihre Genossen in Wien) den ganzen Plan mißtrauisch auf. Frankreich und die ČSR meldeten sogleich ihre Ablehnung an. Ebenso Rom. Nur in London schien einiges Verstehen obzuwalten. So wie im letzten Krieg war es auch diesmal, daß die Intransigenz Italiens jedes Verständnis der Westmächte für Österreich vorweg blockierte. Die Haltung des Duce verschreckte den britischen Außenminister Arthur Henderson, der nunmehr seinen Genossen in Deutschland Schwierigkeiten bereitete, weil Gefahr bestand, daß Berlin den Pariser Interessen zu nahe an den Leib rückte.
In Wien war es der frankophile Sektionschef Richard Schüller, der seiner eigenen Regierung Schwierigkeiten machte. So hatte Paris von Anfang an die Finger drin, und die Österreicher bekamen es

bald zu spüren, als sie den Rat ihrer Landsleute, die in der französischen Politik zu Hause waren, nicht befolgten.
Die Verbindung, die Schober als Bundeskanzler in Sachen Zollunion angeknüpft hatte, war auch während der Regierung Ender intakt, denn Ender hatte seinen Vorgänger als Außenminister im Kabinett. Ender befaßte den Verfassungsdienst des Bundeskanzleramtes ausgiebig mit der Frage, ob der Abschluß der Zollunion mit den von Österreich 1919 in Saint-Germain und 1922 in Genf eingegangenen Verpflichtungen, seine Unabhängigkeit zu wahren, in Einklang zu bringen sei. Der Kanzler übernahm schließlich das *positive* Rechtsgutachten seiner Herren. Widerstände gegen das Abkommen bestanden im eigenen Land teilweise von seiten der Industrie. Zustimmung kam von der Handels- und von der Landwirtschaftskammer. Anfangs bestand der Plan, die Vertreter der deutschen und der österreichischen Pan-Europa-Bewegung sollten bei der nächsten Gesamttagung der Pan-Europa-Union bei einem Glas Wein (!) das Problem im Gespräch mit Freunden aus den Weststaaten ventilieren. Aber ehe die Pan-Europa-Union tagte, kam in Berlin das Wolffsche Büro mit dem Bericht über den Geheimbeschluß der Reichsregierung heraus. Man sagte damals, Paris hätte nicht nur einen Finger in der einen Omelette, sondern seine Hand in allen Staatskanzleien, wenn es um die hohe Politik ging.
Besagte Indiskretion der Berliner Presseagentur brachte Berlin in Zugzwang. Jetzt war keine Zeit mehr, um das zu tun, was Schober meinte, nämlich *vorher* Paris und Rom in Kenntnis der bloßen Absicht zu setzen. Schon rasselte die Automatik des diplomatischen und bürokratischen sowie des parlamentarischen Geschäftsverkehrs unaufhaltsam.
Am 20. März 1931 legte die Regierung in Wien dem Hauptausschuß des Nationalrates die eben erhaltene Note aus Berlin vor. Tags darauf übergaben die Vertreter des Reiches die diesbezügliche Information auch den Staatskanzleien in London, Paris, Rom, Bern und Prag. Gleichzeitig sprachen aber bereits die Vertreter Frankreichs, Großbritanniens, Italiens und der ČSR bei Außenminister Schober vor und meldeten schwere Bedenken ih-

rer Regierungen an. Nur Bern enthielt sich dieses Schrittes. Schober, vor einer geschlossenen Front der Gegner seines Projekts stehend, erklärte vom Fleck weg, man werde in der Sache mit Berlin nicht weiter verhandeln, bevor die Materie in Genf nicht vom Völkerbund geprüft sein werde.

Am 21. März 1931 erschien auch der deutsche Gesandte am Ballhausplatz. Er war über die verdutzten Gesichter der Österreicher sehr erstaunt, hatten doch schließlich die Österreicher mit der Verwirklichung des Projekts, das sich jetzt im Netz der Sieger von 1918 verheddert hatte, angefangen.

Schober blieb auch im Kabinett des Nachfolgers von Ender, dem Kabinett Buresch I, weiter mit der Wahrnehmung der Geschäfte des Äußeren betraut. Er bekam es jetzt mit dem Völkerbund zu tun, der unter dem Datum 19. Mai 1931 den Internationalen Gerichtshof in Den Haag mit der Frage befaßte, ob das Projekt (!) der Zollunion den Verträgen von Saint-Germain des Jahres 1919 sowie dem Anleiheprotokoll von 1922 widerspreche. Es bleibt höchst bezeichnend, daß die Befassung des Internationalen Gerichtshofes seitens des Völkerbundes erfolgte, obwohl Schober bereits tags zuvor im Völkerbund den österreichischen Verzicht auf den Plan in aller Form ausgesprochen hatte. Es kam den Westmächten, vor allem Frankreich, darauf an, den Freunden des Anschlusses in Österreich vor einem internationalen Forum eine zensorische Rüge zu erteilen. Überflüssig zu sagen, daß Berlin das Vorgehen Schobers in Genf bestätigte. Aber auch Berlin sollte in Den Haag eins abbekommen, so die Intention Frankreichs. Am 5. September 1931 sprach besagter Internationaler Gerichtshof in Den Haag den Beschluß aus, wonach dem bereits ergangenen Verzicht Österreichs sowie des Deutschen Reiches auf das umstrittene Projekt »nur noch theoretische Bedeutung« zukäme. Im übrigen wurde mit 8:7 Stimmen beschlossen, daß das Wiener Protokoll vom 19. März 1931 betreffs der fraglichen Zollunion im Widerspruch zum Genfer Protokoll Nr. 1 von 1922 stünde. So hatte denn der Völkerbund erreicht, was Paris – und in abgeschwächter Form auch London – wollte. Es war freilich ein wakkeliger Gerichtsbeschluß:

Nur sechs Richter, also eine Minorität, faßten das Projekt auch als einen Verstoß gegen den Artikel 88 des Vertrages von Saint-Germain auf. Dieser harte Kern der Gegner wurde von Frankreich, Polen und Rumänien gestellt, also von der damaligen Pariser Allianzpolitik in Europa. Die übrigen drei Stimmen lieferten Spanien und Lateinamerikaner. Die Österreicher hätten sich für den künftigen Fall des Falles besser merken sollen, welche Staaten für seine Nöte in Gefahren Verständnis hatten, auch wenn sie keine Freunde des Anschlusses waren. 1931 waren dies in positiver Hinsicht der Amerikaner Frank Kellogg, Schöpfer des Kriegsächtungspaktes (!), der Engländer Sir Cecil Hurst, der Japaner (und Vorsitzende) Adatschi, der Deutsche Professor Schücking, der Belgier Baron Rolin, der Niederländer van Eysings und der Chinese Wang Chung Hi. Man darf nach langen Jahren feststellen, daß damals in Den Haag die *politisch instruierten* Mitglieder des Gerichtshofes über die *fachorientierten* siegten.
Damals, 1931, hatte man sich anfangs in Washington und in London von besagter Union eine Erleichterung der gesamten europäischen Wirtschaftskrise erwartet. Hätte Paris die Sache nicht brennheiß gemacht und auf eine Verurteilung des Verhaltens Berlins und Wiens gedrungen, dann wäre es zunächst zu Verhandlungen zwischen den Partnern gekommen. Ob die Zollunion den erwarteten wirtschaftlichen Erfolg gezeitigt hätte, blieb umstritten. Aber die Art, in der Paris das Projekt zu Fall brachte, war *Wasser auf die Mühle der Hitlerbewegung*, jetzt auch schon in Österreich. Viele Junge, vor allem die Studenten Österreichs, schämten sich, daß ihr Land mit der Stimme einer amerikanischen Bananenrepublik in seiner Eigenständigkeit mißachtet wurde.
Fortan kam alles ganz anders. 1933 war die Zollunion längst vergessen, Hitler aber ist den Franzosen anders gekommen als ehedem Brüning . . .

Der Niedergang der Christlichsozialen Partei

Seipel im Kreuzfeuer

Im Winter auf 1929 entstand das Gerücht, wonach Seipel daran denke, sowohl sein Regierungsamt als auch die Obmannstelle in seiner Partei niederzulegen. Das Gerücht verstummte nicht mehr, es verdichtete sich, und bald wurden verschiedene Ursachen für den beabsichtigten Schritt des amtierenden Bundeskanzlers und Parteiführers laut. Freunde Seipels antworteten auf einschlägige Fragen achselzuckend, um dann anzudeuten, es stünde mit der Gesundheit Seipels nicht zum besten. Jene zehn Jahre, die er in der Politik in vorderster Front und inmitten schwerster Auseinandersetzungen durchzustehen gehabt hatte, hätten auch einem kerngesunden Mann zugesetzt. Leider sei der Kanzler längst nicht mehr kerngesund. Es sei ja bekannt, daß er an der Politikerkrankheit – wie man damals die noch unheilbare Zuckerkrankheit nannte – leide, und allen anders lautenden Erklärungen zum Trotz hätte auch das während seiner ersten Kanzlerschaft auf ihn verübte Pistolenattentat seine Folgen.

Andere erzählten hinter vorgehaltener Hand, es sei aus Rom, aus der nächsten Umgebung des Papstes, eine Nachricht gekommen, wonach man dort die öffentliche Tätigkeit des Priesterpolitikers nicht gerne sähe. Gewisse kirchliche Kreise in Österreich hätten im Vatikan aufgezeigt, Seipels Politisieren sei die Ursache der zahlreichen Kirchenaustritte, er selbst sei die Ursache der unseligen Spaltung zwischen der Kirche und der Arbeiterschaft. Würde Seipel gehen, dann könnte das eine Entspannung auf diesem Sektor der Politik zur Folge haben, vielleicht noch mehr.

In seiner eigenen Partei gab es seit jeher kritische Stimmen, nicht nur aus den Reihen jener geruhsamen bürgerlichen Politiker, de-

nen die Art, in der der Prälat Politik machte, auf die Dauer viel zu strapaziös war. Gut, man ist damals im Zweiundzwanzigerjahr mit Seipel gegangen, weil es um die Sanierung der Wirtschaft, das Geld ging. Aber seither waren sieben Jahre vergangen, und man sah nun nicht ein, warum Seipel seiner Partei bei seinen Auseinandersetzungen mit den Sozis eine solch anstrengende Politik zumutete. Mit einem Satz gesagt:
»Amal muaß a Ruah sei'.«
Das sagten vor allem jene, die der gegnerischen Propaganda aufsaßen und nachredeten, es hätte der Seipel die HW zum Kampf aufgerufen. Die HW, deren Führer »unsereinen« in der Lueger-Partei in ihren Sonntagsreden herunterfetzten und schon von einem Ende der Packelei der Schwarzen mit den Roten in den Bauernrepubliken redeten. Besser sei es, den Roten ihr Wien zu überlassen und selbst in den Bauernrepubliken das Heft fest in der Hand zu haben.
Aber dann, in seinen letzten Lebensjahren, alarmierte Seipel selbst auch viele der Getreuesten in seiner Partei. Man hörte von Vorträgen, die der Seipel im Ausland (!) gehalten hatte und in denen die Rede von einer künftigen *ständischen Vertretung* des Volkes die Rede gewesen war. War nicht die Partei, jedem die ihm zusagende Partei, das Beste für die Demokratie? Hat der Lueger, hat der Kunschak oder irgendeiner der Alten aus der Zeit vor 1914 jemals von so etwas Neuem auch nur ein Wort gesprochen? Was jetzt der Seipel daherredete, das hörte sich ja an, als wäre er auf die Linie der HW eingeschwenkt, wenn deren Führer in ihren Sonntagsreden über die Quatschbude am Ring des 12. November und über die Packelei der Schwarzen mit den Roten herzogen, die sich doch in den Bauernrepubliken gar nicht so schlecht anließ. Am Ende würde man höchstpersönlich in dieser neuen Volksvertretung womöglich kein Mandat mehr haben, wo man doch im eigenen Wahlkreis so sicher wie in Abrahams Schoß war.
Im Spann-Seminar der Juridischen Fakultät der Wiener Universität horchten die Hochgebildeten des engsten Kreises um den Meister auf. An sich war man überrascht darüber, daß Seipel, der während seine akademischen Laufbahn und bisher auch als Politi-

ker kaum von Ständen und dergleichen im Zusammenhang mit aktuellen politischen Vorhaben gesprochen hatte, jetzt im Alter auf einmal von einer derartigen Neuerung im gesellschaftlichen und staatlichen Gefüge zu reden anfing. Walter Heinrich, aus dem allerengsten Kreis um Othmar Spann hervorgegangen, stieß in eben diesem Jahr 1929 zur HW. Er trat immer häufiger in Vorträgen und mittels Broschüren mit der Idee einer »berufsständischen Ordnung« hervor. Man wußte, daß er sich auf rein wissenschaftlicher Basis sogar mit dem »Faschismus« beschäftigte, daß er in Verbindung mit verwandten Richtungen in Deutschland stand. Eben war seine Schrift »Staat und Wirtschaft« im Erscheinen, die er sichtlich speziell für die HW geschrieben hatte. In der jeweiligen Bundesführung der HW, wo man nie Zeit hatte für zeitraubende wissenschaftliche Erwägungen, war man froh, jetzt eine Hirnprothese bei der Hand zu haben. Aber im Spann-Seminar begegnete man Seipel eher mit Vorbehalten. Sogenannte kluge Beobachter warteten im Moment ab, was die katholische Kirche zu den Exkursen des Prälaten über die berufsständische Ordnung sagen würde. Aber jene Papstenzyklika *Quadragesimo anno,* die Seipels letzte Gedankengänge zur Sanierung der Zustände in Staat und Gesellschaft vielfach bestätigte, erschien erst im Mai 1931, als der Prälat schon sterbenskrank war. 1931, das war 40 Jahre nach der 1891 herausgegebenen Enzyklika *Rerum novarum* des Papstes Leo XIII., in der dieser auf Anraten *englischer* Kenner der Lage in der Industriegesellschaft mit harten Worten über den Wirtschaftsliberalismus hergezogen war, wenn er etwa feststellte:

»Der revolutionäre Geist ist in allen Bereichen des menschlichen Lebens eingedrungen, und die Praxis des Wuchers hat die Menschen in einen Zustand zurückgeworfen, der wenig besser ist als die Sklaverei (!).«

Solche Worte kamen schon 1891 aus dem Vatikan, als dieser noch als Hort der finstersten Reaktion verrufen war. In Österreich kamen sie immerhin schon Jahre vor der Einigung der Sozialdemokratie unter Victor Adler an. Allerdings bekam in dieser Enzyklika auch der Sozialismus einiges ab:

»Das Heilmittel des Sozialismus, das gesamte Privateigentum auf den Staat zu übertragen, ist wider die Gerechtigkeit, denn das private Eigentum ist ein natürliches Recht, und ohne dieses Recht können Eltern nicht für ihre Kinder sorgen.«

Diese Aussage stieß aber frontal auf einen Fundamentalsatz, der 1847 einen der bedeutendsten Beiträge Friedrich Engels' zur Grundfrage sozialistischer Pädagogik ausmachte. Auch Engels sprach vom Zusammenhang zwischen Ehe, Familie und Erziehung in einer neuen Gesellschaftsordnung und erwartete von ihr, daß sie

». . . das Verhältnis der beiden Geschlechter zu einem reinen Privatverhältnis machen (wird), welches nur die beteiligten Personen angeht und worin sich die Gesellschaft nicht zu mischen hat. Sie kann dies, da sie das Privateigentum beseitigt und die Kinder gemeinschaftlich (!) erzieht und dadurch die beiden Grundlagen der bisherigen Ehe, die Abhängigkeit des Weibes vom Mann und der Kinder von den Eltern ermittelt [also zugleich mit dem Privateigentum], vernichtet. Hierin liegt auch die Antwort auf das Geschrei hochmoralischer Spießbürger gegen kommunistische Weibergemeinschaft . . .«

In dieser Aussage Engels' klingen bereits die Schlagworte auf, die noch heute im Ringen um die Werte Ehe, Familie und Schule nicht aus dem Repertoire der Linken verschwunden sind: Spießbürgerlichkeit, Scheinheiligkeit, freie Liebe oder, wie es in Österreich in den siebziger Jahren der Präsident eines der Höchstgerichte ausdrückte, das »rechtswidrige Sexualmonopol der (bürgerlichen) Ehe«. Seipel hat zu seiner Zeit einen Kulturkampf vermieden. Wenn er seine kulturpolitischen Grundsätze in der Öffentlichkeit vertrat, dann tat er das meistens innerhalb von Organisationen, die damals noch im Vorfeld der katholischen Kirche ein reges Vereinsleben entfalteten. Immer war es sein loyales Bestreben, *seiner Kirche* die Frontverbreiterung gegenüber der Linken im Land zu ersparen und nicht etwa zu versuchen, von kirchenoffiziellen Stellen jeweils die Rechtfertigung seiner Art, Politik zu machen, einzuheimsen. Dazu kam ein Umstand, der aus der Zeit der Begründung der Koalitionsabsprache der Christlichsozialen Partei mit der Großdeutschen Volkspartei im Jahr 1922 herrührte und der am Vorabend des erstmaligen Zusammengehens der »Klerikalen« mit den »Nationalen« in Österreich angesichts der aufs äußerste gefährdeten Wirtschaftslage unvermeidbar zu sein schien. Damals, im Zweiundzwanzigerjahr, wurde Seipel in den Verhandlungen mit den Sprechern der Großdeutschen darüber einig,

». . . für die Dauer dieser Arbeitsgemeinschaft *alle Streitpunkte, die das Verhältnis zwischen Kirche und Staat betreffen, einstweilen zurückzustellen* und an dem gegenwärtig bestehenden Zustand weder in der einen, noch in der anderen Richtung eine Änderung vorzunehmen«.

Dieser Teil der Abmachung aus dem Jahr 1922 stieß im »Kongo« der Partei Seipels, also dort, wo die Schwärzesten der Schwarzen hausten, keineswegs auf Zustimmung. Man nahm die Regelung murrend hin; man murrte darüber, daß damit vieles von dem »Revolutionsschutt« erhalten wurde, der 1918/19 über die Zonen der Begegnung von Staat und Kirche ausgeleert worden war. Indessen war diese umstrittene Formulierung im Sinne Seipels gar nicht so übel. Wie oft hat er seinen engsten Parteifreunden gesagt, es sei die »Quintessenz für die Christen im Politischen, ihre effektive Minorität möglichst selten *ostensibel* zu machen«.

Ja, die Front der Christen war in der Republik von 1918 schon erheblich kürzer als jene der in der SDAPÖ gesammelten Linken des Landes. Wenn also Seipel im Koalitionsabkommen mit den Großdeutschen 1922 einen *Status quo* in den Beziehungen zwischen Staat und Kirche hingenommen hat, dann richtete sich die *Verneinung* einer Änderung am bestehenden Zustand in der einen oder anderen Richtung zugleich auch gegen jene Angriffe seitens der SDAPÖ, die nicht gerade wenig an dem einschlägigen Verhältnis grundlegend verändern wollte. Die schon zu Zeiten des Liberalismus entfachte heftige Auseinandersetzung über die praktische Bedeutung des damaligen Angriffszieles, nämlich »Trennung von Kirche und Staat«, erhitzte nach 1918 aufs neue die Gemüter in Österreich, zumal die Redner und die Zeitungen der SDAPÖ ihre einschlägigen Sachdarlegungen mit Andeutungen und Drohungen versahen, die an Deutlichkeit nichts zu wün-

schen übrigließen. Viele Katholiken hörten und lasen derlei Ergüsse und bekamen anläßlich von Wahlauseinandersetzungen das, was gemeint war, ungemein drastisch und plakativ zu Gesicht. Die Zeit, in der sich Passanten beim Anblick eines Wahlplakates weniger Gedanken machten, war noch nicht gekommen.
Aber dann alarmierten gewisse Ereignisse in *Spanien* den katholischen Bevölkerungsteil des Landes, und das nicht zum ersten Mal im Verlauf der letzten 100 Jahre. Nachdem sich die Exponenten der Kirche und der Loge jahrzehntelang auch auf dem Boden der Tagespolitik immer wieder aufs heftigste bekriegt hatten, geriet diesmal, 1931, der regierende König Alfons XIII. unter die Räder. Er verließ das Land. Eine Koalition von Linksliberalen und solchen, für die es unter keinen Umständen noch weiter links einen Gegner geben kann, bildete die neue Regierung. Ein kleiner Anlaß genügte, um wieder einmal Kirchen und Klöster in Brand zu stecken. Als Monarchisten auf den Straßen Madrids demonstrierten und den König hochleben ließen, schrie ein Taxilenker »Viva la republica« dazwischen. Es gab eine Ohrfeigenszene, aber in Madrid verbreitete sich sofort das Gerücht, die Monarchisten hätten den Taxilenker ermordet. Schon tat sich ein wilder Haufen zusammen, zerstörte das Lokal der Monarchisten und setzte hernach die Kirche in der Calle de la Flor in Brand. Die Brandruine bemalten sie mit dem Verdikt: »Volksgericht für Diebe«. Noch gab es keine Todesopfer, aber Kirchen und Klöster brannten bald im ganzen Land. Die an sich schlagkräftige traditionsreiche Zivilgarde, die auch in der Zeit der spanischen Republik regierungstreu blieb, wurde der Lage nicht Herr. Als einige Geistliche nur knapp mit dem Leben davonkamen, sollte das Militär die Ordnung wiederherstellen. Aber der Kriegsminister Manuel Azaña, im Bürgerkrieg Präsident der Republik, nachher auch Präsident einer Exilregierung, erklärte, von ihm aus könnten alle Kirchen und Klöster brennen, wenn nur keinem einzigen Republikaner ein Haar gekrümmt würde. Zugleich unterdrückte die Regierung Zeitungen, die von den Vorfällen nicht in Übereinstimmung mit den amtlichen Nachrichten informierten.
Die Aufregung der Katholiken in Österreich über diese für die da-

malige Zeit durchaus bezeichnenden Vorfälle legte sich jedoch bald. Schließlich ereignete sich das alles für die damals lebenden Österreicher und ihre Eltern nicht zum ersten Male in Spanien. Sowenig 1931 ein Österreicher an den Ausbruch eines offenen Bürgerkrieges im Lande dachte, kam jemandem der Gedanke, daß von 1936 bis 1939 in Spanien sozusagen die *Generalprobe für den Zweiten Weltkrieg* stattfinden sollte.

In den meisten Kreisen der HW machte die Zerstörung von kirchlichen Einrichtungen in Spanien wenig Eindruck. Den Antiklerikalen in der HW war ohnedies das bestehende »Kl-österreich« zuwider. Und als 1936 Franco in Spanien losschlug, war es in Österreich um die HW schon geschehen. Vielleicht ist hier der Platz, um festzustellen, daß Seipel sich während seiner politischen Tätigkeit nicht als Werberedner bei der HW betätigt hat. Darin unterschied er sich von Bauer und Renner, die schon gelegentlich auf einer Schutzbundkundgebung eine Lippe riskierten. Seipels getreue Anhänger standen im »Reichsbund« der katholischen Jugend. Bis ins kleinste Dorf war diese selbständige, aber kernkatholische Gemeinschaft junger Männer im ganzen Land verbreitet. Den Vorkämpfern der Katholischen Aktion (KA) war der Reichsbund ein Dorn im Auge, man wird sich seiner entledigen, und das noch lange vor 1938, als alle katholischen Vereine in der Ostmark von Staats wegen aufgelöst wurden. Lange vorher steckte schon der Wurm im Reichsbund. Seine Erziehungs- und Gesinnungsgemeinschaft entsprach nämlich nicht mehr zeitgemäßen Vorstellungen der Kirche von einer Aktivierung der Laien. Unter Papst Pius XI. wurden sukzessive verschiedene Arten einer umfassenden Organisation aller Laien, Männer wie Frauen, als Teile der Katholischen Aktion ins Leben gerufen. Das aber sollten keine *selbständigen* katholischen Vereine sein, sondern nach Berufs- und Standesgruppen gegliederte umfassende Gemeinschaften *in der Kirche.*

Seipels Naheverhältnis zum Reichsbund wirft auch ein Licht auf die umstrittene Bundesgenossenschaft des Prälaten zur HW. Vielerorts, namentlich vor allem in den kleinen Ortsgemeinschaften, gab es heftige Spannungen zwischen den Angehörigen des

Reichsbundes und der HW-Ortsgruppe. Das kam einfach daher, daß *beide* Organisationen auf dasselbe Rekrutierungsgebiet unter der Jugend angewiesen waren und daher aneinandergerieten. Die HW beschuldigte Reichsbundmitglieder, sie seien noch immer Anhänger der alten Führer der Christlichsozialen im Land, deren Methoden in der Praxis ebenso zu verwerfen seien wie die einschlägigen Parteiaktivitäten der Sozis.

Mit anderen Worten: Der Reichsbund stand der HW, bald auch der Kirche, im Weg. Wenn Seipel nach dem ersten Anwachsen der HW als Folge des 15. Juli 1927 bei Reichsbundveranstaltungen auftrat, erntete er in gewissen Kreisen der HW zuweilen Kritik. 1929 glaubte man in diesen Kreisen der HW auch dem Kanzler nicht mehr, denn dieser war sichtlich nicht auf ein Ende des Parteienunwesens aus. Wenn er auch jetzt vom Ständewesen und von einem *Ständestaat* redete, dann faßte man das da und dort als pfäffische Pfiffigkeit auf, die nur der Erhaltung des elenden Parteienunwesens dienen sollte, vor allem der von der HW in einzelnen Bauernrepubliken bereits heftig angegriffenen christlichsozialen Führungsgarnitur.

Der Prälat Seipel hatte die Hinwendung seiner Kirche zu neuen Aufgabenstellungen zu respektieren, und das tat er vorbehaltlos. Er konnte bei seinem Tod 1932 allerdings nicht ahnen, daß im Jahr darauf der österreichische Episkopat den Geistlichen die politische Betätigung in den Gremien des Dollfuß-Österreich verbieten wird, auch nicht, daß es niemals mehr anders sein wird in Österreich. Gegner Seipels faßten dieses Verbot vom Jahr 1933 geradezu als eine posthume Verurteilung des Priesterpolitikers Seipel und seiner Ära auf.

Hat Seipel bei seinem Rücktritt im Jahr 1929 gewußt, *welche* Zeiten bevorstanden, als er meinte, die Zeit sei gekommen, um die Führung der Staatsgeschäfte neuen *Männern* mit neuen *Ideen* anzuvertrauen? Fast möchte man sagen, er ahnte wohl, woher der neue Wind kommen werde, wenn er in Abwandlung eines Bibelwortes sagte:

»Was kann aus der Steiermark wohl Gutes kommen?«

Dieser Satz war nicht verallgemeinernd auf das *Land* und seine

Bevölkerung gemünzt. Er fiel in einem Gespräch im engeren Kreis, als die etwas undurchsichtige und zuweilen exzentrische Politik des damaligen steirischen Landeshauptmannes Anton Rintelen umstritten wurde.

Das Jahr 1930 brachte für die Christlichsoziale Partei zwei äußerst schädliche und ihren Niedergang beschleunigende Ereignisse in der Innenpolitik: zunächst im Mai den sogenannten *Korneuburger Eid* der HW und im Herbst ein unerwartet *schlechtes Abschneiden der Partei bei der Nationalratswahl.* Beide haben einen starken Einfluß auf die tragischen Ereignisse der dreißiger Jahre ausgeübt. Zunächst: Die am 18. Mai 1930 auf dem Hauptplatz in Korneuburg aufmarschierten Verbände der HW wurden nicht *vereidigt.* Ein Eid war für die meisten Österreicher von damals noch immer die Anrufung Gottes, um die Wahrheit einer Aussage zu verbürgen. Von Gott war in Korneuburg nicht die Rede. Vielmehr handelte es sich um die Verlautbarung gewisser Leitsätze für die HW, etwas, auf das einsichtige und politisch interessierte Angehörige der Bewegung schon jahrelang gewartet hatten. Bis dahin hatte es zahlreiche, zum Teil nur lokal gültige Zielansprachen der Bewegung gegeben, die bestenfalls manche Elemente gemeinsam hatten: eine Kritik, zuweilen eine ausdrückliche Absage an den Parteienstaat, an die parlamentarische Demokratie, sowie ausfällige Drohungen, die sich in einem Fall gegen den Marxismus, in anderen Fällen aber auch gegen christlichsoziale Politiker richteten. Von einem drohenden Umsturz zugunsten der Wiederaufrichtung der Monarchie in Österreich war aber nie die Rede, obwohl die Linke gerade diese Möglichkeit unablässig wie den Teufel an die Wand malte. Allmählich schien da und dort das Wort »Faschismus« auf. Damit verband man aber kaum mehr Wissen und Vorstellung als das, was ohnedies die üblichen Richtungsanzeigen für die Marschierer ausdrückten, eben eine unvollkommene Ideologie, eine Ideologie, für deren Namensbezeichnung man sich mangels einer besseren das in Italien geprägte Wort ausgeliehen hat. Was einige Führer der HW unter Faschismus verstanden, wenn sie diesen Popanz dem Austro-Marxismus entgegenhielten, beweist, daß diese Redner nie genau erkundet hatten, was eigentlich die Maxime des Duce gewesen ist. Noch im Jahr 1932, als endlich Guido Bortolottos Untersuchung des Geistes der korporativen Verfassung Italiens unter dem Titel »Faschismus und Nation« in deutscher Sprache in Hamburg erschien, bekannte der Übersetzer einleitend, am Anfang des Faschismus stehe nicht eine Lehre, sondern die schöpferische Persönlichkeit, der kämpferische Glaube einer Gefolgschaft und die revolutionäre Tat. Man sieht, das war schon der Versuch, Faschismus und Nationalsozialismus den Deutschen als deckungsgleich hinzustellen.

An jenem Tag im Mai 1930 war viel Unruhe in der Einteilung der aufmarschierten HW-Verbände, und die Männer im Glied redeten über dies und das, hörten oft nicht hin auf das, was mittels schlechter Lautsprecherverstärkung über den Platz hinweg ertönte. Es ist keine Übertreibung zu sagen, daß das Korneuburger Programm, gedacht als das alle Männer bindende Gesetz, in vielen Teilen der HW überhaupt nicht ankam. Der Verlautbarung des Programms ging eine letzte Auseinandersetzung unter den Führern der angetretenen Verbände voraus. Es handelte sich um eine entscheidende, im Korneuburger Programm selbst nicht gelöste Frage, nämlich um die Erstverpflichtung christlichsozialer Mandatare, die zugleich Führer in der HW waren. Julius Raab, seit 1928 Landesführer der HW in Niederösterreich, lehnte es zunächst ab, die Loyalität gegenüber der Partei, deren Abgeordneter im Nationalrat er seit 1927 war, hintanzustellen gegenüber jener zur HW. Für diesen Tag gab er nach, aber das Jahr 1930 war noch nicht um, da entstand unter seiner Führung eine von der Bundesführung der HW unabhängige niederösterreichische Heimwehr.

Anders verhielt sich der mit einer kleinen Abteilung von Freiheitsbündlern erschienene Josef Dengler. Aus der Christlichsozialen Partei hervorgegangen, stand zwischen ihm, dem resoluten ehemaligen Unteroffizier, und der HW die Persönlichkeit des von ihm geschätzten Arbeiterführers Leopold Kunschak, in HW-Kreisen als Bela Kun-schak verdächtigt. Für Dengler war die HW zweitrangig.

Eigentlicher Held des Tages war Richard Steidle, Alter Herr der Innsbrucker katholischen Studentenverbindung »Austria«. In der Christlichsozialen Partei (in Tirol hatte sie einen anderen Namen) großgeworden, war er um 1930 gestandenen Schwarzen schon länger verdächtig. Er war jetzt nahe daran, aus ihrem Klub der Bundesratsabgeordneten ausgeschlossen zu werden (!). Während sich die Mannschaft auf dem Korneuburger Hauptplatz die Füße in den Bauch stand, tobte unter den HW-Führern das letzte Gefecht. Steidle verlangte ja die erste Loyalität für die HW. Als ihm die Sache zu dumm wurde und ein Wirrwarr von Stimmen jede Diskussion unmöglich machte, ließ er einen Hornisten das allen Soldaten bekannte Signal »Habt acht« blasen. Mit einem Schlag hörte der Zirkus auf. Dann nützte Steidle aus, was mit Raab schon abgesprochen war: Die Bindung an die HW sollte den Vorrang vor jeder Parteibindung (etwa der Großdeutschen Partei) haben. Zuletzt die Drohung: Käme es zu keiner Einigung, dann müßte man eben getrennte Wege gehen. Noch hielt die oft zitierte Kameradschaft, auch als Steidle von Faschismus daherredete, ein Begriff, der im Text des Korneuburger Programms nicht vorkam. Der aber von einigen örtlichen HW-Funktionären nachher hineingeschmuggelt wurde. Froh, außer dem Dengler keinen seiner Führer eingebüßt zu haben, ließ Steidle den Text vorlesen, und die Männer in der Doppelreihe blieben nach wiederholten Beifallsbezeigungen das Gelöbnis nicht schuldig. Für Raab war es für diesmal vorbei. Er hat in Korneuburg noch einmal die innere Geschlossenheit der HW respektiert, aber ihn wurmte das Ganze. Bald nachher hat Raab erkannt, daß Korneuburg ein Paukenschlag, im übrigen aber nur eine Episode war. *Ein Text,* dessen sich Journalisten und Politiker bemächtigten, um ihn zu zerpflükken oder anzupreisen. Und eine wahre Fundgrube für Politologen der übernächsten Generation.
Seipel, nun nicht mehr Bundesobmann seiner Partei, äußerte in der internen Parteiberatung Vorbehalte hinsichtlich des Geschehens von Korneuburg und wies darauf hin, daß zu prüfen wäre, wie sich ein offener Bruch mit der HW auf die im Herbst 1930 zu erwartende Nationalratswahl auswirken könnte. Über Raab fie-

len die gestandenen Alten in der Partei her, der aber behielt seine Ruhe und gab Seipel gegenüber die Bereitschaft zu erkennen, sein Nationalratsmandat zurückzulegen. Seipel bewog Raab zu bleiben, und Raab machte noch zwei Jahre in der HW mit, ehe er sich ganz dem Aufbau seines Gewerbebundes und der Politik in den Interessenvertretungen widmete. Eine schöpferische Pause, die nach 1945 dem Staat zugute kam.
Bundeskanzler Schober war schwer vor den Kopf geschlagen. Dies um so mehr, als er auf Kundgebungen der HW immer häufiger angegriffen wurde, vor allem von Steidle. Sicher hat Steidle nicht ganz unrecht gehabt, wenn er Schober beschuldigte, er hätte 1929 bei der Verfassungsreform gegenüber dem erfahrenen und gewieften Sozialdemokraten Danneberg den kürzeren gezogen und damit den Sinn der Reform der Verfassung vertan. Schober revanchierte sich prompt an der HW, indem er veranlaßte, daß der Bundesstabsleiter der HW, der ehemalige preußische Major Waldemar Pabst, aus Österreich ausgewiesen wurde. Pabst, ein Fachmann für Putscheln und Kurbeln in der Politik, sollte aber nur kurze Zeit in seiner Heimat im Reich verbleiben. Als Starhemberg Ende September 1930 unter Vaugoin für kurze Zeit Innenminister wurde, nahm man die Ausweisung Pabsts zurück. Nun aber hatte der preußische Major genug von den Österreichern und ihrem Land. Noch einmal versuchte er sich, ehe Hitler an die Macht kam. In Berlin kurbelte er mächtig, um eine Kampffront zwischen der dortigen Reichswehr und dem deutschnationalen »Stahlhelm« einerseits und der HW andererseits zustande zu bringen. Er sollte Hitler überleben.
Niemand ahnte im Frühjahr 1930, daß der Tag von Korneuburg der Anfang vom beispiellosen Fall der einmal nahezu zur Volksbewegung gewordenen HW werden sollte. Es war nicht so wichtig, daß die auf dem Hauptplatz der Stadt angetretenen vielzitierten Männer in der Doppelreihe die Gelöbnisformel teilweise nicht hörten; noch mehr haben oder hätten sie damals nicht verstanden; und schließlich verbreiteten die nur schlecht auf eine Linie gebrachten HW-Führer daheim Versionen des Geschehens in Korneuburg, die oft abenteuerlich waren. Zwar hatte Steidle in Kor-

neuburg das Wort »Faschismus« einmal in den Mund genommen, im Text des legendären Eides scheint es aber nicht auf. Und das sehr zum Ärger der Antifaschisten im Land, denen ein Hinweis auf einen programmierten Faschismus in Österreich nur zu sehr in den Stehsatz ihrer Propaganda gepaßt hätte. Anders in Kreisen der HW: Da und dort wurde das Wort Faschismus im offiziellen Text des sogenannten Eides *vermißt,* aber aus einem anderen Grund: Sie waren ihren Männern, denen sie lange genug Faschismus als die einzig taugliche Methode hingestellt hatten, um den »roten Terror« zu bekämpfen, die Faschisierung der HW als Ertrag von Korneuburg einfach schuldig. Das war zum Teil die Folge davon, daß in Korneuburg vorwiegend die HW aus Wien und Niederösterreich unter den Marschierern und Führern vertreten war, also sich aus den ländlichen Bereichen rekrutierte, wo den politisch interessierten Männern die Ansichten des absolut nicht faschistisch ausgerichteten Bauernbundes im Blut lagen.

So kam es, daß sich diverse Führer der HW insgesamt mehr als ein Dutzend Fassungen des Textes zurechtlegten, was dazu führte, daß heute umstritten ist, was in Korneuburg zu Papier gebracht und was den Männern vorgelesen wurde. Das etwas schmalbrüstige »Zentralorgan« der HW kam mit seiner Version den Tatsachen näher, dafür drückten örtliche Organe eben das ab, was den an Ort maßgebenden Faktoren besser für ihre Zwecke taugte. Das heißt, man ließ diese oder jene Passage weg oder inserierte etwas, das gar nicht zum »offiziellen« Text gehörte. Daß der Text und alles, was rund um Korneuburg geschehen war, in den Zeitungen mit antifaschistischer Tendenz schlecht wegkam und die betreffenden Organe das betonten, was ihren Kampfauftrag bestätigte, und anderes wegließen, was womöglich der HW zugute gekommen wäre, war selbstverständlich. Bedenklicher ist, was nachher Zeitgeschichtler aus dem Ganzen gemacht haben und machen. Das fing mit dem an, was der ab den dreißiger Jahren in Wien tätige und nach 1945 in Radio Free Europe prominent gewordene George Eric Rowe Gedye nach 1938 in seiner Heimat den Leuten erzählte. Gedye schrieb nämlich rundheraus, die HW hätte in Korneuburg verlangt, daß die Erziehung der Jugend der *Kirche* entzogen und dem *Staat* übertragen werden solle. Das war um 1930 ein Streitgegenstand im faschistischen Italien, nicht aber in Österreich, wo diesbezüglich die Kirche nicht mit dem *Staat* wegen des öffentlichen Unterrichts im Konflikt stand, sondern mit der *SDAPÖ*. Und genau das, was Gedye der HW als Forderung unterschob, machte damals die Forderung der SDAPÖ im Schulstreit aus.

Seipel, der Korneuburg 1930 nicht mehr als Kanzler erlebte, hatte mit den Formulierungen von Korneuburg keine Freude. Mehr noch: Er war in Sorge wegen der Entwicklung, die in seiner Partei nach seinem Scheiden aus dem Kanzleramt im April 1929 zutage trat. Sein Nachfolger Ernst (von) Streeruwitz hat in seinen 1937 erschienenen Erinnerungen die Stimmung beschrieben, die angesichts der Vakanz des Kanzlerpostens bestand. Demnach hatte damals eine Zeitung in ihrer Witzecke ein Gespräch zweier Österreicher wiedergegeben:

»Kennen S' schon den neuchen Kanzler?«, fragte der eine, und der andere erwiderte: »Na! Niemand waß, wer's is, und kaner will's wer'n.«

In der Zeit von Mai 1929 bis Mai 1932 stellte die Christlichsoziale Partei sechs verschiedene Politiker als Kanzler. Im Mai 1929 fiel das Amt schließlich dem vom Hauptverband der Industriellen im Einvernehmen mit Seipel ins Parlament geschickten Industriefachmann und ehemaligen Offizier Streeruwitz zu. Ihm erging es damals in dem ihm zugedachten Wahlkreis so, wie es manchem Fachmann ergeht, der in eine Regierung berufen wird, ohne auch dem Unteroffizierskorps der Partei genehm zu sein. Bei seiner Vorstellung in der Hauptversammlung der Vertrauensmänner der Partei in Wiener Neustadt war Streeruwitz an sich bereit, eine Kandidatenrede zu halten. Aber der ihm gutgesinnte Lokalpolitiker aus Sollenau Rudolf Gruber riet ihm:

»Heute schweig' still, heute wollen die anderen das Maul dreschen, und überdies werden die Kandidaten, die hinter dir (auf der Liste) stehen, deine Reihung bekämpfen.«

Das war klug von Gruber, für den frisch von oben gekürten Parlamentarier aber eine Entreeszene, die kein gutes Finale erwarten ließ. Zunächst kam Streeruwitz aus der Schußlinie, weil sich seine Gegner uneinig wurden und so der Krieg der Mäuse mit den Fröschen unterging in der landauf, landab in Gang befindlichen Rede, es stünde weiter schlecht mit der Partei, wenn nicht der oder jener hinauf- oder ein anderer heruntergeholt werde von seinem Mandat. Im Parlament focht die Opposition den Eintritt von Streeruwitz ins Hohe Haus an; es war der Vater der österreichischen Verfassung, der Staatsrechtler Hans Kelsen, der dem Angriff von Rechts wegen den Boden entzog. Das aber hinderte »Kollegen« von Streeruwitz in Kreisen des Hauptverbandes der Industrie nicht, ihrerseits hochnotpeinliche Untersuchungen anzustellen. Überflüssig zu sagen, daß die HW für den gewesenen Offizier, der ihr nicht angehörte, keine Sympathien hatte; zumal die HW von Bemerkungen des neuen Parlamentariers erfuhr, die ihr nicht zur Ehre gereichten. Wie etwa das, was auch Seipel erzählte: Man könne ein Budgetdefizit nicht »wegmarschieren« und die Beschäftigungslage nicht auf diese Weise verbessern, Ansprüche der Sozialpolitik nicht finanzieren und was dergleichen noch anstand. Höhepunkt der Polemiken wurde der Streit um das Mietengesetz. An der außerparlamentarischen Front wurden die ersten jener Angriffe der HW vorgetragen, die auf eine Verfassungsreform abzielten. Als schon einige Zeit seit der Demission Seipels vergangen war und sich kein Bewerber um das Amt des Regierungschefs drängte, fiel die Wahl des Altkanzlers auf Streeruwitz. Zunächst war dem »neuen Mann«, der »neue Wege gehen sollte«, nur das Finanzministerium zugedacht. Aber solche Wege waren vielfach von lautstarken HW-Männern besetzt, und von diesen erwartete sich Streeruwitz nichts Gutes. Schon wurde als Kanzlerkandidat der Vorarlberger Landeshauptmann Otto Ender genannt; der aber mußte diesmal noch aus familiären Gründen absagen. Noch ein Kandidat tauchte auf, ein Finanzfachmann, der aber mit den Bauern nicht einig wurde. Da wurde der Landeshauptmann von Niederösterreich Karl Buresch, von der HW schon länger wegen seines Umgangs mit Sozis als übler Packler verschrien, zum Retter in der Not, indem er besagten Finanzmann als Finanzminister und Streeruwitz als Kanzler vorschlug.

Mit Ach und Krach schafften es die Routiniers, die Plattform einer »bürgerlichen« Koalitionsregierung auf die Beine zu bringen, in der die Großdeutschen und der Landbund noch mitmachten. Die Regierungserklärung geriet verständlicherweise ins Kreuzfeuer der sozialdemokratischen Opposition, deren Zentralorgan sich darin gefiel, den Industriellen und früheren Dragonerrittmeister so aufs Korn zu nehmen, wie damals auf Plakaten der politische Gegner abgetan wurde. Neu war, daß nach Schluß der Sitzung den neuen Kanzler im Erdgeschoß eine Deputation der HW erwartete. Die HW stellte damals eine schon recht starke Opposition zum System, aber nur eine *außerparlamentarische*, die sofort für eine Gesprächssituation sorgte, die den Kanzler nichts Gutes von dieser Seite erwarten ließ. Steidle, der kurz nach diesem Renkontre heimfuhr nach Tirol, erklärte lauthals im Speisewagen: »Diese Regierung dauert nur ein paar Monate, dann kommt der Seipel wieder. Wenn es länger dauert, daß dieser Inflationskanzler arbeitet, bringe ich mein Geld in die Schweiz.«

War schon Seipel den Fraktionen und Friktionen seiner Partei ausgesetzt, so erwies es sich, daß es dem neuen Kanzler, auch wenn über ihm das Wohlwollen des Parteiobmannes Seipel zu schweben schien, noch schlechter erging im Parteienstaat. Denn nichts ist in Krisenzeiten hemmender als der interne Streit im Verband der staatstragenden Partei; diese »innerparteiliche Demokratie« erreichte beim Niedergang der alten Lueger-Partei abenteuerliche Ausmaße. Dies allein schon deswegen, weil man (»man« war noch am Vorabend von Korneuburg) darüber stritt, ob ein christlichsozialer Politiker, der aktiv in der HW mitmachte, zuerst seiner Partei oder zuerst der HW, also dem absoluten Gegner des Parteienstaates, verpflichtet war. Wie erzählt, hat auch Korneuburg 1930 diese Frage nicht vollends geklärt.

Streeruwitz wollte, dem Beispiel seiner Vorgänger folgend, Mussolini einen Besuch abstatten, und zwar noch vor dem Besuch beim Völkerbund in Genf. Der Duce erbat sich den Besuch für später. Dann geschah es, daß der Kanzler den Ministerpräsidenten der ČSR nicht offiziell in Prag, wohl aber in Pilsen traf. Das wurde vielfach als glatter Kurswechsel gedeutet, zumal in Kreisen, wo man eine entschiedenere Vertretung der nationalen Belange, vor allem jener im Umkreis der Anschlußfrage, erwartete. Prompt reagierte Starhemberg, der überhaupt keine Fühlungnahme mit Streeruwitz wollte. Im Verein mit Schober glaubte der Kanzler den Drohungen der HW gewachsen zu sein. 1929 hatte Schober anläßlich einer Polizeiparade auf dem Wiener Ring Stärke gezeigt, die Stärke der unter ihm reorganisierten Polizei. Aber im Jahr darauf sollte Schober schon daran sein, sich eine eigene politische Stütze zu schaffen, den späteren sogenannten Schober-Block, in den die Wirtschaft viel Vertrauen setzen und dafür Mittel bereitstellen sollte.

Im Spätsommer 1929 ging es echt österreichisch zu. Man vermied einen dramatischen Konflikt mit dem Kanzler, dafür bereitete man ihm bei seiner Rückkehr aus Genf jene Situation vor, in welcher das Opfer unversehens ins offene Messer läuft. Nur zu bald kam die Stunde, in der ein Politiker mitmacht, was im Lazarett ein tödlich Verwundeter erlebt: Die Läuse verlassen den Sterbenden. Im gegebenen Fall war es der liberale Vizekanzler Schumy, der es vorzog, die von der HW betriebene Verfassungsreform lieber unter dem nächsten Kanzler mitzumachen. Streeruwitz meldete diesen beginnenden Zerfall der Regierungskoalition dem Bundesparteiobmann Seipel. Seipels Reaktion war nichts anderes als der Rat, Streeruwitz möge die Kanzlerschaft ohne Verzug abgeben. Und während der »technische Berater« der HW, der preußische Major Pabst, schon in der Öffentlichkeit verkündete, am Tage der fraglichen Klubsitzung der Christlichsozialen würde Streeruwitz den Abend nicht mehr als Kanzler erleben, erhob sich im Klub Leopold Kunschak, der aus gutem Grund vor Praktiken warnte, mit denen sich die Partei vollends außerparteilichen Kräften ergäbe. Streeruwitz nannte selbst Schober als seinen Nachfolger, aber der war ohnehin schon in gewissen Kreisen als der starke Mann für das Experiment einer Verfassungsreform vorgesehen. So findet der geneigte Leser quasi in einer Nußschale kurz gefaßt, wie das ist, wenn eine einmal mächtige politische Partei sich dem Freitod hingibt. Es wurde ein langes, qualvolles Sterben, das bis ins Jahr 1934 dauerte . . .

Wie immer die Nachrede ist, die Schober letztlich zuteil wurde, Tatsache ist, daß er im Innersten seines Wesens kein Parteisoldat war, daß er die Diszipliniertheit und Staatstreue eines Beamten mit Vorkriegsbenehmität besaß, in den Augen eines Marxisten also eine kleinbürgerliche Type war. Den »Arbeitermörder« von 1927 hat die SDAPÖ bei den Parteienverhandlungen über die Verfassungsreform 1929 zeitweilig vergessen. Um es kurz zu sagen: Die an sich *von der HW herangezwungene Reform* gestaltete sich als ein großartiger Abwehrerfolg der oppositionellen SDAPÖ. Zum ersten Mal zeigte Robert Danneberg jene Zähigkeit im Verhandeln, die gerade einem Mann wie Schober arg auf die Nerven ging, zumal er unter Erfolgserwartungen litt, die von der HW immer wieder an ihn herangetragen wurden und die zu erfüllen er nie in der Lage war. Dazu kam, daß zu dieser Zeit die Gespräche über eine Zollunion mit dem Deutschen Reich zu einem Resultat gerieten, das eine Übernahme des Projekts auf die Ebene der Verhandlungen zwischen den Regierungen in Wien und in Berlin erforderte. Schober, im Grund nach Herkunft und Anschauung national, aber keineswegs antiklerikal eingestellt, erwies sich in diesen Tagen als ein loyaler Partner Seipels, der bis zum Tod nicht von dem 1922 eingegangenen Bündnis zwischen Christlichsozialen und Großdeutschen lassen wollte. Aber Schober war im Jahr seiner letzten Kanzlerschaft vom September 1929 bis zum selben Monat im Jahr 1930 mit einer Aufgabe beschäftigt, die an sich nicht auf seiner Linie lag.
Er erkannte aus den ihm zukommenden Stimmungsberichten, daß die Partei Seipels bei den im Herbst 1930 fälligen Nationalratswahlen nicht länger mit dem ganzen Nachersatz aus Kreisen der ihr an sich nahestehenden jungen Generation rechnen durfte. Ein großer Teil dieser jungen Erstwähler ließ erwarten, daß er durchaus geneigt war, anstatt der »verbrauchten Männer aus der Zeit vor 1914« den Männern der HW, sollten sie kandidieren, den Vorzug zu geben. Vor allem aus der Steiermark kamen solche Erhebungen. Schober wurde gewahr, daß die Stunde für eine *dritte Kraft,* wie man später sagte, gekommen war. Nämlich eine Sammlung des Stimmenreservoirs der Großdeutschen Volkspar-

tei, des Landbundes und jener bisherigen Wähler der Seipel-Partei, die nach dem Ende der Ära Seipel nicht willens waren, noch länger die »Schwarzen« zu wählen. Für diese Wähler eine Sammelliste zur Nationalratswahl zu schaffen war ein schwieriges Beginnen. Die internen Bewegungen der an dem Projekt Interessierten sind bis heute nicht erkundet. Sicher ist, daß der Hauptverband der Industrie dem Polizeipräsidenten auf dem Ballhausplatz Avancen gemacht hat, die er dessen Vorgänger Streeruwitz zuletzt versagt hatte.

Als Schober zusammen mit den Vertretern der SDAPÖ die Plattform für die Verfassungsänderung 1929 gefunden hatte, war die HW immerhin schon stark genug, um sich an die Spitze jener politischen Kräfte zu setzen, die endgültig genug hatten von dem einstens über die Maßen gelobten »Mann der Ordnung«, dem Garanten für Sicherheit, Johannes Schober. Schober bekam den Dank des Vaterlandes zu spüren. In der verständlichen Verbitterung, die er verspürte, übersah er, daß seine politische Niederlage im Kampf um die Verfassung jenen Kräften im Lande Auftrieb gab, die eine »Neuerung« auch ohne die Stütze einer kompakten Mehrheit im Nationalrat erkämpfen wollten. Solche Männer standen in der Führung der HW ebenso wie im Stab des Schutzbundes der SDAPÖ.

Rechtzeitig trat Schober, nunmehr Galionsfigur eines »Schober-Blocks«, am Vorabend der Nationalratswahl 1930 zurück. So wie am Vorabend der Berufung Streeruwitz' entstand wieder ein negativer Kompetenzkonflikt in der Bewerbung um die Nachfolge. Sie fiel dem seit zehn Jahren im härtesten Kampf mit der SDAPÖ gestandenen Heeresminister Carl Vaugoin zu. Ihm war die Nachfolge Seipels als Parteivorsitzender bestimmt. Vaugoin vertrat die »Wiener Richtung« der alten Lueger-Partei, die in seinem Umkreis noch einige aufrechte letzte Garden besaß. Hatte Vaugoin 1929 bei dem gefahrdrohenden gleichzeitigen Aufmarsch der HW und des Schutzbundes in Wiener Neustadt die Staatsautorität mit Assistenzkörpern des Heeres überzeugend unter Beweis gestellt, so sah er sich im September 1930 als Chef einer Minderheitsregierung am Vorabend einer Nationalratswahl einfach überfordert.

Anders als viele christlichsoziale Politiker hielt er nicht viel vom Zusammengehen mit der HW. Es nützte ihm wenig, daß er Seipel als Außenminister ins Kabinett nahm. Nach Wegfall der bisherigen Koalitionspartner, Großdeutsche und Landbund, war er auf die HW angewiesen. Der Landbund, der immer wegen der HW Manderln gemacht hatte, besaß nun selbst seine »Bauernwehren«, organisierte und bewaffnete Wehrformationen. Sie werden im Juli 1934 mit den Kampfverbänden der illegalen NSDAP gemeinsame Sache machen. Und – Vaugoin mußte eine bittere Pille schlukken, nämlich Starhemberg ins Kabinett nehmen. Und dies trotz der Warnung, daß – man war im September 1930 – Starhemberg bereits daran war, bei den für den 9. November angesetzten Nationalratswahlen auf der Liste eines »Heimatblocks« zu kandidieren. Am 1. Oktober 1930 löste der seit der Verfassungsreform mit erweiterten Machtbefugnissen ausgestattete Bundespräsident den Nationalrat tatsächlich auf. Der Grund dafür waren sogenannte »Unstimmigkeiten« im Hohen Haus, an sich Vorgänge, die nicht mehr waren als der Mißbrauch der parlamentarischen Demokratie zur Austragung spektakulärer Fraktionskämpfe. Am Wahltag stand die Christlichsoziale Partei drei Gegnern gegenüber: den angriffslustigen und mit Erfolgsaussichten auftretenden Sozialdemokraten, den im Schober-Block geeinten Nationalen und Liberalen aller Schattierungen und dem Heimatblock.
Die Männer der Wiener HW waren verwirrt, als bei ihrem Propagandaaufmarsch zugunsten der Christlichsozialen hinter ihrer Marschkolonne ein Lautsprecherwagen des Heimatblocks daherfuhr und unablässig zu hören war:
»Das deutsche Volk von Wien / Wählt Heimatblock weißgrün.«
Das stand im direkten Gegensatz zu der vom Landesführer der WHW Emil Fey ausgegebenen Parole, wonach seine Mannen den Christlichsozialen im Wahlkampf zur Seite stehen sollten. Man kann sich vorstellen, wie derlei Konfrontationen zwischen der HW unter Starhemberg und der WHW unter Fey die Beziehungen der beiden HW-Führer dermaßen vergifteten, daß sich diese in wenigen Jahren nur mehr bei einem Pistolenduell treffen wollten.

Um es vorwegzunehmen: Ohne den Ausgang der Nationalratswahl vom 9. November 1930 keine Selbstausschaltung des Nationalrates am 4. März 1933, kein Experiment mit der autoritären Verfassung von 1934 und kein Anschluß 1938 auf der Basis eben dieser Verfassung aus 1934, die an sich von der NSDAP während der Zeit ihres Kampfes im Untergrund stets als der eigentliche *Hort der Illegalität* in Österreich bekämpft wurde.
Am Abend des schicksalschweren Tages im Herbst 1930 erwies sich, daß die Liste der SDAPÖ mit dem Gewinn eines einzigen Mandats die relative Mehrheit im Nationalrat, die sie 1920 verloren hatte, zurückerobern konnte. Aber das war nicht die Folge ihres eigenen Wahlerfolgs, sondern die Auswirkung eines katastrophalen Mandatsverlusts der Christlichsozialen, deren Fraktion von 73 auf 66 Mandatare zusammenschrumpfte. Die Partei hatte den rechten Sektor im Sitzungssaal zu räumen, wo nunmehr acht Abgeordnete des Heimatblocks, darunter der Innenminister im Kabinett Vaugoin, Starhemberg, einrückten. Es ging zu wie später in den sechziger Jahren, als die ÖVP vermeinte, sie hätte die absolute Mehrheit im Nationalrat erreicht, während in Wirklichkeit nicht sie gewonnen, sondern (für diesmal) die SPÖ durch das Experiment ihres früheren Innenministers Franz Olah verloren hatte.
Der Schober-Block hielt einiges, was er versprochen hatte. Großdeutsche und Landbund, an sich schon am dürren Art, konnten von ihren bisher insgesamt 21 Mandaten alle bis auf zwei retten. Es ist keine Übertreibung zu sagen, daß der Nationalrat in seiner Zusammensetzung ab dem 9. November 1930 eine gefährliche Mischung zahlreicher bedrohlicher Kombinationen und Machenschaften war. Unbeachtet blieb der Wahlerfolg der bisher völlig unbedeutenden NSDAP. Sie errang zwar kein Nationalratsmandat, aber immerhin schon 111 843 Stimmen, an sich eine Verdreifachung ihrer bisherigen Anhängerschaft. Schon segelte die Hitlerbewegung in Österreich im Kielwasser des im Deutschen Reich kurz zuvor von Hitler erzwungenen Durchbruchs zu einer nie erwarteten Machtstellung.
Das war das Ende des Kabinetts Vaugoin. Nun stand Otto Ender,

nachdem seine Probleme in der Heimat behoben waren, pflichtgetreu für die mäßig geschätzte Position eines österreichischen Bundeskanzlers zur Verfügung. Ender hat ein letztes Mal mit seiner alemannischen Tüchtigkeit für Ordnung unter dem Gesetz der parlamentarischen Demokratie gesorgt. Und nicht ohne Erfolge. Ihn trafen mehr unglückliche Ereignisse als jeden seiner Vorgänger, Seipel mitinbegriffen. In Wien erwarteten Ender Aufgaben, deren Bedeutung und Folgewirkungen er wohl nicht geahnt hat, als er die politisch wohlgeordneten Verhältnisse in seiner Heimat verließ, um sich in den Wirrwarr der Endzeit der Ersten Republik zu begeben. Zuerst mußte er sich bemühen, die im Wahlkampf einander spinnefeind gewordenen und kaum gesprächsbereiten politischen Parteien so weit zu bringen, daß sein Kabinett nicht geradezu über einem Löwenkäfig amtierte. Nicht weniger Mühe machte auch die Beschwichtigung des gewesenen Bundeskanzlers Schober, der nach dem Abwehrerfolg seines Wahlblocks ein wenig von oben auf die arg gerupfte Christlichsoziale Partei herabsah; nicht ahnend, daß sein baldiger Tod mit das Ende des von ihm zusammengebrachten Blocks und seiner Einzelparteien sein sollte.

Dem folgte ein parlamentarischer Erfolg Enders: Der zwischen dem Bund und den Ländern abzuschließende Finanzausgleich wurde im Jänner 1931 parlamentarisch erledigt. Aber was bedeutete das angesichts wachsender Budgetschwierigkeiten? Wer kann sich heute noch vorstellen, wie sehr Ender bestürzt war, erfahren zu müssen, daß die Bundesrechnung 1930 mit einem (eher geringen) *Abgang* abschloß? Dazu kam allerdings die Aussicht, daß es im laufenden Jahr 1931 nicht besser bestellt sein werde. Für 1931 errechnete der Finanzminister einen Abgang von 150 Millionen; der Ertrag der Besoldungssteuer, Bezugskürzungen und Verwaltungseinsparungen sollten den Abgang in Grenzen halten. Das aber waren Maßnahmen, die den Strategen der Kanzlerpartei gar nicht gefielen, waren sie doch Wasser auf die Mühlen der Opposition.

Und jetzt war nicht länger zu verheimlichen, daß das 1918/19 gezogene Netz des Sozialstaates rissig war und es einfach

an Mitteln fehlte, bestehende Ansprüche zu erfüllen. Nun spürte man in Österreich schon, woher der böse Wind kam:
Nicht nur in den USA standen Millionen Arbeitslose Schlange vor Ämtern. Diese ansteckende Krankheit hatte schon ganz Westeuropa erfaßt und traf zuletzt auch die Republik Österreich. Arbeitslose in Österreich, das waren für die sozialdemokratische Opposition aber nie Opfer der Weltwirtschaftskrise, sondern die Unglücklichen in einem *modo capitalistico* regierten Österreich. Um die Last des Kanzlers weiter zu vermehren, verstand sich sein sonst verläßlicher und geduldiger Sozialminister Resch nicht dazu, die Regierungspolitik des Sparens mitzumachen. Hinter dem Rücken des Kanzlers gab er dem Bundespräsidenten seine Demission, verweigerte er es tagelang, den Regierungschef auch nur zu sprechen. Um diese Zeit fand es auch der Landwirtschaftsminister Andreas Thaler richtiger, den Hut zu nehmen und mit einer Gruppe Tiroler Landsleute nach Lateinamerika auszuwandern. Das war die Stunde, in der Engelbert Dollfuß, bisher Direktor der Landwirtschaftskammer Niederösterreichs, den Ruf zur Nachfolge des ausgewanderten Landwirtschaftsministers annahm.
Auf zwei gefährlichen Wegen der Außenpolitik versuchte sich Ender: Er leitete die Verhandlungen jenes Konkordats ein, das dann als »Dollfuß-Konkordat« eine heißumstrittene Materie in der Zweiten Republik wurde. Und er hatte auszubaden, was unter Vorgängern eingehandelt worden war: das in Frankreich verhaßte und brennheiße Problem einer Zollunion mit dem Deutschen Reich. Österreichs diesbezügliche Niederlage vor dem Internationalen Gerichtshof in Den Haag war ein billiger Sieg Frankreichs, das Himmel und Hölle in Bewegung setzte, um diese Infamie der »Deutschen in Berlin und Wien« zu Fall zu bringen. Ein lateinamerikanischer Staat sicherte die Mehrheit zum Vorteil Frankreichs und seiner Satellitenstaaten in Europa. Und ein Gerücht ging um nach diesem Mißerfolg: Demnach hätten die Zollunionspläne den Zusammenbruch der Credit-Anstalt ausgelöst.
Letzteres war Unsinn oder bösartige Unterstellung. Die Credit-Anstalt hatte sich eine lebensgefährliche Krankheit von einem Er-

eignis geholt, das Jahre zurücklag. Schon Bundeskanzler Streeruwitz hatte das bedenkliche Krachen im Gefüge der Bodencreditanstalt vernommen. Dieses Institut war einmal die Bank des Kaiserhauses, sein Generalgouverneur wurde vom Kaiser ernannt, und das trotzig wirkende Gebäude in der Wiener Teinfaltstraße stand da wie eine Burg, deren bloßer Anblick alle niedrigen Anschläge auf Wohlstand und Wohlgeborgenheit von sich wies. Bundeskanzler Schober hatte abgelehnt, der schon zu seiner Zeit dekrepiten Bank mit einer Staatsgarantie zu Hilfe zu kommen. Aber er hat dafür am Anfang der Tätigkeit seines letzten Kabinetts die Bodencreditanstalt mit der Credit-Anstalt fusioniert. Seine Meinung, es sei nicht Sache des Staates, Gelder zur Sanierung von Banken auszugeben, war aller Ehren wert, unter den damaligen Umständen aber nicht länger haltbar. Die Trümmer dieser mißlungenen Sanierung durch Fusionierung fielen Ender buchstäblich auf den Kopf. An einem Freitag im Mai 1931 stürzte sein Finanzminister in den Arbeitssalon des Kanzlers und meldete fassungslos:

»Das Schrecklichste, was uns auf finanziellem Gebiet treffen kann, ist passiert; die Credit-Anstalt hat eine Unterbilanz von 140 Millionen Schilling und müßte Konkurs ansagen.«

Um es späten Nachfahren verständlich zu machen: Es handelte sich um einen Betrag in einer Höhe, die im Staatskapitalismus der Zweiten Republik mit ihrer Kommandowirtschaft längst keine Ausnahme mehr ist. Heute geht es allerdings um Milliarden. Damals hingen 70 Prozent der Wirtschaft des Landes direkt oder indirekt an der Credit-Anstalt. Hätte sie ihre Tore schließen müssen, dann wären die Schlangen vor den Arbeitsämtern noch länger geworden – so kalkulierte Ender jedenfalls in dieser Stunde, und darnach handelte er. Der Nationalrat mußte binnen kürzester Frist einberufen werden, damit er das gedachte Vorgehen der Regierung legalisierte. So entstand das erste Credit-Anstalt-Gesetz. Zu Pfingsten 1931 waren wilde Gerüchte über die Credit-Anstalt-Affäre in Umlauf: Es drohe ein Moratorium. In der Not entstand eine zeitweilige Notgemeinschaft zwischen der »bürgerlichen Regierung« und dem »Roten Wien«. Finanzstadtrat Hugo Breitner sagte, ein Moratorium würde auf lange Zeit jeden öffentlichen oder privaten Kredit schädigen. Breitner war ein sozialdemokratisch gewordener Banker seiner Zeit. Für einen Moment waren inmitten einer weltweiten Katastrophe Wien und die Credit-Anstalt im Brennpunkt jener internationalen Bemühungen, die *allerorts* notwendig waren. Das kam Österreich zugute. Es kam kein Geld, aber man hielt im Ausland die österreichische Malaise evident, wissend, daß demnächst »etwas im Falle Österreich geschehen wird müssen«.

Am Pfingstsonntag erreichte den Kanzler die Nachricht, daß die Bank für Internationalen Zahlungsausgleich die *Schillingwährung für gefährdet erachte, wenn nicht der österreichische Staat die Bundeshaftung für Schulden der Credit-Anstalt übernähme.* Dem folgte ein zweites Credit-Anstalt-Gesetz, mit dem die Haftungserklärung angenommen wurde. Im Nationalrat stimmte nur der Heimatblock dagegen. Das erste Institut, das die eben geschaffene Haftungsverpflichtung für Einlagen bei der Credit-Anstalt in Anspruch nahm, war die Zentralsparkasse der (roten) Gemeinde Wien. Aber der Finanzminister hörte nicht auf, vor der Ansicht zu warnen, man sei über den Berg. Was auf die Regierung zukam war die Notwendigkeit, eine *Generalhaftung für die Anstalt* seitens des Staates zu übernehmen. Und es dauerte nicht lange, da hatte man eine diesbezügliche Mahnung der Bank für Internationalen Zahlungsausgleich in Wien auf dem Tisch.

Es entstand ein Hoffen von Tag zu Tag. Ein Respiro für zwei Jahre wurde von gewissen ausländischen Gläubigern zur Sprache gebracht. Aber in Paris verlangte man Zahlungen. Zahlungen nicht nur im Falle einer günstigen Ertragslage des Bundes, sondern auch bei defizitärer Gebarung. Das bedeutete: Generalhaftung des Staates für die Credit-Anstalt unter allen Umständen. Jetzt schien es dem Landbündler Winkler an der Zeit, sich abzuseilen. Schober, mit dem zusammen er jüngst den Wahlblock zustande gebracht hatte, versuchte Winkler bei der Stange zu halten. Aber Winkler redete sich, so auch die später von der SDAPÖ im ganzen Land verbreitete Version, darauf aus, es seien in der Credit-Anstalt Dinge geschehen, die man ihm, dem Mitglied der Bundesre-

gierung, verschwiegen hätte. Was Kenner des Charakters Winklers befürchteten, trat prompt ein. Hinter dem Rücken des Kanzlers reichte er aus parteitaktischen Gründen seine Demission ein. Damit verlor die Regierung die parlamentarische Basis, Ender stellte im Kabinett den Antrag auf Gesamtdemission der Regierung. Das Kabinett stimmte zu. Aber der Bundespräsident ließ Ender nicht ziehen, er betraute ihn mit der Fortführung der Geschäfte, hoffend, Ender würde die Affäre doch noch zu einem guten Schluß bringen. Immerhin kam jetzt aus Paris die Nachricht, wonach ein *französisches* Bankenkonsortium bereit war, über die Unterbringung einer Schatzscheinanleihe zu verhandeln. Einzige politische Gegenleistung: *ein neuerlicher Verzicht auf den Anschluß an das Deutsche Reich.* Das bedeutete, anders als 1922, einen möglichen Frontalzusammenstoß mit den Großdeutschen, die bei Wahrung nationaler Belange jetzt besonders achtsam sein mußten, da sie schon im Sog der Hitlerbewegung waren.
Das fragliche französische »Ultimatum« zwang die Regierung zu einem Schritt, der endlich aus der ärgsten momentanen Bedrängnis führte: Der Finanzminister rief den Gouverneur der Bank of England an, und dieser sagte am Fernsprecher (!) und ohne Vorliegen eines Vertragswerkes die sofortige Hilfe zu. Noch in der Nacht zum 17. Juni kam der Vertrag zustande, die Bank of England ließ sich dabei in Wien durch ihren Berater bei der Oesterreichischen Nationalbank vertreten. Während dieser Prozedur handelte Ender als Chef einer in Abdankung befindlichen Regierung. Man kann verstehen, daß er seinem Nachfolger eine gerettete Credit-Anstalt hinterlassen wollte. So wie Seipel 1922 wollte er 1931 Vollmachten für die Regierung zur weiteren Abwicklung. Seine Versuche, die Großdeutschen und die SDAPÖ dafür zu gewinnen, scheiterten. Mehr noch: Der Finanzstadtrat von Wien Hugo Breitner, der unlängst am Höhepunkt der Krise dem Kanzler versichert hatte, man dürfe (!) die Credit-Anstalt nicht zugrunde gehen lassen, hielt in der Heimat des zurückgetretenen Kanzlers eine Rede (es standen ja Landtagswahlen in Vorarlberg bevor), in der er die Regierung Ender beschuldigte, sie hätte die Übernahme der Bundeshaftung durch falsche Angaben erschli-

chen. Damit waren Breitners Partei und die Zentralsparkasse der Gemeinde Wien, die als erste von der Rettung der Credit-Anstalt Gebrauch gemacht hatten, der Öffentlichkeit gegenüber anscheinend vor dem Verdacht gerettet, sie hätten sich ungehörigerweise mit den »Schwarzen« eingelassen. Ender sorgte zwar für eine Richtigstellung in der Presse; aber er selbst war um diese Zeit nicht mehr Kanzler, sondern Landeshauptmann; und seit dem Hochsommer 1931 waren Wellen neuer beunruhigender Ereignisse über das Land gegangen. Der »Credit-Anstalt-Skandal« lag tief unter dem Schutt der inzwischen eingetretenen Zusammenbrüche in der Wirtschaft. Und die steigende Arbeitslosigkeit bereitete den Massen der Bevölkerung mehr Sorgen als die vertrackte Geschichte mit der Bank, in der offenbar üble Typen des Kapitalismus unter dem Schutzmantel der Regierung ein übles Spiel getrieben hatten.

Am 20. Juni 1931 hat Ender Wien verlassen. Er hinterließ eine Christlichsoziale Partei, in der sich niemand nach dem vakanten Posten am Ballhausplatz drängte. Noch einmal bewies Seipel sein Prinzip, notfalls Staatsinteressen über Parteinotwendigkeiten zu stellen. Seipel war todkrank, nicht mehr zu retten nach dem damaligen Stand medizinischen Wissens. Er hatte dies im Sommer 1931 als unausweichliches Schicksal vor Augen. In diesen Tagen sagte er zu seinem alten Vertrauten der zwanziger Jahre, Hofrat Viktor Kolassa, etwa folgendes:

»So viele gehen jetzt der Verantwortung aus dem Weg. Ich bin ein kranker Mann, wer weiß, wie lange ich noch lebe, manchmal bin ich todmüde. Aber ich will es noch einmal versuchen. Und ich könnte mir denken, daß ich damit die Jüngeren unter uns ermutige.«

Das war die Stunde, in der Seipel versuchte, eine Koalitionsregierung zu bilden. Seipel Bundeskanzler, Otto Bauer Vizekanzler. Einen Moment lang schien es, als ob Bauer an den trennenden Graben herankäme. Aber in der SDAPÖ obsiegte eine taktische Erwägung: Die Banken- und Wirtschaftskrise, die steigende Arbeitslosigkeit und andere Anzeichen ließen doch erkennen, daß der Kapitalismus in Österreich aus dem letzten Loch blies. Warum also eine Sache aus dem Feuer reißen und sich dabei Mißtrauen in den Massen holen? Die Zeit war abzusehen, in der die Reste der Lueger-Partei in sich zusammenstürzen würden. Dann gab es für den Bundespräsidenten keine andere Wahl mehr, als den Kandidaten der seit 1930 stärksten Fraktion im Nationalrat zur Regierungsbildung heranzuziehen. Mochten dann die Schwarzen sehen, ob für sie in dem neuen System überhaupt noch ein Platz sein würde.

Seipel zog sich also einen Refus zu, so auch der nachher im Juni 1932 mit der Regierungsbildung betraute Landeshauptmann von Niederösterreich Karl Buresch. Als das Kabinett Buresch II im Jänner 1932 am Ende war, versuchte es der neue designierte Bundeskanzler Engelbert Dollfuß mit den Sozis. Nun, Buresch, den die HW und die Nazis als einen üblen Packler mit den Sozis hinstellten, war ein Gespräch wert gewesen. Die vorsichtige Anfrage des Dollfuß hat man nicht einmal gescheit ignoriert.

Der Putsch des Jahres 1931

Vorbereitung, Versuch, Risiko

So wie es jetzt, 1930, in Österreich zugeht, kann und darf es nicht weitergehen. Menschen in allen Lagern taten ihren Mißmut kund, nicht nur die in der sozialdemokratischen Oppositionspartei, sondern auch die in den Regierungsparteien. Und erst recht in der HW. *Was* aber geschehen müßte, damit sich die Dinge zum Besseren wenden könnten, darüber gingen die Meinungen weit auseinander, ja viele wußten überhaupt keine Antwort auf diese Frage. Schon ging der Mißmut weit über die Klagen wegen der Nöte als Folge der Arbeitslosigkeit und des schlechten Geschäftsganges hinaus. Besonnenere Menschen erwarteten sich gar nichts von den großen Worten, die reichlich zirkulierten und die eine bessere Zukunft versprachen. Die Laden der Kompetenten waren seit Jahrzehnten voll mit Plänen gescheiterter Experimente. Die Alten sagten: »Wir Österreicher haben halt kein Glück mehr«, wie der alte Kaiser längst gesagt hatte. Die Jungen wollten Bewegung in die Stagnation bringen, einfach wegkommen aus einem unausstehlichen politischen Klima und den Beengtheiten.

Die Intellektuellen sagten, es nütze gar nichts, die Risse im verfallenden Gebäude des Staates zu vergipsen, man müsse an die Wurzeln des Übels heran. Wurzel, auf lateinisch *radex:* Also war man radikal, oder man gab sich so. Die in der Hitlerbewegung redeten seit dem riesigen Wahlerfolg, den Adolf Hitler 1930 bei der Reichstagswahl errungen hatte, vom »Führer«, der die erhoffte Wende bringen werde. Unter den Hochschülern waren bald drei von vier Nazis, wie man allgemein zu sagen anfing, oder sie sympathisierten mit den Nazis. Von einer Diktatur hatte Otto Bauer schon 1926 auf dem Parteitag der SDAPÖ in Linz gesprochen. Er

sprach von keinem Diktator, sondern von der Diktatur des Proletariats. Der immerhin schon 53 Jahre alte Generaldirektor der Oesterreichisch-Alpinen Montangesellschaft, Dipl.-Ing. Dr. h. c. Anton Apold, ein erfahrener Wirtschaftsfachmann und nicht bloß ein Schreier in Versammlungen, sagte offen heraus, was sogenannte kleine Leute unter sich mit noch derberen Worten ausdrückten, nämlich:
»Österreich ist ein Dreckstaat.«
Dipl.-Ing. Apold war Alter Herr des Corps »Cruxia-Leoben«. Noch zögerte man in den Corps, auf die Hitlerbewegung einzuschwenken, aber lange wird es nicht mehr dauern, dann werden Corpsier und Angehörige fast aller anderen Waffenverbindungen mit Hitler gehen und den Kern seiner SA und SS bilden. Auch im CV in Österreich gab es Unzufriedene. Noch war die Zeit nicht gekommen, in der *Verbindung* im Zusammenhang mit CV eine gute Verbindung bei der Stellenbewerbung bedeutete. Auch Angehörige des CV von damals teilten das Los zahlreicher Graduierter, die nicht korporiert waren, denn auch sie waren arbeitslos. Und in der HW gärte es.
Apold nutzte das aus. Er rekrutierte aus den in den Betrieben seiner Werke Beschäftigten Kader des Steirischen Heimatschutzes. Arbeiter kamen in Unabhängige Gewerkschaften, die den Christlichen Gewerkschaften des Leopold Kunschak das Wasser abgruben und bald Betriebsräte in Donawitz und anderen Orten stellten. Offiziere und Unteroffiziere mit Frontbewährung im Ersten Weltkrieg organisierten in der Obersteiermark eine Variante des Heimatschutzes, deren Qualität sich doch sehr von jener unterschied, die Major Fey in seiner Wiener Heimwehr unter den ungünstigen Bedingungen im »Roten Wien« auf die Beine brachte. Die »Arbeiter-Zeitung« schrieb freilich, jeder dritte Mann in der HW des Direktor Apold sei *gekauft* oder *gepreßt.* Die so diskriminierten »Hahnenschwanzler« haben nachher reichlich Gelegenheit gehabt, unter verschiedenen Umständen zu beweisen, daß es ihnen um mehr als um einige Schilling oder um einen Arbeitsplatz ging. Im Juli 1934 haben ehemalige Angehörige des Steirischen Heimatschutzes, die in der SA und in der SS gegen die

Exekutive kämpften, dem Bundesheer mehr blutige Opfer abverlangt als im Februar 1934 der Schutzbund. In Wien sagten die Kolporteure beim Verkauf der Boulevardblätter halblaut: *»Es tut sich was«*, worauf der Absatz stieg. Dreiviertelhirne leierten nach, was ein politischer Haderlump ihnen vorsagte:
»Wenn die Fetzen heraußen hängen [an den Masten vor dem Parlament in Wien], dann sitzen die Lumpen drinnen.«
Fetzen, das waren die rotweißroten Fahnen, eben nicht die Fahne der eigenen politischen Bewegung. Und Lumpen, das waren die Abgeordneten, in vielen Fällen auch schon jene der eigenen Partei, der man vermeintlich zu lange gedient und Beiträge bezahlt hatte. Es gab nicht nur Fahnen der Großbewegungen, sondern auch Fähnchen und Fähnlein *elitärer* Gruppen, in denen Intellektuelle das Sagen hatten. Intellektuelle, von denen man später sagte, sie seien »gebildete Menschen, die ihres Verstandes nicht Herr werden«. Selbst unter den Katholiken, denen Linksintellektuelle einfach vorweg die Fähigkeit absprachen, Intellektuelle zu sein, gab es solche unruhige Geister. Sie sagten den Jungen, es möge besagter Staat ruhig ganz zugrunde gehen, dadurch erspare man sich die Mühe, ihn zu zerstören, und man hätte dann einen Bauplatz für eine neue »Gemeinschaft« im Staate. Einer, der in dieser Richtung, wenn auch mittels eines anderen Wortschatzes, tätig war, ist der spätere Ministerialbeamte Fritz Flor gewesen.
Flor kam aus der katholischen Jugendbewegung »Neuland«. 1931 wurde er engster Mitarbeiter jenes niederösterreichischen HW-Landesführers Graf Alberti, den im Jänner 1934 die Staatspolizei bei Geheimverhandlungen mit den Nazis erwischte und arretierte. Alberti kam damals nach *Wöllersdorf;* dies die Bezeichnung eines Anhaltelagers der »Systemzeit«, das nach 1945 etwas willkürlich einem KZ gleichgesetzt wurde. 1933 gab ein Kreis von Intellektuellen um Flor einen Sammelband mit interessanten Beiträgen heraus, die unter anderem bewiesen, daß junge Leute im Katholizismus von der Lueger-Partei gar nichts mehr hielten.
»War net Wien«, hätte Weinheber dichten können, wenn es nicht einen Putsch gegeben hätte, der gar keiner war. In der Straßenbahn spielte sich angeblich folgende, später viel belachte Szene ab:

Während der »Kondukteur« eifrig dabei war, die Fahrscheine zu markieren und zu kontrollieren, blickte ein Fremder zum Fenster hinaus auf die Straße. Da sah er, wie eine Formation der HW über die Ringstraße marschierte. Verängstigt fragte er den Kondukteur: »Um Gottes willen, das bedeutet doch nicht, daß geputscht wird?« Der Schaffner, nach Herkunft und Anschauung als Bediensteter der Stadt Wien wahrscheinlich ein Sozi, schaute nicht einmal auf und beruhigte gelassen seinen erschreckten Fahrgast: »Aber woher denn! Wann a Putsch is, fahrn ma do über die Zweierlinie.«

Die Ringlinie, im System der Straßenbahn an sich die Linie 1, hatte eine Parallellinie, die weiter stadtauswärts die Innere Stadt umfuhr. Seit Kaisers Zeiten war das für die Wiener Tramway die Ausweichlinie, wenn am Ring demonstriert wurde. Während dieses Vorgangs fuhr die Ringlinie über die Trasse der Linie 2. Fuhr die Tramway wieder über den Ring, sagten die Wiener erleichtert: »Na also, is eh scho' alles vorbei.«

Als am 12. Februar 1934 die Zentralleitung des Republikanischen Schutzbundes das vereinbarte Zeichen zum Kampf gab, stellten die Genossen im Wiener Elektrizitätswerk die Stromlieferung ab. Da gab es für die Straßenbahn kein Ausweichen auf die Zweierlinie mehr; die Garnituren der Straßenbahn standen bewegungslos auf den Gleisen. In der Stephanskirche versiegte die Windmaschine der Orgel, die elektrische Beleuchtung fiel aus. Überrascht erlebte das die beim Tedeum anläßlich der Papstkrönungsfeier anwesende Prominenz . . .

An sich waren die hier besprochenen Zeiten weder heiter noch, wie nach 1945 ein Ausländer im nachhinein sagte, Zeiten einer *heilen Welt.* Nach dem Börsenkrach in New York, dem »Schwarzen Freitag« des Jahres 1929, schien vielmehr die Welt aus den Fugen zu geraten. Immer stärker wurde die von Karl Marx beschriebene »industrielle Reservearmee« der Arbeitslosen diesseits und jenseits des Atlantiks, denn nun waren schon Millionen Menschen in den modernen Industriestaaten ohne Beschäftigung. In Deutschland profitierte davon die Hitlerbewegung, in den USA der Kandidat der Demokratischen Partei des Wahljahres 1932,

Franklin D. Roosevelt. Beide werden es dazu bringen, daß der 1939 in Europa ausgebrochene Krieg schließlich zum Zweiten Weltkrieg wird.
In Österreich litt die Hitlerbewegung in den zwanziger Jahren unter der Tatsache, daß nicht sie, sondern die HW jene Volksbewegung wurde, die mit großer Entschiedenheit dem Austro-Marxismus entgegentrat. Ohne die HW unter Starhembergs Führung wäre es Bundeskanzler Dollfuß 1933 nie gelungen, in dem Zweifrontenkrieg gegen die Sozialdemokratie *und* die Hitlerbewegung eine genügend breite Front der Abwehr in beiden Richtungen aufzuziehen. Wäre Starhemberg 1932/33 bei den Idealen seiner Jugend geblieben, hätte er tatsächlich statt der Windjacke das legendäre Braunhemd unter der Uniform getragen, dann wäre der »11. März 1938« wohl schon vor dem Jahr 1938 in Österreich geschichtliche Tatsache geworden.
Im österreichischen Nationalrat war die NSDAP nie vertreten. Eine Stärke, die verwandte Bewegungen etwa in den Niederlanden, in Belgien oder in Norwegen, aber auch in Frankreich bereits vor der Machtergreifung Hitlers besaßen, erreichte die NSDAP in Österreich auf parlamentarischer Ebene nie. *Hitler selbst schied gleich zweimal im Zorn aus Österreich.* Nachdem es Hitler vor 1914 gelungen war, einer Einberufung zur alten Armee Österreichs zu entgehen, rückte er, der sich am 24. Mai 1913 in Wien ordnungsgemäß polizeilich abgemeldet hatte, am 16. August 1914 in München als Freiwilliger zum bayerischen Reserve-Infanterie-Regiment 16 (List) ein. Dazu bedurfte es eines Immediatgesuches an den König von Bayern; aber selbst nach Genehmigung dieses Gesuches wurde Hitler – sehr zu seinem Ärger – nicht nur auf König Ludwig III. von Bayern, sondern auch auf Kaiser Franz Joseph I. vereidigt.
Den zweiten Exodus aus Österreich vollzog Hitler nach dem Krieg mit noch viel größerer Entschiedenheit. 1920 versuchte er sich als Versammlungsredner der NSDAP in Österreich, aber die NSDAP blieb bei der Wahl zur Konstituierenden Nationalversammlung der Republik im geschlagenen Feld. Nach einer Verurteilung in Bayern wegen Landfriedensbruchs im Jahr 1922 rettete

ihn die dortige klerikale Regierung vor der Abschubierung nach Österreich. Am 9. November 1923 marschierte der blutjunge Starhemberg beim Putsch im Verband des Bundes »Oberland« hinter Hitler her; seit diesem Tag war sein anfänglicher Enthusiasmus für Hitler gebrochen, sein Interesse am Programm, wie es Gottfried Feder für die NSDAP verfaßt hatte, hielt an. Nach der wegen des Putschversuches am 9. November 1923 verbüßten Festungshaft in Landsberg am Lech trachtete Hitler der nochmaligen Gefahr einer Ausweisung nach Österreich auf alle Fälle zu entgehen. Er richtete am 27. April 1925 an den Magistrat der Stadt Linz in Oberösterreich ein Ansuchen um Entlassung aus dem österreichischen Staatsverband. In Linz beeilte man sich, die Auswanderungsgenehmigung zu erteilen, sie erging schon am 30. April 1925. Von da an lebte Hitler bis zum Erwerb einer anderen Staatsangehörigkeit im Reich lieber als *Staatenloser* denn als österreichischer Staatsbürger im Ausland.
Zu lange hatte in Österreich die SA zuerst gegen die Frontkämpfervereinigung – deren Reste sie nach 1933 zum Teil vereinnahmte (!) – und dann gegen die HW zu kämpfen, um dem Beispiel der SA in Berlin folgen zu können, wo diese unter dem Gauleiter von Berlin-Brandenburg, Joseph Goebbels, den Durchbruch zur Macht erkämpfen half.
Horst Wessel, der 1928 ein Semester lang in Wien studierte und hier beim Corps »Alemannia« aktiv war, brachte damals schon erste Erfahrungen vom Kampf um Berlin mit nach Wien. Ihm gefiel es gar nicht, daß sich seine Wiener SA-Kameraden zu sehr in einen Kampf gegen die Juden verbissen und darüber versäumten – so wie in Berlin geschehen –, unter den roten Massen der Hauptstadt Fuß zu fassen, um der Hitlerbewegung den Weg zur *Volksbewegung* zu bahnen. Aber seit dem 15. Juli 1927 waren nun, 1928, die Fronten gegen links hin schon mehr und mehr von der HW besetzt. In Wien gingen die Waffenstudenten, die zusammen mit den anderen Deutschnationalen und Völkischen die übergroße Mehrheit an den Hochschulen bildeten, noch nicht zur SA, sondern zur HW, vor allem zum Studentenfreikorps, das unter der Führung eines Corpsbruders Starhembergs aus der Zeit, da dieser

selbst kurze Zeit bei »Rhaetia« in Innsbruck aktiv war, stand; es war dies der ehemalige Offizier bei den Tiroler Kaiserjägern Adolf Bulla, der nach dem Ende der politischen Karriere des Fürsten im Jahr 1936 als dessen letzter Verbindungsmann in Wien blieb, bis er zur deutschen Wehrmacht einrückte. 1943 fiel er bei Anzio als Kommandant einer Aufklärungsabteilung.

Für die Wiener SA war das Wiener Judenviertel, die sogenannte *Mazzesinsel* im Bezirk Leopoldstadt, reichlich benützter Kampfplatz. Dort lebten 1938 die meisten der in Wien ansässigen Juden, die zuletzt 11,1 Prozent der Gesamtbevölkerung der österreichischen Hauptstadt ausmachten. Auf der Mazzesinsel existierte schlecht und recht ein jüdisches Proletariat, dessen Söhne und Töchter aber bereits vielfach als Linksintellektuelle in der SDAPÖ kämpften. Am rechten Ufer des Donaukanals, also der Mazzesinsel gegenüber, waren die sogenannten »Kai-Juden« daheim, Besitzer von altrenommierten Handelshäusern aus der Zeit der Monarchie, denen das radikale Gehaben der Glaubensgenossen am jenseitigen Donaukanalufer zuweilen Sorgen bereitete. Die Zeit, in der sich im alten Wien eine Haute juiverie seit den Tagen des Kaisers Franz I. ein gesellschaftlich nobles Gepräge gab und später, in der Ringstraßenära, mit ihren Bauten der Stadt eine von nachfolgenden Generationen geschätzte Hinterlassenschaft schenkte, war vorbei. Hatten solche Familien einst dem Kaiser Franz I. Geld für sein Heer gegeben, so gaben nach 1918 die Kai-Juden ihr Geld zuweilen lieber für Seipel her, als sich womöglich die wirtschaftlichen Folgen der Theorien des Austro-Marxismus einzuhandeln.

Schon Sigmund Freud, der anfangs das Kommen Luegers mit Sorge betrachtet hatte, erklärte später und vor 1914, daß die Lueger-Partei eine der letzten Stützen jener Monarchie war, in der man unabhängig von nationaler und konfessioneller Herkunft relativ ruhig leben konnte; jedenfalls so wie bald in keinem der Nachfolgestaaten der 1918 untergegangenen Monarchie. Mit Stolz hat sich Freud zur Zeit des Ersten Weltkrieges zusammen mit seinen beiden Söhnen fotografieren lassen: zwei junge Herren in der adretten Uniform einer berittenen Truppe, jeder mit der Silber-

nen Tapferkeitsmedaille ausgezeichnet. Solche ehemaligen österreichischen Offiziere machten auch in der HW mit.
Als es im »Roten Wien« die Juden auf der Mazzesinsel aufgaben, bei Wahlen die Liste einer selbständigen Jüdisch-nationalen Partei zu küren (diese Partei erreichte bei den Gemeinderatswahlen im Mai 1919 13075 Stimmen und damit drei Sitze im Gemeinderat), ging die Masse der Wähler dieser Partei direkt zur SDAPÖ über, die somit in der Leopoldstadt einen ihrer festesten Stützpunkte hatte. Das aber war für die SA ein Grund mehr, auf der Mazzesinsel die Schwerpunkte ihrer Angriffshandlungen zu bilden. Dort sammelte sich auch ein Kern derer, die nach dem Verbot der Betätigung für die NSDAP und ihre angeschlossenen Verbände im Sommer 1933 den Kampf fortsetzten. Vielfach waren es Arbeitslose, die mit dem Austragen der illegal erscheinenden Presseorgane der Hitlerbewegung, dem Einsammeln von Spenden und durch Böllerattentate das verdienen konnten, was ein Ausgesteuerter zum Leben brauchte.
Nicht in Wien, sondern in der Steiermark gelang der Hitlerbewegung der Durchbruch zu einer Vertretung in den Nationalrat. Freilich zu Mandataren, die in der Windjacke der HW antraten und im Braunhemd das Ende des Dritten Reiches erlebten. Und das kam so:
Am Vorabend der Nationalratswahl 1930 war bereits die Zahl jener aus der jungen Generation groß, die nicht länger willens waren, so wie die Väter eine der traditionellen »bürgerlichen« Parteien zu wählen. Für sie kam irgendein Näheverhältnis zum Austro-Marxismus nicht in Frage, noch weniger dachten sie daran, ihre Stimme der SDAPÖ zu geben. Dieses Wählerpotential nützten die gewieften Proponenten der Wahlliste für einen »Heimatblock« aus. Das Experiment hatte einen fatalen Erfolg; anstatt den verkappten Marxisten eins am Zeug zu flicken, kamen die Christlichsozialen sowohl bei der Landtagswahl in der Steiermark als auch bei der gleichzeitigen Nationalratswahl unter die Räder.
Der 9. November 1930 war der siebente Jahrestag des 1923 mißglückten Hitlerputsches in München. Am 9. November 1930 sonnten sich die Nationalsozialisten im Reich bereits in ihrem am

14. September dieses Jahres bei der Reichtagswahl errungenen sensationellen Durchbruchserfolg: Die NSDAP war fürs erste nicht mehr mit bloß zwölf, sondern mit 106 Mandaten im Berliner Reichstag vertreten. Die SPD, die in der Hoffnung auf einen Sieg diese Wahl provoziert hatte, verlor zwar nur neun Mandate, sie hat aber nach diesem Mißgeschick nie mehr jene führende Stellung im Reich gehabt, die sie im November 1918 im Umsturz bei Kriegsschluß erringen konnte. Der Erfolg der NSDAP im Reich schlug in Österreich noch nicht zu Buche. Die österreichische NSDAP konnte in dieser letzten Nationalratswahl kein Mandat im Nationalrat erringen; sie war nie in dieser Körperschaft vertreten. Dafür rückten sechs Mandatare der Heimatblocks in den Steirischen Landtag und acht Mandatare in den Nationalrat ein. In Graz verlor die Christlichsoziale Partei durch den Sieg des Heimatblocks die absolute Mehrheit; sie, die den umstrittenen Landeshauptmann Rintelen stellte, war fortan mandatsgleich mit der SDAPÖ. Mit anderen Worten, Rintelen sympathisierte fortan nicht nur mit dem Heimatblock, seine Position im Land hing von der HW ab. Mit ihr war er von da an auf Gedeih und Verderb noch mehr verbunden als vorher.
Den ganzen Tag zitterten an jenem 9. November die Macher des Heimatblocks um ein Grundmandat. Ihnen kam das einmal von Karl Renner ausgeklügelte sogenannte Verhältniswahlrecht zugute. Errangen sie auch nur ein einziges Grundmandat, so kam der Heimatblock im Reststimmenverfahren gleich auf acht Mandate im Nationalrat. 227 197 abgegebene Stimmen bedeuteten 6,6 Prozent aller Wählerstimmen. Acht Mandate waren dafür ein schönes politisches Entgelt. Ausgerechnet in der alten Hochburg der Roten, in Donawitz, erreichte der dortige Betriebsratsobmann der Alpinen Montangesellschaft, Mitglied der Unabhängigen Gewerkschaft der HW, ein entscheidendes Mandat. Der Mann hieß Josef Lengauer; nach einer nochmaligen Schwenkung landete er im »System« des Dollfuß-Österreich und wurde 1934 stellvertretender Vorsitzender des Bundeswirtschaftsrates. 1937 machte Lengauer noch einmal eine Schwenkung und geriet so in die Reihen der Sieger vom 11. März 1938. An diesem Tag des Umbruchs

»besetzte« er mit einigen Mannen das Haus des Gewerkschaftsbundes in der Arbeiterkammer des Ständestaates . . .
Hinter Lengauer kam der Bauer Sepp Hainzl zum Zug. Hainzl wurde nachher führend beim Abschwenken des Großteils der steirischen HW zur Hitlerbewegung, 1938 wurde er Reichstagsabgeordneter, nach 1945 war er ein wenig für die ÖVP, dann landete er in der FPÖ und in deren Landesparteileitung. Unter den acht Abgeordneten, die in der ersten Sitzung des am 9. November 1930 neugewählten Nationalrates angelobt wurden, befand sich auch, wie schon erzählt, der Bundesführer der HW Starhemberg. Die Männer der Fraktion des Heimatblocks ahmten den Komment der nationalsozialistischen Abgeordneten im Berliner Reichstag nach und erschienen, was ganz ungewöhnlich war, in der Uniform der HW in der Sitzung. Daß Starhemberg in HW-Uniform im Nationalrat saß, während sein ärgster Konkurrent Major Fey sich im Lager der geschlagenen Christlichsozialen umtat, kam der ohnedies bescheidenen Sympathie, die sich die beiden HW-Führer gegenseitig erwiesen, nicht zugute. Der Bruch in der HW, der Achtungserfolg des Heimatblocks machten die SDAPÖ faktisch zum Sieger der Nationalratswahl. Zwar errang sie nur ein einziges zusätzliches Mandat, aber das brauchte es nicht mehr, nachdem der Heimatblock der Christlichsozialen Partei den Großteil ihrer sieben verlorenen Mandate weggenommen hatte. So stand es bis zum März 1933 72:66 im Verhältnis SDAPÖ zur Christlichsozialen Partei. Das bedeutete, daß die SDAPÖ 1930 den 1920 verlorenen Platz des Ersten Nationalratspräsidenten wieder erobert hatte. Dieses wichtige Amt, das zweite in der Rangordnung des Staates, fiel Karl Renner zu.
Schon am Vorabend der Nationalratswahl 1930 erhitzte eine Rede, die der Bundesstabsleiter der HW und gewesene Kaiserschützenoffizier Hans Rauter in Graz hielt, die Gemüter in der Seipel-Partei. Rauter kam nämlich mit der Wahrheit heraus, und die lautete, er hätte mit den Schwarzen gebrochen und sähe in der Hitlerbewegung den richtigen Kampfgefährten. Nach der Wahl, 1931, trat Rauter bereits gemeinsam mit dem von Hitler ernannten Landesinspekteur der NSDAP in Österreich, Theo Habicht, in

einer Versammlung als Redner auf. Schon fand Rauters im Vorjahr angebotenes Kampfbündnis mit der NSDAP Habichts Zustimmung. Da fuhr Starhemberg dazwischen. Es war eben so in der HW, daß immer einer der Führer heimlich mit der Hitlerbewegung unterhandelte. Ertappte ihn ein anderer Gewährsmann der NSDAP in der HW bei diesem Getue, dann denunzierte er den Kameraden, was nach 1934 zuweilen bedeutete, daß der Verräter den Verratenen ins Anhaltelager brachte. Rauter und Habicht einigten sich in Graz seltsamerweise auf ein Kampfziel, das auch von der SDAPÖ noch immer allen anderen voran genannt wurde. *Kampf gegen den Legitimismus.* Nun war die Bemühung um die Wiederkehr des Hauses Österreich um 1930, als die Anschlußbewegung obenan stand in der Jugend, nicht so im Schwange wie kurz vor 1938. Wenn also in der Steiermark HW-Führer und Nationalsozialisten gegen die Legitimisten loszogen, dann meinten sie eigentlich Kameraden in der HW, die auch in der Steiermark ganz und gar nicht einverstanden waren mit der fraglichen Kampfgemeinschaft. Bei letzteren handelte es sich nicht nur um abgetakelte Prominente von gestern, sondern auch um Männer, denen die Hitlerbewegung genauso wenig sympathisch war wie die SDAPÖ. Und die eher bereit waren, einen Riß in der steirischen HW zu riskieren, als mit Rauter und Genossen die Ziehung zur NSDAP mitzumachen. Mit anderen Worten, wer damals in der steirischen Heimwehr gegen den Legitimismus redete, meinte die *Klerikalen,* letztlich also die *Christlichsozialen* und zu allerletzt den ganzen *Parteienstaat.*

Daß man sich nicht nur punkto Antiklerikalismus einig war, sondern auch in Sachen Antisemitismus im Gleichschritt marschierte, verstand sich in der Umgebung Rauters von selbst, bedurfte 1930/31 keiner programmatischen Erklärung mehr.

Alles schien zugunsten besagter Kampfgemeinschaft zu wirken, als in der Steiermark ein Ereignis dazwischenkam, das absolut nicht im Aktionsprogramm von Rauter, Habicht und Kameraden beschlossen war. Zu spät erkannte Habicht, daß sich in der Umgebung des Landesführers der steirischen HW Pfrimer ein Individuum tummelte, das einer Adelsfamilie aus dem Deutschen Reich

angehörte und offensichtlich irgendwelche Order von draußen mithatte. Um es kurz zu sagen: Der Steirische Heimatschutz war daran zu putschen.
Das mißlungene »Kampfbündnis« erwies sich als ein rasch sprießender Spaltpilz in der HW. In der Agitation der NSDAP wurden jene Teile der HW, die nicht auf den Kurs des Steirischen Heimatschutzes einschwenkten, als Verräter, Separatisten und angesichts dessen, was um die Credit-Anstalt geschehen war, als Franzosensöldlinge hingestellt. Unter Waffenstudenten, die sich in diese Polemik mischten, wurden die Meinungskonflikte oft mit der Waffe ausgetragen. Besonders scharf richtete sich die Propaganda der NSDAP gegen die Person Seipels. Er, der bei der Ausübung seiner Kanzlerschaft nie Legitimist oder Monarchist war, wurde als »Schwarzgelber« hingestellt. Immer häufiger unterschieden die von der NSDAP ins Treffen geschickten Redner zwischen *»anständigen«* Heimatschützern, also jenen im Steirischen Heimatschutz, und den eher *verachtenswerten* in Wien und überall dort, wo die HW noch nicht auf den Kurs der NSDAP eingeschwenkt war.
Der Sache des Nationalsozialismus in Österreich kam zugute, daß sich nach dem 15. Juli 1927 bis 1931 die Zahl der Mitglieder des Steirischen Heimatschutzes verdreifachte, während in Wien die HW Feys, nachdem sie offenkundig die Christlichsozialen in Wien unterstützt und sohin sich auf das Parteiensystem eingelassen hatte, zusammenschrumpfte. Aber auch der mäßige Erfolg des Heimatblocks hatte, trotz seiner fatalen Auswirkungen zugunsten der SDAPÖ, erneut bewiesen, daß die HW mit den Methoden der parlamentarischen Demokratie nicht imstande war, die in Korneuburg ins Auge gefaßte Macht im Staate zu erringen. Nun lag die Initiative wieder bei den Männern der raschen Tat, denen es doch mit Hilfe ihrer getreuen Männer in der Doppelreihe gelingen mußte, diesen Dreckstaat, wie Generaldirektor Apold gesagt hatte, aus den Angeln zu heben. Sichtlich neigte der Landesführer der Steiermark Walter Pfrimer zu derlei Ansichten.
Zwei Dinge kamen ins Gespräch: Angeblich planten die steirischen Kameraden einen *Marsch auf Wien.* Und: In der Umgebung

Pfrimers tauchte *eine mysteriöse Figur* auf, der sogenannte Generaladjutant des Landesführers, ein Graf Lamberg, den alte Soldaten einen angezogenen Wurstel nannten, andere aber Träger geheimnisvoller Verbindungen zwischen Pfrimer und hochvermögenden Persönlichkeiten.
Bundesführer Starhemberg kam in eine schwierige Situation. Er hatte nur ein kurzes Gastspiel in der parlamentarischen Demokratie beim Einzug des Heimatblocks ins Hohe Haus mitgemacht. Nachher lebte er im Bannkreis jener gewerbsmäßigen Kurbler, die bis zum Ende der HW im Jahr 1936 eine für die Bewegung verhängnisvolle Rolle spielten. Man traf sich auf Schlössern und in Jagdvillen, in Kaffeehäusern und Bars und entrüstete sich nicht nur über den Saustall im Staat, sondern wurde unruhig, weil manches Bächlein, mit dem der Bewegung Geld zufloß, zu versiegen begann. Als dann im April 1931 bei der Landtagswahl in Oberösterreich der Heimatblock gegenüber der schon sehr ermüdeten Christlichsozialen Partei sogar eine beschämende Niederlage hinnehmen mußte, rappelte sich Starhemberg, der wegen privater Schwierigkeiten die Führung der HW zeitweise Pfrimer übertragen hatte, auf. Er traf sich mit einem Pfrimer, der unter dem Eindruck einer nicht eben hoffnungsvollen Lage der HW in seinem eigenen Bundesland stand.
In den Reihen der Aktivisten in der HW aller Bundesländer richteten sich im Sommer 1931 die Hoffnungen nicht mehr so sehr auf wortgewaltige Führer, und schon kannte man die gewissen Kurbler, denen es nur um den eigenen Aufstieg innerhalb der HW und in der Öffentlichkeit ging. Es kam dazu, daß Männer aus den frühen zwanziger Jahren in Österreich so etwas wie eine OC, damals in Deutschland die geheime *Organisation Consul*, planten, weil sie vermuteten, es hätte sich ein feindseliger Zersetzungspilz in der HW eingenistet, den es aufzuspüren und zu vernichten galt. Andere, vor allem Kriegsteilnehmer, setzten auf den pensionierten Generalmajor Otto Ellison. Er war im Krieg Kommandant der 1. Kaiserjägerbrigade gewesen, nachher an der Spitze der k. u. k. Luftwaffe, die nominell ein Erzherzog unter sich hatte. Es verbreitete sich das Gerücht, daß Ellison einen Plan entworfen

hätte, nach dem die Machtergreifung der HW todsicher gelingen müßte. Aber nein, erwiderten andere, Ellison sei nur ein Schwarzgelber, der auf die Wiedererrichtung der Monarchie aus wäre; und derlei Absichten, wenn sie Ellison je gehabt hat, waren in weiten Kreisen der HW in der Steiermark gänzlich unerwünscht. Für sie war der Monarchismus eine Abscheulichkeit, die nur noch durch die Juden- und die Pfaffenherrschaft an Bösartigkeit übertroffen wurde.

Da Soldaten wie Rauter und Kammerhofer ohnehin nicht einverstanden waren mit dem Kurs und den Vorhaben, die Pfrimer im geheimen Einvernehmen mit Landeshauptmann Rintelen hegte, lag die Annahme nahe, daß der Landesführer sich anstatt dieser in der HW bewährten Soldaten jetzt des dahergelaufenen Grafen Lamberg als Planmacher bediente. Dabei war das Geraune, wonach sich bald etwas tun würde, schon verstummt; wer noch mitmachte, sagte: *Jetzt ist es fünf Minuten vor zwölf.* Das Mühen des schwarzen Bundeskanzlers Ender um die Rettung der Credit-Anstalt und einen anständigen Rückzug aus dem gescheiterten Zollunionsprojekt taten solche Männer mit einer Handbewegung ab. Dieser Ender hätte sich dabei doch als ein Französling, ein Packler mit den Roten und überhaupt als eine durchaus entbehrliche Type erwiesen. Es konnte nicht verborgen bleiben, woher derlei Gerüchte kamen, wenn im Zusammenhang damit der Hinweis hörbar wurde, Ender und sein Kollege in Berlin, Heinrich Brüning, seien elende CVer. Und damit war alles gesagt.

Dann aber wurden neue Gerüchte brennheiß und scheinbar aktuell: Der politisch einflußlose Bundeswehrführer der HW General Hülgerth, der sich nach 1918 in der Abwehr des Griffs der Jugoslawen auf Kärnten als Militär bewährt hatte, war angesichts der Putschgerüchte mit seiner Rücktrittsabsicht zu Pfrimer gekommen, und nur mit Mühe konnte der steirische Landesführer den Kärntner davon abbringen, bei seiner Absicht zu bleiben. Mehr beunruhigte die Kampfbereiten die Tatsache, daß Rauter und Kammerhofer tatsächlich der Putschabsicht ihres Landesführers entgegentraten. Ohne sie war es noch gefährlicher, sich ins Kampfgelände eines militärisch abgestützen Putsches zu begeben.

Der Politiker Pfrimer – Soldat war er ja nie – wollte den Bolschewiken Koloman Wallisch, den »Macher« in der Obersteiermark, zu einer Provokation der »braven Männer in der Doppelreihe« bewegen. Wallisch tat aber Pfrimer nicht den Gefallen. Dafür lief das Gerücht, die HW werde bei einem Putsch das *Heer* auf ihrer Seite haben. Im übrigen stellte man sich die Sache einfach vor: Der Großteil der HW der Steiermark wollte über den Semmering ins Niederösterreichische marschieren und dort die Männer des eher kritisch gewordenen als tatbereiten Julius Raab mit sich reißen. Die nur 2 000 Mann umfassende Garnison des Heeres in Graz samt der dortigen Exekutive wollte man einfach zernieren, Graz also von der Welt abschneiden. Politiker, zuletzt auch den amtierenden Bundeskanzler Buresch, wollte man arretieren.
Ärgerlich war, daß die Roten in der Steiermark die ihnen zugedachte Provokation schuldig blieben. Was nicht war, konnte aber als falsches Gerücht in Umlauf gesetzt werden: Demnach hätten in Bruck an der Mur, also im Stützpunkt des Bolschewiken Wallisch, die Roten die Exekutive nach gewissen Zwischenfällen in Bedrängnis gebracht. Nun sei es eben Sache der HW, die braven Männer der Exekutive herauszuhauen. Und dann kam tatsächlich ein Einsatzbefehl heraus. Bis heute ist umstritten, ob es tatsächlich Pfrimer persönlich war, der den Alarm auslöste. Immerhin lagen, versehen mit seinem Namen, Plakate vor, denen man entnehmen konnte, was man nach dem Heraustreten der HW aus der Bereitschaft von Pfrimer erwarten durfte.
Um es hier einzufügen: *Es handelte sich um einen Eintagsputsch,* bei dem kein Blut floß, zumal den HW-Männern eingeschärft worden war, derlei absolut zu vermeiden. Abgesehen vom Versagen der obersten politischen Führer klappte der Aufmarsch der HW in der Steiermark ebenso wie am Abend des Tages die geordnete Beendigung der Aktion. 16000 Mann, das Beste, was die HW stellen konnte in Österreich, waren ausgerückt.
Das politische Programm Pfrimers und seiner Ratgeber ging davon aus, daß der Genannte mit dem Heraustreten seiner Truppe die *Macht im Staate* ergriffen hatte. Eine neue Verfassung wurde in Umrissen verlautbart. Diesmal sollte, anders als 1918/19, das

Volk und nicht ein Haufen gewiefter Politiker die neue Verfassung in einer *Volksabstimmung* legalisieren. *Alles,* was nach dem Umsturz 1918 als Verfassung publiziert worden ist, war nach der Rechtsanschauung des Rechtsanwalts Pfrimer nur ein *Bruch der Rechtskontinuität,* ein revolutionärer Anschlag auf die seit 1867 in Österreich bestehende Verfassung. Im Prozeß wird Pfrimer von diesem Einwand ausgiebig Gebrauch machen – und damit war die Verfassung von Pfrimer ein für allemal zur Diskussion gestellt in Österreich. Denn nicht nur Pfrimer bejahte den fraglichen Bruch der Rechtskontinuität; und das selbst nach 1945 . . .

Es war nur zu selbstverständlich, daß Pfrimers Programm das *Ende des Roten Wien* als selbständiges Bundesland vorsah. Schwerer wog die Verkündung des Kriegsrechts (!), aber es kam bei diesem Putsch nie zur Anwendung.

Und die Männer marschierten. Nicht nur sie, alle Männer der HW jener Tage hofften, jetzt käme die HW wieder unter die Massen; Massen, die unabhängig von der Parteieinstellung den Zustand der Republik und die Qualität der Politiker sehr gering schätzten. So wartete »man« also auf das Echo der Tat Pfrimers in den anderen Bundesländern. Pfrimers Stab hatte Krad-Melder in alle Bundesländer abgefertigt, die eine Bitte (!) der Steirer an die anderen Landesführer der HW überbrachten, wonach auch diese ihre Mannschaften aufbieten sollten. Diese Krad-Fahrer erlebten als erste die große Enttäuschung. Obwohl der Ausmarsch der Steirer in ganz Österreich bekannt war, stießen sie auf keine HW-Kolonnen; Gendarmen machten mit »Bajonett auf!« Dienst, die Ortspolizei sah in den Ortschaften auf Ruhe und Ordnung – und niemand begehrte dagegen auf. Im Gegenteil. In Tirol erbot sich der dortige Landesführer Steidle, der Exekutive bei der *Unterdrückung von Unruhen* behilflich zu sein. Ortsbehörden, die in der Steiermark vielfach von der HW besetzt wurden, arbeiteten intakt weiter. Es gab ja auch andere Amtsobliegenheiten. Die steirischen Gendarmen leisteten keinen Widerstand. Sie wußten, daß das Bundesheer nicht mitmachte bei der Aktion, und bald kam auch die Nachricht durch, daß aus Wien und Niederösterreich Verbände des Heeres in die Steiermark instradiert würden, um der Aktion ein rasches und nach Demonstration der militärischen Macht unblutiges Ende zu bereiten. Noch mehr: Als der Schutzbund in der Steiermark gewahr wurde, daß er es im Konfliktfall nur mit der HW im Lande zu tun hatte, alarmierte er seine Angehörigen. Die HW stand bald in der Gefahr, zwischen zwei Feuer zu kommen: Heer und Schutzbund. Es war ein karger Trost zu erfahren, daß aus Oberösterreich ein Jägerbataillon ins Niederösterreichische eingerückt war und auf Amstetten marschierte. Das entsprach dem ursprünglichen Plan, nämlich aus allen Richtungen die HW-Verbände auf Wien in Marsch zu bringen, die Stadt zu besetzen, die Bundesregierung heimzuschicken und dem Machtanspruch Pfrimers so an der Zentrale des Staates praktische Geltung zu verschaffen. Aber außer den Jägern aus Oberösterreich und den Steirern, die nicht einmal über den Semmering kamen, war keine HW unterwegs.

Es wurde Mittag, und am Nachmittag jenes 13. September 1931 erkannte Landeshauptmann Rintelen, daß es gut tat, mit den *stärkeren Bataillonen* zu gehen. Also nicht mit der HW und seinem Freund Pfrimer. Über Pfrimer kamen verschiedene Schilderungen in Umlauf. Wer ihm nichts mehr zutraute, redete hinterher, er sei ein Feigling gewesen; und so wie er nicht den Ausmarsch selbst befohlen hatte, hätte er auch nicht die Einstellung der Aktion angeordnet. Pfrimer floh nach Jugoslawien, wohin fortan alle Putschisten aus Österreich, deren politische Freunde nicht in der ČSR saßen, flüchten sollten. Graf Lamberg suchte eilends den nächsten Weg nach Bayern. Die Unterführer erfüllten bis zuletzt ihre Pflicht: Sie ergaben sich der Exekutive, aber von der Bewaffnung der Ausmarschierten konnte die Exekutive nur etwa 2000 Gewehre, zwei Dutzend MGs, Bajonette und Stahlhelme beschlagnahmen. Der Rest verschwand im Untergrund und wurde größtenteils von der steirischen SA am 26. Juli 1934, nach dem mißlungenen Putsch der SS in Wien, hervorgeholt, um den Kampf mit der Exekutive und der HW aufzunehmen. Mit jener HW, der einmal nicht wenige der SA-Führer und -Männer angehört hatten. 136 HW-Angehörige wurden arretiert. Gegen einige tausend wurde Anzeige erstattet. Als es Nacht wurde, war alles

vorbei und geschehen. Erst nachher erfuhr man, daß der einzige Tote des Tages ein HW-Mann war – ein sinnloses Opfer eines sinnlosen Vorhabens. Fürs erste war die HW in der Steiermark führerlos. Dieses Vakuum an der Spitze benützten Männer, die rasch das Heft in die Hand nahmen und größtenteils bald eifrig bestrebt sein würden, möglichst viele Marschierer in einen Steirischen Heimatschutz überzuführen, der vom Bundesführer Starhemberg nichts wissen wollte, sondern bald nur mehr von der Reichsleitung der NSDAP in München Weisungen entgegennahm. Die Verhaftungswelle verebbte, und vielfach wurden die aus der Haft entlassenen HW-Führer in ihren Heimatorten empfangen, als kehrten wie in alten Tagen die Kaiserlichen aus einem siegreichen Feldzug heim. Graf Barthold Stürgkh, der nach 1945 als Abgeordneter der ÖVP in vieler Hinsicht eine Rolle spielte, hat gerne von jenen Tagen erzählt. Dollfuß machte ihn 1934 zum Landesstatthalter der Steiermark und hatte damit nach jenem Rintelen samt Anhängern einen verläßlichen politischen Freund.
Und dann erfuhren die HW-Männer, daß ihr Bundesführer Starhemberg arretiert worden war. Die Vorerhebungen brachten nicht klar zutage, ob er am 13. September 1931 die HW Oberösterreichs alarmiert hatte, um für Ruhe und Ordnung im Land zu sorgen und Exzesse einiger Unterführer – siehe Marsch auf Amstetten – zu unterbinden; oder ob er hatte abwarten wollen, wie sich die Aktion Pfrimers entwickelte. Die Mutter des »Fürscht'n«, jahrelang Abgeordnete zum Bundesrat und Mitarbeiterin in katholischen Frauenorganisationen, hatte keine Mühe, den schon außer Dienst befindlichen Prälaten Seipel noch einmal zugunsten ihres in Haft befindlichen Sohnes aufzubieten. Seipel tat es und zog sich prompt den Verdacht zu, auch er sei in die Sache Pfrimers verwickelt gewesen.
Der Schutzbund rechnete es sich selbstverständlich als Verdienst an, durch seine bloße Alarmierung die Hahnenschwänzler heimgegeigt zu haben. Dazu gehört die Legende, wonach Heeresminister Vaugoin erst dann Assistenzverbände des Heeres in die Steiermark in Marsch gesetzt haben soll, als er sah, daß der Schutzbund die Sache schon unter Kontrolle hatte. In der HW hat nicht

das Hervortreten des Schutzbundes den Zusammenbruch der Aktion zur Folge gehabt, sondern die Einsicht, daß man im Ernstfall weder die Polizei noch die Gendarmerie und erst recht nicht das Heer auf seiner Seite haben würde. Vaugoin, der Heeresminister, war im Moment in Kreisen der HW ebenso verhaßt wie bei den Roten. Als Nachfolger Seipels in der Führung der Christlichsozialen Partei stand er mit in der Schußlinie jener, deren Entfernung aus dem öffentlichen Leben die HW weiterhin verfolgte, bis es ihr im Februar 1934 gelang, einige solche Typen aus der Führung der Landespolitik zu entfernen. Dann aber wird Vaugoin nicht mehr Regierungsmitglied und nicht mehr Parteiobmann sein; und so hat ihm das Schicksal erspart, im Februar 1934 sein Prinzip brechen zu müssen, dem er als Heeresminister treugeblieben ist: nämlich das Heer aus gewaltsamen Auseinandersetzungen der Wehrverbände so weit herauszuhalten, daß es unter Vaugoin tatsächlich nie auf Österreicher geschossen hat . . .
Das einzig Gescheite, das Pfrimer im Zusammenhang mit seinem Putschunternehmen getan hat, gab ihm seine Praxiserfahrung als Rechtsanwalt ein. Er kehrte nach Österreich zurück, und das Jahr 1931 ging nicht zu Ende, bevor der Prozeß gegen die Männer vom 13. September ausgestanden war. Der fragliche Gerichtstag war kein Ruhmestag in der Rechtsgeschichte Österreichs. Allerdings ließ sich das Gericht nicht auf jene Rechtsanschauung Pfrimers ein, nach welcher der Staat seit 1918 nicht mehr auf legaler Grundlage stand und demnach im Umgang mit einem solchen Staat auch kein Akt des Hochverrats stattfinden konnte. Bekanntlich haben nachher illegale Nationalsozialisten und Sozialisten bei ihrer Verteidigung vor Gericht den gleichen Einwand gegen das Dollfuß-Regime vorgebracht beziehungsweise dahingehende Ratschläge ihrer Anwälte konsequent befolgt. Und: So wie im Juli 1927 trat auch Ende 1931 eine »Teilnahme des Volkes an der Rechtsprechung« in Aktion. Mit dem Effekt, daß auch die Männer vom 13. September 1931 billig davonkamen. Mehr noch: Die Richter hielten den Männern ernstlich zugute, daß an jenem Tag kein Akt des Hochverrats stattgefunden habe; daß vielmehr eine bewaffnete (!) Demonstration ohne Zusammenstöße mit der Exekutive gesche-

hen sei. Was die gewissen Plakate betraf, so wandte Pfrimer ein, sie seien ohne sein Wissen von jenem Grafen Lamberg herausgebracht worden. Was noch abging, das trug Landeshauptmann Rintelen als Zeuge zur Mohrenwäsche bei: Er stellte fest, daß die fraglichen Ereignisse vom 13. September 1931 ihn selbst und seine Behörde nicht bei der Ausübung der Amtstätigkeit behindert hätten. Es lagen aber auch keine handfesten Anzeigen der Gendarmen vor, die von den Kameraden der HW gebeten worden waren, sich für eine Weile gewisser Dienstausübungen zu enthalten. Es gäbe genug Diebe und dergleichen zu fangen. Und, so Rintelen, man müsse der HW zugute halten, daß ihr die Vermeidung jeden Blutvergießens nicht bloß untersagt, sondern tatsächlich niemand von der HW an Leib oder Leben geschädigt worden war. Dagegen schien nichts zu sprechen. Es sei denn, man schloß sich den Polemiken in den Zeitungen der Feinde der HW an. Dieser Gerichtstag in Graz war wie gesagt kein Ruhmestag des Rechtsstaates Österreich, er war aber auch kein Ruhmestag für die angeklagten HW-Führer, um so mehr aber für die Männer in der Doppelreihe, die solchen Führern ihre Existenz anvertraut hatten. Viele dieser Männer nahmen sich vor, ihren Kampf nicht aufzugeben, sie wollten nur andere Führer über sich haben, Männer, die gewillt waren, für die Richtigkeit ihrer Idee alles einzusetzen und dabei zu bleiben. Und die nicht den Juristen das letzte Wort lassen wollten. Die NSDAP war ohnedies daran, in diesen Reihen der Enttäuschten einen reichen Fischzug zu machen. Denn das Getue mit Waffen und das Gerede von der Machtergreifung gingen weiter. Unter den Sozialdemokraten wie auch unter den Nationalsozialisten und auch unter den Resten der HW. Sie alle drängten nach der Macht im Staate. Bloß in der Christlichsozialen Partei gab es immer weniger Politiker, die sich zu dieser Macht drängten, nämlich als Bundeskanzler mit der Bildung einer Regierung betraut zu werden, um mit der Wirtschaftskrise, der Arbeitslosigkeit und dem Mißmut gegen diesen Staat und seine Politiker nicht nur fertig zu werden, sondern den Willen zu jener *Neuerung* zu erwecken, die der drückenden Not ein Ende bereiten konnte.
Wo waren diese Männer im Lager der Regierungspartei?

Winter 1933 in Berlin und Wien

Die Parteien versagen

Im Jänner 1933 besuchte der österreichische Justizminister Berlin, um mit seinem deutschen Kollegen den Fortgang der gemeinsamen Arbeiten an einer Strafrechtsreform zu besprechen. Gegenseitige Besuche von Ressortkollegen beider Staaten waren nach dem in Versailles und Saint-Germain verhängten Anschlußverbot Versuche, durch die Angleichung der Rechtsvorschriften einen Ersatz für den unterbliebenen Zusammenschluß zu schaffen: Nicht die Existenz in ein und demselben Staat, dafür die Ordnung der Gesellschaft im Staat in Form einer in beiden Staaten möglichst ident gestalteten Rechtsordnung.

Der Österreicher war noch jung. 1927 hatten ihn die Tiroler in den Nationalrat gewählt, wo sich herausstellte, daß er der jüngste Abgeordnete im Hohen Haus war. 1932 berief ihn Bundeskanzler Buresch in sein zweites und letztes Kabinett. Das war jetzt ein Jahr her, und nun übernahm Dollfuß den jungen Juristen. Die alten Ministerialbeamten, die noch den häufigen Wechsel in den Ressortleitungen der Monarchie erlebt hatten und die, nun alt geworden, das Maß des Lebens an ihrem schon fortgeschrittenen Alter nahmen, sagten:

»Man wird halt alt, und es kommt die Jugend . . . Eine andere Jugend als wir hatten.«

Für sein Lebensalter hatte der in die Reichshauptstadt gekommene österreichische Justizminister mehr hinter sich als die meisten der Alten, die unter dem alten Kaiser den Ausklang einer jahrzehntelangen Friedenszeit erlebt hatten, ungetrübt von gewaltsamen Umstürzen und dem Zusammenbruch einer ganzen Welt. Er war das Tornisterkind eines im Krieg mit der höchsten Auszeichnung für persönliche Tapferkeit dekorierten Generals; bei seiner Geburt war seine Familie in Riva am Gardasee stationiert, so daß er also in Tirol daheim war. In Feldkirch, damals noch Teil der gefürsteten Grafschaft Tirol, absolvierte er bei den Jesuiten seine Gymnasialjahre. Dort genoß er eine Internatserziehung, bei der die hochwürdigen Patres auf ihre Art den Zöglingen keine der Härten nachsahen, die in den militärischen Anstalten den Kadetten ohne viel Federlesens abverlangt wurden. Ferien zu Weihnachten oder Ostern gab es nicht; Sport wurde im Internat eifriger betrieben als in den staatlichen Schulen, in denen damals schon allein das Wort »Sport« als Gegensatz zu »Turnen« gering geschätzt wurde.

Immerhin hatten die politischen Gegner Anlaß genug, um dem Anfänger in der Politik sogleich jenes gern gebrauchte Wort *jesuitisch* anzuhängen, das damals ziemlich leichtfertig auch solche Politiker an den Hals bekamen, die bestenfalls eine Gymnasialbildung unter dem mild wirkenden Krummstab eines Stiftes bekommen hatten, etwa so wie einmal die Väter der Sozialdemokratie Victor Adler oder Engelbert Pernerstorfer.

Das Internatsgebäude in Feldkirch bot als Baulichkeit die notwendige Einstimmung auf das, was auf den Jungen zukam. Es war eine ehemalige Kaserne, wozu sie seinerzeit Joseph II. gemacht hatte. Kaiser Franz Joseph offerierte das Gebäude reichsdeutschen Jesuiten als Bleibe, als diese während des Kulturkampfes aus ihrer Ordensprovinz im Reich vertrieben wurden.

Die ersten Kriegsjahre erlebte der spätere Minister und Bundeskanzler noch im Kreis von Mitschülern, die zum Teil aus dem Reich stammten. Hier wurde sein österreichischer Patriotismus zum ersten Mal herausgefordert, als Schulfreunde zu harten Kritikern des *Kameraden Schnürschuh* und seiner oft ausgebliebenen Siege im Krieg wurden. Nach der Matura rückte er im Juli 1915 sofort als Kriegsfreiwilliger ein. Den Krieg machte er bei der Feldartillerie an der Front gegen Italien mit; ab der sechsten Isonzoschlacht hat er alle diese grausamen Abwehrkämpfe mitgemacht. Am Tag nach Allerseelen 1918 erlebte er den militärischen Zusammenbruch der alten Armee angesichts der durch britische, französische und amerikanische Kampfverbände abgestützten, angeblich siegreichen Armee des ehemaligen Bundesgenossen Italien.

Während der darauffolgenden langen Kriegsgefangenschaft (die Italiener entließen die 1918 in großer Zahl leichthin gefaßten Österreicher und Ungarn erst im Herbst 1919, als man in Wien das Diktat von Saint-Germain ratifiziert hatte) ging seine Heimat Südtirol dank einer persönlichen Intervention Wilsons noch *vor* Friedensschluß endgültig an Italien verloren. Unter solchen Umständen ist es stets für einen aller Ideale beraubten Heimkehrer gut, wenn ihn sein Fachstudium, nun auch schon Brotstudium, alle wilden Regungen vergessen macht, Regungen, die auch 1945 unzählige junge Männer hatten, die trotz ihrer persönlichen Opfer einen Untergang ohnegleichen und überdies noch die Schmähungen derer in der Heimat erlebten.

Seipel wurde zu der Persönlichkeit, die den Heimkehrer erkennen ließ, daß es im Wirrwarr der zwanziger Jahre doch wenigstens einen Haltepunkt für ihn gab und eine Persönlichkeit, die mehr war als Routinier in der Politik. Er war kein Schüler oder Sekretär Seipels, wie das August Maria Knoll von sich sagte, dafür prägten zwei Geschehnisse sein Verhältnis zur Politik:

Zunächst Seipels 1926 gemachte Aussage über das *wahre Antlitz Österreichs:*

»Für uns ist die Nation unabhängig von der staatlichen Gesellschaft die große Kulturgemeinschaft; sie steht uns Deutschen höher als der Staat; wir glauben nicht daran, daß der Staat die einzige Lebensform für die Nation ist, weil wir eine andere Geschichte (!) als die anderen durchgemacht haben; ich zweifle daran, ob es dem Frieden dienlich ist, wenn man das nationale Ideal der Deutschen genau in dieselben Geleise bringen will, auf denen die anderen ihr Ideal erreicht haben oder ihm zustreben . . .«

Jene Definition des Begriffs Nation, den die Große Französische Revolution von 1789 hinterlassen hat, als es hieß, die Nation sei eine *cohésion politique des citoyens,* war für Seipel wie für Kurt Schuschnigg – denn von ihm ist hier die Rede – und viele seiner Zeit keine Definition nationaler Belange.

Und da war zweitens die Aussage eines anderen in der Politik der Ersten Republik, die Kurt Schuschnigg wissen ließ, woran er war und wo fortan für ihn die Front war. Am 12. Oktober 1922 war anläßlich der Genfer Sanierung der Vorsitzende der SDAPÖ, Karl Seitz, mit einem Frontalangriff gegen die Sanierungspolitik Seipels angetreten:
»Wir haben gehofft, daß niemals mehr ein Saint-Germain kommen werde, weil wir nicht glauben können und nicht glauben wollten, daß sich ein Mensch, gewählt aus dem deutsch-österreichischen Volk, dazu hergeben werde, Verrat (!) zu üben am eigenen Volk. Eine Sünde können wir Sozialdemokraten nicht verzeihen, das ist die Sünde des Hochverrats am eigenen Land und Volk.«
Das lag im Jänner 1933 schon elf Jahre zurück. Österreich hatte inzwischen den Exzeß des 15. Juli 1927 und im Jahr 1931 den sogenannten Pfrimer-Putsch erlebt. Von gut bewaffneten freiwilligen Wehrverbänden wurde eine außerparlamentarische Politik betrieben, wobei HW und Schutzbund einander längst blutige Opfer und Tote abverlangt hatten. Genauso geschah es auch im Reich, als Mitte Jänner 1933 der amtierende österreichische Justizminister dort Besuch machte, zuerst in Berlin, nachher in Köln.
Alles fing gut an für den Österreicher. Die Berliner Juristische Gesellschaft hatte ihn zu einem Vortrag eingeladen. Im geistigen Klima der Kollegenschaft zeigte sich die Rednerqualität des Gastes aus Wien, wie er sie oft genug vor- und nachher bewiesen hat, auf einem für die Berliner überraschend hohen Niveau. An jenem Tag im Jänner 1933 traf er bei diesem Anlaß den damaligen Obmann des Strafrechtsausschusses des Deutschen Reichstages Karl Frank, der dem Österreicher versicherte, daß die nationalsozialistische Fraktion der fraglichen Rechtsangleichung nichts in den Weg legen werde. Keiner der beiden Gesprächspartner ahnte, daß schon in wenigen Monaten die österreichische Regierung einen Besuch Franks in Wien, der als Visite des bayerischen Justizministers aufgezogen wurde, in Wahrheit aber als eine Propagandaveranstaltung der NSDAP in Wien galt, zurückweisen, ja daß sich

dieser Konflikt zwischen der Regierung Hitler in Berlin und der Regierung Dollfuß in Wien zuletzt zu einem mörderischen Kampf auf Leben und Tod entwickeln sollte. Frank wurde im Oktober 1946 in Nürnberg gehenkt.

Dem späten Nachfahren ist es heute fast unverständlich, daß sich damals, 1933, binnen Wochen aus einer scheinbar befriedeten und von gegenseitigem Verstehen getragenen Beziehung zwischen Wien und Berlin diese katastrophale Wendung entwickeln konnte. Nur zu oft betritt bei großen Katastrophen das Geschick nicht mit dröhnenden Schritten die Bühne geschichtlicher Ereignisse; vielmehr bricht die Katastrophe bei einem Anlaß aus, der nicht ahnen läßt, daß so rasch aus Gegnerschaft Feindseligkeit, aus Feindseligkeit unversöhnlicher Haß und aus Haß Bereitschaft zum Sterben und Töten erwachsen kann.

Mitte Jänner 1933 war es in Berlin so weit, daß der gewesene Reichskanzler Franz von Papen mit seinen Kameraden und Freunden in der Umgebung des Reichspräsidenten Hindenburg daran war, den amtierenden Reichskanzler General Schleicher zu stürzen. Schuschnigg traf den Feldmarschall, den er noch mit den Augen eines Soldaten des Ersten Weltkrieges sah, ohne Scheu und ohne Wissen um jene politischen Risiken, auf die sich das greise Staatsoberhaupt bereits eingelassen hatte. Hindenburg sprach zum Österreicher wie ein alter General zu einem jungen Leutnant. Er fragte nicht nach politischen Anschauungen, sondern nach der Truppe, bei welcher der Österreicher im Krieg gestanden war. Es fügte sich, daß der alte Herr sichtlich seinen leutseligen Tag hatte, denn der Österreicher nahm von dieser einmaligen Begegnung die Erinnerung mit, daß Hindenburg dem österreichischen Soldatentum Sympathie und Wertschätzung entgegenbrachte. Das aber war tatsächlich nicht der Fall. Die mäßige Sympathie für die Kaiserlichen rührte bei Hindenburg nicht vom Krieg im Sechsundsechzigerjahr her, als der damalige preußische Secondelieutenant von Hindenburg den Österreichern im Krieg erfolgreich gegenübergestanden war; damals fochten ja noch Militärs Kriege aus und vergaßen nachher, warum Staatsmänner sie in den Krieg geschickt hatten, zumal wenn sie einander nach dem

Krieg wieder als Kameraden trafen. Hindenburg kannte die Österreicher aus den Zeiten der Not, da die deutsche Oberste Heeresleitung nur zu oft dem Armeeoberkommando der Österreicher beispringen mußte, um Katastrophen zu vermeiden. Es waren keine guten Erinnerungen.

Die Reichstagswahl vom 6. November 1932 hatte den seit 1930 scheinbar unaufhaltsamen Siegeszug der NSDAP im Reich nicht nur aufgehalten, sondern Hitler eine richtige Schlappe eingebracht. An jenem trüben Novembertag verlor die NSDAP 34 Reichstagsmandate. Noch einmal erholten sich auf Kosten der Hitlerbewegung die Deutschnationalen, und der steile Aufstieg der KPD schien, wenn auch im Abstand zur Hitlerbewegung, nicht mehr aufzuhalten zu sein. Während sich das katholische Zentrum und die Bayerische Volkspartei erneut inmitten heftiger Umgruppierungen im Wählervolk behaupteten, verlor die SPD in dieser letzten Reichstagswahl unter dem Weimarer System im Vergleich zur Wahl im Juni des gleichen Jahres 712000 Stimmen und sank mit ihrem Stimmenanteil auf knapp 20 Prozent. Die »junge Generation« in der SPD, angeführt von Kurt Schumacher (dem Vorsitzenden der SPD nach 1945) und Friedrich Ebert jun. (1946 Mitgründer der kommunistischen Einheitspartei, 1948 auch Oberbürgermeister in Ost-Berlin), hatte nach 1930 nach links hin gezogen, nun aber floß die mobilgemachte Linke der SPD ins Lager der KPD ab. Niemand hat dieses Ergebnis mehr begrüßt als der Reichspropagandaleiter der NSDAP, Joseph Goebbels, der jetzt die Gefahren des Kommunismus nicht mehr wie den Teufel an die Wand zu malen brauchte, sondern einfach auf untrügliche Zahlenergebnisse hinweisen konnte. Der Wahlausgang dieses 6. November 1932 im Reich bedeutete das Ende der bloß fünfmonatigen Kanzlerschaft des Ex-Zentrumspolitikers Papen, keineswegs aber den seiner Laufbahn und seines verhängnisvollen Wirkens. Als Schuschnigg im Jänner 1933 in Berlin weilte, bewohnte der schon aus dem Amt geschiedene Papen noch immer die Dienstwohnung des Reichskanzlers, von wo er einen kurzen und uneingesehenen Zugang zur Residenz des Reichspräsidenten Hindenburg hatte.

Vom Reichspräsidentenpalais begleitete man Schuschnigg ins Büro des Reichskanzlers Schleicher. Dieser trat dem Österreicher in kühl gemessener Freundlichkeit entgegen. Rasch ging das Gespräch von einem aktuellen Anlaß, der fälligen Nachbesetzung des Postens des österreichischen Gesandten in Berlin, zu Plänen über, die der politisierende General mit bemerkenswerter Offenheit vor dem Österreicher ausbreitete. *Demnach war für ihn Hitler nach dessen Wahlniederlage vom 6. November des Vorjahres kein Problem mehr.* Der Kanzler beschrieb seinen neuen Operationsplan so: Nicht nur die Reichswehr sollte Garantie für eine geordnete Führung der Staatsgeschäfte bieten, vielmehr wollte Schleicher die politische Plattform seines Regimes durch eine haltbare Zusammenarbeit mit den Gewerkschaften verbreitern. Hitlers Forderung, im Falle einer Regierungsbeteiligung seiner Partei für sich selbst das Reichswehrministerium zu verlangen, hatte Schleicher bereits ohne weiteres zurückgewiesen. So gesprochen am 15. Jänner 1933. Anderthalb Jahre später ist Schleicher tot, von einem Rollkommando der Gestapo ermordet . . .
Es ließ sich nicht vermeiden, daß der Österreicher dem im selben Gebäude wohnenden Vorgänger Schleichers, Herrn von Papen, einen Besuch abstattete. Papen, dem die Christlichsoziale Partei schon auf ihrem Parteitag 1931 in Klagenfurt wegen seiner seltsamen Konnexionen mit österreichischen Nationalsozialisten die kalte Schulter gezeigt hatte, tat im Umgang mit Schuschnigg so, als wäre man noch in der Ära Seipel und gut Freund. Seipel zu loben fiel Papen, nun schon Macher der Kanzlerschaft Hitlers, leicht, denn der Prälat war tot, und die Uhren im Umkreis des politischen Katholizismus gingen seither anders; nicht nur in Österreich, sondern erst recht im Reich.
Noch gab es einen Haltepunkt aus dem Gestern für den Österreicher bei seinem Besuch im Reich. Der Zentrumsabgeordnete Prälat Schreiber verkörperte in Berlin das Interesse der Katholiken an dem noch lebendigen Deutschtum im Ausland. Gemeinsam mit österreichischen Freunden verfolgte er die Idee einer katholischen Universität in Salzburg, die, unabhängig von Staatsgrenzen, ein Zentrum katholischer Geistigkeit im ganzen deutschen Sied-

lungsraum von damals sein sollte. Den geistigen Zusammenhalt im Katholizismus erwartete der Österreicher in Köln. Es gab dort kein Treffen mit dem damaligen Oberbürgermeister der Stadt, Konrad Adenauer. In Köln war Schuschnigg Gast der Görres-Gesellschaft, die seit dem Kulturkampf im Reich das Zentrum katholischer Geistigkeit und wissenschaftlicher Betätigung war. Nach dem günstigen Echo, das der Österreicher in Berlin in der Juristischen Gesellschaft, also im protestantischen Norden, gefunden hatte, vermeinte er im katholischen Rheinland erst recht anzukommen mit seinem Thema: »Österreich und der Reichsgedanke«.

Vor allem die anwesenden Vertreter der katholischen Presse beanstandeten, daß auf einmal nicht mehr vom Anschluß gesprochen wurde. Hier tauchte wohl der Verdacht auf, es sei unter den österreichischen Katholiken ein »österreichischer Partikularismus neueren Datums« am Werk. Die Mitarbeiter der »Kölnischen Volkszeitung« widersprachen dem Österreicher besonders heftig. Die Diskussion verlief lebhaft, aber ihr fehlte bereits jenes *geistige Klima,* das für die Ordnung in einer Gesprächssituation hinsichtlich einer Einigung im Sachlichen notwendig ist. Schuschnigg ahnte nicht, daß für einige anwesende Herren von der katholischen Presse jener Umbruch im Denken bereits stattgefunden hatte, der am 30. Jänner 1933 in aller Welt manifest wurde und der bei einigen dieser Herren zuletzt publizistisch als purer Nationalsozialismus zutage getreten ist.

Der Österreicher kehrte heim, als in Berlin schon das Mißgeschick hinter Reichskanzler Schleicher her war. In den Tagen, während Schuschnigg im Reich weilte, fand dort im winzigen Staat Lippe eine Landtagswahl statt. Jene finanzielle Pleite der Hitlerbewegung, die Goebbels in seinem Tagebuch offen eingestanden hat, erzeugte in ihm Anfang 1933 einen trüben Pessimismus; dieser wich nun hellstem Optimismus. Hitler, seit einem Jahr Regierungsrat beim Landeskultur- und Vermessungsamt Braunschweig angestellt und mit der Wahrnehmung der Vertretung Braunschweigs bei der Reichsregierung in Berlin betraut, war nunmehr als deutscher Staatsbürger endlich voll aktionsfähig.

Papens Versuch, Hitler für seine Regierung zu gewinnen, hat dieser zurückgewiesen; Schleicher ging es hierin nicht anders. Dafür hatte Papens Bemühen, im Hause des Kölner Bankiers Schröder mit Hitler ins Gespräch zu kommen, Erfolg. Bald flossen die notwendigen Gelder, um zunächst einmal bei der Mini-Landtagswahl in Lippe die gesammelte Feuerkraft der Hitlerbewegung in ein finanziell reichlich munitioniertes Gefecht zu werfen. Es ist bezeichnend, daß Schuschnigg, der zur Zeit dieser Wahl im Reich weilte, in seinen 1937 herausgekommenen Erinnerungen »Dreimal Österreich« den Schicksalstag von Lippe nicht einmal erwähnt. Doch war er in den Augen der Menschen von damals, die nicht gerade *Insider* waren, überhaupt erwähnenswert?
Zunächst: In Lippe konnte die SPD im Jänner 1933 den bei der Reichstagswahl im November des Vorjahres erlittenen Verlust an Stimmen nicht mehr wettmachen; sie gewann zwar Stimmen hinzu, erreichte aber hier nie mehr jene Stärke, die sie vor der für sie fatalen Reichtagswahl vom Juli 1932 besessen hatte. Hauptverlierer in Lippe waren neuerdings die Deutschnationalen, von anderen Mittelparteien gar nicht zu reden. Das katholische Zentrum ist in Lippe nie zu Hause gewesen, daher war die Tatsache um so bemerkenswerter, daß diese Partei einen für sie beträchtlichen Stimmengewinn erzielte. Den Vogel schoß auch diesmal die KPD ab, denn sie erfreute sich des relativ größten Erfolges. Aber obwohl die NSDAP im winzigen Lippe keineswegs einen kolossalen Wahlerfolg erringen konnte, strich ihre *Propaganda* nicht nur den gegenüber November 1932 erreichten Zuwachs heraus; Joseph Goebbels' Propaganda gelang es, den Deutschen glaubhaft zu machen, daß in Lippe die *große Wende* eingetreten sei. Wo im bürgerlichen Lager noch Vorbehalte gegen die Hitlerbewegung und ihre Methoden bestanden, schwanden sie dahin; nicht die Stammwähler der Klein- und Mittelparteien fielen ab, es versagten vielmehr deren *Führer*, von denen einige ganz prominente schon hinter den Horizont blickten und sich mit den Herren von morgen zu arrangieren begannen. Für Goebbels war Lippe »von nicht zu überschätzender Bedeutung«. Zwei Tage nach der Wahl besuchte er die Premiere von Luis Trenkers Film »Rebell«. Das wurde für

ihn der Film der Zukunft: *Massenszenen*, die *»mit ungeheurer vitaler Kraft hingeworfen sind«*.

Zwölf Tage nach der Begegnung Schuschniggs mit Schleicher trat letzterer zurück. Der Österreicher hat in Berlin noch alle großen Akteure des letzten Akts eines Stückes auf der Bühne der Politik gesehen – eines Stückes, das nicht mehr aufgeführt wurde, da einige der Akteure bald stumm im Grab liegen sollten. Denn Hitler wollte Tabula rasa machen, und er hat so gehandelt, als er an der Macht war. Den letzten Tag des Jahres 1932 verbrachte Goebbels bei Hitler auf dem Obersalzberg. Im Österreichischen krachten die Böller, läuteten die Glocken, brannten die Feuer auf den Bergen. »Drüben liegt Österreich«, mahnte Goebbels den Führer. Der aber schwieg für den Moment. Noch war die Schlacht in Lippe nicht geschlagen.

Nach 1945 hat man oft gesagt, Hitler hätte im Reich mit den Methoden der Demokratie die Demokratie besiegt. Goebbels aber sagte bald nach 1933, die ungezügelte Pressekritik, wie sie von den Medien des Weimarer Systems geübt worden war, habe eben diesem System mehr zum Schaden gereicht als die ganze Pressepolitik der NSDAP. Derlei Zugeständnisse hätten *unmittelbar* nach der Machtergreifung Hitlers dem Nimbus des angeblichen Siegers einer *Revolution* geschadet. Kämpfte aber der Führer mit demokratischen Methoden? Derlei Gerede kostete bald Haft, wenn nicht mehr.

Und doch hat Hitler mit einem Bekenntnis zur *Legalität* auf dem Boden des Staates von Weimar unzählige Deutsche für seine Sache gewonnen. Das kam so: Nachdem Hitler die wegen des mißglückten Putsches vom 9. November 1923 verhängte Haft verbüßt hatte, sicherte er sich zunächst die Duldung seitens der in Bayern am Ruder befindlichen klerikalen Volkspartei. Es wäre ja möglich gewesen, daß ihn die Regierung Bayerns als lästigen Ausländer nach Österreich abgeschoben hätte. Um diesem Risiko zu entgehen, trat Hitler aus dem österreichischen Staatsverband aus, denn als Staatenloser konnte er nicht nach Österreich abgeschoben werden. Erst dann ging er daran, seine Partei zu einer wirksamen Kraft im politischen Geschehen zu machen. Das aber ge-

schah in der Zeit, als in Deutschland ein relativer Wohlstand die Menschen nicht so hellhörig machte, wie sie später beim Anhören seiner aufrüttelnden Reden wurden. So zog sich der Wiederaufstieg in die Länge.
Nach der Neugründung der NSDAP regnete es zunächst in mehreren deutschen Ländern Redeverbote für Hitler. Damals arbeitete in Berlin Gregor Strasser, der eigentliche Organisator des Siegesmarsches der NSDAP. Ihn hat Hitler 1934 umbringen lassen, nachdem feststand, daß Strasser mit dem *Sozialismus auf nationaler Basis,* wie ihn Hitler praktizierte, nichts zu tun haben wollte und Strasser zuletzt, 1932, sogar mit dem elenden General Schleicher zu paktieren begonnen hatte.
Nur langsam konnte die Hitlerbewegung wieder Tritt fassen. Bei der Reichspräsidentenwahl 1925 (damals wurde Hindenburg gewählt), konnte Hitler, da er noch nicht aus dem österreichischen Staatsverband entlassen und somit Ausländer war, nicht kandidieren. Seine Partei gab die Stimmen Erich Ludendorff; aber dieser ging gegen Hindenburg und trotz Hitler unter: Nur 1,06 Prozent der Stimmen entfielen auf den Kandidaten der NSDAP.
In Thüringen gelang der Partei endlich Anfang 1927 ein winziger Einbruch: zwei der 56 Sitze im dortigen Landtag.
Immerhin hob Sachsen das Redeverbot auf, auch Bayern tat so in aller Form. Aber bei Wahlen klappte es immer noch nicht so recht. Im Oktober 1929 errang die NSDAP in Hamburg zwei von 160 Mandaten, kurz danach in Braunschweig ein Mandat von 48. Bei der Reichstagswahl 1928 bekam die NSDAP 2,8 Prozent der abgegebenen Stimmen. Immerhin fiel jetzt das Redeverbot auch in Preußen, und am 16. November 1928 sprach Hitler zum ersten Mal an der Stätte späterer Triumphe: im Berliner Sportpalast.
Langsam kletterte die Zahl der Wählerstimmen über die heute in Westdeutschland entscheidende Fünf-Prozent-Grenze: 1929 verfehlte die Partei in Mecklenburg trotz fünf von 51 Landtagsmandaten noch knapp diese Grenze; in Baden überschritt sie diese zwei Monate später mit 6,8 Prozent der Stimmen, erhielt aber nur sechs von 88 Sitzen; in Thüringen ist es dann endlich geschehen: Im Dezember 1929 erreichte dort die NSDAP 11,31 Prozent der

Wählerstimmen und sechs von 53 Mandaten. Wilhelm Frick, 1946 in Nürnberg gehenkt, kam als erster Nationalsozialist in eine Regierung, und das ausgerechnet als Innen- und Volksbildungsminister (!). Noch vor dem Durchbruch im Herbst 1930 errang die Partei im »Roten Sachsen« 14,4 Prozent der Stimmen und wurde mit 14 Mandaten zweitstärkste Partei im Landtag.

Die Zeit war gekommen, in der viele Menschen, die weder die NSDAP wählten noch Parteigänger Hitlers waren, eine Möglichkeit, den *Redner* Hitler zu erleben, nicht versäumen wollten.

Am 4. Oktober 1930, nach der für Hitler so erfolgreichen und für das Reich so folgenschweren Reichstagswahl vom 14. September, wurde Hitler vor dem Reichsgericht als Zeuge aufgerufen. Zwei Offiziere der Reichswehr hatten sich gegen die Disziplin im Heer vergangen und damit begonnen, innerhalb der Reichswehr eine Zelle der Hitlerbewegung zu organisieren. In dem gegen sie geführten Verfahren vor dem Strafsenat des Reichsgerichts sagte Hitler, ». . . daß er seine Ziele nur noch auf streng legalem Wege verfolge, daß er den Weg in München im November 1923 *nur aus Zwang* gegangen sei und diesen Weg schon deshalb nicht mehr beschreite, weil er bei wachsendem Verständnis, das Deutschland der völkischen Freiheitsbewegung entgegenbringe, ein illegales Vorgehen gar nicht nötig habe; die Gewalt falle ihm mit der Zeit auf legalem Wege von selbst zu«.

1930 waren schon 107 nationalsozialistische Abgeordnete in den Reichstag gewählt. Anders in Österreich: Da erzielte die NSDAP kurz nach ihrem Durchbruch im Reich am 9. November 1930 nur einen Stimmenanteil von 5,4 Prozent; *sie ist nie im österreichischen Nationalrat vertreten gewesen.*

Schneller, aber nicht rasant, stieg nach dem September 1930 die Zahl der in den deutschen Ländern eroberten Stimmen an: Im selbständigen Freistaat Danzig, anders als im selbständigen Österreich, stieg ihr Stimmenanteil auf 16,1 Prozent, was zwölf von 72 Mandaten erbrachte. In Bremen erreichte die Fraktion 32 von 120 Mandaten, in Oldenburg 19 von 48 Mandaten. Alles im Jahr 1931, als die NSDAP auch in Braunschweig ein Regierungsmitglied stellte.

Nun fand es der damalige Reichskanzler Brüning doch angemessen, mit Hitler wenigstens ins Gespräch zu kommen. Ergebnislos. Auch Hindenburg empfing Hitler, entließ ihn aber unter dem ungünstigen Eindruck, den der *böhmische Gefreite* auf ihn machte. Damals soll der Feldmarschall sogar gesagt haben, er könne sich den Hitler nur als Postminister vorstellen, der könne ihn dann (Hindenburg war auf den Briefmarken abgebildet) hinten lecken . . .

Jetzt war es aber für die Deutschnationale Volkspartei höchste Zeit, sich mit Hitler zusammenzutun, um wenigstens in einer gemeinsamen Front den Abgang zahlreicher ihrer Wähler in die Hitler-Partei unter dem gemeinsamen Schutzmantel einer »Harzburger Front« zu tarnen.

In Braunschweig, wo die NSDAP schon Regierungspartei war, wurde am 25. Februar 1932 *Hitler zum Regierungsrat* ernannt und damit zum deutschen Staatsbürger. Jetzt erst hatte er als Wahlkandidat vollen Wert und legte, da wählbar, sofort mächtig los. Bei der *Reichspräsidentenwahl 1932* entfielen auf ihn bereits *19,4 Millionen Stimmen.* Ein nunmehr vorwiegend von der Linken (!) abgestützter Reichspräsident von Hindenburg und ein Deserteur der katholischen Zentrumspartei, Herr von Papen, als Reichskanzler fanden sich einem Reichstag gegenüber, in dem bei dem Wirrwarr der Mandatsverteilung eine Mehrheitsbildung faktisch unmöglich war. Also hat Hitler die parlamentarische Demokratie nicht mit ihren Methoden *besiegt,* vielmehr hat sich diese in genauer Befolgung ihrer Spielregeln von selbst ausgeschaltet. Die Fraktion der NSDAP und jene der KPD verfügten im Sommer 1932 zusammen über die absolute Mehrheit im Reichstag, also über eine gegen den Parlamentarismus gerichtete Mehrheit.

Während des allgemeinen Sommerurlaubs des Reichstages und während der Schulferien 1932 absolvierte Hitler allein im Monat Juli im ganzen Reich Reden an 50 Orten. Der Ausgang der Reichstagswahl vom 31. Juli rechtfertigte diesen Einsatz:

Mit 37 Prozent der abgegebenen Stimmen und 230 von 608 Mandaten im Reichstag erreichte die NSDAP ihren größten Erfolg vor dem Untergang der Weimarer Republik. Jetzt tolerierte Hitler für

eine Weile Herrn von Papen als Reichskanzler und honorierte so das von Brüning verhängte und von Papen aufgehobene Uniformverbot für SA und SS.
Auf dem letzten Stück Weges zur Macht versuchte Hitler einige Abkürzer. So schlug er zum Beispiel Ende 1932 eine überparteiliche Notgemeinschaft vor. Prälat Kaas, Vorsitzender der katholischen Zentrumspartei, griff die Idee auf, verwahrte sich aber gegen jeden Versuch, daß eine einzige Gruppe in einer eventuellen Notgemeinschaft einen Ausschließlichkeitsanspruch bekam. Das, was Kaas befürchtete, ereignete sich kurz darnach unter der Regierung Hitler–Papen. Hugenberg wäre nun, obwohl die Deutschnationalen lebhaft am Sturz Brünings beteiligt gewesen waren, gern zu dessen System zurückgekehrt: einem vom Reichspräsidenten abgestützten Minderheitskabinett. Aber Hitler drängte nach Lippe auf Wahlen, zu einem Zeitpunkt also, da er seiner Berufung zum Reichskanzler sicher sein konnte.
Nun fiel Schleicher in eine jener Gruben, die er selbst so gerne für unerwünschte Figuren auf dem Feld der Politik gegraben hatte. Der Sohn Oskar des Reichspräsidenten, der sich mehr mit Politik beschäftigte, als es sich damals für einen Reichswehroffizier gehörte, machte schamlos vom Image seines Vaters Gebrauch und agierte so, als sei er anstatt des Vaters zwecks Steuerung der Not und des Wirrwarrs im Reich tätig. Was Oskar an Schlauheit fehlte, das trug »Fränzchen«, also Franz von Papen, reichlich bei. Taktisch war die Lage so, daß Hitlers NSDAP und Hugenbergs Deutschnationale Partei mit einigen Hilfen eine vage Mehrheit im Reichstag aufbringen konnten. Anfangs tat also Hitler so, als würde er auch Kaas und sein Zentrum in sein künftiges Regime einbeziehen wollen. Das scheiterte dann jedoch an Kaas. Hitler benutzte für sein Aktionsprogramm zur Machtergreifung das reichlich gebrauchte Argument, wonach es nicht möglich sei, im Reichstag eine Regierungsmehrheit zustande zu bringen. *Das stimmte rein zahlenmäßig nicht.* Jede versuchte Addition im Politischen führte jedoch dazu, daß die *Uneinigkeit innerhalb einer Mehrheit die Machtergreifung der nationalsozialistischen Minderheit* geradezu heranzwang. Kaas hatte recht mit seinem er-

wähnten Einwand. Hitler aber bekam, gestützt auf besagtes Rechenexempel, recht im Kreis um den Reichspräsidenten.
Langsam erkämpfte sich Hitler in den letzten Jännertagen 1933 einen Alleingang zum greisen Reichspräsidenten, also die *Ausschaltung des Vermittlers Papen* bei diesem Gespräch. Hindenburg überwand seine Antipathie gegen Hitler, dem es schließlich gelang, dem Reichspräsidenten Angst vor neuerlichen Notverhältnissen im Reich zu machen. Was Hitler bewog, dem Reichspräsidenten Papen als seinen Vizekanzler einzureden, verstand zunächst keiner der Eingeweihten. Papen hatte nämlich niemanden hinter sich außer einer im Berliner Herrenclub ansässigen Clique. In Kreisen der Zentrumspartei, aus der er hervorgegangen war, genoß er Verachtung, nachdem er im Kampf um persönlichen Einfluß und Macht sichtlich jeden Sinn für Treue und Anstand verloren hatte. Immerhin taugte er für Hitler, dem es am Anfang so wie Mussolini auf Hilfestellungen gewisser sogenannter konservativer Kreise ankam, und zwar zum Beweis dafür, daß diese Herren von gestern im nationalsozialistisch gewordenen Deutschland nichts zu fürchten haben würden. So wurde Franz von Papen Vizekanzler unter Hitler, nachher kaltgestellt, hierauf als Trojanisches Pferd nach Wien geschickt und zuletzt damit beauftragt, in Ankara dafür zu sorgen, daß sich die Türkei im Zweiten Weltkrieg nicht den Feinden Hitlers anschließt.
Hitler kam mit der Wahl Papens einem geheimen Wunsch Hindenburgs entgegen, der selbst einmal Papen nolens volens im Stich gelassen hatte. Es gefiel dem alten Herrn, daß Hitler es bei der politischen Leitung des Außenressorts bei dem beließ, was Herr von Neurath mit sich brachte. Und Hindenburgs verständlichem Wunsch, einen General zum Reichswehrminister zu machen, kam Hitler mit einem gekonnt ausgeführten Trick entgegen: Er schlug General von Blomberg vor, einen der wenigen Generäle der Reichswehr, der offen Sympathie für die Hitlerbewegung zeigte und der dazu bestimmt war, eines Tages die Reichswehr Hitler auszuliefern.
Derlei tat sich Ende Jänner, jeweils im kleinen Kreis. Schleicher ahnte einiges, aber er unterlag Hitler in der Endrunde: Hitler

schaffte es, Schleichers Wunsch nach sofortigen Reichswahlen beim Reichspräsidenten das Wasser abzugraben. Erst *nach* Hitlers Berufung zum Reichskanzler sollte gewählt werden. Es gefiel dem Reichspräsidenten sehr, daß Hitler angeblich willens war, alle Wehrformationen außer dem deutschnationalen »Stahlhelm« aufzulösen. Aber der Tag war nicht ferne, an dem der alte Feldmarschall die in Potsdam angetretene SA-Front abschreiten und mit dem Marschallstab die Ehrbezeigung erwidern sollte. Schleicher glaubte noch immer, vor Hindenburg kecke Reden führen zu dürfen. Etwa wenn er dem Staatsoberhaupt sagte, diesem stünde es zu, den Reichskanzler *abzuberufen,* nicht aber hinter dem Rücken des amtierenden Regierungschefs mit dessen möglichem Nachfolger zu *paktieren.* Derlei ließ Hindenburg kalt. Schon ging Hindenburg jene Straße, auf der es sich nach dem 30. Juni 1934 ereignen wird, daß er seinem Reichskanzler Hitler in aller Form bestätigte, dieser hätte an jenem Tag bei einer Serie von Morden an politischen Gegnern rechtens und im Interesse des Reiches gehandelt. Als Schleicher noch einmal dem alten Herrn mit der Mahnung kam, dieser möge sich doch überlegen, ob er jetzt richtig handle, erhielt er zur Antwort:
»Lieber junger Freund! Ich werde bald da oben sein. Von da aus kann ich ja ansehen, ob ich recht gehandelt habe.«
Da verbeugte sich Schleicher und meldete sich gehorsamst ab. Dieses Mal war der General, der so vielen Politikern den Fuß gestellt hatte, selbst der Gestürzte. Am 28. Jänner 1933 trat er in aller Form zurück. Noch einmal versuchten es alte Militärs bei Hindenburg mit einer Warnung vor Hitler. Der Generalfeldmarschall aber fuhr die Herren an:
»Kümmern Sie sich um die Vorbereitung der nächsten Manöver! Kümmern Sie sich um die Ausbildung der Truppe!«
Noch eine letzte Chance gab es, die Machtergreifung Hitlers zu verhindern: *einen Militärputsch.* Aber die Generalität bei Preußens war dazu nicht erzogen, noch gab es in europäischen Heeren nicht die in Lateinamerika bestehende Tradition, wonach ein General nach dem anderen die ihm von Staats wegen anvertrauten Truppen und Waffen benützt, um sich für eine Weile den Genuß

der Möglichkeiten eines Staatsoberhauptes zu verschaffen. General Hammerstein-Equord, Chef der Heeresleitung, verfiel aber doch auf derlei Pläne; er schlug vor, Hindenburg irgendwohin aufs Land zu verfrachten. Aber damit kam er bei Schleicher schlecht an. Und so nahmen die Dinge jenen Lauf, der im Mai 1945 zu Ende war.

Die Macher in der Umgebung des Staatsoberhauptes, die für Hitler waren, hatten weniger Gewissensregungen als die Generalität. Einerseits verunsicherten sie ihren Kameraden Schleicher dermaßen, daß dieser am 28. Jänner seine Demission anbot, die von Hindenburg vom Fleck weg angenommen wurde. Nach der anderen Seite hin gaben sie durch, die Stunde Hitlers sei gekommen. Ein kurzes Zwischenspiel voller Rankünen gab es noch, aber die Macher hatten schon gesiegt gehabt, als sie bei Hindenburg den Widerwillen gegen den böhmischen Gefreiten beseitigen konnten. Am 30. Jänner 1933 marschierten die Kolonnen von SA und »Stahlhelm« durchs Brandenburger Tor und weiter zur Reichskanzlei, wo der neuernannte Reichskanzler die Parade abnahm.

Die hierüber gesendete Radioreportage, bei welcher der spätere Reichsminister für Propaganda und Volksaufklärung Joseph Goebbels selbst mitwirkte, war die erste Großtat des bisherigen Reichspropagandaleiters der NSDAP. Aber schon setzten Schutzmaßnahmen zugunsten jener Staatsangehörigen ein, deren bisheriges Verhalten ihnen den Zorn des guten Volkes eintragen konnte, so man ihrer habhaft wurde. Sie kamen also in Schutzhaft, bisher als Schutzgewahrsam für den Fall gedacht, daß eine unschuldige Person des Schutzes bedurfte; fortan aber Mittel zur Ausschaltung politischer Gegner und noch Ärgeres. Um Hitler aber sammelte sich das *Kabinett der nationalen Erhebung*, eine seltsame Reprise des bisherigen Kabinetts Schleicher mit geeigneten Ersatzmännern für die Posten des Innen- und des Reichswehrministers; denn die Macht im Staate hat bei einem Umsturz jener, der die meisten Gewehre für sich und den Kerkerschlüssel bei der Hand hat.

Die Tage um den 4. März 1933 wurden für die Deutschen und die Österreicher, aber auch für die Amerikaner von schicksalsschwe-

rer Bedeutung. Am 4. März wurde in Washington vor dem Kapitol der 32. Präsident der USA, Franklin D. Roosevelt, vereidigt. Und am 4. März 1933 ereignete sich in Wien jener von Karl Renner, dem Ersten Präsidenten des Nationalrates, ausgelöste umstrittene Vorgang, den man die Selbstausschaltung des Parlaments in Österreich nennt. Am 4. März 1933 gelang Hitler jener Trick, mit dem er tags darauf eine Reichstagswahl hinter sich brachte, der Trick, der ihm zwar *nicht die Mehrzahl der Wählerstimmen*, dafür aber in steigendem Maße die *Zustimmung der Parteiführer* für das von ihm verlangte Ermächtigungsgesetz bescherte.
Zunächst: Der Monat Februar ging nicht zu Ende, ehe nicht die Abgeordneten des Reichstages, die für keinen Preis der Welt für ein Ja zur Politik Hitlers zu bekommen waren, ausgeschaltet wurden. Am 24. Februar wurde das Karl-Liebknecht-Haus der KP in Berlin durchsucht. Es war seit Wochen von den kommunistischen Führern geräumt. Göring aber verkündete als oberster Polizeichef in Preußen, es hätten sich im Hauptquartier der KP unwiderlegbare Dokumente gefunden, aus denen die Absicht der KP hervorging, in Deutschland eine Revolution anzuzetteln. Und am 28. Februar genehmigte Hindenburg nach dem Brand im Reichstagsgebäude eine *Verordnung zum Schutz von Volk und Staat;* damit bekam die Polizei die Handhabe, kommunistische, sozialdemokratische und linksliberale Politiker und Mandatare zu verhaften. Die Zeitungen aller Richtungen waren jahrelang über die Politiker hergezogen. Ob zu Recht oder zu Unrecht, das war jetzt gleichgültig. Die SA-Männer hatten keine Schwierigkeiten, vor aller Öffentlichkeit gewisse längst als unwürdig hingestellte Politiker und darnach andere üble Subjekte zu verhaften, zu schlagen und in provisorischen Lagern unterzubringen. Damit schaffte sich Hitler im Reichstag auch genug Abgeordnete vom Hals, um trotz des zu erwartenden Widerstandes der SPD aus allen anderen Parteien genug Stimmen zusammenzukratzen und damit seiner Minorität im Reichstag den Rang einer qualifizierten Mehrheit zu verschaffen. Denn: Am 5. März 1933 hatten noch immer 7,1 Millionen Wähler ihre Stimme der SPD und 4,8 Millionen ihre Stimme der KPD gegeben. Aber bis zum Ende des Zweiten Weltkrie-

ges werden diese riesigen Massen der Arbeiterparteien nichts mehr unternehmen, um das hoffnungslose Vorhaben von Einzelkämpfern zu einem die Massen bewegenden Ereignis zu machen. Die klerikale Zentrumspartei konnte ein letztes Mal nicht nur den bisherigen Anteil an Stimmen halten, sie gewann an jenem 5. März 1933 sogar noch 200000 Stimmen hinzu.

In Österreich hat das Echo der tags zuvor erfolgten Selbstausschaltung des Nationalrates das Ergebnis der Reichstagswahl an Bedeutung übertroffen. Der Hochwinter auf 1933 war für die Regierung Dollfuß die bisher schwerste Belastung ihrer Wirtschafts- und Sozialpolitik. Mit 600000 nicht in Arbeit Befindlichen wurde im Verlauf des Jahres 1933 bis in den nächsten Hochwinter ein Höchststand erreicht, dessen Folgen im Alltag für unzählige Menschen unerträglich wurden. Dieses Jahr war für Dollfuß deswegen so verhängnisvoll, weil gleichzeitig im Reich eine durch die Goebbels-Propaganda ins Gigantische gesteigerte Wirkung im Kampf gegen die Arbeitslosigkeit einsetzte, die auch in Österreich vielen Menschen Mut machte. Viele Österreicher, die nach Herkunft und Anschauung keine Nationalen und Nationalsozialisten waren, liefen der Hitlerbewegung zu.

Für fast alle Betriebe, staatliche wie private, war der Tag der Lohn- und Gehaltsauszahlung ein gefürchtetes Datum. Immer wieder kam es zu verspäteten Auszahlungen, in staatlichen Betrieben wurden Monatslöhne in Raten ausgezahlt, aber auch diese Raten blieb man den Arbeitnehmern zu oft schuldig. Besonders kritisch für die Regierung wurde die Unruhe unter dem Personal der Bundesbahnen. Seit 1922/23 ein eigener Wirtschaftskörper unter dem Hoheits- und Aufsichtsrecht des Staates, waren die Möglichkeiten der Regierung für geeignete Maßnahmen zu Einsparungen bei diesem Wirtschaftskörper begrenzt, politisch riskant. Da das Bundesministerium für Handel und Verkehr seit der Ära Seipel jeweils in den Händen von großdeutschen politischen Ressortleitern lag, war es dort möglich, nicht nur aus den höheren Rängen eine zahlenmäßig beachtenswerte nationale Gewerkschaft aufzuziehen; dies übrigens lange bevor in der Steiermark gewisse Unternehmer Unabhängige Gewerkschaften der HW ins

Leben riefen. Die Masse der beschäftigten Eisenbahner bildete eine kompakte Masse der Freien Gewerkschaften. Ein Generalstreik setzte mit fast automatischer Sicherheit im Bahnbetrieb ein; ihn dort überwunden zu haben war 1927 das auslösende Ereignis für das Hervortreten der HW in der Innenpolitik gewesen.
Am 1. März trat in ganz Österreich ein zweistündiger Eisenbahnerstreik in Kraft. In Tirol und andernorts wurde Gendarmerie eingesetzt, um die Bahnanlagen von Streikenden zu räumen. Sozialdemokratische Funktionäre versuchten die Gendarmen zu bewegen, ihren Dienst nicht mit aufgepflanztem Bajonett zu besorgen, da derlei die Arbeiter erbittern würde. Die Gendarmerie berief sich auf eine Vorschrift aus dem Jahr 1914. Der Streik nahm ein rasches Ende. Da und dort aber kam es zu sogenannten Ausschreitungen der Streikenden, und die Generaldirektion der Bundesbahnen begann gegen die Betroffenen mit Disziplinarmaßnahmen vorzugehen.
Nichts konnte Dollfuß weniger willkommen sein als derlei Weiterungen. Zumal der Führer der christlichen Gewerkschafter Leopold Kunschak den Kanzler vor einem scharfen Eingreifen warnte. Nun war zwar in der Öffentlichkeit von Maßnahmen der Regierung und des Dollfuß eifrig die Rede, in Wirklichkeit hat die Bundesregierung das fragliche Durchgreifen weder angeordnet noch weiterhin betrieben. Der nur für zwei Stunden anberaumte Streik der Eisenbahner war eine *Episode* in dieser Notzeit; es gab gefährlichere Auswirkungen der nun schon Jahre andauernden Notzeit, die nicht nur in Österreich, sondern auch in den reichen Industriestaaten bestand. Aber die Folgen dieser Zwei-Stunden-Episode waren für den Staat grenzenlos verderblich.
Die SDAPÖ und die Fraktion der Großdeutschen verlangten eine Sondersitzung des Nationalrates. Dem äußeren Anschein nach, um die von disziplinären Maßnahmen betroffenen Eisenbahner vor Verfolgung zu schützen, insgeheim aber in der Erwartung, daß es diesmal der Regierung Dollfuß nicht so gut gehen würde wie bei der Abstimmung über die verhaßte Anleihe vom Vorjahr. Es kam für alle Beteiligten ganz anders als erwartet. Für Österreich war es das Verhängnis.

Faschismus und Volksfront

Die HW stirbt am Faschismus

»Die Bildung einer gemeinsamen Volksfront mit den sozialdemokratischen Parteien ist eine Notwendigkeit.«

Einige der Getreuen aus der alten Garde Lenins horchten erstaunt auf, als der Generalsekretär der Komintern, der noch von Lenin geschaffenen Kommunistischen Internationale, auf deren siebentem und letztem Kongreß im Juli 1935 solche Töne anschlug. Andere Genossen sagten freilich, es sei kein Wunder, daß ausgerechnet der Genosse Dimitroff solche Vorschläge erstatte, nach allem, was ihm die deutschen Faschisten im sogenannten Reichstagsbrand-Prozeß angetan hatten, um von ihm das Geständnis zu erpressen, er hätte den Brand mitangestiftet. Seither hat die Linke aller Schattierungen den Spieß umgekehrt und Hermann Göring dieser Brandstiftung beschuldigt. Dieses Gerücht überdauerte die längste Zeit nach 1945, bis ein unverdächtiger Historiker im Westen bewies, daß Göring nichts mit dieser Sache zu tun gehabt hat. Lenin hat zu Lebzeiten jede Vermischung seiner Partei mit irgendeiner anderen Gruppierung der Linken, und sei es eine der äußersten Linken, strikt abgelehnt. Derlei vertrug sein totalitärer Machtanspruch nicht. Und außerdem war Lenin überzeugt, daß die von ihm entfachte Weltrevolution auch ohne die Unterstützung sozialistischer oder gar sozialdemokratischer Helfershelfer stark genug war, um den Kapitalismus im Klassenkampf endgültig und vollends zu besiegen. Nun aber waren im Jahr 1935 schon nahezu zwei Jahrzehnte vergangen, seit die von Lenin geführte Minorität in Rußland die Macht im Staate an sich gerissen und alle anderen Parteien zum Verschwinden gebracht hatte. So wie es unlängst, 1933, Hitler im Deutschen Reich verstanden hat, allerdings nicht mit derlei drastischen Methoden, wie es jene gewesen sind, die Lenin und Trotzki bei der Festigung der Macht der Bolschewiken in Rußland jahrelang angewendet haben. Man sagt – und Alexander Solschenizyn hat das in den siebziger Jahren bestätigt –, daß der Klassenkampf in Rußland noch mehr Opfer verschlungen hat als nach 1933 der Rassenkampf in allen Teilen Europas. Nachdem diese Arbeit getan war, konnte Dimitroff 1935 schon eine Lippe riskieren und ergänzend feststellen:

»Der Kampf Klasse gegen Klasse führt zu nichts.«

Diese kühne Behauptung hätte nicht einmal der unter den Nazis so schlecht behandelte Dimitroff gewagt, wäre nicht Satz für Satz seiner Rede vorher mit dem Genossen Stalin abgesprochen gewesen. Der ausdrückliche Verzicht auf die Wohltaten des Klassenkampfes war natürlich nur ein Trick, wie die alten Kämpfer der KPdSU nach Anhörung der folgenden Sätze aufatmend feststellen konnten:

»Genossen, ihr erinnert euch an die Sage von der Eroberung Trojas.«

Es ist nicht sicher, ob alle Zuhörer Dimitroffs soviel Wissen aus der Sagenwelt der Antike mit auf ihre politische Laufbahn bekommen hatten, daß der Redner das voraussetzen konnte. Aber Dimitroff wurde sofort verstanden, als er fortfahrend den Genossen erklärte, wie es einmal die Griechen gemacht haben, um die sichtlich uneinnehmbare Stadt Troja zu Fall zu bringen.

»Die Angreifer kamen nicht durch, ehe sie mit Hilfe des Trojanischen Pferdes mitten ins feindliche Lager eingedrungen waren. Wir, die revolutionären Arbeiter, sollten uns nicht scheuen, die gleiche Taktik anzuwenden.«

Der Redner hätte keinen treffenderen historischen Vergleich als jenen zwischen dem Trojanischen Pferd der alten Griechen und der Volksfront der Bolschewiken finden können. Was jetzt zur Debatte stand, war keine Erfindung des Bulgaren Dimitroff. Noch zu Lebzeiten Lenins schickten die Sozialisten des damaligen monarchistischen Spanien einen Vertrauensmann nach Moskau, um zu erkunden, wie man es dort mit dem Plan einer sozialistischen Einheitsfront hielt. Und: Was die Spanier von der Unab-

hängigkeit ihrer Partei hergeben müßten, damit eine solche Einheitsfront mit den Kommunisten zustande kommen könnte. Zu Lenins Zeiten waren Sozialdemokraten in Westeuropa noch ein wenig verschreckt. Man erinnerte sich dort der Methoden, die Lenin und vor allem Trotzki, das *Schwert des Marxismus,* zur Anwendung gebracht haben, um nach ihrer Machtergreifung im Herbst 1917 den weiteren Bestand jeder anderen als der bolschewistischen Partei in Rußland zu verhindern. Nicht alle Sozialdemokraten der Zarenzeit sind damals unter die Erde gekommen; einige durften das Land verlassen, und sie haben als Exilpolitiker vergebens gegen die bolschewistischen Methoden in ihrer Heimat angekämpft. Aber darauf ging der zu Lenin geschickte Spanier nicht ein. Der Mann war Lenin vorweg denkbar unsympathisch, denn er trug noch den Matratzenvollbart vergangener Kampfepochen. Und richtig. Der gute Mann war erstaunt, von Lenin zu hören, daß es nur eine völlige Gleichschaltung der Abweichler im Westen mit der KP gäbe. Ein wenig erschreckt wagte er zu fragen:
»Aber, wo bleibt die Freiheit?«
Ein wenig sarkastisch antwortete Lenin auf Französisch, denn das war die einzige Fremdsprache, die der Spanier außer seiner Muttersprache beherrschte:
»La liberté? Pourquoi faire?«
Die Genossen des damals nach Moskau entsandten Spaniers Fernando de los Rios Arrutio überlegten nicht lange. Um zum Verschwinden ihrer Partei zu gelangen, bedurfte es keiner Unterwerfung unter die noch fernab liegende Macht Moskaus. Das hätten sie im monarchistischen, nachher im faschistischen Spanien (vor Franco!) auch haben können, etwa um den Preis einer kleinen Revolte oder eines mißlungenen Putsches gegen die Kapitalisten. In den stürmischen dreißiger Jahren, vor allem während des Spanischen Bürgerkrieges, werden es Spaniens Sozialisten nicht mehr so genau mit ihrer Eigenständigkeit nehmen. Seit der Machtergreifung Mussolinis war es ein Stehsatz aller von den im Anschluß an Marx entstandenen wie auch den liberalen Parteien herausgegebenen Zeitungen zu schreiben: *Die fällige Antwort auf den Faschismus ist die Volksfront.* Dimitroff, der um ein Haar in Berlin

unters Fallbeil gekommen wäre, sagte 1935 vorwurfsvoll, man hätte sich allenthalben schuldig gemacht, die Gefahr des Hitlerismus unterschätzt zu haben. Jetzt, da man schon die Auswüchse der Machtausübung Hitlers erkannte, war es nach seiner Ansicht höchste Zeit, in Westeuropa eine *zweite Front* des Kommunismus zu schaffen, um von Ost und West gleichzeitig gegen die Mitte vorzustoßen und dem Faschismus ein Ende zu bereiten.

Dem geneigten Leser wird auffallen, daß die Bolschewiken 13 Jahre des Faschismus in Italien vergehen ließen, ehe sie direkt und ausdrücklich gegen den Faschismus losgingen. Sicherlich war die Art des Faschismus in Italien jedem Genossen verhaßt, aber sie war nicht so gefährlich für den Bolschewismus wie das, was unter Hitler bei den Deutschen vor sich ging. Niemand konnte allerdings im Jahr 1935 ahnen, daß Genosse Stalin im Jahr 1939 ein Kriegsbündnis mit Hitler abschließen sollte und daß damit ein zweiter Weltkrieg vom Zaun gebrochen würde.

Lenin mußte nach seinem Sieg in Rußland die enttäuschende Tatsache zur Kenntnis nehmen, daß sein Kommunismus keine Exportware für Europa war. Auch er versuchte es damals mit einer zweiten Front des Kommunismus, nur bekam diese 1920 auf dem II. Kongreß der Komintern eine Folie, die nicht so drastisch gegen dogmatische Motive des Kommunismus verstieß wie jene von 1935. Im Grunde änderte sich aber hierin im Laufe der Zeit gar nichts. Seit 1917 hat der Bolschewismus eine Reihe von Varianten durchgespielt, um den Horror vor bolschewistischen Methoden, wie er in Westeuropa anfangs herrschte, zu besänftigen und zuletzt sogar die kapitalistischen Großmächte im Zweiten Weltkrieg vor den Kampfwagen des Weltkommunismus zu spannen. Weltkommunismus, das ist die variationsreiche Art, jede Lebensform, die nicht die des Bolschewismus ist, zum Verschwinden zu bringen. Lenin selbst rechnete dabei mit der Dummheit seiner Feinde. Denn diese würden, so Lenin wörtlich, selbst den Strick an ihn verkaufen, mit dem er sie dann aufknüpft. Bei all dem war es für Lenin wichtig, daß in jede von den sogenannten Bourgeois gemachte Revolution sofort die Ansätze einer sogenannten proletarischen Revolution hineingetragen werden.

Jedes Bündnis, das Lenin und nachher Stalin mit irgendeinem Partner abschlossen, war eine *societas leonina,* also ein Bündnis, das letzten Endes den Partner Lenins oder Stalins das Leben kostete. Jedenfalls kam es Lenin schon um 1920 darauf an, eine Revolution verbündeter Nationalisten und Sozialisten so einzufädeln, daß der Gewinn daraus auf das Konto des Bolschewismus zu verbuchen ist. Diese Taktik hat, so Lenin, einen zweifachen Wert für Moskau: Erstens entsteht so eine zweite Front gegen den Weltimperialismus, also gegen die Feinde des Kommunismus. Und zweitens wird so der Motor angeworfen, der in noch überwiegend bäuerlich strukturierten Ländern zusammen mit einer fortschreitenden Industrialisierung eine sozialrevolutionäre Tendenz vorantreibt. So gesehen versteht es sich, daß zu Lenins Zeiten ein derartiger Versuch mit zwei Zielen nur in kolonialen und halbkolonialen Ländern, in denen zugleich der Haß gegen den weißen Mann genährt wurde, zur Anwendung kam. In dieser Hinsicht ließ sich vor allem ein Experiment als ungeheuer erfolgversprechend an:
In China kam die an sich eher nationalistisch ausgerichtete Kuomintang-Bewegung unter dem General Tschiang Kai-schek im Sinne Moskaus auch als eine sozialrevolutionäre Bewegung zum Zug. Proletarier, Bauern, Kleinbürger und loyale Bourgeois zogen unversehens am Vehikel der von Moskau entlassenen Bewegung im Land mit. Auf dem Gebiet der internationalen Politik hatte das Experiment China noch den Vorteil, daß sich Moskau damit jene zweite Front in Fernost vom Hals hielt, die einmal in der Zarenzeit zu jener fatalen Niederlage Rußlands geführt hatte, die andererseits die erste Gasse für den Sieg des radikalen Marxismus in diesem Riesenreich bahnte. Im Zweiten Weltkrieg war Tschiang Kai-schek Verbündeter im Krieg der Westalliierten gegen Japan. Nach 1945 ließen die USA das durchaus »korrupte China Tschiang Kai-scheks« fallen, und Mao Tse-tung konnte mit einer chinesischen Abart des Kommunismus die ganze Balance der 1945 zweigeteilten Welt zum Einsturz bringen. Das durfte nur deswegen geschehen, weil in den USA ein Anti-Antikommunismus der Nachkriegszeit jeden Zweifel an der angeblichen Ge-

fahrlosigkeit des internationalen Kommunismus Moskauer Prägung als faschistoid verdächtigte.
In China konnte sich der Kommunismus in einmaliger Weise der sogenannten *Loyalnje kapitalisti* für seine Zwecke bedienen. Diese merkwürdigen Kapitalisten hat es vor 1917 auch in Rußland gegeben, nämlich Superreiche, die aus unterschiedlichen Motiven Lenin und seine Bewegung finanziell unterstützten. Im China Tschiang Kai-schecks gab es viele loyale Kapitalisten. Für sie spielte Mao ein Sonderprogramm: Ihre Hilfen im Kampf lohnte er damit, daß sie gegen ein gewisses Entgelt enteignet wurden oder sonstwie teilhaben konnten an diversen Erträgen des neuen Systems. Die Moral des Ganzen ist, daß die siegreiche Arbeiterklasse auf ihre Weise die Hilfen im Kampf gegen Kapitalismus und Faschismus belohnt.
Als Dimitroff im Jahr 1935 seine Thesen einer Volksfront bekanntgab, war ihm hierin die Linke in Frankreich und in Bulgarien in der Praxis schon um einiges voraus. Sonderbarerweise hatte aber in Frankreich die Idee einer Volksfront nicht etwa die Bedeutung einer Abwehrfront gegen den Faschismus, wie er in Italien längst bestand, sondern etwas Einmaliges für sich: Im Frankreich zwischen den beiden Weltkriegen existierte die damals stärkste KP eines westeuropäischen Landes. 1932 errangen die Parteien der Linken bei den Kammerwahlen einen Erfolg. Der langjährige liberale Bürgermeister von Lyon, Edouard Herriot, der unter den Liberalen seiner Zeit herausragte, übernahm die Regierungsbildung. Bereits 1924 hatte er sich als Regierungschef Frankreichs dadurch einen Namen gemacht, daß er die bis dahin hinausgezögerte Anerkennung der Sowjetunion bewerkstelligte. Dem entsprach der gleichzeitige Abbruch der diplomatischen Beziehungen zum Vatikan. 1931 hatte Herriot die fälligen Schuldenzahlungen an die USA einstellen wollen. In dieser wackeligen Situation, wo Hoffnungen der Linken und Befürchtungen ihrer Gegner einander die Waage hielten, ereignete sich der Skandal, der die Situation zum Platzen brachte, nämlich der Stavisky-Skandal. Stavisky, aus Rußland eingewandert, erschütterte durch seine Machinationen, die zu einem enormen Börsen- und Fi-

nanzskandal gerieten, die davon betroffene Partei Herriots schwerstens. Eine neue Welle des Antisemitismus schlug über dem Land zusammen, wie es eine solche seit der Dreyfuß-Affäre nicht gegeben hatte. Die entstehenden politischen Turbulenzen wurden zum Aufwind für die politische Rechte Frankreichs. Da gingen die Kommunisten auf die Straße und probten den Aufstand. Es floß Blut. Die Kommunisten sahen aber ein, daß sie auf diesem Weg in Frankreich nie zur Macht kommen würden. Sie schufen eine Art Konzentrationsregime, ein sogenanntes *Kabinett der nationalen Einigung*, dem ein *Kabinett des Burgfriedens* folgte. So schleusten sie hintereinander zwei Trojanische Pferde in die politische Arena; den Vorteil daraus zog Moskau, denn die KPF ließ sich die fällige Verlängerung des Wehrdienstes mit einem Beistandspakt bezahlen, den Frankreich mit der Sowjetunion abschloß.

Jetzt wehte ein neuer Wind in Frankreich, und er trieb den Kommunisten viel Flugsand aus der Wählermasse zu. Die Stunde für jenen Pierre Laval, der nach 1945 als Kollaborateur hingerichtet wurde, war gekommen. Laval war eine sehr versative Type, deren Auftauchen – so wie 1917 der Senkrechtstart Kerenskis in Rußland – Gefahr anzeigte. Laval war derart versativ, daß er dem Land Unheil eintragen *mußte:* Ein Abkommen mit der Sowjetunion, ein anderes mit dem faschistischen Italien, dann wieder ein Militärabkommen mit Belgien zum Schutz vor einer Invasion der Deutschen und ein Beistandspakt mit den Tschechen, schließlich ein Bruch mit London im Abessinienkrieg zwecks Rettung Mussolinis aus einer gefährlichen Krise. Und all der Unrat geriet in die Zusammenarbeit mit dem Dritten Reich nach der militärischen Niederlage Frankreichs im Jahr 1940. Befleckt wurde sein Name aber vor allem wegen der Preisgabe von Juden an die deutsche Besatzungsmacht. Laval war es, der den Weg zur Volksfront in Frankreich nahelegte. Die Volksfrontregierung bildete der Sozialist Léon Blum. Blum, der den 1939 geschlossenen Ribbentrop-Molotow-Pakt als ein Instrument zur Friedenssicherung pries.

Diese Entwicklung im Frankreich von damals wurde in Österreich von den zunächst Betroffenen nicht übersehen. Es machte

einiges Aufsehen, als die großen Drei der Volksfront, Léon Blum, Maurice Thorez und Edouard Daladier, an der Spitze einer Demonstration der Massen durch die Straßen von Paris schritten.
Gewiß, es war eine Volksfront von kurzer Dauer. Und das weitere Schicksal der großen Drei wurde kennzeichnend für ein solches Risiko: Daladier setzte 1938 seinen Namen unter jenes Abkommen von München, daß zur Aufteilung und zum schließlichen Ende der ČSR von 1918 geführt hat. Maurice Thorez weigerte sich 1939 bei Kriegsausbruch, im Verband der französischen Armee gegen die Armee des mit Stalin verbündeten Hitler ins Feld zu gehen. Und wie Blum die Lage vor der Katastrophe beurteilte, ist schon gesagt worden. Es war gewiß nicht das letzte Mal, daß ein Sozialist, ein Kommunist und ein Linksliberaler ein Land auf einen für ganz Europa gefährlichen Kurs zerrten. Damals, Mitte der dreißiger Jahre, hatte die Volksfront aber eine weit über Frankreich hinausgehende Folge: Dieses Regime übernahm es, in Spanien an die Seite der dortigen Volksfrontregierung zu treten, und das während jenes fürchterlichen Glaubenskrieges, den die Spanier mit ihrem unbändigen Hang zur Gewalttätigkeit 1936 bis 1939 ausfochten; ohne daß die Westmächte in der Lage gewesen wären, einem Blutbad, das Hitler und Stalin förderten (ehe sie einige Jahre später Verbündete wurden), Einhalt zu gebieten.
Auch in Spanien entstand um diese Zeit eine Volksfront, bestehend aus Sozialisten, Kommunisten, Liberalen und Katholiken. Zwischen diesen erkennbaren und im übrigen Europa bekannten Parteistrukturen sproßten anarchistische und sonstige Radikalismen empor. Und alles als Folge davon, daß ein nach dem Sturz der Monarchie im Jahr 1931 an die Macht gekommenes Regime nicht imstande war, eine Demokratie auf dem Boden des Parlamentarismus im Parteienstaat funktionsfähig zu erhalten. Manches begann in Spanien als Spiel auf großer Bühne, was in Österreich mit verwandter Regie aufgeführt wurde:
In Spanien wiederholte sich, was 1918 in Österreich geschehen war: Nicht alle Katholiken des Landes, das im Geruch eines verruchten Katholizismus stand, hatten etwas für das legendäre Bündnis von Thron und Altar übrig. Selbst der spätere Staatschef

Franco war zunächst als Offizier kein Kirchengänger und an sich durchaus bereit, sich auch für die 1931 ausgerufene Republik als Soldat einzusetzen. Dem Erzbischof von Toledo, der sich nach dem Sturz der Monarchie in einem Hirtenbrief in scharfen Worten gegen die Republik aussprach, geschah es, daß in Madrid eine Gruppe Jesuiten ihm in ebenso scharfen Worten widersprach. Es gehörte eben zum Image eines Intellektuellen von damals, gegen die Monarchie zu sein. Katholische Intellektuelle und Seelsorger hofften, mit dem Eintreten zugunsten der Proletarier und mit ihrer heftigen Kritik am Vergangenen die Arbeiter in die Kirche zu locken. Dieser Vorsatz hatte freilich nur geringen Erfolg. Eher geschah es in der jungen Republik, daß ein Träger der klerikalen Tracht gelegentlich einige Hiebe derer hinnehmen mußte, die sich als zu lange von Pfaffen ausgebeutet und verdummt ansahen. Dabei war in den Dörfern der jeweilige Pfarrer oft ärmer als seine nicht eben reichen Dörfler. Letzteren gefiel es jetzt zuweilen sehr, einen Pfarrhof oder eine Kirche anzuzünden und sich zu verlustieren, wenn der Pfarrer querfeldein davonlief, weil er vermeinte, es ginge ums Leben.

Als die neue spanische Regierung von Papst Pius XI. verlangte, er solle den Erzbischof von Toledo seines Amtes entheben, sahen sich die Antiklerikalen aller Kaliber in ihrer Haltung bestärkt, quasi in ihrer Gesinnung von Staats wegen bestätigt. Als der Papst nichts tat, um die spanische Regierung ihres pfäffischen Monitors zu entledigen, geschah einiges, was Seine Exzellenz veranlaßte, außer Landes zu gehen und dort zu bleiben, bis 1939 der Spanische Bürgerkrieg zu Ende war. Damals gab es in Österreich viele Katholiken, die es aufrichtig begrüßten, daß die Bischöfe den Priestern verboten, fortan in politischen Bewegungen des Landes mitzumachen. Bei dieser Gelegenheit wurden auch dem Volksbund der Katholiken Österreichs, der ohnedies ein Dorn im Auge der SDAPÖ und der liberalen Parteien samt der HW war, die ersten Schneidezähne ausgebrochen. Das war, als nach dem Tode Seipels nicht wenige Priester lehrten, es sei ein Jammer für die Kirche gewesen, daß sich dieser Römische Prälat und Theologieprofessor der Politik hingegeben hatte.

Aber die spanischen Katholiken waren nicht dermaßen ohne Geschichtsbewußtsein wie jene in Österreich. Da die ihnen nahestehenden politischen Parteien verdächtig stille wurden unter dem neuen Regime, strömten viele, die nach Herkunft und Anschauung gar keine Monarchisten waren, der rasch anwachsenden monarchistischen Bewegung zu. Sie suchten dort jene Haltung, die gewisse junge Österreicher in der HW zu finden hofften: Eine scharfe Gegnerschaft zu den Roten und den Linksliberalen sowie überhaupt zu dem, was man in der Ära der Volksfront den herrschenden Zeitgeist genannt hat.
Wie so oft genügte in Spanien ein kleiner Anlaß, um die Glut zum Brennen zu bringen. Einem Taxifahrer in Madrid gefiel es nicht, daß eine kleine Gruppe jugendlicher Monarchisten mit dem Ruf:
»Es lebe die Monarchie!«,
durch die Straßen der Hauptstadt zog. Der Fahrer beugte sich weit aus seinem Fahrzeug und entgegnete:
»Hoch die Republik!«
Es folgte ein wilder Wortwechsel, an dessen Ende der Taxifahrer eine Ohrfeige bezog. Sofort verbreitete sich in der ganzen Stadt das falsche Gerücht, eine Horde blutgieriger Reaktionäre hätte einen Arbeiter, einen Taxichauffeur, ermordet. Das Gerücht genügte, um genug Leute auf die Straße zu locken und ihnen einzugeben, ein Lokal der Monarchisten in Brand zu stecken. Was dann folgte, geschah in der üblichen Reihenfolge, die gilt, wenn unter der roten Fahne die Radikalen in Bewegung kommen. Man machte die Reaktionäre mundtot, indem man die Redaktion ihrer Zeitung anzündete. Die armen Jesuiten, die sich zugunsten der Republik bloßgestellt hatten, ernteten jetzt schlechten Dank: Man setzte ihre Kirche in der Calle de la Flor in Flammen und schrieb an die Brandruine den Text des Urteils, das vom guten Volk vollstreckt worden war: »Volksgericht über Diebe«.
Jetzt kam Schwung in die Bewegung. Zuerst wurden, quasi probeweise, in der Hauptstadt einige Kirchen und Klöster niedergebrannt. Binnen wenigen Tagen wurde derlei Vorbild für einen neuen Volksbrauch im ganzen Land. Immerhin vermieden es die Bauern zuweilen, die Kirche des eigenen Dorfes anzuzünden, sie

überließen es den Nachbarn, denen sie ihrerseits den gleichen Gefallen erwiesen. Noch gab es keine Toten bei diesem Ritual. Die Regierung sah sich außerstande, mit den normalen Möglichkeiten der Exekutive Einhalt zu gebieten. Daher wurde der Kriegsminister um die Gestellung von Assistenzverbänden der regulären Armee gebeten. Der aber erwiderte:
»Eher sollen alle Kirchen in Spanien brennen, als daß einem Republikaner ein Haar gekrümmt wird.«
Diese interessante Feststellung war deswegen von folgenschwerer Bedeutung, weil besagter Kriegsminister Manuel Azaña während des Bürgerkrieges Ministerpräsident wurde. Für die spanischen Monarchisten war es fatal, daß ihr im Exil befindlicher letzter König von Spanien Alfons XIII., Sohn einer österreichischen Erzherzogin, verlautbaren ließ, er erwarte von seinen getreuen Anhängern, daß sie dem neuen Regime nicht nur keine Schwierigkeiten bereiten, sondern daß sie vielmehr die Regierung in patriotischen Belangen unterstützen würden.
In dieser Situation, die bald im Zeichen der Verwirrung und des Zerfalls der Gemeinschaft im Staat stand, *kam die Idee des spanischen Faschismus auf.* Und, um es gleich hier zu sagen: Es war eine Bewegung, die keineswegs primär auf die Wiederherstellung der Monarchie aus war.
Der sogenannte spanische Faschismus ist jedenfalls nicht etwa dem Hirn des späteren Staatschefs Franco entsprungen. Erste Ansätze finden sich seltsamerweise in Gedankengängen eines Angehörigen einer rebellierenden Bewegung von Literaten, die sich als die »Generation '98« bezeichnete. 98, das war die Zahl des Jahres kurz vor dem Ausbruch des Krieges, den die USA gegen Spanien geführt haben und der mit dem Ende der letzten Reste der spanischen Kolonialmacht endete. Damals erlebten die Menschen auf den Philippinen die Befreiung vom Kolonialjoch der Spanier und den Anfang jener Freiheit unter der Schirmherrschaft der USA, die heute sichtlich umstritten ist.
Besagter Mann aus der Generation '98, er hieß Ramiro de Maeztu, hörte danach bald auf, Anarchist zu sein. So wie Mussolini von links seine Rochade nach rechts gemacht hat, war ihm dieser Spa-

nier schon um Jahre zuvorgekommen. Der Urvater der spanischen Falange traf sich mit einem Dichter, der an sich eher ein harmloser Bohemien war und gewisse Eßgewohnheiten gehabt haben muß, denn seine Freunde nannten ihn den »Fleischklotz«. Also wieder keine im Komment des Militarismus erstarrte Persönlichkeit. Dennoch hatte der Fleischklotz wenigstens genug Verstand, um ein nicht uninteressantes Programm zu entwerfen, das unter dem Titel *Spanische Erneuerung* herauskam. Der geneigte Leser wird an dieser Stelle wahrnehmen, daß in der Urzeit des Faschismus in Spanien keineswegs Pfaffenlist und -trug diesen Männern der Tat das Gewehr in die Hand gedrückt haben.

Gewehr auch nur deswegen, weil das fragliche Programm im Verlangen nach einem *Aufstand* mündete. Es fand sich eine Zeitung, die es auf sich nahm, von der während der Monarchie bestandenen relativen Pressefreiheit (derlei änderte sich im Spanischen Bürgerkrieg) Gebrauch zu machen, indem sie den Menschen im Land begreiflich machen wollte, es handle sich in diesem Fall bei der Gewaltanwendung lediglich um eine andere Form der Legalisierung einer neuen Idee. Erst im weiteren Verlauf kamen die Männer des Neuen darauf, daß ohne Gewehre eine Revolution niemals den Sieg erringen kann. Sie dachten aber nicht etwa daran, einen paramilitärischen Wehrverband zu schaffen (wie das später die gestandenen Faschisten taten), vielmehr wollten sie die königlich spanische Armee mit ihrer Neuerungsidee durchdringen. Da die Neuen nicht mit Geld gesegnet waren, wäre diese Art der organisierten Gewaltanwendung sparsamer gewesen als die Schaffung und der Unterhalt einer Parteigarde. Letzteres verlangt nämlich die Hilfe von Geldgebern, die nachher mitreden möchten in der Politik.

Was nachher in den Jahrzehnten bis zum dritten Jahrzehnt des 20. Jahrhunderts in Spanien geschah, ist eine andere Geschichte, eine lange und wechselvolle Geschichte. Eines muß aber hier noch gesagt werden. Spanien war nicht nur das Mutterland der lateinamerikanischen Republiken, es war und blieb das Vorbild eines Staates, in dem die *legitimierende Staatsidee* oft innerhalb einer einzigen Generation mehrmals geändert wird. Seit der Napoleonischen Zeit geschah das mehr als zwei Dutzend Mal. Das sogenannte *Pronunciamento* wurde um die Mitte des 19. Jahrhunderts die in Spanien übliche Methode des Regierungswechsels. Meistens geschah derlei unter maßgeblicher Beteiligung ausländischer Regierungen; London und Paris, aber auch Stalin und Hitler, zuletzt sogar die Bundesrepublik Deutschland der Ära Willy Brandt waren an der Schürung solcher Umsturzereignisse beteiligt; letztere, indem sie aus Kreisen spanischer Gastarbeiter auf westdeutschem Territorium eine sozialdemokratische Partei im Exil förderte, die jetzt das Staatsoberhaupt Spaniens stellt.

Um es kurz zu machen: Es nützte wenig, daß der exilierte König seine Anhänger ersuchte, auf Ruhe und Ordnung im Land zu schauen. In ruhigen Zeiten, wenn sogenannte ordentliche Menschen Politik machen, gelingt kein Umsturz. So ging es denn auch in Spanien zu, leider blieben die Zeiten unruhig. In der spanischen Republik von 1931 herrschte weder Ruhe noch Ordnung. Es gab genug linksradikale und anarchistische Aktionsgruppen, für die besagte Republik nur ein unfertiges Beginnen und nicht etwa das Endprodukt einer richtigen Revolution war. Dem entgegen gab es Leute, für die besagter unfertiger Anfang des Schlachtens zuviel war und die sich vornahmen, die junge Republik gleich in der Kinderstube abzuwürgen, ehe sie Unheil stiften konnte. Unter solchen Auspizien gedeiht eine parlamentarische Demokratie schlecht, das neue Staatsgefüge von 1931 zerbröselte, zuletzt sah es aus, als würden die Linke und die Rechte sich nur mehr in dem einig sein, daß sie ihre Sache nicht länger dem bestehenden Staat und seinen Möglichkeiten einer politischen Willensbildung anvertrauen wollten – sondern den Gewehren. Vergebens suchten Regierungspolitiker, oft friedfertige Freimaurer, diesem Gang der Dinge einen Riegel vorzuschieben. Es war zu spät, als in gewissen Ausladehäfen sowjetisches Kriegsmaterial an Land gebracht wurde. Das erklärte, warum in Städten wie Barcelona die Vermittlungsversuche der amtierenden Regierung auf wenig Gegenliebe stießen. Am 13. Juli 1936 geschah dann, was die Flammen des Bürgerkrieges hell auflodern ließ:

In dieser Nacht verließen zwei Camions, besetzt mit einem Trupp spanischer Gendarmerie und Linksintellektuellen sowie Polizeioffizieren, die Pontejos-Kaserne in Madrid. Es galt, die beiden Oppositionsführer Calvo Sotelo und Gil Robles, einen eher lahmen Christdemokraten, zu inhaftieren. Haftbefehl gab es keinen, dafür aber machte der Sicherheitschef des Regimes die Mauer. Calvo Sotelo, nach dem Sturz der Monarchie zunächst ins Exil gegangen, war zurückgekehrt, als er sah, wie der liberale Ministerpräsident anscheinend krasse Akte der Kirchenverfolgung und Meuchelmorde an Regimegegnern zuließ. Wie es in der Mordnacht zuging, ist umstritten. Die einschlägigen Akten des republikanischen Innenministeriums verschwanden schon kurz nach der Mordsache. Was blieb, war die Tatsache, daß angeblich die berühmte Kommunistin La Pasionaria, ehedem eine frömmelnde Fischverkäuferin, Calvo Sotelo nach dessen letzter Rede im Parlament eine drohende Bemerkung zugerufen hat. Aber – es waren nicht Kommunisten, die Calvo Sotelo umbrachten.

Wie immer es gewesen sein mag, unumstritten ist, daß die Insassen der beiden Camions weder einen Haftbefehl bei sich hatten, als sie in die Wohnung des Gesuchten mitten in der Nacht eindrangen, noch sich um die parlamentarische Immunität des Opfers kümmerten. Der Arretierte verabschiedete sich mit den Worten, man werde ihm wahrscheinlich eine Kugel durch den Kopf jagen.

Was Sarajevo am Vorabend des Ersten Weltkrieges war, das wurde die Ermordung Calvo Sotelos zu Beginn des Spanischen Bürgerkrieges. Übrigens hat auch der 1914 ermordete Thronfolger Franz Ferdinand nach einem ersten und mißlungenen Attentat mit ähnlichen Worten wie Calvo Sotelo das auf ihn zukommende Geschehen geahnt, als er sagte, es sei ihm, als würde »man« heute (am 28. Juni 1914) noch ein paar Kugerln kriegen . . .

Noch während des Abtransports wurde Calvo Sotelo von einem Pistolero, der hinter ihm saß, mit zwei Schüssen in den Hinterkopf umgebracht. Da einige Mitglieder des Mordkommandos im Bürgerkrieg fielen, war es auch dem Franco-Regime nicht möglich, den Mord aufzuklären. Schwer zu widerlegen bleibt die Tatsache, daß der damals dem amtierenden liberalen Ministerpräsidenten zum Dienst um seine Person zugeteilte Gendarmerieoffizier in diesem Kommando war. Alles weitere vollzog sich wie 1914. Wieder standen die Formationen bereit, die entschlossen waren, ihre Sache »gegen die Anschläge des Feindes zu verteidigen«. So wie nach 1918 wird man auch nach dem Ende des Bürgerkrieges im Jahr 1939 Berge von Papier beschreiben, um den jeweiligen Feind im Bürgerkrieg vorweg aller Niederträchtigkeiten zu beschuldigen; Helden und Heldenverehrung wechselten mit dem seitherigen Systemwechsel. Eines nur kann nach allem, was seither geschehen ist, nicht bestritten werden: Der Spanische Bürgerkrieg 1936 bis 1939 war die Generalprobe für den Zweiten Weltkrieg. Das im Bürgerkrieg geprägte Freund-Feind-Verhältnis galt letzten Endes auch im Zweiten Weltkrieg.

Im Österreich der beginnenden dreißiger Jahre sahen nur wenige auf das Geschehen in Spanien. Nach dem Februar 1934 rückten Linkssozialisten zu den Roten in Spanien ein; Julius Deutsch wurde General in den Reihen der aus aller Herren Länder kommenden Verbände der »Internationalen Brigade«.

Der bulgarische Kommunist Dimitroff hatte gedacht, eine Volksfront würde jenes Trojanische Pferd werden, das vor allem im Dritten Reich Hitler »und seine Mordbande« liquidieren würde. Gerade das ereignete sich nun nicht. Das Dritte Reich erlag nicht einem Aufstand der Massen und auch nicht der Offiziersrevolte, die am 20. Juli 1944 ausbrach, sondern den konzentrischen Angriffen der jetzigen Supermächte: den USA und ihren Verbündeten im Westen, der Sowjetunion samt ihren in den eroberten Oststaaten noch während des Krieges aufgerichteten Satellitenregierungen.

Bemerkenswert bleibt in diesem Wirrwarr, daß die ersten Diktaturen der Zwischenkriegszeit nicht etwa aus der 1918 depossedierten Schicht hervorgingen und also echte Re-aktionäre im Sinne einer Reaktion auf die Exzesse des 1918 im Grund erschütterten Systems von gestern waren. Lenin war, abgesehen davon, daß er bis 1917 im alten Rußland in den Akten als Adeliger geführt wurde, bis zur Gründung seiner KPdSU (B) an der Spitze der Sozialdemokratischen Arbeiterpartei Rußlands gestanden. Auch

Mussolini war ein Sohn der Sozialdemokratischen Partei Italiens, ehe er gegen Bezahlung über Nacht vom Gegner einer Kriegsbeteiligung Italiens im Jahr 1915 zum heißen Befürworter des Kampfes gegen die Österreicher wurde. Und der polnische Diktator der Zwischenkriegszeit Pilsudski landete nach einer in Kreisen russischer Anarchisten verbrachten Jugend und als nachmals führendes Mitglied der polnischen Sozialdemokratischen Partei im Bündnis mit Hitler, also auf der in den dreißiger Jahren höchst aktuellen Plattform der Diktatoren. Es ist eine Ironie des Schicksals, daß sich Marxens prinzipiell anerkannte Methode der Diktatur in der Praxis bei den Söhnen seiner Lehre so unterschiedlich ausgewirkt hat . . .

Immerhin gibt es bemerkenswerte Unterschiede zwischen den genannten drei Diktaturen. Lenin vernichtete die Parteienwirtschaft, die sich nach dem Sturz des Zarismus in Rußland austobte, und schuf das Modell eines totalitären Regimes ohne Gnade für die Gegner. Pilsudski machte zu seiner Zeit im Polen vor 1939 dem traditionellen Parteienzwist im Land ein Ende, allerdings mit seiner Säbelherrschaft, die gewisse Relikte der Republik von 1918 intakt ließ. Mussolini war vom italienischen König zum Ministerpräsidenten ernannt worden, ehe die Masse seiner Männer bei ihrem legendären Marsch auf Rom einwaggoniert und in die Hauptstadt befördert wurde; seine Doktrin des Faschismus war nicht der Motor einer Bewegung auf dem Weg zur Machtergreifung, vielmehr ließ er nach Liquidierung des Parteienstaates in Italien das System des Faschismus zusammenbasteln. So wie in Rußland und nachher in Deutschland sowie in Spanien ging der totalen Machtergreifung Mussolinis ein seltsames Bündnis der Liberalen und der konservativen Besitzenden mit dem Regime Mussolinis voraus. Die Besitzenden im rechtsliberalen Lager Italiens, die sich anfangs mit Mussolini einließen, waren erstaunlich prominent vertreten: Da waren zum Beispiel auch der ehemalige Ministerpräsident Salandra (1914–1916) und dessen Nachfolger Orlando (1917–1919) dabei. Die Tatsache, daß Mussolini am Beginn seiner Ära beträchtliche Unterstützung auch von jüdischer Seite bekam, erhellt, daß Antisemitismus keineswegs in jedem

Fall zum Ursprung faschistischer Ideologien gehörte. Dieser Anfang währte freilich nur kurze Zeit, denn als der Generalsekretär der SPI Matteotti gegen zweifelhafte Wahlpraktiken, die zum überwältigenden Sieg Mussolinis führten, protestierte, wurde er ermordet. Dieser Mord kostete Mussolini die Unterstützung liberalkonservativer Kreise. Die unauslöschliche Erinnerung an den Matteotti-Mord drängte ihn dazu, nunmehr seine Kritiker in der eigenen Partei und unter bisherigen Parteigängern in anderen politischen Gruppen zum Schweigen zu bringen. Damit beschritt er den Weg zur Parteidiktatur des Faschismus, der im Einparteienstaat unter dem *Duce* endete.

Es macht keine Mühe, auch im Werdegang Adolf Hitlers solche Stationen zu erkennen: sein anfängliches Bündnis mit den Deutschnationalen, der Trick, mit dem er sich für das historische Ermächtigungsgesetz 1933 auch Stimmen anderer nichtsozialistischer Parteien im Reichstag sicherte, die Liquidierung des Parteienstaates und das Ende jeder innerparteilichen Diskrepanzen mit der grausamen Unterdrückung des sogenannten Röhm-Putsches 1934. Mussolini kam zeit seines Lebens vom Basteln an Parteiprogrammen und Ideologiestreitigkeiten nie ganz los; das brachte er aus der Zeit seiner politischen Einschulung in der Sozialdemokratischen Partei mit, weil die PSI, wie in allen Ländern, solche Auseinandersetzungen zur Festigung und gründlicheren Erfassung ihres Ja und Nein in der Politik brauchte. Anders Hitler: Für die Kampfzeit seiner Partei beließ er es bei dem von ihm 1921 höchst eigenmächtig proklamierten Parteiprogramm und dessen klassisch gewordener Kommentierung durch Gottfried Feder. Sobald er vollends an der Macht war, entledigte er sich nicht nur des lästig gewordenen Kommentators, er redete selbst nur mehr selten von seinem Programm, und jeder Versuch einer Programmdiskussion in der Ära des Führers und Reichskanzlers wurde für die Interessenten an solchen an sich heilsamen Polemiken lebensgefährlich.

Der Faschismus wurde für das »Dollfuß-Österreich« das Schicksal. Nicht etwa deswegen, weil der Kanzler seine Staatsidee von 1934 auf der Doktrin des Faschismus aufgebaut hätte. Er selbst hat das Wort »Faschismus« nicht in den Mund genommen, wenn er sein Programm erläuterte, und bis zu seinem Tod im Jahr 1934 überließ er es Starhemberg, im Duce eine vage Hoffnung zu nähren, daß die Faschisierung in Österreich auf gutem Weg sei. Der Abstand der kirchlichen Soziallehre vom Faschismus war für Dollfuß mindestens so groß wie der zum Marxismus. Es gibt kaum eine größere Verschiedenheit als die zwischen der aus dem Klassenkampf hervorgehenden klassenlosen Gesellschaft und der berufsständischen Ordnung – deren bester Teil in der Sozialpartnerschaft der Zweiten Republik ohne viel Polemiken *via facti* Eingang gefunden hat.

Die grundlegenden *leggi fascistisimi* von 1925/26 beruhten keineswegs auf einer fertigen Parteiideologie, vielmehr waren sie im Grund das Ergebnis der Arbeit von Mussolinis Justizminister Amilcare Rossi; sie sind also nicht aus dem Substrat innerparteilicher Grundsatzdiskussionen hervorgegangen. Es soll nicht vergessen werden, daß der Mord an Matteotti, der dieser Gesetzgebung vorausging, auch der Abschluß wechselvoller Bemühungen des späteren Duce war, mit den Sozialdemokraten einen »Waffenstillstand« zu erzielen. Der Einparteienstaat war nicht im Gründungsgedanken des italienischen Faschismus enthalten. Die Partei entwickelte sich, anders als in Deutschland, erst in Anlehnung an die Macht im Staate, sie trat nicht mit einem unabänderlichen Parteiprogramm in die Geschichte ein.

Erst als alle Brücken zu denkbaren Parteigängern abgebrochen waren, entwickelte sich eine legitimierende Staatsidee, deren Anfang ein Netz von Verneinungen und Verboten war, das über das ganze Leben im Land gebreitet wurde. So die Abschaffung jener individuellen Grundrechtsgarantien, die im 19. Jahrhundert der Stolz in der nationalen Revolution der Italiener im Kampf gegen das Habsburgerreich gewesen sind. Dem folgte die Beseitigung der Teilung der Gewalten, das Verbot von politischen Parteien, die Abschaffung des Versammlungs- und Vereinsrechtes, und darüber türmten sich die Folgen der Aufhebung der Pressefreiheit, schließlich die Überwachung aller Vorgänge zur Bildung einer öffentlichen Meinung, also die Meinungsbildung von oben her. Dazu kam die Einrichtung von Sondergerichten zur Unterdrückung antifaschistischer Tendenzen und die Wiedereinführung der Todesstrafe. Erst nachher wurde ein Netz von *Organisationen* geschaffen, die das Leben jedes Italieners in Beruf und Freizeit, Jugend und Leibeserziehung (als Teil der vormilitärischen Erziehung) ausrichten sollten. An diesem Punkt entstand der nie beendete Konflikt mit der katholischen Kirche, die ihren Anspruch auf katholische Jugend- und Standesorganisationen nicht preisgeben wollte. *Je weiter diese Entwicklung ihren Lauf nahm, desto mehr verstummte die Frage nach der Legitimität der neuen Ordnung.* Aber aus dem Ganzen wurde, im Gegensatz zum bolschewistischen System, *kein totaler Staat.* Der Duce war zwar klug genug, derlei seinen Faschisten in Kundgebungen vorzutäuschen, im übrigen war er bemüht, gewisse Kraftzentren inmitten seines Systems möglichst konfliktfrei zu respektieren und Konfrontationen aus der Welt zu schaffen: Da war der Respektsabstand zur traditionellen Stellung der katholischen Kirche, der Respekt vor der Majestät des Königs, der unantastbare Ruhm des Heeres und – die traditionelle Stellung der Juden. Gerade das Laissez faire des Duce in diesen Belangen hat Hitler stets beanstandet und in seinen Tischgesprächen als eine Serie von Gefahrenherden für den Faschismus hingestellt. Und das nicht zu Unrecht, wie sich 1943 ergeben hat.

Aber der Respekt vor dem Katholizismus hatte seine Grenzen. Nicht nur die klerikale Partei verfiel der Unterdrückung, ihre Führer, oft noch immer Geistliche, taten gut, ins Ausland zu flüchten; es waren vor allem die katholischen Gewerkschaften, die dem Duce genauso ein Dorn im Auge waren wie die sozialistischen und die kommunistischen. Die Arbeiter fanden sich in den faschistischen *sindicati* lange Jahre ab; mit der Carta del Lavoro wurden 22 Kooperationen eingerichtet, deren Macht darauf beruhte, daß ihnen die auch in gewissen Demokratien übliche Schlichtung in Arbeits- und Lohnkonflikten zustand. Der versuchte Eingriff in die kapitalistische Wirtschaftsordnung kam zu einem Stillstand, als auch Italien von der Weltwirtschaftskrise des Jahres 1929 überschwemmt wurde. Trotz allem war die Wucht der im Klassenkampf üblichen Auseinandersetzungen nicht nur zwangsweise gebremst. Breite Zustimmung bekam der Duce in seiner guten Zeit für den Ausbau der Sozial- und Arbeitslosenversicherung. Bei der Freizeitgestaltung wurde die Opera Nazionale Dopolavore ein Modell, das in manchen anderen Ländern auch nach 1945 noch nicht zu der unter dem Duce bestandenen Effizienz geraten ist. Die Opera Maternità e Infanzia war nicht einfach die Rückverweisung der Frau in Kirche, Küche und Kinderstube oder als Mutterschaft künftiger Rekruten gedacht. Man muß die einschlägigen Mangelzustände im Süditalien nach 1945 erlebt haben, um zu wissen, was hierin unter dem Duce geschaffen wurde. Langsam verebbte der Blutgeruch der Kampfzeit der frühen zwanziger Jahre; der Mißmut in Kreisen der Besitzenden und der Intelligenz bewies, daß es im faschistischen Italien gelungen war, die beschämende Distanz zwischen Besitzlosen und Besitzenden, die der Wirtschaftsliberalismus auch in Italien hinterlassen hatte, erheblich zu verringern. Und es gab eine Partei, deren Abzeichen zu besitzen Sucht aller jener war, die möglichst ungeschoren und unbelästigt leben wollten unter dem Faschismus. Der Partito Nazionale Fascista, der zuletzt, vor dem Zusammenbruch des Systems im Kriegsjahr 1943, 4,75 Millionen Mitglieder hatte, hielt überhaupt keinen Vergleich mit der NSDAP aus. Daß damit verbunden Elitebildung eher mißlungen ist, beweist die Tatsache, daß nach dem Sturz Mussolinis am 25. Juli (!) 1943 die Partei über Nacht zu Staub wurde; jene Unbedingten abgerechnet, für die es in einer nachfaschistischen Ära überhaupt keine Chance gab und die in der deutschen Besatzungszone Norditaliens als Republik von Salò dachten, den Rückgriff auf frühere sozialistische und republikanische Ideale zu tätigen. Was von all dem in Österreich Gerede wurde und womit sich das »Dollfuß-Österreich« im Detail vom Experiment Mussolinis unterschied, wird noch zu sagen sein. Zu beachten ist, daß die Begegnungen Dollfuß' mit Mussolini Jahre vor dem Zusammengehen des letzteren mit Adolf Hitler stattfanden. Im Italien, dem 1935/36 die Eroberung Abessiniens gelang und das der uralten Dynastie Savoyen den fragwürdigen Titel eines Kaisers von Abessinien angehängt hat, änderte sich der Gang der Geschichte des faschistischen

Italien. Die letzten zehn Jahre standen unter einem Stern, den der Duce selbst zuletzt als Unglücksstern bezeichnet hat. Wäre der Duce dem Wunsch und der Hoffnung der demokratischen Großmächte gefolgt, wäre es in Europa anders gekommen.
Der Abessinienkrieg zerstörte die Phalanx der Siegermächte von 1918 vollends. Es ist keine Übertreibung zu sagen, daß dieser Krieg für Österreich verderbliche Folgen hatte. 1935 trafen sich noch einmal im norditalienischen Stresa die Regierungschefs Großbritanniens, Frankreichs und Italiens. Sie standen unter dem Eindruck der Expansionspolitik Hitlers, konkret schreckte sie alle die Wiedereinführung der allgemeinen Wehrpflicht, die dem Deutschen Reich 1919 in Versailles untersagt worden war. Man war sich über weitere Stoßrichtungen der Außenpolitik Hitlers ziemlich im klaren: Zuerst die Remilitarisierung des Rheinlandes, die ebenfalls 1919 den Deutschen untersagt worden war, und nachher ein möglicher Angriff auf die Unabhängigkeit Österreichs. Stresa war ein auf Sand gebautes Abkommen. Noch im selben Jahr überfiel das faschistische Italien einen Mitgliedstaat des Völkerbundes, nämlich das Kaiserreich Äthiopien, und der dortige Krieg war noch nicht zu Ende, als sich der Duce bereits – *über Österreich hinweg* – mit Hitler einigte. Rückhalt dafür bekam Hitler in diesem Moment ausgerechnet von Großbritannien, dessen Regierung noch jahrelang eine heute erstaunliche Verständnisbereitschaft für die Politik Hitlers bewies und hierin auch angesichts der Zustände, wie sie im Reich nach dem 30. Juni 1934 erkennbar wurden, nicht mehr als Jugendsünden einer revolutionären Erneuerungsbewegung der Deutschen erblicken wollte. Niemand ahnte um 1935 in Österreich, als es langsam bergauf ging bei der Verbesserung der materiellen Zustände, daß in Abessinien auch das Los Österreichs entschieden wurde.
Die Männer in der HW freuten sich zuweilen über die Schläge, welche die Armee des Duce in diesem Krieg erlitt. Hitler hätte sich angesichts der in diesem Krieg von italienischen Truppen und Führern bewiesenen mäßigen Qualitäten warnen lassen müssen. Das aber tat er in der gänzlichen Vereinsamung, in die das Reich 1936 auf dem Kontinent geriet, nicht. Daß sich in diesem Konflikt

der Genfer Völkerbund den Keim seiner Todeskrankheit holte, wurde vielerorts deswegen nicht extra registriert, weil für einige Staatskanzleien Genf längst nur noch ein Gesprächsforum, aber kein Machtfaktor mehr war. Immerhin raffte man sich in Genf nach einem dramatischen Auftritt des Kaisers von Äthiopien noch einmal auf und verhängte Sanktionen gegen Italien. Der Duce beantwortete derlei mit dem Austritt Italiens aus dem Völkerbund und wurde damit neben dem Deutschen Reich prominentes Mitglied im Klub derer, für die der Völkerbund entbehrlich war. Für die Sowjetunion war 1940, als sie nach dem Überfall auf Finnland aus dem Völkerbund ausgestoßen wurde, der Ausschluß aus dem Völkerbund ohne Belang. Es gab eine leicht verletzbare Stelle in der Strategie Italiens während des abessinischen Krieges: Denn es lag in der Macht Londons, den Suezkanal für den Nachschub an die italienische Front in Ostafrika zu sperren. Eden, wie stets ohne Entschiedenheit bei der Teilnahme an der Weltpolitik einer noch bestehenden Großmacht, vermied diese Weiterung; sie hätte London in einen Frontalzusammenstoß mit Paris gebracht, wo der später eher berüchtigte Ministerpräsident Laval seinen mit Italien eingegangenen Bündnisverpflichtungen gerecht wurde. Bei allem ferneren Mißtrauen Londons gegenüber der Politik des Duce wollte Eden nicht um eines afrikanischen Kaiserreiches willen die unentbehrliche *Entente mit Frankreich* zu sehr belasten. Die Wiener Kabarettisten erklärten ihrem Publikum mit einer Chansonstrophe, wo das Problem lag. Die Melodie lieferte ein damaliger Schlager, der von einem alten Schimmel handelte, den sein Herr mit dem üblichen Hüaho antrieb:
»Hüaho Mussolini, hüaho / Abessinien ist ein weites Hochplateau / Sperrt der Eden den Kanal / Bleibt noch immer der Laval (für den Duce) / Hüaho Mussolini, hüaho . . .«
Nach 1945 hat man den Kämpfern der Achsenmächte vieles nicht vergessen. Dem Eroberer von Addis Abeba, General Pietro Badoglio, der nach dem Sturz Mussolinis im Sommer 1943 vom König zu dessen Nachfolger ernannt wurde, verdankten die Sieger von 1945 den damaligen Bruch der Achse Berlin–Rom. Nach 1945 legten die Sieger aber diesem für sie so rührigen Ministerprä-

sidenten nicht etwa zur Last, daß er nach seinem Sieg im Abessinienkrieg zum Marschall ernannt und mit dem Titel Herzog von Addis Abeba (!) ausgezeichnet worden war; vielmehr kam auf, daß Badoglio seinen Verrat an den Deutschen so lange hinausgezögert hatte, bis diese in Italien eine neue Front aufbauen konnten und er selbst eine Machtergreifung der Kommunisten in seinem Gebiet verhindern konnte. Das aber widersprach der Politik jener in den Staatskanzleien von Washington und London, die wie in Jugoslawien auf die Kommunisten setzten und nun zornerfüllt mitansehen mußten, wie letztere von der gedachten einflußreichen Teilnahme an der Macht im Italien nach Mussolini ausgeschlossen blieben. Man hat davon aber gelernt, und 1944/45 wurde im befreiten Frankreich so Regie geführt, daß die Kommunisten als die Träger der Résistance nur im Gefolge de Gaulles an die Macht kamen. So ist es geschehen, daß im ehedem faschistischen Italien nicht jenes von den Kommunisten angerichtete Blutbad stattfand, das sich nach 1944 in Frankreich ereignete und das 40000 Franzosen, keineswegs durchaus Kollaborateure, sondern vielfach Gegner des Kommunismus, das Leben kostete.
Es war ein weiter Sprung, den der Duce ahnte, als er 1933 den Briefwechsel mit Dollfuß begann, und der damit endete, daß Mussolini im März 1938 den Österreichern kalt ins Gesicht sagte, es wäre eine Dummheit gewesen, sich nach Berchtesgaden doch noch einmal gegen Hitler zur Wehr zu setzen. Wie sehr aber damals längst alle Brückenpfeiler, die der Duce zur Faschisierung Österreichs nach 1933 gesetzt hatte, vermorscht waren, zeigt das Ende der HW im Jahr 1936 an.
Am 13. März (!) 1936 richtete Starhemberg, der damalige Vizekanzler im Kabinett Schuschnigg, ein Telegramm an den Duce, in dem er diesem zur Eroberung von Addis Abeba durch italienische Truppen gratulierte. Da war von dem Bewußtsein einer faschistischen Verbundenheit Starhembergs mit dem Schicksal Italiens die Rede. Von einem ruhmvollen, herrlichen Sieg der italienischen Waffen über die Barbarei. Gleichzeitig von einem Sieg des faschistischen Geistes über demokratische Unehrlichkeit und Heuchelei. Und das, so Starhemberg, freue jene, die in Österreich für den

faschistischen Gedanken kämpfen, sehr. Der Text steigerte sich in der Erwartung des Sieges des faschistischen Gedankens in der *Welt*. Immerhin war es ein Telegramm, das der Führer der einzigen zur politischen Willensbildung berufenen Organisation in Österreich, also der Vaterländischen Front (VF), an den Duce richtete.

Man muß Starhemberg zugute halten, daß er seit seinem Einschwenken auf die 1933 von Dollfuß aufgerichtete Abwehrfront gegen den Nationalsozialismus nie ein Hehl aus den Gedanken gemacht hat, die sich im Text dieses umstrittenen Glückwunschtelegramms finden. Und Starhemberg schied sich bei diesem Akt deutlich von irgendwelchen amtlichen Stellen ab; das Telegramm wurde nicht von der amtlichen Nachrichtenstelle der Regierung publiziert, sondern von der Pressestelle der HW. Weder der Kanzler noch der Außenminister, es war dies damals just der HW-Angehörige Berger-Waldenegg, erfuhren vor der Absendung des Telegramms irgend etwas von dem beabsichtigten demonstrativen Hervortreten Starhembergs. Um 23 Uhr wurde das Telegramm aufgegeben, prompt erfolgte am nächsten Morgen ein geharnischter Protest des englischen Gesandten in Wien. Die momentane Distanz, die in jenen Tagen zwischen Paris und London wegen der unterschiedlichen Haltung im Abessinienkonflikt entstanden war, kam darin zum Ausdruck, daß Paris, das sonst kaum einen Anlaß versäumte, um sich in die Außenpolitik Österreichs einzumischen, diesmal London einen Alleingang in Wien überließ. Es bedurfte aber keiner Anstöße von außen her, um nach diesem Eklat die Stellung Starhembergs in der Bundesregierung unmöglich zu machen. Der Konflikt zwischen dem Vizekanzler und seinem Bundeskanzler schwelte nämlich schon seit Wochen.

Im April 1936 hatte der damalige Generalsekretär der VF, Oberst a. D. Adam, ein Rücktrittsgesuch eingereicht. Das ging an sich den Frontführer an. Der aber zögerte, diesem Wunsch, der eher ein Angriff auf seine Äußerungen auf einer HW-Kundgebung war, stattzugeben. Die Ansicht des Generalsekretärs war ebenso verständlich, wie besagte Redeäußerungen des Front- und HW-

Führers Starhemberg unverständlich waren. Denn der HW-Führer verlangte sozusagen vom Frontführer, daß die HW neben einer *Wehrformation* auch eine *politische* bleiben sollte; das nun widersprach dem Status der VF, die alleinige Trägerin der politischen Willensbildung in Österreich und dazu von Gesetzes wegen berufen war. Und der Frontführer rief die HW zur *Eroberung der VF* auf, wenngleich die VF quasi fest in der Hand des HW-Führers war und es sohin an ihm lag, innerhalb der VF die HW mehr zur Geltung zu bringen.

Hierher gehört die Feststellung, wonach die meisten HW-Führer, die nicht in der VF berufstätig waren, keineswegs viele Ambitionen für eine politische Karriere in der VF zeigten; ihnen genügten die Pressionsmittel, die der HW seit den Zeiten Dollfuß' ohnedies in den höchsten Entscheidungsgremien des Regimes zustanden. Und die Marschierer hielten von der langsamen Schrittes daherkommenden VF wenig.

Ganz unmöglich war es aber, daß Starhemberg mit dem Wunsch durchdrang, der politische Kurs in Österreich sollte der *faschistischen Gedankenwelt* entspringen, ohne daß dabei das italienische Muster übernommen wird. Und der Wunsch des Bundesführers der HW, wonach die HW eine selbständige bewaffnete Formation bleiben sollte, stimmte nicht mehr mit dem ziemlich weit gediehenen Vorhaben überein, das auf die Ablösung der Wehrverbände durch eine alle umfassende vaterländische *Miliz*, die ein rein militärisches Gepräge haben und eher dem Heer zugeordnet werden sollte, hinzielte.

Deutlicher als durch seine Demission konnte Oberst Adam seinen Konflikt mit seinem Frontführer nicht sichtbar machen. Oberst Adam litt als Generalsekretär der VF seit langem unter den Ansprüchen, die aus Kreisen der HW kamen, ebenso wie unter der Verärgerung, die unter den Urmitgliedern der VF herrschte, weil sie sich als die Männer der ersten Stunde von den erst spät und dann auch noch kumulativ der VF beigetretenen HW-Mitgliedern bedrängt fühlten.

Der Protestschritt des englischen Gesandten löste eine Entwicklung aus, deren Spätfolgen niemand ahnte. Der Kanzler glaubte

den »Fauxpas« des HW-Führers nur dadurch reparieren zu können, indem er die Gesamtdemission der Regierung bekanntgab. In der nachfolgenden Regierung übernahm er das bisher der HW zugestandene Ressort des Äußeren, Vizekanzler wurde der Bundesführerstellvertreter der HW, Baron Baar-Baarenfels. Die Bonhomie Baars war als Versuch gedacht, den Bruch mit dem Bundesführer der HW nicht zu tragisch verlaufen zu lassen. Im Prinzip dachte Baar nicht anders als Starhemberg, und beide sowie unzählige Männer der HW waren damals überzeugt, daß es höchste Zeit war, den Schwarzen die Regierung aus der Hand zu nehmen. Im neuen Kabinett schien als Staatssekretär im Außenressort der bisherige Vizedirektor der Präsidentschaftskanzlei Guido Schmidt auf. Der Kanzler schätzte die Intelligenz seines Helfers bei der Besorgung der Geschäfte im Auswärtigen. Niemand konnte ahnen, daß Schmidt eine der Schlüsselfiguren des Geschehens vom 11. März 1938 werden sollte.
Die HW zerfiel 1936 nicht dermaßen zu Staub wie die Faschistische Partei nach dem Sturz des Duce am 25. Juli 1943. Die Männer in der Doppelreihe waren es müde, daß sich in den höchsten Gremien der HW die Führerstreitigkeiten zu einem geradezu mörderischen Konflikt zwischen Starhemberg und Fey zuspitzten. Es war eine jener finsteren Stunden, in denen die Konventikel der Kurbler stets eifrig am Werk sind. Vom Landesführerstellvertreter der WHW, Major a. D. Fritz Lahr, gab es ein Papier, das mit selbstzerstörerischer Offenheit desolate Zustände in der Führung der HW aufdeckte. Starhemberg bezichtigte Lahr einer »vielfach bewiesenen Unfähigkeit«. Dazu kam, daß in der HW ein interner Putsch gegen die Bundesführung angezettelt wurde; statt Starhemberg sollte Fey Bundesführer sein. Der Bundesführer schloß Lahr und Fey aus.
Die Todeskrankheit der HW zog sich auch nach der Schaffung der Miliz wochenlang hin. Es war für die alten Marschierer eine beschämende Zeit. Endlich berief der Major a. D. Richard Gredler, ein in Krieg und Frieden bewährter Techniker und Kommandant einer der besten HW-Formationen in Niederösterreich, eine Tagung nach Wiener Neustadt ein, zu welcher er Starhemberg als

Redner bat. Die dort gehaltene Stegreifrede liegt im korrekten Wortlaut vor. Sie endete mit dem Satz:
»Auf Wiedersehen, und wenn es sein muß – in Wöllersdorf!«
Wie es dazu kam und was alles darauf folgte, das wird noch zu erzählen sein. Übrigens: Mussolini nahm den Sturz Starhembergs mit seltsamer Gelassenheit hin und richtete sich sogleich auf den gewohnten Kontakt mit dessen Nachfolger als Frontführer und nunmehrigem alleinigem Verantwortlichen an der Spitze der Verwaltung, des Heeres und der VF sowie einiger Ministerien ein.

Der Reserveoffizier aus der Provinz

Dollfuß zwischen Rot und Braun

Einen Reserveoffizier aus der Provinz hat in der Zweiten Republik der geistreiche Chefredakteur der »Arbeiter-Zeitung«, Oscar Pollak, den als Staatsvertragskanzler angesehenen Bundeskanzler Julius Raab genannt. Für den oberflächlichen Zeitungsleser war das eine in der Sache zutreffende Feststellung, hinter der er keine Bosheit vermuten konnte. Raab stammte aus St. Pölten, also aus einer Stadt in der Provinz, wie man bis unlängst noch zuweilen sagte, und ein Provinzler war für Intellektuelle schon immer eine Type, an der man seine Sottisen auslassen konnte. Und Raab war im Ersten Weltkrieg hochdekorierter Oberleutnant der Reserve. Als Oscar Pollak diese Zeilen schrieb, wußten die wenigsten, daß die Armee, die im Ersten Weltkrieg vier Jahre standhielt gegen die Angriffe aller Großmächte (das Deutsche Reich ausgenommen), nach dem Ausfall eines großen Teils der *Berufsoffiziere* von Offizieren der *Reserve* geführt wurde. Aber im Urteil des Chefredakteurs steckten zwei Nadelspitzen: Provinz, also eine Herausforderung für die Intelligenz des Landes. Und Reserveoffizier, also kein Soldat von Berufs wegen, sondern nur zweite Wahl nach Ausfall der ersten Wahl und daher eben nur zweite Qualität.
Einen solchen Provinzler im Sinne Oscar Pollaks ernannte am 10. Mai 1932 der amtierende Bundespräsident Wilhelm Miklas zum Bundeskanzler: Er hieß Engelbert Dollfuß. Der Vorgänger Karl Buresch, langjähriger Landeshauptmann von Niederösterreich, zählte zu den Schwarzen in Niederösterreich, die es nach Ansicht der HW zuviel mit den Roten hielten. Ehe Buresch im Frühjahr demissionierte, versuchte er noch einmal, wie zu Beginn seiner Tätigkeit am Ballhausplatz, mit den Roten auch auf Bun-

desebene jenes Zusammengehen, das Schwarze und Rote in der Herrengasse, also im niederösterreichischen Landhaus, eigentlich recht gut zuwege gebracht hatten. Aber die Roten lehnten das Gambit, das im Falle ihrer Regierungsbeteiligung den Schwarzen einige Ministerposten gekostet hätte, ab. Der alten Lueger-Partei war das Stahlbad, das ihr die HW in den zwanziger Jahren bereitet hatte, nicht gut bekommen. Ihr gingen die jüngeren Jahrgänge ab, die lieber auf die Reden der HW-Führer hörten als auf Mahnungen erfahrungsreicher Christlichsozialer, die zum Teil noch aus der Zeit vor 1914 stammten. Mit anderen Worten: Die SDAPÖ durfte zu Beginn der dreißiger Jahre hoffen, daß die Christlichsoziale Partei, die sie im Jahr 1920 im Nationalrat auf die Bänke der Opposition verwiesen hatte, in absehbarer Zeit in sich zerfallen werde; daß die HW keine Gefahr einer Bewegung auf Dauer bot und daß nach derlei Zersetzungserscheinungen im sogenannten bürgerlichen Lager der SDAPÖ die Führungsrolle im Staat mit fast automatischer Sicherheit zufallen würde.
Buresch scheiterte mit seinem Bemühen und mußte sich im eigenen Lager noch mit dem Spott der Jungen abfinden, daß ihm recht geschehe mit seiner Packelei mit den Roten. Auch Dollfuß versuchte bei Übernahme der Kanzlerschaft ein Gespräch mit der Linken zustande zu bringen. Was heute unglaublich zu sein scheint, ist die Tatsache, daß der frühere Landwirtschaftsminister gute Beziehungen zu den Sozialdemokraten hatte, die erst später durch die dramatischen Ereignisse zerstört wurden. Aber dieses »Brückerl« war natürlich zuwenig tragfähig, um es mit der schweren Last einer Regierungsbildung in den windigen Zeiten am Anfang der dreißiger Jahre zu testen. In der Zweiten Republik hat der damalige Vorsitzende der SPÖ und spätere Bundespräsident Adolf Schärf allen Ernstes behauptet, Dollfuß sei nach dem Umsturz sogar eher ein Parteigänger der damaligen Sozialdemokratie gewesen. Aber damals waren die Zustände in einer österreichischen Verbindung des CV noch nicht so wie heute, wo es ohne weiteres möglich ist, daß ein Aktiver oder ein Alter Herr einer solchen Verbindung Wähler oder auch Parteigänger und Mitarbeiter in der SPÖ wird. Aus dem Lebenslauf von Dollfuß ergibt

sich, daß er gerade in der von Schärf ins Auge gefaßten Zeit alles andere betrieb als eine Parteigängerschaft bei den Sozialdemokraten.
Übrigens: Nicht nur Jahre nach seinem Tod im Jahr 1934, sondern auch zur Zeit seiner Tätigkeit als Minister und Bundeskanzler stieß Dollfuß im *eigenen Lager* nicht überall auf einen Willkommensgruß. Er war nach Herkunft und Anschauung doch ganz anders geartet als die nach 1920 von der alten Lueger-Partei gestellten Regierungschefs: Er war weder ein Universitätsprofessor noch ein Priesterpolitiker wie Seipel, kein Industriefachmann wie Streeruwitz, kein langjähriger Heeresminister und Parteipolitiker wie Vaugoin, kein renommierter Landeshauptmann wie Ender und auch kein Rechtsanwalt von Format und langjähriger Landeshauptmann wie Buresch. Er hatte sich nicht im Gemeinderat, im Landtag oder im Nationalrat hinaufgedient, er war Agrarfachmann, allerdings ohne den eingeschränkten Horizont eines sogenannten Fachpolitikers zu haben. Dollfuß war das, was viele Junge erwarteten, die bald auf ihn schworen: Er war ganz anders als die ehrenwerten Politiker, die vor ihm Regierungschef eines Staates waren, den in der um 1930 bestehenden Struktur weder die Roten noch die Braunen wollten; und er trat ein Amt an, zu dem sich im Jahr 1932 weder die Senkrechtstarter noch die erfahrenen Politiker seiner Partei drängten. Er übernahm, wie man beim Militär sagte, ein Himmelfahrtskommando.
Viele sagten damals im Zweiunddreißigerjahr: »Dollfuß? Kenn' ich nicht.« Man kannte und schätzte ihn in Fachkreisen, wo seine Herkunft aus dem bäuerlichen Milieu ihn damals noch davor bewahrte, etwa ein Intellektueller zu sein, also ein Gebildeter, der seines Wissens nicht Herr wird. Der gewesene sogenannte Pfaffenlehrbub – hiervon wird noch die Rede sein – hatte einen Makel an sich, der sonst gerade in fortschrittlich denkenden Kreisen keineswegs als solcher gewertet wurde: Er war das ledige Kind einer Bäuerin im Niederösterreichischen.
Man kann sich denken, daß bei seinem Einzug ins Bundeskanzleramt sowohl in besseren Kreisen als auch bei politischen Gegnern ein eifriges Suchen nach dem natürlichen Vater einsetzte. Der

Tratsch hat denn auch eine Menge von Versionen hervorgebracht, je nachdem, was der Makel war, den man dem Kanzler anhängen wollte. Bei den Roten und allen Antiklerikalen tippte man auf einen Pfarrer, so nannte man damals einen Geistlichen, auch wenn er nicht Pfarrherr an Ort war. Solche Perspektiven ins Pfäffische zogen auch dort, wo man sonst den Makel der unehelichen Geburt nicht bemängelt hat, weil das nur ein Ausdruck reaktionärer Gesinnung gewesen wäre. Und da war der Tratsch von einem womöglich üblen Anonymus. Und doch war es eine Liebesgeschichte im Dorf gewesen. Eine nicht unbegüterte Bauerntochter verliebte sich in einen Unbegüterten namens Josef Wenninger, einen Tagwerker. Die Familie Dollfuß war seit 1588 in der Umgebung des Ortes Texing im Niederösterreichischen ansässig. Den Eltern der Kindesmutter sagte der Tagwerker nicht zu. Die Tochter heiratete den Bauern Leopold Schmutz und zog auf dessen Hof. Der Engelbert gehörte zur Familie, denn er bekam bald Geschwister. Man muß das Bild von der Trauerfeier nach dem Tod des Kanzlers betrachten: Da sieht man Bauersleut', wie sie damals noch bei festlichen Anlässen auftraten; ohne den städtischen Schimmer, die Mutter unter dem schwarzen Kopftuch, beide Elternteile in Schwarz, eben in jenem G'wand, das man bei Taufen und Firmungen, Hochzeiten und Begräbnissen trug und das noch manchmal der Sohn vom Vater erbte . . .

Das war eine Welt, die es heute nicht mehr gibt. In ihr wuchs Engelbert auf. Er besuchte eine Landschule, in welcher der Unterricht für alle Kinder des Dorfes in einem Klassenraum gehalten wurde, eine jener unersetzlichen Stätten der Bewährung pädagogischen Geschicks, das keine Akademie und keine Hochschule eintrichtern kann. Aber Dollfuß selbst mußte den Preis für die Quantität des Lehrerfolges tragen; dieser hätte für einen Bauern gereicht, er reichte nicht für die erste Klasse des klerikalen Knabenseminars in (Ober-)Hollabrunn. Daß Engelbert gleich in der ersten Klasse sitzenblieb, war später ein köstliches Thema für seine intellektuellen Kritiker. Für ihn selbst war es die Komplettierung des aus dem Dorf mitgebrachten Wissens, und so konnte er die acht Klassen eines Gymnasiums anstandslos hinter sich brin-

gen. Ehemalige Vorzugsschüler bekommen von Biographen in den meisten Fällen keine gute Nachrede. Ein sogenannter Vorzugist, wie man damals sagte, war der Dollfuß nicht. Er war nie ein Senkrechtstarter, wie man heute sagt. Das Leben stellte ihm viele Hindernisse in den Weg; sie zu bewältigen machte in seinem Fall tatsächlich die Schule des Lebens aus.
In der Nachrede war das von einem üblen Klerikalismus erfüllte fürsterzbischöfliche Knabenseminar die Brutstätte dessen, was nachher im »System« hoch hinaufkam. Für die Klassenkameraden des kleinen Engelbert – bei klein im Sinne von Körpergröße blieb es ja – war Dollfuß immer einer jener Jugendfreunde, die auch später von Schulfreunden geschätzt wurden, die in ganz andere Lebensgleise gerieten als Dollfuß. Denn – nicht alle Pfaffenlehrbuben sind ja Pfarrer geworden. So geschah es auch im Falle Dollfuß. 1913 trat er in Wien ins Priesterseminar ein. Er bezog die Theologische Fakultät der Alma Mater Rudolphina. Schon im zweiten Monat seines Hochschulstudiums, am 6. November 1913, tat er einen entscheidenen Schritt: Er trat der katholischen Studentenverbindung »Franco-Bavaria« bei. Es war dies eine der katholischen Verbindungen, die im Sturmjahr 1908 gegründet wurden und denen der Rektor den Aufzug in Farben an der Universität versagen mußte, weil sonst der Waffenring der nationalen und die liberalen Verbindungen den akademischen Boden jeden Samstag zur Kampfstätte gemacht hätten. Mit anderen Worten: Ein Angehöriger einer Wiener Verbindung des CV war nicht »in«. Nicht im Falle einer Staatsanstellung, weil die Präsidien der Behörden noch von Nachhuten gestriger Eliten besetzt waren. Nicht in der Armee, wo ein sogenannter Kathole, der bei Ehrenhändeln die Genugtuung mit der Waffe aus religiösen Gründen ablehnte, jede Qualifizierung zum Offizier oder die bereits erworbene Charge verlor.
Das letzte Friedensjahr war für Dollfuß das Jahr einer Lebenskrise. Er tat einen Schritt, den ihm sein Stiefvater übelnahm, er trat nämlich aus dem Priesterseminar aus. Für den ganzen Vorgang ist der Satz bezeichnend, den einer seiner damaligen Bundesbrüder im Gedächtnis behalten hat:

»Ich möchte lieber ein guter Christ bleiben, als ein schlechter Priester werden.«
Im Dorf, daheim, war das kein Argument. Wer ein guter oder ein schlechter Priester war, darüber hat damals nicht der werdende Priester oder seine geistlichen Vorgesetzten entschieden, sondern das Kirchenvolk. Und diese Beurteilungen fielen noch ganz anders aus als heutzutage, da andere Kriterien gelten. Es war gut, daß sich die Schwiegereltern seines späteren Leibfuchsen Ludwig Strobl des nunmehrigen Jusstudenten annahmen und Dollfuß in Wien, zumal in der Franco-Bavaria, festen Fuß fassen konnte. Er starb 1934 als Altherren-Senior seiner Verbindung, und kein noch so hohes Amt hat ihn gehindert, daß er im Freundschaftsbund seiner Jugend das suchte und immer wieder fand, was ihn am Vorabend des großen Krieges bewog, dem Bund beizutreten. In der Couleur seiner Verbindung machte er auch den Abschiedsbesuch beim Rektor des Alumnats, der ihn mit einem väterlichen Segensgruß entließ. Entließ in eine Welt, die bald hellauf in Flammen stand.
Selbstverständlich gehörte Dollfuß 1914 zu jenen Begeisterten, die in allen am Krieg beteiligten Ländern zu den Fahnen eilten, wie in den Zeitungen zu lesen stand. Für Dollfuß war das kein billiger Spruch. Doch ihm trat ein Hindernis entgegen, das manchen anderen klein geratenen Studenten dazu gebracht hätte, aufs Stahlbad zu verzichten und in der Heimat den Doktor zu machen. Dollfuß, seit Beginn seines Hochschulstudiums in Wien polizeilich gemeldet, meldete sich nach Kriegsausbruch beim dortigen Ergänzungsbezirkskommando als Einjährigfreiwilliger. Der amtierende Regimentsarzt brauchte erst gar nicht auf das von einem Unteroffizier ermittelte Ergebnis beim Messen der Körpergröße zu warten. Er sah den Bewerber und wies ihn ab. Gefordert war damals beim Militär eine Körpergröße von 155 Zentimeter. Dollfuß maß aber nur 152 Zentimeter. Er hätte eventuell die Chance gehabt, als Schreiber oder Schneider einzurücken, denn für diese im Vierzehnerjahr noch mäßig geschätzte Verwendung wurde punkto Körpergröße Nachsicht gewährt. Dieses Angebot lehnte Dollfuß ab. Der Arzt entließ ihn mit dem Wunsch, er möge bis

zum nächsten Mal *wachsen.* Dollfuß gab nicht auf. Vielmehr versuchte er es bei dem für seinen Heimatort zuständigen Ergänzungskommando in St. Pölten. Der Zufall wollte es, daß er an den Arzt geriet, der ihn in Wien für untauglich arbitriert hatte. Dollfuß stellte sich unter dem Maßstab auf die Zehen und – wurde tauglich befunden. Als *Seiner Majestät kleinster Kadett* meldete er sich mit einem Foto bei Verwandten und Bekannten ab, nunmehr schon in der Uniform der Tiroler Landes-Schützen, später Kaiserschützen, einem der Eliteregimenter der alten Armee. Die Offizierskappe dieser Truppe war, wie von alters her bei Jägerregimentern üblich, mit dem Hahnenstoß geschmückt. Später wird man Dollfuß vorwerfen, er sei ja auch ein Hahnenschwänzler gewesen, indessen hat er nie der HW angehört.

Die Kriegsdienstleistung Dollfuß' wurde später von Freund und Feind peinlich genau unter die Lupe genommen. Aber im Österreich nach 1918 gab es daran nichts zu deuteln, außer daß Dollfuß nicht zu den Österreichern gehört hatte, die auf den Zerfall des Kommunikationsraumes an der Donau aus waren; die für einen Subalternoffizier erreichbaren Auszeichnungen hatte er sich an der italienischen Front erworben. Dazu die Verwundetenmedaille. Es ist bemerkenswert, daß er 1933 bei der Verkündigung des Programms der Vaterländischen Front auf dem Wiener Trabrennplatz zum ersten Mal nach dem Krieg wieder diese Uniform getragen hat. Dollfuß war kein Monarchist oder Legitimist, aber ihn trennten Welten von jenen Landsleuten, die 1918 das alte Reich in den Kot gezerrt haben und damit fortfuhren, solange es den Staat von 1918 gegeben hat.

Der Heimkehrer Dollfuß wurde, wie man später sagte, ein Werkstudent. Er bekam eine bezahlte Tätigkeit im Niederösterreichischen Bauernbund. Das hinderte ihn aber nicht, während der Vollendung seines Jusstudiums in seiner Verbindung und in der damaligen Gemeinschaft katholischer Hochschüler in Wien tatkräftig mitzuarbeiten. Es entsprach seiner Grundeinstellung, daß er die 1919 in Würzburg erfolgte Gründung der Deutschen Studentenschaft (DSt) vorbehaltlos bejahte.

Zur Ergänzung seines Fachstudiums in Wien schickte ihn der

Bauernbund nach Berlin, wo er sich an der dortigen Landwirtschaftlichen Hochschule und in der Praxis gründlich mit agrarpolitischen Fragen und vor allem mit dem Genossenschaftswesen beschäftigte. Bei der Tätigkeit in der von den dortigen landwirtschaftlichen Genossenschaften unterhaltenen »Preußenkasse« lernte er die Abteilungsleiterin Alwine Glienke kennen; sie wurde seine Frau, und die Heirat mit der gebürtigen Pommerin fand 1921 in der niederösterreichischen Heimatkirche Dollfuß' statt. Seine Frau schenkte ihm das Glück der Geborgenheit in einer Familie, im letzten Kampf um Österreich bewies sie eine Entschiedenheit, die den Wankelmut mancher Freunde des Kanzlers übertraf. Aus Berlin brachte Dollfuß das Band der CV-Verbindung »Germania« mit, das er zeitlebens behielt.

Dollfuß war kein Senkrechtstarter, wie man heute eher bewundernd sagt. Aber er ging Schritt für Schritt bergauf. 1922 wurde er Sekretär der neugegründeten Landwirtschaftskammer Niederösterreich, im Krisenjahr 1927 Kammeramtsdirektor. Seine Kenntnisse und Fähigkeiten als Agrarpolitiker konnten selbst seine Feinde nicht bestreiten. Der große Bauernführer jener Tage, Josef Reither, der noch den Titel Reichsbauernführer trug, war mit den Plänen Dollfuß' zur Schaffung von Einrichtungen für die Sozialversicherung der Bauern gar nicht einverstanden. Für Reither war das so etwas wie die Rezeption sozialistischen Gedankenguts in den bäuerlichen Lebensraum. Dollfuß geriet in einen Zusammenstoß mit Reither: Es war dies übrigens nicht der einzige, der in den Beziehungen der beiden aufkam. Aber – Dollfuß setzte sich durch.

Man könnte sich denken, daß das falsche Gerücht von der angeblichen Mitarbeit in den Reihen der Roten daher kam, daß die Genossenschaften in der Bauernschaft gewisse Parallelentwicklungen mit jenen hatten, die in der sozialdemokratisch orientierten Großeinkaufsgesellschaft österreichischer Consumvereine (GÖC) stattfanden. Als man 1934 vom Kanzler die Auflösung der GÖC verlangte, lehnte er die politisch begründete Forderung aus wirtschaftlichen Erwägungen ab. Er betraute seinen Freund Strobl, der sich schon als Kammerbeamter für eine enge Zusammenarbeit der landwirtschaftlichen Genossenschaften mit den Konsumgenossenschaften eingesetzt hatte, mit der pfleglichen Interimsleitung. Im Mai 1934 intervenierte der Generalsekretär der Internationalen Genossenschaftsvereinigung Dr. May bei Dollfuß zugunsten der Erhaltung der GÖC. Er kam an sich zu spät, Dollfuß hatte sich schon im positiven Sinn entschieden. Strobl führte das Unternehmen bis 1938 und wurde unmittelbar nach Kriegsende wieder in die Direktion der GÖC berufen, wo er wertvolle Aufbauarbeit leistete, bis er 1949 in eine Spitzenposition der landwirtschaftlichen Genossenschaften überwechselte.

Als Dollfuß 1932 Bundeskanzler wurde, war Seipel schon ein sterbenskranker, von Sorgen gequälter Mensch, dessen unzerstörbare innere Stütze seine priesterliche Existenz war. Doch immer noch wahrte sich der Sterbende den Umblick in einer Welt, deren Horizonte in seinem Fall weit über die Grenzen Österreichs hinausgingen. Jene Tage waren gerade erfüllt vom Streit über die aufs neue notwendig gewordene Sanierung der wirtschaftlichen Zustände in der Republik. Seipel warnte vor rein *passiven* Maßnahmen der Krisenbekämpfung. Am 10. März 1932, am Tag des Zustandekommens des Kabinetts Dollfuß I, schrieb er dem späteren Botschafter Lothar Wimmer, er sei mit dieser Warnung zum ersten Mal bei seinen Freunden in der Regierung nicht angekommen. Dabei gäbe es, so der Altkanzler, keine umfassende Planung für die *Zukunft,* vielmehr geschähe bloß das, wozu eine *momentane Not* zwinge.

Seipel sah, wie er weiter ausführte, daß Frankreich ein *großes Präferenzsystem* für den Donauraum plante, bei dem die sogenannte Kleine Entente, also die ČSR, Rumänien und Jugoslawien, ein schwer erträgliches Übergewicht bekäme, die Großnachbarn Österreichs aber, das Deutsche Reich und Italien, bei der Lösung der mitteleuropäischen Probleme ausgeschaltet blieben. Das war, als im Reich Hitler noch um die Macht im Staate kämpfte und letzte konservative Nachhuten sich um eine Alternative zur Machtergreifung des Nationalsozialismus bemühten. In der Politik Londons glaubte Seipel die seltsame Absicht zu erkennen, Österreich zur Annäherung an Ungarn zu bringen; seltsam, weil an sich weder in Wien noch in Budapest derlei Absichten bestanden und in Prag Beneš diese Annäherung wie den Teufel haßte. Noch war das Urteil über die Politik Wiens und Berlins in der Frage einer Zollunion beider Staaten nicht gesprochen. Seipel erwartete sich von einer solchen Union keinen großen Gewinn für die beiden Staaten, immerhin war für ihn diese Lösung denkbar als Kern eines künftigen größeren Freihandelsgebietes im Donauraum.

Es ging damals aber nicht um große oder kleine Lösungen der Probleme im Donauraum, sondern eher darum, daß die großen Machtfaktoren auf dem Kontinent sich nicht einigen konnten, wie sie etwas Ordnung und bessere Lebensmöglichkeiten in den von ihnen nach dem Krieg zerstörten Kommunikationsraum bringen könnten. Aber für die meisten Sieger von 1919 war eine wirtschaftliche Regeneration der Kräfte der Donauländer immer mit der Gefahr einer womöglich politischen Annäherung der Nachfolgestaaten, sozusagen einem Surrogat der verhaßten Monarchie, verbunden. Und das fürchtete vor allem Prag, wo Beneš im Jahr darauf, 1933, mit seinem Spruch hervorkam:

»Lieber Hitler als Habsburg.«

Nichts lag Seipel ferner als eine Restauration der Monarchie. Woran er aber bis zuletzt glaubte, das waren die diesem Raum nach wie vor innewohnenden natürlichen Kräfte. So schrieb er denn auch an Wimmer:

». . . überzeugt bin (ich) von dem unveränderten Fortwirken jener Kräfte, die Wien einst zum Mittelpunkt eines großen Reiches gemacht haben. Diese Kräfte ganz zu zerstören, war auch die Unzulänglichkeit Wilsons und seiner Freunde (1919) nicht stark genug.«

Erst 1945 werden besagte Kräfte stark genug sein, um nicht nur den letzten Zusammenhalt in Mitteleuropa zu zerstören, sondern diesen Raum zu einer politischen Schüttzone in Europa zu machen, in der die beiden Supermächte in Ost und West ihre Brükkenköpfe auf dem Kontinent unterhalten.

Dollfuß besuchte Seipel im August 1932, wenige Tage vor dessen Tod. Man kann sich keinen größeren Unterschied vorstellen als den in der Persönlichkeit dieser beiden Menschen, die so nahe dem Grab standen. Beide stammten aus bescheidenen Verhältnissen. Beide haben ihr Studium an einer theologischen Fakultät begonnen: Seipel durchlebte seine priesterliche Existenz, ohne daß die heftigsten Angriffe auf seine politische Tätigkeit ihn je veranlaßt hätten, sich als Priester Schwächen zu erlauben, denen kein Politiker ganz entgeht. Dollfuß wollte als Student lieber ein guter Christ bleiben als ein schlechter Priester werden. Sein Christsein bestätigte er am 25. Juli 1934 in der furchtbaren Verlassenheit seines Sterbens. Seipel trug einiges vom Pazifismus seines Lehrmeisters, des k. k. Ministerpräsidenten vom Oktober 1918, Professor Lammasch, in sich. Ihm war der Geist der Frontgeneration, der alle Marschierer in den Wehrverbänden jener Tage mehr oder weniger bewegte, fremd. Dollfuß hatte als Angehöriger des CV an der Front erlebt, wie die Kameradschaft des Grabens die vor 1914 unüberwindliche Feindseligkeit zwischen Katholen und Nationalen überwand; und er glaubte fest daran, daß dieser Zusammenhalt auch in der Zeit nach dem Krieg ein bleibender positiver Ertrag der furchtbaren Kriegsereignisse sein würde. Was Dollfuß 1932, bei Übernahme der Kanzlerschaft, am allerwenigsten erahnte, war ein tödlicher Zusammenstoß mit den Nationalen in Österreich und dem aus ihren Reihen hervorgehenden Nationalsozialismus.

Seipel erlebte noch die am 15. Juli (!) erfolgte Unterzeichnung des Abkommens von Lausanne, womit Österreich eine neue Völkerbundanleihe gewährt wurde. Der wilde Lärm der Kämpfe um die Ratifizierung des Abkommens drang ins Sterbezimmer Seipels. Er mußte erfahren, daß es Dollfuß so wie ihm im Jahr 1922 erging: Die SDAPÖ kämpfte in der Öffentlichkeit mit jedem ihr geeignet erscheinenden Mittel gegen die Regierungsvorlage; sie wäre in der Lage gewesen, einfach durch geschlossenes Verlassen des Nationalratssaales die Ratifizierung des Abkommens zu verhindern. Das nun tat sie nicht. So wie 1922 genoß sie den guten Tropfen, den schlechten überließ sie dem Kanzler. Und die Großdeutschen, die 1922 mit Seipel die damalige Anleihe über die von der sozialdemokratischen Opposition aufgestellte Hürde hinweggetragen haben, waren diesmal, 1932, eifrig dabei, diese Hürde im Verein mit der Fraktion der SDAPÖ und einigen Partisanen des Heimatblocks neuerdings aufzurichten. Es gibt ein Urteil Seipels über die Ereignisse des Sommers 1932 angesichts des zu langen Nichtbegreifenwollens der Lage Österreichs durch die Westmächte:

»Die Erkenntnis der Lage, deren langsames und sukzessives Begreifen . . . wegen der Ungewißheit, wie lange wir aushalten können, . . . hat doch Fortschritte gemacht, ohne die wir inzwischen zugrunde gegangen wären. Und wir werden durch die Anleihe Aussicht haben, wieder ein Stück weiterleben zu können.«

1932 haben die Westmächte ein letztes Mal gemeinsam durch positives Tun den von ihnen 1919 geschaffenen Staat vor der Gefahr des Untergangs gerettet, 1938 werden sie Österreich Berlin preisgeben. Am 2. August 1932 starb Seipel im niederösterreichischen Pernitz. Kurz vor seinem Tod telegrafierte er von Krankenbett zu Krankenbett, so der Text, einen Segenswunsch an seinen mit dem Tod ringenden Schicksalsgefährten Johannes Schober. Schober starb am 19. August des Jahres in Baden bei Wien. Es war, als sollten die beiden Großen des sogenannten bürgerlichen Lagers zugleich mit den unhaltbaren Zuständen in der Republik von 1918 diese Erde verlassen. Otto Bauer feuerte aus quasi soldatischer Gesinnung in einem in der »Arbeiter-Zeitung« abgedruckten Artikel eine Ehrensalve über das Grab Seipels. Es war eine journalistische Meisterleistung. Denn jeder Tribut, den er dem großen Toten vorbehaltlos leistete, war zugleich eine Diffamierung der Partei, deren Obmann Seipel in den Kampfjahren gewesen war und deren endgültiger Untergang die endliche Machtergreifung des Sozialismus näher rückte. In den Augen Bauers durfte der nunmehrige Kanzler Engelbert Dollfuß keine Chance bekommen, dieses Los seiner Partei zu bannen. Mit dem Sterben Schobers und Seipels zerbrachen die letzten Stützen einer Gesinnungsgemeinschaft zwischen Klerikalen und Nationalen in Österreich. Das bedeutete, daß die Großdeutsche Volkspartei, die in der Ära Seipel unerläßlicher Teil der Einigungsbestrebungen im nichtmarxistischen Lager gewesen war, fortan zusammen mit der

SDAPÖ in schärfster Opposition zu Dollfuß stand. Die Großdeutschen taten es nicht allein aus eigenem Antrieb; schon waren sie angesichts der Wucht, mit der die Hitlerbewegung im Reich und in Österreich angriff, gezwungen, im Ringen um die Verwirklichung nationaler Belange nur ja nicht hinter der NSDAP zurückzubleiben, deren endliches Aufkommen in Österreich nicht mehr zu übersehen war.

Waren sich Seipel und Dinghofer, der 1922 an der Spitze der Großdeutschen stand, noch in der Auffassung einig, daß die große Hoffnung der Österreicher, nämlich der Zusammenschluß der Deutschen in Österreich mit jenen im Reich, endgültig unmöglich würde, wenn Österreich in der Krise von 1922 zugrunde ginge, so zogen 1932 derlei Argumente längst nicht mehr im nationalen Lager. Dort nahm man die Lehre, die der Westen Österreich erteilt hatte, als er schon eine *bloße Zollunion* beider Staaten als im Widerspruch zu Vertragsverpflichtungen Österreichs stehend beurteilte, zur Kenntnis. An den legendären *Anschluß* war um so weniger zu denken. Noch war sich in der Feindschaft zur Anschlußidee der Duce mit den demokratischen Westmächten einig.

Während der Vorverhandlungen für die Anleihe 1932 machte Dollfuß seine ersten Erfahrungen mit den unsicheren Kantonisten in der Fraktion des Heimatblocks. Die tragenden Kräfte des Heimatblocks setzten im kleinen fort, was im großen die Fatalität der HW gewesen ist: Sie wurden untereinander uneinig; und die Politik der NSDAP ging darauf hinaus, nationale Heimatschützer der von Starhemberg geführten HW abspenstig zu machen, um sie für die Hitlerbewegung zu gewinnen. Als sich die meisten Mitglieder des Heimatblocks für die Anleihe aussprachen, war der Bruch innerhalb dieser wackeligen Interessengemeinschaft perfekt. Starhemberg, der noch unlängst auf einer Versammlung in Wien-Hietzing von einem Braunhemd gesprochen hatte, das er unter der Windjacke trage, wurde nun durch den Zerfall in der HW und das Abschwenken großer Teile in die Hitlerbewegung geradezu auf den Weg gedrängt, den er ab dem Frühjahr 1933 konsequent an der Seite Dollfuß' gegangen ist.

Die Nationalen im Heimatblock waren ebenso unnachgiebig unterwegs, allerdings in umgekehrter Richtung. Der Heimatblock machte Dollfuß bei den Verhandlungen über die Anleihe Manderln, wie die Wiener sagten. Die Fraktion wollte der Regierung nur dann im Parlament beistehen, wenn sich diese für die Einführung eines *Arbeitsdienstes* in Österreich stark machte. Der Arbeitsdienst war und ist für die Linke ein rotes Tuch, ein *verdammenswerter Frondienst,* der das Lohnniveau der Arbeiter gefährdet. In diesem Dilemma des Kanzlers hofften Gegner und Feinde, daß Dollfuß angesichts der von der HW und der SDAPÖ aufgezeigten Alternativen auf jeden Fall »umfallen wird« – wobei es diesen Typen gleichgültig war, ob er nach links oder nach rechts umfiel.

Die Frontbreite der Feinde und Gegner des Kanzlers war bald beachtlich: Die SDAPÖ, die es vorweg abgelehnt hatte, in sein Kabinett einzutreten, hatte genug Stehsatz von früheren Polemiken mit der Regierung, um Dollfuß unter Punktfeuer zu nehmen. Sie rechnete mit dem baldigen Fall des von den Schwarzen gestellten Kanzlers. Der liberale Landbund, der schon sterbenskrank war und viel Substrat an die NSDAP einbüßte, durfte sich, wenn es um den Anschluß oder den zeitweiligen Verzicht auf den Anschluß ging, keinen Umfaller leisten. Noch hatte Dollfuß Politiker auf seiner Seite, deren Parteien und Fraktionen schon oder noch in den Reihen seiner grundsätzlichen Gegner standen. Im Fall des Landbundes hielt er wenig von seinem anfänglichen Vizekanzler Franz Winkler. Hingegen wurde Franz Thoma, Protestant und bewährt im Genossenschaftswesen der Obersteiermark, für ihn ein ehrlicher Gesprächspartner; in der Zweiten Republik war Thoma unter Julius Raab Landwirtschaftsminister und genoß das besondere Vertrauen des Kanzlers. Im Heimatblock gab es einige Politiker, denen die Politik, wie sie Pfrimer verfolgte, immer unheimlicher wurde. Es zog diese Männer nicht gerade zu Dollfuß, also zu einem Schwarzen, der noch dazu ein CVer war; aber diese Männer kannten Hitler zu gut von anfänglichen Kontakten in den zwanziger Jahren und waren für den Rest ihres Lebens vor jeder Sympathie für den Führer gefeit. Es ging ihnen nicht anders als manchen alten Kämpfern in der NSDAP, die schwere und schwerste Zeiten in der Hitlerbewegung mitgemacht hatten, denen aber in den Jahren 1932 bis 1934 nicht mehr geheuer war. Einige davon wurden tatsächlich im Reich am 30. Juni 1934 liquidiert.

Nach 1945 war viel von einer Gelegenheit die Rede, die Dollfuß angeblich in den ersten Zeiten seiner Kanzlerschaft versäumt hat, als er nicht auf das einging, was Mittelsmänner aus der SDAPÖ an ihn herantrugen, vor allem der Wiener Stadtrat Robert Danneberg. Was Danneberg vortrug, war nichts weniger als eine Rochade, bei der Dollfuß gemeinsame Sache mit der SDAPÖ machen sollte; wozu allerdings notwendig gewesen wäre, jede Brücke zur HW vorweg abzubrechen. Das aber hätte bedeutet, daß der Kanzler eine wackelige Koalition mit unsicheren Kantonisten gegen einen wahrscheinlichen Endsieg der SDAPÖ eingetauscht hätte. Denn eine sogenannte große Koalition im Jahr 1932 hätte bedeutet, daß die SDAPÖ jederzeit den lästigen Großpartner, der die Christlichsoziale Partei immerhin noch war, gegen eine kleine Koalition hätte eintauschen können. Und derlei lag durchaus auf der Linie des amtierenden Vizekanzlers Franz Winkler, der schon einmal, während der Kanzlerschaft Enders, eine Regierung zu Fall gebracht hatte.

Die Präsenz der Heimatblocks und der HW in der Regierung Dollfuß führte zu nicht mehr aufhörenden Streitigkeiten zwischen der HW und dem liberalen Landbund. Für die Nationalen im Heimatblock wurde die Zugehörigkeit zur Regierung Dollfuß bald unausstehlich. Als Starhemberg in einer Krise befahl, der Heimatblock hätte die Regierung zu unterstützen, traten vier Abgeordnete des Heimatblocks mit einer Alternative zum Wirtschaftsprogramm der Regierung hervor. Der amtierende Handelsminister Guido Jakoncig, seit 1927 in der HW und Starhemberg aus der Zeit vor dessen Zugehörigkeit zum Innsbrucker Corps »Rhaetia« verbunden, machte einen letzten Versuch, den Heimatblock geschlossen auf Regierungskurs zu bringen. Aber *die vier Aufrechten,* wie man die Abgeordneten Franz Hueber, Sepp Hainzl, Max Werner und Josef Lengauer in HW-Kreisen nannte, waren nicht gewillt, den einmal eingeschlagenen Weg zu-

rückzugehen. Die beiden ersteren wurden 1938 in den Berliner Reichstag gewählt.
Das war die Frontlage, als Dollfuß im Nationalrat seinen Kampf um die Sanierung der österreichischen Wirtschaft aufnahm. Er verglich ausdrücklich die Situation von 1932 mit jener vor 1922, was die Opposition sofort zu dem Einwurf veranlaßte, daß er damit die Wertlosigkeit der Seipel-Sanierung von der Regierungsbank aus bestätigt hätte. Die Opposition hob sich die Äußerung ihrer Erregung für die Debatte um die Wirtschafts- und Finanzpolitik auf, kurze Erfolgsmeldungen des Kanzlers ließen die Abgeordneten der Opposition nach kurzen Zwischenrufen passieren. Dafür stieß die Ankündigung des Kanzlers, es ginge jetzt darum, bisherige kurzfristige und sehr kostspielige Kredite in langfristige umzuwandeln, sofort auf heftigen Widerspruch. Die Ankündigung Dollfuß', wonach der Zufluß der Anleihegelder zur Herstellung eines Budgetgleichgewichts beitragen sollte, wurde da und dort mit Gelächter quittiert. Damit könnte schon im laufenden Budjetjahr ein Anfang gemacht werden. Je länger der Kanzler am Wort war, desto mehr gerieten die Schmähungen großdeutscher Abgeordneter zu Ausdrücken der Verachtung. Dabei saßen auf den Bänken der Großdeutschen einige Abgeordnete, die 1922 – als Mitglieder der damaligen Regierungspartei – genau das Gegenteil des jetzt Gesagten der damaligen sozialdemokratischen Opposition entgegengehalten hatten. Wieder einmal wurde mit der Anschlußidee Schindluder getrieben.
Die SDAPÖ schickte den Abgeordneten Wilhelm Ellenbogen, einen Veteranen der Ära des Staatskanzlers Renner, ins Gefecht. Es entstand im Hohen Haus große Verwunderung, als Ellenbogen sagte:
»Ich gehöre nicht zu jenen, die große Erfahrung im kaufmännischen Leben haben.«
Was Ellenbogen zum Ausdruck bringen wollte war, daß es seiner Fraktion nicht einfach um das aktuelle Problem der Anleihe ging, sondern um die Art des Kanzlers, Politik zu machen. Unter anderem warf er Dollfuß vor, dieser hätte dafür gesorgt, daß Berlin in Genf von seiner anfänglich ablehnenden Einstellung zum öster-

reichischen Anleiheprojekt abrückte. Aber welcher Regierungschef schafft nicht Steine aus dem Weg, um zum Ziel zu gelangen? Abgesehen von der Tatsache, daß im Sommer 1932 Berlin nicht in der Lage war, dem notleidenden Österreich auch nur mit einem Pfennig Finanzhilfe zu leisten, war doch die Reichsregierung daran, die ihr oblastenden Reparationsverpflichtungen aus 1919 vom Hals zu kriegen, um einem finanziellen Zusammenbruch zu entgehen. Heute scheint es vielen unverständlich, daß Ellenbogen, einer der Gescheiten und Einsichtsvollen in der Politik, dem Kanzler vorwarf, dessen Parole: Österreich erwache!, sei nichts anderes als eine Eingebung schwarzgelber Kreise. Was immer Dollfuß zum Vorwurf gemacht worden ist, eines bleibt gewiß: An die Restaurierung der Monarchie hat er im Sommer 1932 nicht gedacht. Aber selbst im eigenen Lager verstanden viele nicht, daß die Österreich-Parole des Kanzlers nicht das Österreich von 1914 betraf. In der Umgebung Dollfuß' gab es viele alte Offiziere, und der Bauernsohn hatte auch unter der Aristokratie Freunde. Aber wer es ernst mit seinem Experiment meinte, vermied es, die momentane Schwierigkeit mit der Frage Republik oder Monarchie zu belasten.

Nach 1938 und 1945 wurde viel Eifer verwendet, um die beiden Sanierungen der Jahre 1922 und 1932 geradezu als Unglück für Österreich hinzustellen. Beide Male profitierten die Wirtschaftseinrichtungen im Vorfeld der sozialdemokratischen Bewegung von dem *materiellen* Ergebnis der Sanierung. Ihnen zuliebe hat jeweils die Nationalratsfraktion der SDAPÖ nicht von der durchaus bestehenden Möglichkeit Gebrauch gemacht, die Regierungsvorlage durch einen Trick in der Abstimmungsprozedur zu Fall zu bringen. Gerade diese doppelbödige Politik der Linken mußte bei einem Kanzler wie Dollfuß nachhaltigere Wirkung erzielen als vordem, da es üblich war, daß die alten Christlichsozialen stets bemüht blieben, entstehende Risse zu überbrücken und sogenannte Eiszeiten nicht zu lange anstehen zu lassen, eben zu beschwichtigen. Sie hatten schon genug Unheil erlebt.

Für die großdeutsche Oppositionsfraktion sprach Sepp Straffner, der sich nachher wiederholt im Kampf gegen die Regierung Doll-

fuß hervortat. Auch Straffner ist 1922 nicht auf der Bank der Spötter gesessen, vielmehr hat er in der damaligen Koalition die Politik Seipels als Hinterbänkler seiner Fraktion bejaht. Immerhin war Straffner in der Lage, für seine Anklage einen Zeugen aufzurufen, der aus dem Kern der alten Christlichsozialen Partei stammte: Nämlich einen Cartellbruder des Kanzlers, den Alten Herrn der Verbindung »Austria« Gottfried Hugelmann; er hatte in der Ära Seipel jahrelang dem Bundesrat als Abgeordneter und Vorsitzender angehört. 1932 war Hugelmann bereits Galionsfigur jener Kreise der katholischen Intelligenz, die für die von der HW entfachte Volksbewegung nichts übrig hatten, ihre Erneuerungsbestrebungen aber bis in die nächste Nähe zur Hitlerbewegung betrieben. Hugelmann stand sichtlich dem Kanzler im Weg, wenn dieser mit der umstrittenen Anleihe eine weitere Sanierung der seit der Geburt lebensschwachen Republik versuchen und dabei aufs neue auf den Anschluß der Republik an das Reich verzichten sollte. Straffner geriet ein wenig in Rage, als er erklärte:
»Wir (Großdeutsche) wollen uns lieber mit Tod und Teufel verbünden, um eine Einigung zu erreichen . . . damit (in der Anschlußfrage) nicht rückwärts, sondern vorwärts geschritten wird.«
Kaum war die erste Lesung der umstrittenen Regierungsvorlage geschehen, da erlebte Dollfuß eine böse Überraschung: Der Heimatblock stimmte gewissen Anträgen der sozialdemokratischen Opposition, die aber nichts mit der Frage der Anleihe zu tun hatten, zu. Es war also unsicher, wie sich der Heimatblock in der entscheidenden Abstimmung über die Auslandsanleihe verhalten würde. Dabei war es für den Kanzler kein Trost, wenn ihm persönliche Bekannte in der HW versicherten, der Heimatblock werde einem Mißtrauensantrag der SDAPÖ im Parlament nicht zustimmen. Ein steirischer Heimatblockabgeordneter tat sich in jenen Tagen im Kampf gegen die Auslandsanleihe hervor, hoffend, er würde so den Nationalsozialisten in seiner Heimat das Wasser abgraben . . .
Jetzt griff der Bundesführer der HW ein. Starhemberg gelang es, innerhalb der vier Dissidenten im Heimatblock, die eine Gefahr

für die Regierung bedeuteten, eine Spaltung herbeizuführen: Hueber, der Schwager Görings, und Hainzl sollten ihre Mandate zurücklegen.
Szenenwechsel: Am Tag nach dieser Nationalratssitzung ergriff im Wiener Gemeinderat der unersetzliche Nestor der dortigen Christlichsozialen Leopold Kunschak das Wort. Kunschak war zuzeiten durchaus einer Rede mit einem nationalen Tenor fähig, 1919 ließ er sich bei der Beratung der Ratifizierung des Diktats von Saint-Germain nicht den Mund verbieten, als der Präsident sagte, Kunschak möge nicht so über Auslandsstaaten herziehen, deren Österreich in naher Zukunft bedürfen werde. Damals sagte Kunschak, ein *deutscher Mann* lasse sich nicht verbieten, die Wahrheit zu sagen. 1932 billigte er der Regierung Dollfuß, mit der er nicht immer auf gutem Fuß stand, zu, sie hätte einen steinigen und dornigen Weg beschritten, werde sich aber aus der Kraft eines *christlichdeutschen Volksgeistes* bewähren. Und zugleich erregte er das Mißfallen der kompakten Mehrheit der SDAPÖ im Wiener Gemeinderat, indem er ihr und den Großdeutschen vorwarf, ihre Parteien redeten zwar viel, aber eine Alternative zur Sanierung, wie sie Dollfuß anstrebte, hätten sie nicht zur Hand.
Was sich in Österreich in jenen Tagen auf kleiner Bühne und als bloßes Vorspiel den Beschauern bot, das ereignete sich Ende Juli im Reich in einem welthistorischen Rahmen. Wieder einmal hatte die NSDAP eine Reichstagswahl herangezwungen. Und während die SPD, das Zentrum und dessen bayerische Schwesterpartei die Stellung halten konnten, erlitten die liberal-konservativen Parteien der Mitte eine vernichtende Niederlage. Bei einer Wahlbeteiligung von 83 Prozent errang die NSDAP 230 von 600 Mandaten. Die legendäre Mitte, seit 1919 Hort der Demokratie und republikanischer Gesinnung, hörte auf, ein Machtfaktor zu sein. In den Wiener Parteizentralen sagte man sich: Wenn das so weitergeht im Reich . . .
Denn jetzt war für die Republik die Existenzfrage gegeben: Wie lange würde Hitler brauchen, um mit den Mitteln der Demokratie an die Macht zu kommen, und wie lange könnte sich Österreich

eines Übergriffs der Macht eines nationalsozialistischen Deutschlands erwehren? Zwei Tage nach dem jüngsten Wahlsieg Hitlers stellten im Wiener Nationalrat die Großdeutschen einen Mißtrauensantrag gegen die Regierung. Wer weiß, wie der Tag geendet hätte, wenn die SDAPÖ eine geheime Abstimmung verlangt hätte. Das Abstimmungsergebnis lautete 81 : 81, der Antrag fiel.
Daß an jenem Tag die Ära Dollfuß nicht zu Ende war, verdankte der Kanzler einer tragischen Entwicklung. Am Morgen des Abstimmungstages starb Ignaz Seipel. Es gelang seiner Partei, den Listennachfolger noch rechtzeitig ins Hohe Haus zu bringen. Die SDAPÖ aber verzeichnete zwei Ausfälle: Karl Renner hatte als Erster Vorsitzender des Nationalrates und Leiter der Sitzung kein Stimmrecht. Man hat sich diese unerfreuliche Konsequenz in der SDAPÖ gut gemerkt, und bei der Kampfabstimmung am Tag der sogenannten Selbstausschaltung des Parlaments, am 4. März 1933, wird eine Rumpfexekutive der Partei Renner einfach beauftragen, seine Funktion dem Zweiten Präsidenten, einem Christlichsozialen, zu überlassen und so bei der annähernden Stimmengleichheit womöglich eine Niederlage der Regierungskoalition herbeizuführen. Und da gab es noch ein Handikap für die SDAPÖ: Ihr Abgeordneter Franz Zelinka, der unter ungeklärten Umständen seine Partei harangierte, wurde an der Abstimmung gehindert. Vom Heimatblock hatte sich zudem Lengauer krank (?) gemeldet, Hueber aber auf Drängen Starhembergs sein Mandat zurückgelegt, und sein Listennachfolger stimmte für die Regierungsvorlage. Noch einen unsicheren Kantonisten gab es im Heimatblock: Der Tiroler Abgeordnete Werner, der in die Fraktion des Heimatblocks geraten war wie der Pontius ins Credo, gehorchte den Wirtschaftsinteressen seiner Hintermänner und entschied sich *für* die Anleihe. Der Todestag Seipels war für Dollfuß ein Trauertag. Aber sein politischer Instinkt blieb wach, als er zu Freunden sagte:
». . . eine sehr merkwürdige Fügung des Schicksals, die zu denken gibt.«
Immerhin kam der Kanzler mit seiner Anleihe über die erste Hürde des Parlamentarismus. Aber die Vorgänge und die gewissen

Zufälligkeiten, die diesen Sieg ermöglicht hatten, trugen nicht zum vermehrten Ansehen des Parlamentarismus bei. Vor allem nicht in der jungen Generation und erst recht nicht unter den Hochschülern. Wenn es also von derlei Fragwürdigkeiten abhing, wie in einer Schicksalsfrage des Landes eine Abstimmung im Hohen Haus ausging, dann war es doch gefährlich, dem Zufall noch einmal das Geschick des Landes anzuvertrauen. Dollfuß teilte diese Skepsis. Eine Hürde hatte er am Tag, als Seipel starb, nehmen können. Aber noch war die einschlägige parlamentarische Prozedur nicht zu Ende. Und wenn auch die Opposition der SDAPÖ ein wenig erlahmte, Starhemberg seine Abgeordneten ein wenig unter Kontrolle bekam und so für diesmal Querelen in der Regierungskoalition besänftigt waren – so konnte doch niemand voraussagen, wie die weitere Prozedur in der Sache am 17. August 1932 ausgehen würde. Es war ein heißer Tag im August, den die Überlebenden oft geschildert haben.
Dollfuß war klug genug, den oftmaligen Handelsminister Eduard Heinl als Sprecher seiner Fraktion ins Treffen zu schicken. Heinl, ein Hausmeistersohn aus der Wiener Inneren Stadt, hatte sich zu einem Politiker mit eher noblen Allüren entwickelt. Momentan gehörte er nicht der Regierung an. Aber seine Kenntnis von Details war unersetzlich. Heinl war ausersehen, das Hohe Haus womöglich nicht auf Kampf einzustimmen. Aber so durfte man Otto Bauer nicht kommen. Nachdem Heinl die Vorteile des Anleiheabkommens herausgestrichen hatte, annoncierte er das Ja der Regierungskoalition. Sein Appell an die Linke kam freilich schlecht an:
»Es ist nicht unsere Sache«, donnerte Bauer in den Saal, »der Regierung, einer Regierung von notorischen Putschisten, notorischen Feinden der Republik, aus der Verlegenheit zu helfen, in die sie sich selbst gebracht hat.«
Kein Wort über die Urquelle der Wirtschaftskrise, über den Börsenkrach in New York und dessen Folgen für Österreich. Für die SDAPÖ war die Krise hausgemacht, es wird 50 Jahre dauern, bis ihre Epigonen für krisenhafte Erscheinungen in der Zweiten Republik nicht die von ihnen gestellte Regierung, sondern eine un-

günstige Weltwirtschaftslage verantwortlich machen werden. Man lebte eben 1932 noch in engeren Horizonten in Österreich. Die Großdeutschen schickten einen Mann der zweiten Garnitur ins Rennen. Für den Heimatblock nahm der schon erwähnte Tiroler Werner das Wort. Er kam nach einer wahren Slalomrede zu seinem Ja. Ausgehend von einer Enttäuschung über die Regierungsvorlage, fand er ein Wort des Vertrauens in die Person des, wörtlich, kleinen Kanzlers, darnach sicherte er dem Kanzler die weitere Unterstützung zu, aber nur dann, wenn dieser in Zukunft eine klarere Politik zu machen versprach. So hatte Werner einen ziemlich starken Abgang von der politischen Bühne.
Die Großdeutschen drängten auf Schluß der Debatte, fürchteten sie doch, ihre von der *Wirtschaft* gestellten Mandatare würden zuletzt allesamt umfallen und für die Regierungsvorlage stimmen. Der Antrag auf Schluß der Debatte fiel aber im Verhältnis 80:81. Der Landbund hatte im Hauptausschuß gewisse Änderungen an der Vorlage anbringen und so das Gesicht vor seinen nationalen Wählern wahren können. Und also stimmten 66 Christlichsoziale, neun Landbündler und sechs Abgeordnete des Heimatblocks für die Regierungsvorlage; 70 Sozialdemokraten, acht Großdeutsche und zwei Abgeordnete aus dem Heimatblock stimmten dagegen. Das mehrmalige Zusammengehen von Teilen des Heimatblocks mit der SDAPÖ fiel auf und trug nicht zur Konsolidierung der in die Krise geratenen HW bei.
Aber auch an jenem 17. August 1932 war dieser Abstimmung eine Szene auf der Probebühne des Parlamentarismus vorausgegangen. Der großdeutsche Abgeordnete Josef Vinzl, den die Wiener Kaufmannschaft in die Großdeutsche Partei und ins Parlament geschickt hatte, war im Interesse seines Gremiums *für* die Anleihe. Seiner Gesinnung nach war aber Vinzl ein überzeugter Großdeutscher und also *gegen* die Anleihe, da diese erneut den Anschluß blockierte und nationale Belange verletzte. Er kam mit diesem Konflikt nicht zu Rande und verzichtete auf sein Mandat. Seine Parteifreunde brachten ihn aber dahin, den Verzicht zurückzunehmen. Schon lief aber die Prozedur bei der Hauptwahlbehörde. Vinzl fiel aus, sein Nachfolger kam nicht mehr ins Haus,

und Vinzls Widerruf des Verzichts fiel durch. Und so siegte die Regierungskoalition. Es stand jetzt 81 : 80.
Jetzt bot die Opposition ihre Mehrheit im Bundesrat auf. Im Bundesrat hatte die Regierungskoalition auf Grund der Wahlergebnisse 1932 nicht mehr die Mehrheit. Prompt kam ein Einspruch des Bundesrates zustande. Aber es war ja nach der Verfassung nur ein suspensives Veto. Der Vorgang ging zurück in den Nationalrat.
Wieder stand die Prozedur für die Opposition unter einem Unstern. Am 19. August 1932 war Johannes Schober gestorben. Nach dem seinerzeitigen Abkommen im Schober-Block fiel sein Mandat an einen Landbündler. So ging Dollfuß aus der letzten Abstimmung mit 82 : 80 als Sieger hervor. Die Position des Kanzlers war nicht imponierend. Seine Koalitionsregierung wackelte. Das Zusammenleimen einer Parlamentsmehrheit von Tag zu Tag schadete dem Ansehen des Parlamentarismus in Österreich. Im Reich zeigte sich Hitler als ein wahrer Meister bei der Handhabung der Mittel der Demokratie. Für den Herbst 1932 standen Landtagswahlen und eine Gemeinderatswahl in Wien bevor. Man wird sehen, ob es auch in Österreich die Politiker der Hitlerbewegung so gut wie ihr Meister verstehen, die interessierten Massen *zu engagierten Wählern der NSDAP zu machen.*

Demokraten unter sich

Der Dollfuß muß weg

Am Nachmittag des 4. März 1933 trat in Wien der Nationalrat zusammen. Nach allem, was seit der Machtergreifung Hitlers im Deutschen Reich am 30. Jänner schon geschehen war, wurde in allen Fraktionen des Hohen Hauses der Verlauf dieses Tages mit Spannung erwartet. Sozialdemokraten und Großdeutsche waren sich darin einig, daß Dollfuß weg müsse. Für die Großdeutschen war es ein unausstehlicher Gedanke, daß im »zweiten deutschen Staat« ein Dollfuß an der Macht bleiben sollte, wo doch im Reich ein neues Heroenzeitalter unter dem Führer der NSDAP heraufzog. Und für Sozialdemokraten genügte ein Jahr Regierung Dollfuß, um sich zu bemühen, den »Millimetternich« auf jene Rutschbahn zu bringen, auf der seit der Ära Seipel drei christlichsoziale Bundeskanzler nach kurzer Tätigkeit im Palais am Ballhausplatz zu Tal befördert worden waren.

Die Tagesordnung besagter historisch gewordenen Sitzung war nur in dem einen Punkt auch von sachlicher Bedeutung, in dem es um die Reaktionen der beiden Oppositionsparteien sowie der Christlichsozialen auf gewisse Ereignisse anläßlich eines kürzlich stattgefundenen Streiks der Bundesbahnbediensteten ging. In der *Sache* ging es allen Parteien um dasselbe: Bahnbedienstete, die sich während des Streiks Disziplinarvergehen hatten zuschulden kommen lassen und daher von der Generaldirektion der ÖBB belangt wurden, sollten nicht gemaßregelt werden. Das entsprach durchaus den Interessen Dollfuß' und seiner Regierungsmitglieder, denen es ebenfalls angesichts der prekären innen- und außenpolitischen Lage des Landes um die reibungslose Applanierung des Vorfalles zu tun war. Sie schickten daher den christlichsozialen Arbeiterführer Leopold Kunschak ins Feld, damit er mit einem entsprechenden Antrag zugunsten der Eisenbahner hervortrete. Die beiden dringlichen Anfragen der Oppositionsparteien unterschieden sich, wie gesagt, in der *Sache* keineswegs von der Einstellung der Regierung. Es ging aber der Opposition nicht um die Sache, also um die Befreiung von Bahnbediensteten von den ihnen zugedachten Disziplinierungen, sondern um die *Niederlage der Regierungsparteien* bei der Abstimmung im Plenum, womöglich um den *Sturz des Regimes Dollfuß.* Zugleich bereiteten sich aber auch schon die im Hohen Haus nicht vertretenen Parteien der außerparlamentarischen Opposition, die KPÖ und die NSDAP, auf Maßnahmen besonderer Art in ihrem ständigen Kampf gegen jede Regierung vor.

Im Kleinkrieg herrschte die übliche Kampflage jener Tage vor: In Graz war es am Vortag der Nationalratssitzung zu einem blutigen Zwischenfall gekommen. Sozialistische Jugendliche waren dabei angetroffen worden, als sie ein Plakat aufkleben wollten mit dem Inhalt, daß am 27. Februar dieses Jahres Hitler selbst das Berliner Reichstagsgebäude habe in Brand setzen lassen. Dies unterschied sich insofern von der in Berlin von der dortigen Linken verbreiteten Version, wonach der Brandstifter niemand anderer als Hermann Göring gewesen sein soll. Beide Versionen paßten Grazer SA-Männern nicht. Sie versuchten ihre roten Landsleute am Plakatieren zu hindern. Es kam zu einem Schußwechsel, bei dem ein SA-Mann tödlich verletzt wurde. Die Rache für diesen Mord, wie der Kampfauftrag der jeweils betroffenen Partei lautete, blieb nicht aus. In Braunau am Inn feierten die dortigen Nationalsozialisten am Tag der Nationalratssitzung den Sieg des Führers und dessen Machtergreifung in Berlin, der bald jene in Wien folgen sollte. So wenig den Sozialdemokraten von Braunau die Regierung Dollfuß zusagte, so sehr waren sie äußerst daran interessiert, Hitler und seiner Partei im eigenen Land den Weg zur Machtergreifung streitig zu machen. Sie störten die Veranstaltung der verhaßten Nazis, wobei fünf Nationalsozialisten verwundet wurden. Die Rache wurde am Sohn des Obmannes der örtlichen SDAPÖ vollzogen, der durch einen Messerstich getötet wurde.

Inzwischen war im Hohen Haus die Demokratie in heftige Bewegung geraten. Von den drei erwähnten Vorhaben der Fraktionen kam jenes der Großdeutschen als erstes zur Behandlung. Der Erste Präsident des Nationalrates, Karl Renner, leitete die Sitzung und dann die Abstimmung. Es wurde mittels Stimmzetteln abgestimmt. Lauter Beifall brach in den Bänken der Opposition aus, als das Abstimmungsergebnis verkündet wurde: *Die Opposition hatte über die Regierungsparteien mit einer einzigen Stimme Mehrheit gesiegt.* Ein Stimmenzähler, natürlich ein Schwarzer, störte die Freude, als er feststellte, daß die auf einer Stimme balancierende Mehrheit der Opposition gar nicht gegeben war. Hätte nämlich eine sorgfältige Auszählung der Stimmen stattgefunden, dann hätte Renner bekanntgeben müssen, daß die fragliche Mehrheit auf einem Fehler oder auf einem Irrtum beruhte. Sie war nämlich nur dadurch zustande gekommen, daß ein sozialdemokratischer Abgeordneter, wie es nachher hieß, *irrtümlich* zwei Stimmzettel eingeworfen hatte.
Der damalige Fraktionssekretär der SDAPÖ und spätere Vorsitzende der SPÖ, Adolf Schärf, nach 1945 Vizekanzler und Bundespräsident, hinterließ in seinen 1955 erschienenen politischen Memoiren eine Version des umstrittenen Vorfalls, die neuerdings eher selten im Unterricht aus Zeitgeschichte erwähnt wird. Nach der fraglichen Abstimmung verlangten selbstverständlich die Fraktionen der Regierungsparteien eine Wiederholung des an sich fehlerhaften Abstimmungsverfahrens. Daß andererseits die Oppositionsfraktionen ihren Sieg mit Zähnen und Klauen verteidigten, schrieb Schärf nicht; aber so war es tatsächlich, wie aus den weiteren Ausführungen Schärfs eindeutig hervorgeht. Im Hohen Haus waren an jenem Tag einige Mitglieder der Parteiexekutive der SDAPÖ zugegen. Bei ihnen entstand angesichts des Verlangens der Regierungsparteien die verständliche Befürchtung, daß bei einer Wiederholung der Abstimmung der eine oder andere von der Wirtschaft gestellte Abgeordnete der Großdeutschen Partei eventuell nicht gegen die Regierung stimmen könnte. Niemand sah ja, was auf dem Zettel stand, den jeder Abgeordnete in die Urne warf.

Die Mitglieder des Klubs der SDAPÖ diskutierten eifrig in den Couloirs und warteten auf den *Auftrag ihrer Partei.* Dieser Auftrag wurde an jenem Tag weder vom Klub noch von der Parteiexekutive formuliert, sondern von einer Vierergruppe der momentan im Parlament inkomplett anwesenden Parteiexekutive. Obwohl nach dem Parteistatut nicht beschlußfähig, sollte nach dem Willen dieser Rumpfparteiexekutive der Erste Nationalratspräsident *Karl Renner sofort demissionieren,* um im Falle einer Wiederholung der Abstimmung seine Stimme, die er vom Präsidium aus nicht gebrauchen durfte, zugunsten der Opposition abzugeben, damit so die Sache in Ordnung ginge. Dieser Trick sollte einen Endsieg der Opposition mit größerer Sicherheit erwarten lassen.

Nach erfolgter Demission Renners war es am *Zweiten Präsidenten* des Nationalrates, seinen Sitz in der Bank zu verlassen und den Stuhl des Präsidenten einzunehmen. Dieses Mißgeschick der Schwarzen fiel an jenem Tag dem ehemaligen Bundeskanzler *Rudolf Ramek* zu; Ramek, ein eher zahmer Typ eines Politikers, war von Beruf Rechtsanwalt und willens, die Abstimmung rechtens wiederholen zu lassen. Dabei stieß er auf einen tumultuösen Widerstand der SDAPÖ-Fraktion, an dem sich auch die Großdeutschen beteiligten. Außerstande, die fällige Wiederholung der Abstimmung geschäftsordnungsgemäß in Gang zu setzen, verließ auch er den Präsidentenstuhl. Nach seiner Demission fiel die Leitung der Sitzung dem *Dritten Präsidenten* des Hohen Hauses, dem Großdeutschen *Sepp Straffner,* zu. Dieser hatte nichts Eiligeres zu tun als auf das Präsidiumspodium zu eilen und seinerseits zu demissionieren. Das Hohe Haus befand sich demnach im Zustand eines noch in Fahrt befindlichen Vehikels, dessen Führersitz leer war, ohne daß die Fahrt unterbrochen werden konnte. Kraß ausgedrückt: Die Sitzung vom 4. März 1933 ist auch heute noch nicht geschlossen. Was aber an jenem Tag nur wenige Genossen wußten, das enthüllte Schärf im Jahr 1955. Ihm hatten nämlich die Männer der Rumpfparteiexekutive Auftrag gegeben, die fragwürdige Demission Renners herbeizuführen. Schärf, stets auf die Rechtlichkeit seines politischen Tuns bedacht, weigerte sich; er verlangte die Begleitung eines Mitglieds der Parteiexekutive. So geschah es denn auch, daß Renner sich *ohne jede Widerrede* der Räson der Partei fügte. Alles andere ist bekannt. 1955 fügte Schärf der Schilderung dieses einmaligen Vorgangs einen Kommentar hinzu, der für die nachträgliche Beurteilung des Geschehens jener Jahre wichtig ist und den man jetzt der Enkelgeneration derer aus 1933 nicht vorenthalten sollte. Schärf bezeichnet nämlich in seinen Erinnerungen den *Verzicht auf den Posten des Ersten Nationalratspräsidenten um einer einzelnen Abstimmung willen als ein schlechtes Präjudiz,* eines, das auch in normalen Zeiten der Wiederwahl eines Sozialdemokraten zu dieser (zweit- oder dritt-)höchsten Würde im Staat entgegengestanden wäre. Und Schärf zögerte 1955, zur Zeit des Abschlusses des österreichischen Staatsvertrages, also in der schlecht beleumundeten Koalitionsära, keineswegs zu erklären, daß ohne das Verhalten der sozialdemokratischen Parteispitze am 15. Juli 1927 (Tag des Brandes des Justizpalastes) und am 4. März 1933 (als Karl Renner vom Präsidentenstuhl abtrat) die Entwicklung Österreichs eine völlig andere gewesen wäre. Aber: *Causa causae est etiam causa causati,* ein Grundsatz, der in öffentlichen Angelegenheiten nicht oft vertreten werden sollte.

So also sah es um die umstrittene *Selbstauflösung* des Nationalrates am 4. März 1933 aus. Sie erfolgte genauso schmählich und schlampig wie jene des Abgeordnetenhauses des Reichsrates der Monarchie am Vormittag des 12. November 1918. Der damalige Vorsitzende, es war der deutschnationale Abgeordnete Gustav Groß, meinte zwar nach einem Nachruf auf den am Vortag verstorbenen Einiger der Sozialdemokratie, Victor Adler, es sei vielleicht das Richtigste, »uns selbst aufzulösen«, aber dazu gäbe es keine Handhabe. Also möge das Hohe Haus die Sitzung aufheben und »keinen Tag für die nächste Sitzung bestimmen«. Die Sitzung wurde geschlossen, aber so wie die vom 4. März 1933 dauert auch diese Session fort in Ewigkeit. Amen.

Welches waren aber tatsächlich die Sorgen der Regierung Dollfuß nach diesem für sie höchst unerwarteten Geschehen im Hohen Haus? Das Ministerratsprotokoll Nr. 851 vom 7. März 1933 gibt darüber Auskunft. Jetzt, 50 Jahre später, geht die Rede dahin, Dollfuß habe in jenen Tagen den Wegfall der parlamentarischen Demokratie in Österreich zusätzlich benützt, um nachher, ungeniert von Mechanismen der Demokratie und der in ihr zustande gekommenen politischen Willensbildung, das Land und das Volk als ein übler Quasi-Diktator zu beherrschen.

Nun, das erwähnte Ministerratsprotokoll zeigt ein ganz anderes Bild auf. Dollfuß ging nicht von der sogenannten Selbstausschaltung des Nationalrates aus; vielmehr warnte er die Regierungsmitglieder vor den nicht mehr zu übersehenden Folgen der Machtergreifung Hitlers im Deutschen Reich. Dem wird entgegengehalten, daß der so eröffnete Kampf Dollfuß' gegen den Nationalsozialismus von Anfang an nur ein Scheingefecht gewesen sei, dessen Getöse die Österreicher von der Tatsache ablenken sollte, daß es im eigenen Land nicht viel anders zuging als im Hitlerdeutschland.

Tatsache ist, daß seit der Machtergreifung Hitlers am 30. Jänner 1933 zahlreiche Agitatoren und Propagandisten aus dem Reich nach Österreich kamen, um hier ihren bisher brustschwachen Parteigenossen endlich auf die Sprünge zu helfen. Ja, es ist richtig, wenn behauptet wird, Dollfuß habe an jenem Tag im März 1933 darauf hingewiesen, daß die so in die Bevölkerung getragene Unruhe der ohnedies wackeligen Wirtschaft schaden mußte und daß dem rechtzeitig, von Anfang an, mit einem generellen Versammlungs- und Aufmarschverbot entgegenzutreten sei. Dieses Verbot begrüßten damals selbst jene Geschäftsleute und Wirtschaftstreibenden, die von Haus aus den Schwarzen nicht grün waren, jene vielleicht ausgenommen, die eine gewisse Sicherheit im Erwerbsleben auf die von ihnen subventionierten Wehrverbände abgestellt hatten. Sicher hat auch nach dem 4. März 1933 nur noch eine *Minorität* der Bevölkerung eine Besserung der allgemeinen Verhältnisse von einer sozialdemokratischen oder irgendeiner anderen Regierung erwartet. Und ebenso sicher ist, daß im Frühjahr 1933 die Führung der SDAPÖ längst nicht mehr auf eine Koalition mit den Schwarzen aus war, sondern mit ihrer Werbung unter der Bevölkerung, insbesondere aber unter den unzähligen Beschäftigungslosen klar machen wollte, daß nach dem Ende des Dollfuß-Regimes unter dem Regime der Arbeiterpartei bessere Zeiten für den arbeitenden Menschen kommen würden. *Mehrheitsbildend* hätte diese Zukunftsvision bei den damaligen politischen Einstellungen in Österreich im Falle einer Nationalratswahl kaum gewirkt.

Jedenfalls wäre eine im Besitz der relativen Mehrheit im Nationalrat befindliche SDAPÖ auf eine Koalition mit den Schwarzen, grob gesagt, mit den Bürgerlichen, angewiesen gewesen. Gerade einer solchen Art der Zusammenarbeit hatte sich die SDAPÖ aber schon in der Endphase der Regierung Buresch und nach anfänglichen Gesprächen mit Bundeskanzler Dollfuß ausdrücklich versagt. Zwar haben am 4. März 1933 die Fraktionen der SDAPÖ und jene der Großdeutschen Volkspartei auf parlamentarischem Boden einträchtig gegen die Regierung Dollfuß angekämpft, doch war letztere Partei ihrerseits schon daran, in Hinkunft nicht etwa mit den Roten zu gehen (nicht einmal im Kampf gegen Dollfuß!); vielmehr stand ihr Abkommen mit der NSDAP in Österreich in Griffweite, womit die traditionsreiche Partei der Deutschnationalen in Österreich sich selbst aufgab, um eine lückenlose Schließung der nationalen Einheitsfront im Verein mit der NSDAP zu erreichen. Diese Einheitsfront kam dann am 15. Mai 1933 in Linz zustande. Das war aber der Tod jener Allianz, die einmal, 1922, Seipel mit Dinghofer eingegangen war, die aber seit dem Frühjahr 1933 für beide Teile gegenstandslos und unausstehlich wurde.

Wie so oft im Zwielicht gingen den Parteipolitikern die Studenten an den österreichischen Hochschulen voran. Im Juni 1918, angesichts der schicksalsentscheidenden Piave-Offensive im Endkampf der Monarchie, zogen damals zum ersten Mal seit 1914, ja überhaupt zum ersten Mal in der österreichischen Studentengeschichte, Waffenstudenten und Angehörige von CV-Verbindungen einträchtig an der Wiener Universität auf. 1919 tagte in Würzburg die 50. Cartellversammlung des CV, der nach den Grenzziehungen von 1919 im Deutschen Reich bis 1937, in Österreich bis 1938, aber auch in der ČSR, in der Schweiz und in Rumänien

(Czernowitz!) vertreten war. Damals siegte der Wille der Frontgeneration, für die nach den Materialschlachten eines Weltkrieges die traditionellen Keilereien der Nationalen mit den Katholen nicht mehr die Bedeutung von ehedem hatten. Die 1919 ebenfalls in Würzburg geschaffene umfassende Gemeinschaft aller deutschen Studierenden in einer *Deutschen Studentenschaft* (DSt) behielt zwar nicht lange die Einmütigkeit, war aber auch nach Abschwächung des Gemeinschaftssinns derer aus der Kriegsgeneration noch gefestigt genug, um bis zu Beginn der dreißiger Jahre zu halten. Persönlichkeiten wie Friedrich Funder, Alter Herr der »Carolina«-Graz, Julius Raab, Senior der »Norica«-Wien im Jahr von Würzburg 1919, und auch Dollfuß, bei seinem Tod im Jahr 1934 Altherren-Senior seiner »Franco-Bavaria«-Wien, wurden freilich seltener. Gegen die konservative Gesinnung derer in der Gründergeneration der Deutschen Studentenschaft erhoben sich im CV Neuerer, die ab 1930 ohne Scheu ihr Interesse an der Erneuerungsbewegung Hitlers bekundeten; so wie auch in den Waffenverbindungen die konservativen Vertreter nationaler Belange gegen Neuerer anzukämpfen hatten, für welche die Zugehörigkeit zur Verbindung hintanstand gegenüber der Treue zum Führer und seiner Bewegung.
In der großen Politik trat in der Beurteilung der Katholen und der Schwarzen eine genau differenzierte Einteilung derer im nationalen Lager ein: Viele begnügten sich noch mit der traditionellen Bezeichnung »national«; nicht wenige sonderten von diesen *Nationalen* die sogenannten *Betont-Nationalen* ab, von denen man nicht in jedem Fall wußte, ob sie mehr an der Idee des *Nationalsozialismus* hingen als an der bisherigen konservativ-nationalen Einstellung. 1928 noch errangen die Katholen bei der Wahl der Kammer der Deutschen Studentenschaft an der Wiener Universität 15 der insgesamt 40 Sitze, die deutsch-völkische Gruppe 19 und der völkisch-nationale Block sechs. Dieser Unterschied zwischen deutsch-völkisch und völkisch-national wurde vollends verwischt, als nach dem Wahlsieg Hitlers im Herbst 1930 die nationalsozialistische Bewegung derlei Strukturen von gestern wegschwemmte. Bis in die Reihen der Katholiken ging die

Wirkung der mit Begeisterung begrüßten *Erneuerung im deutschen Volk.*
Während der zwanziger Jahre hatte der von der hervorragenden Priesterpersönlichkeit Michael Pfliegler geführte Bund Neuland, eine der Nachhuten des Wandervogels aus der Zeit vor 1914, eine tiefgehende, nie mehr geschlossene innere Spaltung in die Reihen der katholischen Akademikerschaft getragen. Pfliegler versuchte damals eine noch heute in Kreisen der Linken gewürdigte Versöhnung der Kirche mit der Arbeiterschaft anzubahnen, ein Vorhaben, das Otto Bauer bei seinem Kampf mit Ignaz Seipel sehr genehm kam. Dieser Versuch scheiterte. Was blieb, war besagte Spaltung, die sich im ständigen Gegensatz der Erneuerungsbewegung Neuland zum CV weitete. Nach 1930 kamen im Bund Neuland andere Neuerungstendenzen auf, solche, die große Teile der Neulandjugend in die Nähe der Hitlerbewegung führten. Je schärfer der Konflikt zwischen dem CV und der Hitlerbewegung wurde, desto mehr vergrößerte sich der Abstand der beiden katholischen Verbände Neuland und CV. Im Bund Neuland trat Fritz Flor hervor, der zuerst die HW als fällige Neuerungsbewegung angesehen hatte, bis um ihn jenes Zwielicht entstand, in dem bis 1938 alle Verbände der katholischen Hochschülerschaft Wien, die des CV ausgenommen, von nationalsozialistischen Führerpersönlichkeiten geleitet wurden. Flors Schicksal wurde bezeichnend für national betonte Katholen. In der HW suchte er Kontakt zu dem in Wöllersdorf gelandeten HW-Führer Graf Alberti, einem aus dem Katholizismus hervorgegangenen Intellektuellen, der zeit seines Lebens viel Verwirrung gestiftet hat.
Albrecht Graf Alberti war in seiner Jugend im österreichischen Katholizismus zu Hause. Seine Tätigkeit in der Christlichsozialen Partei ging zu Ende, als ihn die Partei wegen seiner HW-Aktivitäten ausschloß. 1933 ertappte ihn die Staatspolizei bei geheimen Konventikeln mit Vertretern der illegalen Hitlerbewegung. Der Graf landete in Wöllersdorf. 1938 bekannte er sich endlich auch in der Öffentlichkeit als Nationalsozialist; nach 1945 trat er für die WdU, Vorgängerin der FPÖ, ein. Ebenso unglücklich agierte bei gleicher Bestrebung der Wiener Universitätslehrer Hans Eibl.

Eibl, aus Österreichisch-Schlesien gebürtig, litt an einem Mangel, der ihm zu spät bewußt geworden ist. Seine Ahnentafel entsprach nicht ganz den Anforderungen der Nürnberger Rassengesetze. Solange derlei für ihn ohne Belang war, vertrat er in Wort und Schrift unablässig den *Kampf gegen die Ordnung von Versailles im Jahr 1919 und deren Folgen sowie gegen den Bolschewismus.* In einer Kampfbewährung aller Deutschen gegen diese aus West und Ost drohenden Gefahren sah er das Motiv einer Erneuerung, für deren gedankliche Erfassung er interessante philosophische Beiträge lieferte. 1930 machte ihn eine Wiener Verbindung des CV zu ihrem Ehrenmitglied. Damit war er um so mehr jenen Kreisen verhaftet, für die der Hitlerismus nichts Schreckhaftes an sich hatte und die zutiefst unzufrieden waren mit dem Zustand in der letzten Nachhut der Lueger-Partei. Eibl hat in diesen wirren Zeiten nationalsozialistische Führer ins Wiener Erzbischöfliche Palais geführt, dabei aber ebenso wenig Erfolg gehabt wie in den zwanziger Jahren Pfliegler beim Versuch der Versöhnung der Arbeiterschaft mit der Kirche. Mit tiefem Bedauern erlebte Eibl jene Zeit, in der innerhalb der Deutschen Studentenschaft in Wien die 1918 angebahnte Gemeinsamkeit der Katholen und der Nationalen schleißig wurde. Im Wintersemester 1932/33 schritt Eibl zur Tat:

Auf seine Initiative hin fand am 2. Dezember 1932 im Wiener Sophiensaal eine Veranstaltung statt, die von den Verbindungen des Waffenrings und des CV getragen werden sollte. Eibl wollte die Jungen tief in seine Ideenwelt führen, als die SA mit festem Tritt den Saal betrat und der Idylle ein Ende bereitete. Was Eibl sagte, war nicht als Kampf mit Methoden der Gewalt gedacht. So langweilte er die Jungen, die tatenfroh auf die zur Tat schreitende SA blickten und schließlich nicht länger zögerten, etwas zu tun. Und zwar gleich. Beim Ausmarsch der Chargierten aus dem Saal kam es zu einer der üblichen Rempeleien wegen der Rangordnung, die zunächst Waffenstudenten und Katholen untereinander ausmachten. Man war sich einig, den Konflikt am nächsten Tag anläßlich des üblichen Samstagsbummels der Couleurstudenten auszutragen. Wer weiß, wie diese Prügelei, die seit Jahrzehnten dem Aggressionsabbau der Studenten diente, ausgegangen wäre, hätte nicht der Universitätsrektor, der weltberühmte Paläontologe Othenio Abel, den unseligen Gedanken gehabt, die *Hochschul-SA* mit der Herstellung der Ordnung auf akademischem Boden zu betrauen. Das nun taten die SA-Männer sehr gerne, und sie schlugen mit Stahlruten und Schlagstöcken auf die Katholen ein. In der Hitze des Gefechtes trafen solche Hiebe auch Katholen, die insgeheim schon mit den Nationalsozialisten gemeinsame Sache machten. Ansonsten waren für die Angehörigen des CV die von der SA geführten Hiebwaffen nicht couleurfähig, und sie erlitten eine schmähliche Niederlage. Sie waren ja in der Minderzahl.

Jene, die sich nachher auf der Unfallstation des Allgemeinen Krankenhauses trafen, haben diese Stunde nicht vergessen. Auf alle Fälle ist eines geschehen: Die sogenannten Brückenbauer in beiden Lagern hatten so ziemlich ausgespielt, die im Sommer 1918 im Existenzkampf des Ersten Weltkrieges entstandene Zusammengehörigkeit der deutschen Studenten der Monarchie zerbrach. Die DSt taumelte einem kläglichen Ende entgegen. Die Katholen und die Nationalen von damals wurden einander spinnefeind, und sie sind es auch geblieben. Die Neuerer unter den Katholen zogen sich auf den unverdächtigen Boden der Katholisch-deutschen Hochschülerschaft Wiens zurück, wo einige hochgebildete Persönlichkeiten, die zum Teil nach dem 11. März 1938 in den Reihen der Sieger auftauchten, den Erneuerungsgedanken mit Erfolg wachhielten. Unter ihnen ragte der vom Kanzler sehr geschätzte Ministerialbeamte Wilhelm Wolf hervor, der am 12. März 1938 bei der Vereidigung des Personals des von ihm geleiteten Außenressorts eine bemerkenswerte Äußerung tat. Ja – man habe dem verblichenen System gedient, aber *mit geballter Faust in der Tasche.* Aber solche betont nationalen Katholen kamen nach 1938 bei Nationalsozialisten oft schlecht an. In Gestapoverhören mußten sie erfahren, daß für einen wirklichen Nationalsozialisten derlei Typen verächtlich und verdächtig seien. Einige der unentwegten Brückenbauer fielen im Dritten Reich Unfällen zum Opfer, über die viel gemunkelt worden ist.

In der katholischen Hochschülerschaft Wiens unternahm es ein Sohn des später als Judenknecht ins KZ eingelieferten Bürgermeisters Richard Schmitz, den Neuerern an den Leib zu rücken. Seine Kandidatur für den Hochschulausschuß wurde von der kompakten Mehrheit der Neuerer zu Fall gebracht. Es war der spätere Bundeskanzler Josef Klaus, der einen Kompromißkandidaten suchte und ihn in der Person des damaligen Seniors der katholischen Verbindung »Nordgau« und langjährigen Angehörigen der HW Heinrich Drimmel fand. Man fand sich mit Drimmel ab, und dieser geriet so auf ein Gleis, das ihm später alle Erfolge und Fährnisse eines Lebens in der Politik einbrachte.
Leider mußte der HW-Mann Drimmel im Kreis der Intellektuellen der katholischen Hochschülerschaft Wiens bald erkennen, daß er in den falschen Zug eingestiegen war. Er fand sich in einer Umgebung, die eher darauf aus war, mit der nun schon von der legalen politischen Betätigung ausgeschlossenen Hitlerbewegung in Kontakt zu bleiben. Einige Illegale im CV von 1938 gehörten diesem Umkreis an. Also verließ Drimmel dieses Betätigungsfeld nach einigen Monaten und suchte sich in der HW eine andere Kampffront.
Das Schicksal des 1933 gescheiterten Sohnes des späteren Bürgermeisters Schmitz ist bezeichnend für den Wirrwarr jener Tage. 1945 tat er bei Major Biedermann mit, als dieser mit der auf Wien rückenden Sowjetarmee in Kontakt treten wollte. Er geriet in ein Zwielicht. Die Gestapo war aber gründlicher bei der Arbeit als die vormalige österreichische Staatspolizei. Sie hat nach gewissen Verrätereien die gefährlichen Aktivitäten des Majors aufgedeckt, worauf der *Sicherheitsdienst* (SD) die Liquidierung des ehemaligen HW-Bataillonskommandanten und späteren Illegalen Biedermann besorgte. Er wurde öffentlich gehenkt, in Floridsdorf am Spitz, also dort, wo 1934 die HW gekämpft hatte. So riß einer der Stränge des Wirrwarrs jener Zeiten, während der fast jeder, der mittat, einmal auf der momentan nicht genehmen Seite gestanden ist.
Im März 1933 lagen derlei Spätfolgen der Machtergreifung Hitlers vom Jänner desselben Jahres tief unter dem Horizont der Betrach-

tungen der Regierung Dollfuß. Im ersten Ministerrat nach der sogenannten Selbstauflösung des Nationalrates beschäftigte man sich denn auch weniger mit diesem Ereignis als mit den erwarteten Übergriffen der nationalsozialistischen Propaganda und Aktivitäten vom Reich auf Österreich. Beim Vergleich der Gefahren, die einerseits in der *Krise des Parlamentarismus,* andererseits seitens *Hitlers* drohten, gab die Regierung letzteren den Vorzug beim Beschluß ihrer Maßnahmen. Hatte Hitler im Reich die Demokratie mit den Methoden der Demokratie besiegt und wurde dieser Sieg lange Zeit auch in den angelsächsischen Ländern nach dem Satz: *Right is what a majority makes it to be*, als rechtens geschehen angesehen, dann hatte Dollfuß recht. Aus seiner Reaktion auf die Vorgänge im Parlament im März 1933 die böse Absicht abzuleiten, wonach er daran war, die Demokratie per sofort abzuwürgen, entspricht nicht den Tatsachen und der Verantwortlichkeit einer Regierung, die vom Anfang an ein Dorn im Auge Hitlers war.

In solchen Situationen war – und ist – stets jene Spontanmaßnahme irreführend, die die Abwehr der Angriffe auf den Staat der Polizei überläßt. Die Polizei aller Länder und Zeiten hat dafür ein Modell: Zuerst ein Kordon, nachher ab-sperren, ein-sperren und zu-sperren. Geistreiche Männer haben das so ausgedrückt, daß jener im Umsturz siegt, der zuletzt den Kerkerschlüssel in der Hand und das Militär auf seiner Seite hat. Tatsache ist, daß Dollfuß nach dem Durchbruch des Nationalsozialismus zur Macht im Reich den nächsten Angriff *nicht von links, sondern* von Berlin und München, also *vom neuen Staat und seiner staatstragenden Partei, der NSDAP, erwartet hat.* So erklärt es sich, daß im Protokoll der Regierungssitzung vom 7. März 1933 an keiner Stelle von einer taktischen Ausnützung der sogenannten Selbstausschaltung die Rede ist, die drei Tage zuvor im Parlament stattgefunden hatte. An jenem Tag war doch die Ausgangslage so, daß die Opposition angriff und der Regierung eine vernichtende Niederlage beizubringen hoffte, während die Regierung in der Abwehr war und blieb. Und die SDAPÖ hat sich, so auch Adolf Schärf nach 1945, mit der Preisgabe des Amtes des Ersten Präsidenten des Nationalrates kein gutes Bild in den Augen wirklicher Demokraten geschaffen. Sie hat an jenem Tag im März 1933 die Partei über den Staat gestellt und verlangte jetzt, daß der Staat ihrer Parteitaktik zu Hilfe kam.

Gleich an dieser Stelle muß die Heranziehung des *Kriegswirtschaftlichen Ermächtigungsgesetzes von 1917* erwähnt werden. Es ist nicht zutreffend, daß sich die Regierung Dollfuß dieser Verordnungsermächtigung erst nach der Selbstausschaltung des Nationalrates bediente. Tatsache ist, daß die Verordnungsermächtigung schon 1932 bei der Finalisierung der Maßnahmen zur Rettung der Credit-Anstalt herangezogen worden ist.

Daß diese Praxis vom späteren Sektionschef des Bundeskanzleramtes Robert Hecht geliefert worden ist, hat später in der nationalsozialistischen Propaganda deswegen eine besondere Rolle gespielt, weil dieser Beamte nicht den Ansprüchen der Nürnberger Rassengesetze entsprach. Hecht war deswegen auch nach 1938 eines der ersten unglücklichen Opfer des Umbruchs, wie man in diesem Jahr gesagt hat. Solange nach 1918 die Leitung der Staatsgeschäfte in den Händen des Sozialdemokraten Karl Renner lag, gab es in dessen Partei keinen Widerstand gegen die Übernahme dieser später so sehr umstrittenen Rechtsmaterie in den Gesetzesbestand der jungen Republik. Erst Ende der zwanziger Jahre tauchten in der SDAPÖ diesbezüglich Bedenken auf.

In den kritischen Tagen des März 1933 war Staatssekretär Fey der Mann der Stunde. Fey, der es nach dem Umbruch vorzog, gemeinsam mit seiner Familie den Tod zu suchen, um nicht in die Hände der damaligen Sieger zu fallen. Fey begann mit einem Runderlaß an die Landesbehörden, in dem er politische Kundgebungen aller Art verbot. Damit aber durchkreuzte Fey die Pläne der in jenen Tagen siegestrunkenen österreichischen Nationalsozialisten, die fest damit rechnen wollten, daß dem Sieg des Führers im Reich auch in kurzer Zeit der Sieg seiner Bewegung in Österreich folgen würde. So wurde Fey in der ersten Stunde nach der Machtergreifung der Todfeind der Nationalsozialisten, und er blieb es, wie viele Befriedungsaktionen auch nachher den Nazis gegenüber von verschiedenen Politikern versucht wurden. So ge-

sehen hat Fey gut getan, nach dem Umbruch 1938 sich und seiner Familie jenen Tod zu ersparen, den der gewesene Staatssekretär für Landesverteidigung der Regierung Schuschnigg, Wilhelm Zehner, erlitten hat.
Schuschnigg dachte anders als Fey. Er brachte in den Ministerrat die Rechtsauffassung mit, wonach es Sache des Bundespräsidenten sei, gemäß Artikel 18 der Bundesverfassung einzuschreiten. Dazu hätte es aber der Mitwirkung des Hauptausschusses jenes Nationalrates bedurft, dessen schwächliche legitimierende Kraft am 4. März so schmählich versagt hatte. Schuschnigg war gegen die Einführung der Zensur und damit der Ansicht des Linkspolitikers aus der Zeit der Monarchie Ofner, dessen Lex Ofner derlei einen Riegel vorschob. Nicht beeinträchtigte die Lex Ofner aber eine *Vorzensur,* die denn auch am 7. März 1933 vom Ministerrat beschlossen wurde. Die Kollegen des Justizministers drängten aber angesichts der drohenden Überschwemmung des Landes mit nationalsozialistischer Propaganda aus dem Reich auf wirksame Maßnahmen, etwa auf die *Beschlagnahme* von Druckwerken. Im Reich hatten weder Vorzensur noch Repressivzensur im Kampf gegen die Propaganda Goebbels' siegen können. Dabei war im Reich das Notverordnungsrecht des Staatsoberhauptes viel leichter zu handhaben als in Österreich, wo solche Vollmachten nicht bestanden. Der Justizminister gab zu bedenken, daß es die Regierung im Konfliktfall mit dem Verfassungsgerichtshof zu tun bekommen würde. Dafür hat denn alsbald die Stadt Wien reichlich und unablässig gesorgt und damit auch unbeabsichtigt der nationalsozialistischen Sache in die Hände gearbeitet.
Bemerkenswert ist, daß Unterrichtsminister Rintelen, den am 25. Juli 1934 die Nationalsozialisten zum Nachfolger von Dollfuß ausersehen haben, keine Einwände gegen das hatte, was den Nazis bei ihrem ferneren Kampf gegen die Regierung Dollfuß so sehr zum Schaden gereichen sollte. Man stand eben im März nicht an einer *Weggabelung,* sondern an einem *Kreuzungspunkt,* von dem die Wege vieler Akteure, die 1938 oder 1945 an den merkwürdigsten Stellen wieder ans Tageslicht der Politik gekommen sind, auseinandergingen.

Heeresminister Vaugoin beteiligte sich am allgemein-politischen Tenor der Diskussion, kam aber mit keinem Wort auf eine besondere Beteiligung des Bundesheeres an den Abwehrkämpfen gegen die Nationalsozialisten. Dies fällt nachträglich betrachtet auf, weil er kurz vor seinem Ausscheiden aus der Regierung noch eine Inspektionsreise entlang der oberösterreichischen Grenze gegen Bayern machte. Dabei kam es zu jenem Abkommen, nach dem sich selbständige Verbände des Schutzbundes und der HW zu einer Verteidigung gegen Übergriffe aus Bayern unter die oberste Führung eines Heereskommandos begeben wollten; Julius Deutsch war skeptisch, ob Vaugoin derlei auch gegen die Zentralgewalten in Wien werde halten können. Noch konnte Vaugoin selbstbewußt bejahen, aber bald darauf mußte er erfahren, daß er, der Vertreter der Wiener Richtung in der alten Lueger-Partei, nicht länger gefragt war als Minister . . .
Der später Dollfuß in den Rücken gefallene liberale Vizekanzler Winkler beteuerte, daß nach seiner Ansicht der Nationalrat trotz fortdauernder Sitzung von der Ausübung der Legislative ausgeschlossen sei. In seinen Erinnerungen hat er freilich diese im Protokoll vermerkte Solidaritätskundgebung zum »System« unterschlagen. Einige Kabinettsmitglieder erwiesen sich als aufmerksame Zuhörer und blieben in tiefes Schweigen gehüllt. Trotzdem kam die Regierung am 7. März zu dem notwendigen einhelligen Beschluß in den drei wichtigsten Belangen:
Erstens wurde ein Versammlungsverbot erlassen; *zweitens* die Hintanhaltung von Störungen der öffentlichen Ruhe, Ordnung und Sicherheit, nicht zuletzt im Interesse der schwer um ihre Existenz ringenden Wirtschaft, organisiert. Und *drittens* sollte der Bundespräsident mit den Notwendigkeiten des Augenblicks befaßt werden.
Es ist nach 1945 die Legende verbreitet worden, als hätte das verhaßte System von 1933 bis zu seinem Ende am 11. März 1938 den Bundespräsidenten nicht hinlänglich fortlaufend vom Gang der Dinge informiert. Dem ist nicht so. Tatsache ist, daß der Bundespräsident von den ihm nach der Verfassungsreform 1929 zustehenden erheblichen Rechten keinen Gebrauch machte. Damals

wurde eine in der Zweiten Republik über die Maßen gelobte Praxis eingeführt: Die Regierung weiß um die Macht des Staatsoberhauptes, dieses aber enthält sich der Ausübung der besonderen Machtvollkommenheiten, auch in Krisenfällen.
Sicher hat der amtierende Bundespräsident Wilhelm Miklas, der aus der Tradition der parlamentarischen Demokratie im alten Österreich hervorgegangen ist und schon ab 1907 dem damaligen Abgeordnetenhaus bis zu dessen Ende im Jahr 1918 angehört hat, in jenen Märztagen auf *Initiativen der politischen Parteien* gewartet. Was taten die im Nationalrat vertretenen Parteien?
Die *Christlichsoziale Partei* war durchaus bereit, im Einvernehmen mit dem Landbund einer Einberufung des Hauptausschusses des Nationalrates zuzustimmen. Es sollte jener Unterausschuß gewählt werden, dessen Mitwirkung bei Ausübung des Notverordnungsrechtes des Bundespräsidenten notwendig war. Also trifft es nicht restlos zu, was nach 1945 in Kreisen der SPÖ kursierte und wonach die Christlichsozialen der parlamentarischen Demokratie müde wurden, als es sich ergab, daß sie sich in diesem System auf dem absteigenden Ast befanden. Warum kam es nicht zu diesem Schritt der beiden Regierungsparteien?
Selbstverständlich blieben auch die beiden *Oppositionsparteien*, die SDAPÖ und die Großdeutschen, nicht untätig. Die Großdeutschen schickten den seinerzeit von ihnen gestellten, aber seit dem 4. März 1933 nicht mehr in Funktion befindlichen Dritten Präsidenten des Nationalrates ins Treffen. Straffner war nun nicht mehr als ein prominenter Abgeordneter der Großdeutschen Volkspartei, keinesfalls aber mit der Leitung der Verhandlungen im Hohen Haus befaßt. Straffner alarmierte den Landbund, der befürchtete, in der Regierung würde durch das ungesetzliche Vorprellen der Großdeutschen die Bastion der unabhängig von einer Regierungsbeteiligung einer der beiden Parteien stets bestehenden gemeinsamen Front gegen die Schwarzen, Klerikalen oder wie immer die Standardbezeichnung im Lager der Liberalen hieß, zerstört. Im Moment wollten beide Parteien den *Bundespräsidenten ins Spiel bringen;* dabei wäre jeder der beiden Parteien, von denen ja nur die Großdeutschen in der Opposition waren,

alles recht gewesen, was einen Konflikt zwischen dem Staatsoberhaupt und dem Bundeskanzler eingebracht hätte. Die Regierung insgesamt wurde allerdings pflichtgemäß beim Staatsoberhaupt in dem Sinne vorstellig, daß letzteres Straffner von einem rechtswidrigen Schritt abhalten sollte. Nämlich von der Wiederaufnahme jener Befugnisse, auf die er am 4. März bei Niederlegung seines Amtes als Dritter Präsident des Nationalrates verzichtet hatte. Der Bundespräsident vermied es zunächst, sich in den Wirrwarr der Meinungen und Rechtsauffassungen hineinzerren zu lassen. Anders dachte der in der Präsidentschaftskanzlei tätige Hofrat Klastersky, ein Beamter mit Vorkriegsqualitäten, dem es nicht um den Vorteil im Parteienkampf ging, sondern um eine Gefahr für den Staat, der nicht vollends auf den Boden der Illegalität gezogen werden sollte. In diesem Sinn entwarf er einen Brief des Staatsoberhauptes an Straffner, der diesen darauf aufmerksam machen sollte, welche Gefahren seine beabsichtigte Wiederaufnahme der Tätigkeit eines Dritten Präsidenten zur Folge haben könnte. Nun mischte sich Leopold Kunschak in den Gang des Geschehens rund um den Ballhausplatz. Er hatte ja am 4. März durch einen Antrag zugunsten der von Disziplinierung bedrohten Eisenbahner den Konflikt, der dann entgegen seiner Absicht entstand, verhindern wollen. Jetzt schlug er dem Bundespräsidenten vor, dieser möge den Vorgänger Dollfuß', den bereits wieder ins Amt des Landeshauptmannes von Niederösterreich eingerückten Dr. Buresch, also einen in Verhandlungen mit den Roten bewährten Landespolitiker, ins Lager der Roten schicken. Parallel dazu lief eine Aktion des Bundesobmannes der Christlichsozialen Partei Vaugoin. Es ist viel nach der Ursache davon gesucht worden, daß das Staatsoberhaupt nicht den Erwartungen jener entsprach, die mit der *Amtsenthebung der Regierung Dollfuß* rechneten. Man darf annehmen, daß der Bundespräsident gewarnt war, als es sich ergab, daß der frühere Bundeskanzler Buresch, ein gewiegter und auch beim Gegner gelittener Unterhändler, in seinem Gespräch nicht zu Rande kam. Es hatte den Anschein, als wäre die SDAPÖ weniger auf die Rückkehr zur parlamentarischen Demokratie, sondern vielmehr darauf aus, der Gefahr auszuweichen,

künftig von der Teilnahme an der Macht im Staate ausgeschlossen zu sein. Nach dem Trick, den die Oppositionsparteien am 4. März 1933 angewendet hatten, um die Regierung auszumanövrieren, war es Dollfuß wohl kaum zuzumuten, daß er jetzt den Machern dieses ernsten Zwischenfalles vertrauensselig entgegenkam. Die Regierung hatte jedenfalls festen Boden unter den Füßen, wenn sie von der Tatsache ausging, daß Straffner zwar im Parlament Parlamentarier zusammenrufen konnte, daß es sich damit aber nicht um eine Fortsetzung der am 4. März unterbrochenen Sitzung des Nationalrates, sondern bestenfalls um eine Vereinsversammlung handeln konnte.
Jetzt machte Winkler in seiner Eigenschaft als Parteiobmann des Landbundes einen Alleingang zum Staatsoberhaupt. Er erreichte aber nicht mehr, als daß ihn das Staatsoberhaupt ermunterte, seine vermittelnde Tätigkeit fortsetzen. In dieser Hinsicht befand sich der Bundespräsident auf einer Linie mit dem Vorsitzenden der SDAPÖ, der auch nicht eine Sofortlösung heranzwingen wollte, sondern auf Zeitgewinn setzte. Hatten sich die am 4. März aufgeregten Gemüter beruhigt, dann war wohl auch zu erwarten, daß die Politiker aufhören würden, ständig die Legalität mit dem Zollstock zu messen. Das hatten die Sozialdemokraten schließlich bei ihrer Staatsgründung im Jahr 1918 auch nicht getan.
Klasterskys Brief wurde ins Reine geschrieben und expediert, Straffner aber tempierte die Antwort so, daß sie erst am Ballhausplatz einlangte, als die Aktion Straffner im Parlament schon stieg. Darüber gibt es eine minutiöse Notiz der Staatspolizei . . .
14.45 Uhr: Die Großdeutschen haben als erste den Sitzungssaal des Nationalrates betreten. Ihnen folgte ein Teil der sozialdemokratischen Fraktion. In summa war etwa ein *Drittel* des Plenums anwesend. Die Sicherheitswache zernierte den Saal, so daß die zu spät eintreffenden Sozialdemokraten Seitz und Danneberg nicht der Sitzung beiwohnen konnten.
14.50 Uhr: Die von Straffner einberufene Sitzung hat bereits stattgefunden. Straffner vermied es, den Präsidentenstuhl zu benützen, er hielt seine Ansprache vom Rednerpult aus. Nach fünf Minuten erklärte er die von ihm an jenem Tag geschaffene Sperre

wieder für beseitigt und damit dem Parlamentarismus in Österreich wieder eine Gasse gebahnt zu haben; weitere Sitzungen sollten nach seiner Version folgen . . .
14.55 Uhr: Kriminalbeamte besetzen die Präsidentenbühne, um zu verhindern, daß es ein anderer Abgeordneter unternimmt, die Rolle des Präsidenten zu spielen. Jetzt erst machte sich auch Polizeipräsident Brandl bemerkbar, der an sich verhindern sollte, daß die Aktion Straffner überhaupt steigt.
Im selben Moment, in dem die Polizei das Ende der Aktion Straffner registrierte, wurde über die RAVAG eine amtliche Mitteilung ausgegeben. Ihr Inhalt deckte sich im wesentlichen mit den Notizen der Staatspolizei und – hier muß es gesagt werden – mit unbestreitbaren Tatsachen. Das amtliche Kommuniqué endete mit dem Satz, wonach es zu keinen Zwischenfällen gekommen sei und völlige Ruhe herrsche.
Diese Ruhe zu stören war jetzt Aufgabe der Oppositionsparteien, vor allem aber auch der im Nationalrat nicht vertretenen NSDAP und KPÖ. Bei der damaligen Ausrüstung der Bundessicherheitswache, die sich zu der von 1986 ausnimmt wie die eines friedfertigen Schützenvereins zu der eines Infanteriestoßtrupps des Zweiten Weltkrieges, wäre die Exekutive in eine üble Situation geraten. Hätte dann auch noch Vaugoin das Bundesheer wie am 15. Juli 1927 herausgehalten, dann wäre es vielleicht tatsächlich zu jener *Volkserhebung* gekommen, von der einmal Theodor Körner gesprochen hat, als er noch technischer Berater des Schutzbundes war; und nachher auch Hitler, als er 1938 Graz wegen des in dieser Stadt zuerst stattgefundenen Umbruchs den Namen »Stadt der Volkserhebung« verliehen hat. Im Spätwinter 1933 war gewiß viel Not unter der Bevölkerung in Österreich und vielerorts die Bereitschaft vorhanden, alles zu unterstützen, was nur immer geeignet erschien, wenigstens der krassesten Not ein Ende zu bereiten. Noch traute man Parteien und Politikern zu, Abhilfe zu schaffen; aber je länger der Notzustand andauerte, desto mehr Zorn, Haß und aufgestaute Aggressionen verbreiteten sich in der Menge.
Die KP trat an. Sie war zahlenmäßig schwach, aber jedes ihrer Mitglieder war Kombattant. Sie versuchte sich in den Reihen der

vor den Arbeitslosenauszahlungs- und -kontrollstellen Schlange stehenden Beschäftigungslosen bemerkbar zu machen. Eine letzte Reserve wurde in ihren Parteilokalen in Bereitschaft gehalten. Eine sogenannte Aufwiegelung brachte die KP allerdings nicht zustande. Auch zur KP hatten die in einer heute unvorstellbaren Not befindlichen Massen kein Vertrauen.
Anders im Fall der SDAPÖ. Sie veranlaßte wenige Tage nach der Selbstausschaltung des Nationalrates gewisse Bereitstellungen des Republikanischen Schutzbundes, weiters ordnete sie die sogenannte Führer- und Telefonbereitschaft an, von der schon Jahre zuvor Körner gesagt hatte, sie sei jener zu oft geübte Routinevorgang, der die Truppe eher schläfrig als rührig macht. Als die Nachricht von der Aktion Straffner durchkam und somit auch in der Öffentlichkeit bekannt wurde, daß diese Aktion von der Exekutive unterbunden worden war, kam in der SDAPÖ und im Schutzbund die Absicht auf, einen Generalstreik auszurufen – und zwar von seiten der Partei, nicht der Gewerkschaft. Die Bundespolizeidirektion Wien erwartete allerdings lediglich Störtätigkeiten, wogegen gemäß den am 15. Juli 1927 gemachten Erfahrungen die Vorkehrungen getroffen wurden.
Die Frontkämpfer, die 1927 so fatal an den Vorgängen des 15. Juli beteiligt gewesen waren, standen im März 1933 bereits als Frontkämpfervereinigung Deutschösterreich zum Teil an der Seite der nationalsozialistischen Kampfverbände. Die Polizei observierte die Bereitschaftslokale der diversen Wehrformationen, perlustrierte in Zivil einrückende Parteigänger derselben und beschlagnahmte Hieb- und Schußwaffen. Die Wehrverbände hatten ihrerseits Beobachtungsposten in der Stadt verteilt, um die Aktivitäten der »anderen« unter Kontrolle zu haben und um vor einer Überrumpelung durch die Sicherheitswache geschützt zu sein.
In Berlin war der Brand des Reichstagsgebäudes das Fanal für den Vernichtungskampf der NSDAP gegen die anderen Parteien. Man griff dort bekanntlich einen geistesschwachen Holländer, der nachher im Prozeß aussagte, er habe das Gebäude in Brand gesetzt. Zufällig hatte man in Berlin am Tag des Brandes den späteren Generalsekretär der Komintern, den Bulgaren Georgi Dimit-

roff, bei der Hand. Ihm hängte man einen Schauprozeß an, aber der Beklagte brachte die Kläger in Verwirrung und ging frei. So bekam er 1944 die Möglichkeit, nach der Machtergreifung der Kommunisten in seinem Heimatland die Feinde seiner Partei mit einer Perfektion auszurotten, die selbst Stalin in Erstaunen versetzte. Im Reich überlebte die SPD aufs knappste den Reichstagsbrand; am Tag der Wahl, am 5. März, waren aber schon viele ihrer Funktionäre – so wie die der KP – in Schutzhaft. Solche dramatischen Entwicklungen blieben den Österreichern zunächst erspart. Sie gingen im Februar und im Juli 1934 mit der Waffe aufeinander los.

Ein seltsames Gerücht lief seit dem 15. März 1933 hinter der WHW her. Ihr Führer, Staatssekretär Fey, hatte für diesen Tag etwa 2500 Angehörige seiner HW im Gebäude des bestandenen k. k. Landwirtschaftsministeriums in der Wipplingerstraße der Inneren Stadt vergattern und bereitstellen lassen. Die Zeiten waren windig. Der Polizeipräsident Franz Brandl sympathisierte längst mit den Nationalsozialisten. Die Zahl der Mitglieder des »Nationalsozialistischen Soldatenrings« im Bundesheer wuchs. Nicht wenige Offiziere des Bundesheeres, wie etwa der spätere Generaloberst des deutschen Heeres Lothar Rendulic, machten auch in Gesprächen mit Ausländern aus ihrer kritischen Gesinnung kein Hehl. Fey rechnete also damit, daß die Gegner nicht warten würden, bis die noch auf wackeligen Beinen stehende Regierung Dollfuß fest im Sattel säße. Sie würden vielmehr zuschlagen, ehe es zu spät war, meinte Fey. Daß damals, 1933, die Linke ihre einschlägige Chance vertan hat, haben ihr nach 1945 die aus ihren Reihen hervorgegangenen Politologen und andere Analytiker der österreichischen Geschichte arg angekreidet.

Und doch: Ein Aufruhr, ein Aufstand, eine *Levée en masse* war für Dollfuß nicht die Gefahr der Stunde. Für ihn lauerte die Gefahr zunächst nicht drüben beim Feind, sondern im eigenen Graben, in seiner Regierung. Nachdem die Großdeutsche Volkspartei mit der NSDAP Österreichs samt dem Steirischen Heimatschutz am 15. Mai 1933 in Linz eine gegen Dollfuß gerichtete Kampfgemeinschaft geschlossen hatte, war es für einen Betont-

Nationalen nicht mehr möglich, irgendeiner Gemeinschaft anzugehören, die nicht im Kampf gegen die Regierung stand. Wieder einmal griffen an der Wiener Universität die Angehörigen des Waffenrings im Verein mit der nationalsozialistischen Übermacht die Katholen an. Anlaß dazu war eine von der jubilierenden Verbindung Norica und ihren beiden Tochterverbindungen Franco-Bavaria und Marco-Danubia geplante Ehrung der Toten des Ersten Weltkrieges vor dem Kriegerdenkmal in der Aula. Zusammen mit seinen Bundesbrüdern der Franco-Bavaria zog auch der Altherren-Senior der Verbindung, der amtierende Bundeskanzler Dollfuß, auf. Das war am 29. Mai 1933. Ehe noch die Feier beginnen konnte, griffen die Männer der Hochschul-SA und ihre Parteigänger von beiden Stiegenaufgängen her die Katholen in der Aula konzentrisch an. Der Rektor und der Kanzleidirektor überließen alles weitere hilflosen Pedellen, die auch ihren Teil abbekamen. Auf dem Höhepunkt der Ausschreitungen rückte eine Abteilung der Bundespolizei zum ersten Mal seit 1848 (!) auf akademischem Boden ein. Sie ist während der folgenden Jahre bis 1938 nicht mehr abgezogen. Was aber in größeren Bereichen der Politik mehr wog, war etwas anderes: Die Gemeinschaft der Frontgeneration aus 1919 ist von der *Generation ihrer Söhne* für immer zerschlagen worden. In Wien und in Österreich holte sich die überbündische Deutsche Studentenschaft das Krebsübel, ehe sie im Dritten Reich die vollkommene Gleichschaltung der Hochschülerschaft mit dem Nationalsozialistischen Studentenbund erleben mußte.
Ab dem März 1933 tat Dollfuß die entscheidenden Schritte. Er entledigte sich der seiner Regierung angehörenden Landbündler und ersetzte sie durch Parteifreunde. Um diese Zeit war der Republikanische Schutzbund schon von der Regierung aufgelöst. Der Gegenschlag des Bürgermeisters von Wien, der seinerseits die HW auflöste, ging jedoch ins Leere. Kaum zehn Tage darnach rekrutierte die Regierung aus den ihr nahestehenden Wehrformationen ein Freiwilliges Assistenzkorps. In der Parteipolitik gingen die Uhren anders: Am 23. April 1933 erreichte die NSDAP in Innsbruck mit 40 Prozent der abgegebenen Stimmen ihren größ-

ten Erfolg vor dem Verbot ihrer Betätigung. Das wog diesmal mehr als die Unterdrückung des traditionellen Aufmarsches der Arbeiterschaft am 1. Mai unter der roten Fahne. Denn jetzt stand für die Regierung der gefährlichere Feind rechts.
Vor allem aber erschreckte die honetten Bürger, daß sie am 1. Mai Drahthindernisse in den Straßen sahen und ein Aufgebot von Assistenzverbänden des Bundesheeres. All das stand im weiten Panorama des Geschehens im Deutschen Reich nach dem am 21. März 1933 dort gefaßten Beschluß eines »Ermächtigungsgesetzes zur Behebung der Not von Volk und Reich«.

Warten auf Mussolini?

Ungute Nachbarn

Es geschah im Jahr 1946. Der Krieg in Europa und in Asien war vorbei. Die Massenheere der Kriegstreiber, Deutsche und Japaner, existierten als Kriegsgefangene hinter Stacheldraht. Die Mitglieder der Vereinten Nationen wurden belehrt, daß nach Auslöschung der unersättlichen Militärmächte Japan und Deutschland eine Ära des Friedens über die Welt kommen würde. Die USA und die Sowjetunion wollten es übernehmen, dafür zu sorgen. Aber der Friede gedieh nicht auf der Welt. Schon führten die beiden Supermächte gegeneinander einen Krieg, allerdings einen sogenannten Stellvertreterkrieg. In den ungeheuren Weiten Chinas kämpften die dortigen kommunistischen Heere unter dem Schutzmantel der Sowjetunion gegen die Heere des im Krieg bis 1945 mit den Gegnern der Deutschen verbündeten Tschiang Kaischek. Man hörte wenig über Details des Kriegsgeschehens, aber wenn Menschen eines Landes untereinander Krieg führen, geraten diese Kämpfe meistens viel grausamer als ein Krieg, der nach den Regeln des modernen Kriegsrechts von zivilisierten Völkern geführt wird. Langsam schwand unter den Völkern Europas die gelinde Vorstellung, daß nach dem Ende des Zweiten Weltkrieges ein Frieden in einiger Geborgenheit kommen werde, vielleicht einmal wieder jener Wohlstand, den die Europäer bis zum September 1939 genossen haben.

Das Geschehen, von dem hier die Rede ist, hatte mit den neuen Unruhen in der Welt *dopo guerra,* wie die Italiener es erhofft hatten, nichts zu tun. Es ereignete sich in der Stadt Neapel, deren Bevölkerung eben den ersten Nachkriegswinter unter Umständen erlebt hatte, die für jene Zeitgenossen, die keine Kriegsgewinnler,

Schleichhändler und Profitanten des schwarzen Marktes waren, ein Alptraum blieben. Und das Geschehen war sozusagen ein kleines Nachspiel des 1945 in Europa zu Ende gegangenen Krieges. Genauer gesagt: Eine der Endabrechnungen mit dem Faschismus in Italien.
Mit einiger Verspätung waren die Verantwortlichen des amerikanischen Besatzungsregimes draufgekommen, daß die Ruinen der von Bomben der Anglo-Amerikaner zerstörten Häuser Inschriften trugen, die einfach eine Beleidigung der als Befreier ins Land gekommenen Amerikaner waren. In den letzten Tagen des Faschismus in Süditalien hatten nämlich unentwegte Faschisten auf den Trümmern zerstörter Häuser möglichst hoch und unerreichbar eine Inschrift angebracht, welche die Theorie der Befreiung von 1945 beleidigte. Dort stand in der Landessprache geschrieben, diese Zerstörungen seien das Werk der sogenannten Befreier. Es war nicht zu bestreiten, daß die Amerikaner am Ende des Krieges als Befreier ins Land gekommen waren, vor allem als Befreier von Not und Hunger. Aber das war im Neapel von 1946, so wie auch in anderen Ländern Europas, schon ein wenig vergessen. Jedenfalls waren nicht mehr die Tage wiedergekehrt, in denen man zu sagen pflegte, nach Besichtigung Neapels könne man ruhig sterben, denn etwas Schöneres gäbe es nicht auf der Welt.
In seinem Roman »La Pelle«, »Die Haut«, hat ein alter Faschist und längst zum Antifaschisten gewordener italienischer Schriftsteller, der als Kriegsberichterstatter im Heer Mussolinis ausgezogen ist und als Gehilfe der Besatzungsmacht den Krieg beendete, das unglaubliche Chaos beschrieben, das nach Kriegsschluß in vielen Teilen Italiens, vor allem in Neapel, bestand. Auch amerikanische Literaten haben sich mit der Situation beschäftigt, als zwischen Hungersnot und ausschweifendstem Lebenswandel eine Stätte uralter Kultur zu sterben drohte. In Neapel brachte das dort im Jahr *1943 erfolgte Ende des Faschismus* keine Befreiung, man entfernte die Symbole, denen man jahrelang Referenz erwiesen hatte, und wartete auf ein System, das weniger Symbole, aber dafür mehr Brot einträgt. Es kam nicht. Was dem Faschismus folgte, übertraf selbst das, was im kriegsverwüsteten Deutschland

um sich griff: nämlich Massenelend, eine unvorstellbare Demoralisierung der Massen, weitverbreitete Exzesse jeder nur denkbaren Perversität, eben alle Exzesse der Hure Etappe, in deren Umgebung sich die Sieger im Krieg zusammen mit den Vorhuten der Schieber und Verbrecher der Nachkriegszeit verlustierten. In dieser lustvollen Zeit *dopo guerra* achteten die Amerikaner gar nicht auf die erwähnten Bemalungen der Ruinen der Stadt. Um es ehrlich zu sagen: Sie kümmerten sich nicht um diese letzte Hinterlassenschaft der Herrschaft eines Duce, den seine kommunistischen Mörder unter den Augen der Befreier am Gestänge einer Tankstelle an der Mailänder Piazzale Loreto samt seiner Geliebten aufgehängt hatten. Den Kopf nach unten hing der Duce da, wie ein Stier, den der Fleischhacker ausschlachten wird. Kommunisten vergessen eben erlittene Verwundungen nicht. Auf diesem kleinen Platz in Mailand waren im August 1944 nämlich 15 Geiseln unter dem letzten Rest des Regimes Mussolinis niedergemäht worden. Aber in Mailand haben andererseits vier Monate vor der Schaustellung an besagter Tankstelle noch Zehntausende Italiener dem Duce zugejubelt, der in Euphorie zu ihnen redete wie in seinen besten Tagen.

Vielleicht waren die letzten amerikanischen Kampfsoldaten aus Neapel abgezogen, ohne sich weiter um die mehrmals erwähnten Inschriften zu kümmern. Aber den Kämpfern waren Administratoren gefolgt, Menschen, die auf Ordnung und Sauberkeit sahen und die es nicht duldeten, daß unter dem Sternenbanner der Sieger derlei Besudelungen an den Wänden standen. Also wurde ein Haufen deutscher Kriegsgefangener aufgeboten, um diese Beleidigungen von den Ruinenwänden zu löschen. Die Arbeit war nicht ganz ungefährlich, denn die Faschisten hatten seinerzeit die Inschriften oft hoch und an schwer zugänglichen Stellen angebracht, damit die schon im Untergrund lauernden Antifaschisten nicht an sie herankamen. So sind bei dieser Reinigung noch einige Deutsche ums Leben gekommen, wenn sie abstürzten oder unter zusammenbrechenden Mauern erdrückt wurden. Indessen war das ein billiger Preis, denn das Leben eines nazistischen Judenmörders galt damals wenig in der Welt nach 1945. Die Überlebenden aber rächten sich: Sie kratzten so heftig an den Wänden, daß anstatt mit schlechter Farbe die Worte fortan in die Mauer unauslöschlich eingekratzt waren.

Die politische Entwicklung im Italien nach dem Ende des Faschismus entsprach nicht ganz den Erwartungen der amerikanischen Befreier, zumindest nicht jenen in den Zentralstellen der Heimat der Befreier. Im Juni 1946 hat sich nämlich in Süditalien ein richtiger politischer Skandal abgespielt. Man erinnert sich, daß der 28. Präsident der Vereinigten Staaten, Woodrow Wilson, im Jahr 1917 in den europäischen Krieg von damals eintrat, um, unter anderem, den Monarchien der Hohenzollern, der Habsburger und des Hauses Osman ein Ende zu bereiten und dafür der Alten Welt etwas Neues zu schenken: jenen Geist eines Amerikanismus, demzufolge die Amerikaner schon dank ihrer demokratischen Tradition imstande sind, ein *besseres Menschsein* zu produzieren als die unter alten Autoritäten dahinsiechenden Europäer. Was damals nicht gelang, das sollte nach 1945 in Italien fortgesetzt werden.

König Viktor Emanuel III., bis 1915 Oberstinhaber des Prager Hausregiments, des k. u. k. Infanterieregiments Numero 28, war 1945 noch König von Italien; auch ein Kaiser, nämlich der des inzwischen schon wieder verlorengegangenen Kaiserreiches Abessinien. Man sah ihm 1945 nach, daß er im Oktober 1922 den ehemaligen Sozialdemokraten Benito Mussolini zum königlich italienischen Ministerpräsidenten gemacht hatte. Immerhin hat besagte Majestät am 25. Juli 1943, auf den Tag genau neun Jahre nach dem Dollfußmord in Wien, besagten Mussolini mit einem Trick enthoben und ihn einer verläßlichen Einheit der Carabinieri überlassen. Auch hat der König zwei Tage nach der Arretur des Duce den Eroberer von Addis Abeba, Marschall Pietro Badoglio – das war der, der im November 1918 jenen famosen Waffenstillstand mit den Österreichern schloß, mittels welchem man Hunderttausende Österreicher-Ungarn gefangennehmen und ihnen das ganze Kriegsmaterial abnehmen konnte –, zum Ministerpräsidenten gemacht. Das war an sich nichts Außergewöhnliches, denn 1943 war der Krieg für Italien bereits verloren, und es gehört mit zum

Geschick, mit dem man in Rom auswärtige Politik macht, daß man, wie vordem in den italienischen Kleinstaaten, *den Krieg womöglich immer auf der Seite beendet,* auf der die Sieger stehen. Es kam allerdings vor, daß es dazu eines zweimaligen Frontwechsels bedurfte; denn das Kriegsglück ist launisch, und es kann sein, daß nach einem ersten Frontwechsel ein zweiter notwendig wird, wenn der ursprüngliche Bundesgenosse noch einmal im Vorteil ist. In diesem Fall folgt eben nötigenfalls ein letzter Frontwechsel. Die Gemahlin Viktor Emanuels III. war eine montenegrinische Prinzessin. Sie hielt an alten Volksbräuchen ihrer Heimat fest und sagte ihrem Mann nach der Arretur des Duce, in ihrer Heimat in den Schwarzen Bergen sage man, daß ein Bruch der Hausherrnpflicht böse Folgen mit sich bringe. Aber der König und noch mehr sein Thronfolger Umberto lachten über derlei alten Aberglauben und vermeinten, wieder einmal glimpflich davongekommen zu sein in einem an der Front verlorenen Krieg.

Aber so war es diesmal nicht. Die Arretur des Duce, den nach einigen Zwischenfällen die italienischen Kommunisten zuletzt doch in die Hände bekamen, um ihn ohne viel Federlesens aufzuknüpfen, genügte den Befreiern nicht. Die mit ihnen gekommenen politischen Ratgeber hatten längst ihren Deal mit den italienischen Kommunisten gemacht. Diese und nicht etwa die sich nach dem Sturz des Duce im Machtvakuum tummelnden Liberalen und Feudalen sollten ihre verläßlichen Partner bei der Liquidierung des Faschismus werden. Haben sich nicht 1922 bei der Machtergreifung Mussolinis auch gewisse liberale und konservative Elemente zur anfänglichen Zusammenarbeit mit Mussolini hergegeben, obwohl man damals schon recht weit gekommen war, um ein sozialistisches Italien aufzuziehen? Was aber Marschall Badoglio tat, das war nichts anderes als ein verfluchtes Zwischenspiel, das die Kommunisten und Linksintellektuellen, welche die Befreier längst in petto hatten, um den Sieg brachte. Als das gute Volk 1943 in Jubel ausbrach:

»Es lebe der König, es lebe die Armee! Wir werden siegen!«,

wußten die Befreier, daß in Italien etwas schiefgelaufen war. Der elende Badoglio, so alsbald London und Washington, hatte die

Linke aus dem Spiel gelassen. Sowie der Krieg aus war, demissionierte der Marschall; der Senat, in den ihn einmal der Duce gebracht hatte, demittierte den Herzog von Addis Abeba. Man holte den uralten Ivanoe Bonomi hervor, der schon vor der Machtergreifung Mussolinis Ministerpräsident gewesen war, nachher den angealterten Ferruccio Parri und schließlich gar den Christdemokraten Alcide De Gasperi, der noch 1914 in Wien im Abgeordnetenhaus gesessen war. Immerhin gelang an einer Nebenfront dem Neuen ein Sieg. Es gelang, die Monarchie zu Fall zu bringen. Im Juni 1946 wurden die Italiener aufgerufen, sich zu entscheiden, ob sie weiter in einer Monarchie oder ob sie nach dem Vorbild der Befreier in einer Republik leben wollten.

Das Unerwartete geschah. An sich siegten die Republikaner, und der letzte König, Umberto II., verließ nach fünfwöchiger Regierungszeit das Land. Das war keine Sensation. Die Sensation, die ein Skandal war, ereignete sich in Süditalien. Dort, in dem bis 1860 bestandenen Königreich beider Sizilien, ergab sich eine kompakte Mehrheit für die Beibehaltung der Monarchie! Gesiegt haben unter dem Terror ihrer Partisanen die Kommunisten und Linken Norditaliens. Die Hungernden und zuweilen am Rand einer Anarchie Lebenden im Süden wollten einen König. Und waren die letzten Könige auch nicht die Ihrigen, so waren es doch Könige und nicht windige Politiker. Unter jenen Kriegsgefangenen, welche in Neapel im Sommer 1946 die letzten Parolen der Faschisten von den Wänden kratzten, befanden sich auch zwei Wiener. Einer davon bemerkte, mehr zu sich redend:

»Neapel und Sizilien haben ja einmal zu Österreich gehört.«

Den anderen interessierte diese Tatsache kaum. Er war in der sowjetischen Besatzungszone Österreichs zu Hause, und dahin entließen die Amerikaner vorderhand keine ihrer Kriegsgefangenen. In Wien aber lag das Palais am Ballhausplatz, von dem aus einmal Metternich die ihm 1815 übertragene Ordnungsmacht über ganz Italien und Sizilien ausgeübt hat, zum Teil bombenzerstört in Trümmern. Schon lange vorher haben Nachfahren des Staatskanzlers dessen eigenes Palais am Rennweg an das Königreich Italien verkauft. Als im Mai 1915 der Botschafter Italiens dem bisher verbündeten Österreich-Ungarn die Kriegserklärung überreichte, prangte an der einen Ecke des Palais das Wappen des Hauses Savoyen. Vergessen waren bald die Bonmots des Kanzlers, der meinte, hinter seinem Palais begänne Asien, oder ihm sei Italien nur als geographischer Begriff geläufig. Und wenn auch nach 1945 nicht auf die Dauer sowjetische Truppen aus Asien in Österreich einzogen, so strömten doch aus jenem Osten, den zu zivilisieren einmal die Österreicher ausgezogen waren, erneut Massen ins Land. Der Balkan ereignete sich in Österreich. Aber das geschah, als es dem Schicksal bereits gefallen hatte, das in einer Nebengasse des Rennwegs im französischen Stil erbaute Palais Metternich-Sandor in die Zerstörungen des Bombenkrieges einzubeziehen.

In der Republik von 1918 waren die Italiener vor und nach dem Zweiten Weltkrieg eher mäßig geschätzt. Sonst nicht eben an einem krassen Nationalismus leidend, trauerten alle Österreicher mit den Tirolern, denen man nach 1918 just jenen Teil des Landes in den Bergen geraubt hat, woher sie den Ursprung ihrer Landesherrschaft ableiten. Es war Wilson, der im Frühjahr 1919, noch vor dem Friedensdiktat von Saint-Germain, den Italienern unter allen Umständen die Brennergrenze zusprach, um sie auf diese Weise wieder an den Verhandlungstisch zu bekommen. 1919 befanden die Italiener nämlich ihre Kriegsbeute als zu gering. Das bewog denn auch den Duce 1940, in den Krieg einzutreten; nachher dauerte es nur mehr drei Jahre, bis der Faschismus nach einer Serie beschämender Niederlagen gegen seinen äußeren Feind zusammenbrach. Und Millionen Italiener in einer Nacht ihr Abzeichen der Faschistischen Partei in den nächsten Fluß warfen . . .

Heute verkauft man in Mailand, Stätte letzter Triumphe der Ära Radetzky, Ansichtskarten mit dem Bild des nach 1915 arg geschmähten Kaisers Franz Joseph I.; neben dem Bild des Monarchen kann der Fremde den Text des Kaiserliedes auf Italienisch lesen. Aber von all dem blieb in der Republik nur mehr der entmilitarisierte Radetzkymarsch in Erinnerung; daß er eine Huldigung des konservativ gewordenen Johann Strauß Vater an die sogenannte Italienische Armee des Radetzky war, wie denn auch

Grillparzer in der Oktoberrevolution von 1848 seine Hoffnung auf den Feldmarschall gesetzt hatte, weil das »andere« im Land nur mehr Trümmer waren, ist vergessen gemacht. Immerhin hat die Monarchie ihren letzten Feldzug, jenen von 1866, im Süden gegen Italien gewonnen. Niederlagen gegen Italien wurden nach 1848 Anlässe für einen Regimewechsel in Österreich: So nach 1859, als die Liberalen nach 1848 wieder obenauf waren; 1866, als sich die Monarchie – obwohl siegreich gegen Italien, so doch unterlegen dem mit diesem verbündeten Preußen – durch den sogenannten Ausgleich mit Ungarn einen Todeskeim holte; 1918, als nach dem legendären Sieg Italiens über die Österreicher-Ungarn die Monarchie zerfiel und die etwas klein geratene Republik von den Siegern als ein Rechtsnachfolger der ganzen Monarchie mit allen denkbaren Lasten bedacht wurde.
Wer erinnerte sich nach 1945 noch jener gewaltigen, alle Teile der Bevölkerung umfassenden Kundgebung auf dem Karlsplatz in Wien, als der Südtiroler Pater Adolf Innerkofler unzählige Teilnehmer am Parteienkrieg diesen für einen Tag vergessen machte und sie daran erinnerte, daß Südtirol nicht nur die schmerzende Wunde der Tiroler ist?
Politisch war die Lage längst umgekehrt wie in der Ära Metternich: War damals Italien das Territorium eines halben Dutzends Kleinstaaten und Österreich darüber die Ordnungsmacht, so gab es seit 1918 ein halbes Dutzend Staaten, die am Gebiet der bestandenen Monarchie Anteil hatten; Italien aber war schon vor dem Machtantritt des Duce daran, über diesem Trümmerhaufen in Mitteleuropa eine Ordnungsmacht zu sein. Es war nicht erst Mussolini, der in Rom scharf darauf achtete, daß nicht eine andere Macht ihre Hand auf das dahinsiechende Österreich legte; etwa die stets mißtrauisch beobachtete ČSR, aus der Geld für eine Prag zusagende Gestaltung der öffentlichen Meinung nach Wien floß, zuweilen auch ein kleiner Waffentransport für den Schutzbund der SDAPÖ.
Dollfuß hat seinen ganzen Frontdienst an der Südwestfront gegen Italien zugebracht. Er wurde dort Zeuge des Zusammenbruchs der Monarchie, aber er brachte aus dem Krieg nicht jenes klägli-

che Minderwertigkeitsgefühl nach Hause, das seither zum Thema eines larmoyanten Singsangs im Nachkriegsösterreich geworden ist. Dollfuß war andererseits zu sehr Realpolitiker, als daß er seine auf die Zukunft des Bestandes Österreichs abgestellte Politik von jenem im Feld, vor dem Feind, erworbenen Gefühl der Überlegenheit hätte leiten lassen.

Im März 1933, nach der umstrittenen Selbstausschaltung des Nationalrates, sah sich Dollfuß in einer schwierigen Lage. Im Inneren hatte er bald alle neben den Christlichsozialen im Nationalrat vertretenen Parteien, im Grund selbst den Heimatblock, zu Gegnern. Die Staaten im Umkreis waren unsichere Nachbarn. Ungarn, bis 1918 mit Österreich in der Doppelmonarchie verbunden, war nicht sein Fall; nichts ist bezeichnender für das Kommende, als daß es Mussolini war, der Dollfuß auf den Weg nach Budapest geradezu stoßen mußte; wobei freilich der Duce sagte, Dollfuß möge erst dann mit dem ungarischen Ministerpräsidenten Gömbös das Gespräch aufnehmen, wenn er, der Duce, diesen gesprochen haben werde.

Im Norden war Eduard Beneš, vor 1918 der bösartigste Feind des alten Österreich, jetzt der Mann der Stunde in der ČSR. Er half Seipel, 1922 die Sanierung unter Dach und Fach zu bringen; dies aber beileibe nicht aus Sympathie für die Österreicher, sondern nur um so auf dem Weg zum Anschluß der Alpenrepublik an das Reich eine zusätzliche Sperre aufzurichten. Jugoslawien, dessen Anschlag auf Südkärnten nach 1918 militärisch unter Kontrolle gebracht werden konnte, hat diesen Anspruch *nie* aufgegeben. Wann immer in Österreich rebelliert wurde, haben die Verlierer in Jugoslawien Zuflucht gefunden. Zwischen Österreich und Italien aber stand das für Wien noch immer ungelöste Problem Südtirol. Dort haben die Italianissimi unwahrscheinliche Methoden angewendet, um selbst auf Friedhöfen Inschriften zu erzwingen, die bei ihnen keinen Anstoß erregen konnten. Das Siegesdenkmal, das Mussolini in Bozen errichtete und mit seinen Symbolen schmückte, ließ er mit einer für Österreich nicht eben schmeichelhaften Inschrift versehen. Ein Affront, der den raschen Wechsel der politischen Zustände in Italien, die seit dem Tod des Duce eingetreten sind, überstanden hat und wohl bis ins 21. Jahrhundert ein Mahnmal bleiben wird.

Im Westen wurden 1933 Hitler und seine Partei ein unheimlicher Nachbar. Aber – 1933 war nicht Hitler, sondern Mussolini für Österreich das Schicksal. Der Duce hatte sich längst vor der Ära Dollfuß vorgenommen, Italien zur Ordnungsmacht über den Trümmern der Donaumonarchie zu machen und jedem Eingriff der ČSR und ihrer Schutzmacht in Paris hierin zuvorzukommen. Nach 1918 war das Gebiet der jungen Republik zunächst so etwas wie ein Niemandsland in dem sehr unfertig neugeordneten Mitteleuropa. So mußte es damals Staatskanzler Renner hinnehmen, daß über österreichisches Territorium Waffentransporte für das kommunistische Regime Bela Kuns liefen. Man hat deswegen dem damaligen Staatskanzler keine Vorwürfe gemacht; Wien war nicht kommunistisch, aber der Antikommunismus war in Österreich, soweit es die Linke im Land betraf, eher schwach entwikkelt. Wurde doch Wien damals Sitz der legendären Zweieinhalbten Internationale, die sich zwischen der 1914 zugrundegegangenen der Sozialdemokraten und der neuerdings geschaffenen Dritten Internationale versucht hat. So daß man diese Richtung der Linken die *Wiener Internationale* nannte.

1933, als der Duce anfing, ausgehend von *Budapest* seine Ordnung in Mitteleuropa auszubauen, geschah es, daß Mussolini aus der Waffenbeute von 1918 einige Bestände an Ungarn abließ. Falsch deklariert liefen diese Waggons über österreichisches Gebiet. Wachsame Eisenbahner gestatteten sich auf das Aviso italienischer Gesinnungsfreunde hin (die es auch unter dem Duce insgeheim gab) einen Blick in die Kisten. Sie sahen Waffen, Waffen für das rechtsradikale Horthy-Regime in Ungarn. Da war Feuer am Dach. Mussolini beteuerte, die Waffen seien an sich nur zur Reparatur in Hirtenberg bestimmt, um nachher wieder nach Italien verbracht zu werden. Die Waffen gingen ohne Reparatur an den Absender zurück. Dollfuß bekam, anders als seinerzeit Renner, einiges ab. Man fing in der Linkspresse an, die Dinge so hinzustellen, als liefe Dollfuß dem Mussolini nach. So als hätte der Kanzler sehnsüchtig auf dessen Hilfen gewartet. Alles, was man über die Entwicklung der österreichisch-italienischen Beziehungen jener Zeit sagen kann, ist, daß Dollfuß als Bundeskanzler, so wie alle seine Vorgänger, zu Beginn seiner Kanzlerschaft auch in Rom Besuch machen wollte. Richtig ist, daß er eher mit Mussolini in persönlichen Kontakt trat als Hitler, war er doch längst österreichischer Regierungschef, als Hitler 1933 in Berlin an die Macht kam.

Hitler traf sich im Juni 1934, kurz vor dem Sterben Dollfuß', mit Mussolini. Um einem Besuch beim König in Rom auszuweichen, trafen sich der Duce und der Führer in Venedig. Für den Duce war die Zeit vorbei, in der er die Rolle eines königlich italienischen Ministerpräsidenten im Cut und unter dem Zylinder gespielt hatte. Im Juni 1934 trat der Duce schon im schlichten Prunk seiner Uniform als Oberster aller Faschisten auf. Der damalige deutsche Reichsaußenminister Herr von Neurath, der Herkunft nach ein Herr und kein Nazi, hat Hitler geraten, bei seinem Besuch in Venedig in bescheidener Aufmachung aufzutreten. Das würde auf die Italiener Eindruck machen, denn jede Art deutscher Uniformen seien ihnen seit dem Umgang mit deutschen Truppen im letzten Krieg wenig willkommen. Und so sahen die Italiener zum ersten Mal den Führer der Deutschen auf italienischem Boden:

Hitler trug einen sichtlich abgetragenen *Regenmantel*, der um die Taille zusammengeschnürt war. An den Füßen sahen die Herren des Protokolls, sie trauten ihren Augen nicht, bei hellem Tageslicht *Lackschuhe*. Der graue *Filzhut*, den Hitler in der linken Hand trug, während er mit dem deutschen Gruß die ihm von faschistischen Garden und Funktionären erwiesene Ehrenbezeigung erwiderte, war sichtlich von guter Qualität, aber auch abgetragen. Auch wer Uniformierte nicht mag, ist deswegen nicht blind, wenn er statt der Uniform eine geschmacklose Zivilkleidung an seinem Gast erblickt. Genauso geschah es 1934 in Venedig. Später, als alles aus und vorbei war und man in den beiden Achsenländern Filme mit Charlie Chaplin sehen konnte, haben Italiener gesagt, die Figur des Diktators, die Chaplin 1940 gespielt hat, hätte eher auf Hitler als auf ihren Mussolini gepaßt. Ein fran-

zösischer Journalist, der 1934 in Venedig die Entréeszene des *internationalen* Faschismus erlebte, gestattete sich die erklärbare Sottise eines Galliers: Hitler hätte wie ein Klempner ausgesehen, der ein ewig störendes Ding vor den Bauch hält. Mit dem störenden Ding war der Filzhut gemeint. Hitler ist jedenfalls absichtlich nicht mit Aplomb im Venedig des Jahres 1934 aufgetreten. Den deutschen Gruß leistete er so, wie ihn ab 1944 die Männer der Wehrmacht leisten mußten, mit waagrecht vorgestrecktem rechtem Arm. Noch beherrschte Hitler nicht jene Pose seiner großen Zeit, als er den abgebogenen rechten Arm bis zur Schulter hob, um dann die Hand nach hinten zu beugen.
Wäre es so weitergegangen, wie es in Venedig im Juni 1934 begonnen hatte, dann wäre der Gang der Weltgeschichte ein anderer geworden. Zunächst: Der an jenem Tag von seinen Landsleuten stürmisch umjubelte Duce sah denn doch viel imponierender aus als der Gast aus dem Norden. Kein bloßes Schwarzhemd, sondern ein maßgeschneiderter Uniformrock, der nur unter der Krawatte ein Stück Schwarzhemd erkennen ließ. Dazu die maßgeschneiderten Reithosen und Reitstiefel. Der Duce trug nicht nur Reitsteifel, er war ein guter Reiter. Hitler hat nie Reitstiefel getragen, und man hat ihn nie zu Pferd gesehen. Derlei gehörte sich auch nicht und war des Meldegängers des Ersten Weltkrieges unwürdig. Aber nicht nur das Exterieur der beiden Diktatoren war an jenem Tag sehr verschieden. *Hitler und der Duce verstanden sich im Sommer 1934 schlecht.*
Das lag nicht daran, daß der Duce den aus Berlin mitgekommenen Dolmetscher wegschickte, weil er in deutscher Sprache die Unterredung unter vier Augen führen wollte. Hitler verstand das Deutsch des Duce, aber der Duce verstand nicht das dialektgefärbte Deutsch des Führers der Deutschen. Man hat an jenem Vorabend des 25. Juli 1934 auch über Österreich in mehr oder weniger gutem Deutsch gesprochen. Wie immer der Text des Gesprächs gelautet haben mochte: Hitler brachte aus Venedig die Version mit, wonach der Duce mit der Absetzung des österreichischen Bundeskanzlers Dollfuß einverstanden sei. Und daß Mussolini nichts gegen eine Beteiligung der Nationalsozialisten an ei-

ner neuen Regierung hätte. Hitler soll das mit der Bemerkung quittiert haben, daß die Frage des Anschlusses Österreichs an das Reich aber nicht akut sei. Das läßt die Version gelten, wonach die SS-Männer, die am 25. Juli 1934 das Bundeskanzleramt besetzten und Dollfuß umbrachten, eher an ein selbständiges nationalsozialistisches Österreich dachten als an ein mit dem Reich gleichgeschaltetes, in dem sie wahrscheinlich unter die Fuchtel von Reichsdeutschen, wie man damals die späteren Piefkes nannte, geraten wären.

Österreicher erfuhren aus der nächsten Umgebung des Duce andere Versionen des fraglichen Gesprächs der Diktatoren. Im Kreis seiner Familie soll sich der Duce über seinen Gast aus Deutschland lustig gemacht haben. Der damals von Mussolini ins Außenministerium gerufene Fulvio Suvich, ein windiger Triestiner, halb slawischer, halb italienischer Herkunft, sagte bei seinem nächsten Treffen mit Starhemberg, Mussolini habe den Hitler von 1934 einen Hanswurst genannt. Besser überliefert und wertvoller ist eine andere Aussage des Duce über diese erste Begegnung:

»Statt sich mit mir über aktuelle Fragen zu unterhalten, zitierte er (Hitler) mir aus ›Mein Kampf‹, einem langweiligen Schmöker, bei dessen Lektüre ich nie über die ersten paar Seiten hinausgekommen bin.«

Das war ein Fehler des Duce. Besser wäre es gewesen, der Duce hätte die ersten Kapitel dieses Buches überschlagen und genau studiert, was Hitler 1923 über seine Absichten nach der Machtergreifung des Nationalsozialismus geschrieben hat. Jene, die sich nach anfänglichem Staunen über die Taten des 1933 zum Reichskanzler aufgerückten Hitler entrüsteten, hätten besser getan, aus einer Lektüre seines längst vorher geschriebenen und erschienenen Buches zu entnehmen, was der Welt bevorstand. Nur wenige Menschen, die sich am Ende eines für ihr Land verlorenen Krieges entschlossen, Politiker zu werden, haben dermaßen lückenlos ihre Gefährlichkeit vorweg aller Welt zur Kenntnis gebracht wie Hitler. Es gab noch einen gutinformierten Tatzeugen der Begegnung beider Diktatoren in Venedig: den Leitartikler des Leibblattes des Duce »Giornale d'Italia«, den berüchtigten Virgion Gayda, dessen Ahnen sicher nicht die Obhut der sagenhaften römischen Wölfin genossen haben. Er schrieb über das fragliche Treffen, der Duce und Hitler seien sich einig geworden, die Unabhängigkeit Österreichs zu erhalten. Das besagte freilich nichts über die Österreich-Politik des Führers der NSDAP. Gerade die Doppelbödigkeit, mit der Hitler als *Regierungschef* und *Parteiführer* Dollfuß entgegentrat, machte die Gefährlichkeit der Situation aus. Heutige Zeitgenossen werden sich daran erinnern, wenn etwa Moskau die friedfertige Politik der Sowjetunion in der Diplomatie unterstreicht, gleichzeitig aber jede – wirklich jede – Unruhe in der sogenannten freien Welt des Westens auf der Ebene des Kampfes im Untergrund oder bei Anwendung von Methoden des Terrors unterstützt. Der Artikel Gaydas enthielt einen vieldeutigen Satz: Der Duce und Hitler seien übereingekommen, sich für eine Normalisierung der Verhältnisse *in* Österreich einzusetzen. Das war ein offenes Bekenntnis zur Einmischung in innerösterreichische Angelegenheiten . . .

Für den Duce bedeutete jedenfalls eine Normalisierung der politischen Verhältnisse in Österreich zunächst eine gemeinsame Front aller nicht-marxistischen Gruppierungen im Kampf gegen den Austro-Marxismus. Ein solcher Beginn einer Normalisierung wäre auch für Hitler im Juni 1934 passabel gewesen, denn damit wären ja die österreichischen Nationalsozialisten mit ans Ruder gekommen. Nach den Erfahrungen, die Hitler im Kampf um die Alleinmacht im Reich gemacht hatte, bestand für ihn im Falle einer derartigen Normalisierung in Österreich die Gewißheit, daß sie der Anfang vom Ende des Dollfuß-Regimes sein würde; denn daß seine Bewegung auch in Österreich letzten Endes die Mitstreiter im Kampf gegen links vereinnahmen würde, daran bestand bei ihm kein Zweifel. So gedacht, mag man zweifeln, ob Hitler im Juli 1934 *ursächlich* am Überfall auf das Bundeskanzleramt und am Tod des Bundeskanzlers beteiligt war.

Im Jahr 1933 unternahm Dollfuß drei Reisen nach Rom. Aber es waren nicht etwa Wallfahrten zum Duce des Faschismus. Denn für Dollfuß gab es auch andere Anziehungspunkte in der Ewigen Stadt. Die österreichischerseits ausgegebenen Kommuniqués über den Zweck der drei Romreisen lassen erkennen, wann bei einem Besuch in Rom beim Duce en passant Gespräche stattfanden.

Zu Ostern 1933 hieß es in Österreich, der Kanzler nähme den Anlaß der Feier eines Heiligen Jahres für die Katholiken wahr, um im Vatikan den Fortgang der in der Ära seines Vorgängers Ender in die Wege geleiteten Verhandlungen über ein Konkordat zu betreiben. Ein Besuch beim Duce war nur so nebenbei im Gespräch. Daß damals auch Hermann Göring und Herr von Papen einen Rombesuch abstatteten, wurde natürlich da und dort als Beweis einer Kontaktnahme Dollfuß' mit den Herren aus Berlin gedeutet; eine Version, die der Gang der Ereignisse keineswegs bestätigte. Kaum nach Wien zurückgekehrt, mußte der Kanzler erleben, daß die Anschläge der Nationalsozialisten an Zahl und Wucht zunahmen.

Erst der Rombesuch zu Pfingsten war ein Staatsbesuch. Allerdings kein Staatsbesuch beim italienischen Ministerpräsidenten, sondern einer im Vatikan zur Unterzeichnung des nachher jahrzehntelang umstrittenen Konkordats. Daß Dollfuß zu Pfingsten keineswegs schon an die Liquidierung des Parlamentarismus in Österreich dachte, geht aus dem Inhalt der Abschlußbesprechung in Sachen Konkordat auf Beamtenebene hervor. Wie nach 1945 der Unterstaatssekretär im Kabinett Renner, Ernst Hefel, mit Nachdruck bestätigte, haben sich die österreichischen Herren nach Fertigstellung des Vertragstextes bei den Vertretern des Vatikans vorweg dafür entschuldigt, daß – *im österreichischen Parlament mit einer Ratifizierung der das Eherecht von Katholiken betreffenden Teile des Konkordats nicht zu rechnen sei.* Für diesen Fall hätte nämlich der Bundeskanzler nicht nur das Nein der sozialdemokratischen und großdeutschen Oppositionsparteien gegen sich, sondern auch das Nein des liberalen Landbundes und der Mehrheit im Heimatblock. Es ist bezeichnend, daß gegen diesen Vorbehalt seitens der Vertreter des Vatikans keine Gegenvorstellungen erhoben wurden (!). Sichtlich war auch eine um die Neuregelung des Eherechts *gekürzte Fassung des Konkordats 1933 dem Heiligen Stuhl unter damaligen Verhältnissen wertvoll*

genug; zu wertvoll, um eventuell die Verhandlungsprozedur zu verlängern und einem ungewissen Ende zuzusteuern. Die Unterfertigung des Vertragswerkes erfolgte unter dem Vorsitz des damaligen Kardinalstaatssekretärs Eugenio Pacelli, des späteren Papstes Pius XII. Mit Dollfuß war der in Kultusangelegenheiten ressortzuständige Leiter des Unterrichtsministeriums Kurt Schuschnigg gekommen. Pacellis persönliche Beteiligung an den Vorverhandlungen und dem Zustandekommen des sogenannten Dollfuß-Konkordats erklärt auch die Insistenz, die er als Papst nach 1945 entfaltete, um für den rechtmäßigen *Vertragsabschluß* aus 1933 auch die *Vertragsanwendung* im Rechtsbereich der Zweiten Republik heranzuzwingen.
Wie andererseits der Duce das Ergebnis der bei letzterem Anlaß stattgefundenen Unterredung mit dem österreichischen Kanzler und Leiter des Außenressorts gewertet hat, geht aus einem Brief hervor, den Mussolini am 1. Juli 1933 dem Kanzler schrieb. Der Brieftext läßt aber auch klar erkennen, in welchen Punkten die Erwartungen des Kanzlers und des Duce *nicht* konform gingen.
Der Brief beginnt mit einer für das damalige Österreich lebenswichtigen Entscheidung. Als Dollfuß nach Rom ging, war die österreichische Regierung die am ärgsten isolierte in Europa. Das war nicht etwa, wie nach 1945 behauptet wurde, wegen eines ihr oblastenden Verdachtes undemokratischer Regierungsmethoden, vielmehr ergab es sich daraus, daß die Vorgänger dem Kanzler weder mit dem Reich und Italien noch mit der ČSR und Jugoslawien und erst recht nicht mit Ungarn irgendwelche Abmachungen wegen der Existenz des Staates im Fall einer internationalen Großkrise hinterlassen hatten. Frankreich und England lagen weit im Westen. Frankreich schlitterte zudem gerade in das umkämpfte Experiment einer Volksfront, und die Nationalregierung in London mit einem Labour-Mann an der Spitze hielt es für unklug, Hitler im Osten ein Gatter aufzurichten, weil dann das Untier (!) seine Aggressionen womöglich gegen den Westen richten könnte. Der Premierminister MacDonald vermied derlei drastische Äußerungen. Nicht nur das. Nach der Ansicht MacDonalds brauchte es eben Zeit, bis das, was der Premier eine Revolution in

Deutschland nannte, zu einer Konsolidierung der Verhältnisse gelangte und damit auch zu einer Mäßigung in den Methoden. Soviel Verständnis hat in jenen Jahren London nicht einmal unter *konservativen* Premierministern Österreich vorweg erwiesen . . .

Der Brief des Duce enthielt die für das Österreich von damals wichtige Feststellung, daß ». . . *die italienische Hilfe*, in was immer für einer Eventualität, sich nicht ändern werde«.

Ändern werde gegenüber welcher Einstellung? Im Brief ist es formuliert in einer direkten Anrede des Kanzlers:

». . . soweit wie möglich den Wünschen Rechnung zu tragen . . ., welche mir von Eurer Exzellenz jeweils ausgedrückt werden.«

Wenn man bedenkt, daß es nach 1955 die britische Regierung ausdrücklich abgelehnt hat, die österreichische Neutralität nicht nur *zu respektieren*, sondern auch *zu garantieren*, weil England die 1939 Polen gewährte Garantie schlecht genug bekommen ist, dann darf man die Zusage des Duce nicht dermaßen unterbewerten oder mißdeuten, wie das nach 1945 in Österreich geschieht. Dies um so mehr, als aus dem Brief hervorgeht, daß Dollfuß bei seinem Gespräch mit dem Duce diesem einige von dessen Erwartungen schuldig blieb. Ja sie zu Lebzeiten nicht erfüllt hat. Ohne Rückenfreiheit im Süden hätte es Dollfuß kurz nach Erhalt des in Rede stehenden Briefes aus Rom ganz gewiß nicht gewagt, Hitler mit einem ungeheuerlichen Affront zu kommen: nämlich mit dem Verbot der Betätigung für die NSDAP und den mit ihr verbündeten Steirischen Heimatschutz in Österreich. Ging doch auch die Erwartung des Duce eigentlich in eine ganz andere Richtung, und zwar zugunsten einer *gegen die Sozialdemokratie gerichteten Einheitsfront im Zeichen einer Faschisierung*. Der Duce erwähnte die VF, aber er hat ihr nie zugetraut, im offenen Kampf mit den Nazis zu bestehen. Da kam die HW in Rom schon besser weg. Nun äußerte der Duce, in Verkennung der tatsächlichen Lage in Österreich, die Erwartung, es müsse doch möglich sein, auch solche Österreicher, die noch in den Reihen der Nazis stehen, in die Vaterländische (geschrieben stand nationale) Front *herüberzuzie-*

hen. Um dann »der Sozialdemokratischen Partei in ihrer Felsenfestung Wien einen Schlag zu versetzen und diese Säuberung auf alle Teile des Landes auszudehnen«.
Indem der Duce dem Kanzler einen Staatsstreich vorschlug, hoffte er auf Verständnis für den *Freimut*, mit dem er diesen Plan ausbreitete; er vermeinte, seine mehr als zehnjährige Erfahrung mit dem faschistischen System in Italien berechtige ihn zu sagen, er wäre froh, Österreich bei der Lösung der verwickelten Lage, in der es sich befinde, nützlich zu sein. Nützlich zu sein auf seine Art, in seinem Interesse.
Nachdem der Duce des Faschismus so von der Seele weg gesprochen hatte, kam er dem Kanzler mit einer Unannehmlichkeit. Diesmal konnte er von einer Ansicht ausgehen, die unlängst die britische Regierung geäußert hatte: *ein Zusammengehen Österreichs mit Ungarn.* Selbstverständlich, so der Duce, könnte es sich dabei nicht um eine Personalunion oder eine Restauration der Habsburger handeln, wie es in gewissen Zeitungen hingestellt wurde. Höflicherweise vermied dabei Mussolini die Nennung französischer und tschechischer Zeitungen, die eine fälschlicherweise vermutete Ranküne Italiens aufzeigten. Der Duce erwartete sich im Augenblick nicht zuviel von dem Zusammengehen Wiens mit Budapest. Auf jeden Fall würde es Österreich nicht unter wirtschaftlichen Druck setzen oder in den Verdacht bringen, es unterwerfe sich einem stärkeren Staat. Da dachte der Duce wohl an die gescheiterte Zollunion . . .
Immerhin schien Mussolini zu wissen, daß man in Wien dem Regime des ungarischen Ministerpräsidenten Gömbös mit wenig Sympathie entgegenkam. Das galt nicht zuletzt für Dollfuß höchstpersönlich. Gömbös war wie Dollfuß ursprünglich aus der Bauernbewegung hervorgegangen. Dem ehemaligen Berufsoffizier, einem harten Gegner der Habsburger, lag die Art, in der in Ungarn die Partei der Kleinen Landwirte Politik machte, nicht. Konsequent ging er einen Weg, der ihm bald die Sympathien Hitlers eintrug. Von Dollfuß unterschied Gömbös nicht bloß die religiöse Grundeinstellung, sondern ein Rassismus, der auf die Erhaltung der magyarischen Rasse abgestellt war, und jener Natio-

nalismus, der schon den Zusammenhalt in der Doppelmonarchie erschwert hatte. Der Duce ahnte derlei Differenzen, und er ließ Dollfuß wissen, daß er selbst zuerst mit Gömbös reden werde, ehe ein Staatsbesuch des Kanzlers in Budapest tunlich sein würde. In Wien hat man diesen Besuch hinausgeschoben. Am Vorabend des 12. Februar 1934 wurde endlich ein Februartermin ins Auge gefaßt, der beweist, wie unsinnig es ist, der Regierung Dollfuß ausgerechnet ein Losschlagen am 12. Februar 1934 zuzumuten.
Überraschend kam Gömbös nach Wien. Es war eine Stippvisite, und am Ballhausplatz vermeinte man, es sei eigentlich ein Affront für den Kanzler, wenn dieser Besuch während einer Reise nach München (!) getätigt werde. Niemand ahnte damals, daß der hühnenhafte Gömbös nicht aus politischen, sondern aus gesundheitlichen Gründen die bayerische Hauptstadt aufgesucht hat. In München ist denn auch Gömbös im Jahr 1936 gestorben.
Die Begegnungen Dollfuß' mit Mussolini standen bei aller persönlichen Sympathie und Hilfsbereitschaft des Duce für den Kanzler und seine Familie unter keinem guten Stern. Daran ändert auch die heutige Vorstellung nichts, die Mussolini, Dollfuß und Hitler *in einer Linie* sieht und es als nur zu selbstverständlich erachtet, daß der Austro-Faschismus zuletzt den kräftigeren Formen des Faschismus und ihrem Bündnis zum Opfer fiel. Was Dollfuß mit dem Duce letztlich gemeinsam hatte, war die grundsätzliche Ablehnung aller im Anschluß an Karl Marx entstandenen Ideologien und Parteien. Nicht Dollfuß hat in Österreich das Wort »Diktatur« in die Debatte geworfen. Die Diktatur des Proletariats, also der Führung der Arbeiterpartei, war lange vor der Kanzlerschaft Dollfuß' Kampfauftrag nach der Maxime des Austro-Marxismus. Der Duce hatte gut die Hälfte seinens Lebens in den Reihen der Sozialdemokratie verbracht. Ihn erschreckte das Wort »Diktatur« nicht, er übernahm es nicht gerne in seinen Sprachgebrauch, als er Duce wurde; aber der Begriff Diktatur war ihm vertraut, ehe er Faschist wurde. Anders der Niederösterreichische Bauernbund, jene Formation in der christlichsozialen Bewegung, die es ernst nahm mit der Demokratie. Aus dieser Schule ist Dollfuß gekommen. Er richtete nicht vorsätzlich die

Diktatur auf, er geriet in einen mörderischen Kampf mit der Diktatur, und Österreich ist 1938 nicht zuletzt der Politik des Duce zum Opfer gefallen.
Ehe der Duce und seine Bewegung das zentralistische und autoritäre Prinzip analysierten und programmatisch bejahten, hatten sie es praktiziert. *Die Tat, der Mann der Tat stand vor der Idee,* wie man damals sagte. Erst der an der Spitze der Regierung befindliche Mussolini, der sich nach dem Mord an Matteotti aller konkurrierenden Parteien entledigt hatte, schritt an die Abfassung einer Doktrin des Faschismus. Wieviel Marxismus im Faschismus steckt, ist erstaunlich. Gerade den Massenterror hat zum Beispiel Karl Marx sehr früh in seinen Schriften bejaht. Auch in Italien waren es Sozialdemokraten, die lange vor der Ära Mussolinis die dortigen Liberalen mit dem Wort »Diktatur« in Schrecken versetzten. Eines aber ist ganz sicher: Die *Österreich-Idee,* die Dollfuß verfocht, hat nichts mit den Ursprüngen des Faschismus gemein. Ihre Anfänge sind in der Literatur der Zeit vor Dollfuß zu suchen, als Dichter wie Anton Wildgans, Hugo von Hofmannsthal oder Hammerstein-Equord ohne Spott und Hohn an Österreich erinnerten und darüber schrieben. Guido Zernatto gehört ins tragische Finale dieser Entwicklung. Die Vorstellung, daß die Männer der ersten Stunde der VF verschworene und verkommene Arbeitermörder waren, ist eine bewußt gebrauchte Lüge. Gerade die Geschichte der VF beweist, daß in ihr viele Österreicher mitgearbeitet haben, denen das Gerede mancher HW-Führer vom Faschismus und dergleichen zuwider war.
Dollfuß erlebte eine Tatsache: *Ohne Marxismus kein Faschismus.* Er selbst hat in seinen programmatischen Reden das Wort »Faschismus« nie gebraucht. Seine Alternative zum Klassenkampf war eine berufsständische Ordnung, und diese Idee hatte einen Ursprung im Religiösen, nicht in der Politik der Stunde. Als er das Landwirtschaftsministerium übernahm und so in die Regierung eintrat, war für Katholiken die erneuerte Soziallehre der Päpste, die damals in der Enzyklika Quadragesimo anno formuliert wurde, das bedeutsamste politische Ereignis. Hier bot sich eine grundsätzliche Alternative zum Nationalsozialismus und

zum Faschismus an. Quadragesimo anno geht weit über das hinaus, was 1891 Papst Leo XIII. mit seiner in jenen Zeiten sensationell wirkenden Enzyklika Rerum novarum aufgezeigt hat. Leo XIII., der französische Royalisten, die ihn für die Monarchie in Frankreich gewinnen wollten, mit dem furchtbaren Satz belehrte, den er unter Hinweis auf das Kruzifix aussprach:
»Das ist der einzige Leichnam, den wir verehren.«
Und doch hat Leo XIII. nicht nur auf Anraten englischer Bischöfe die frühen Auswüchse des Wirtschaftsliberalismus, namentlich die Sklavenarbeit der Handarbeiter, scharf verurteilt; er wies ebenso entschieden die Idee des Klassenkampfes und dessen rein materialistische Grundlagen zurück. Das waren frühe Versuche, einen dritten Weg zwischen Kapitalismus und Marxismus zu suchen und zu begehen. Seither haben nicht nur katholische Geistliche, Wissenschaftler und Politiker diesen Weg betreten. Kommunisten haben ihren dritten Weg angesichts der grausamen Exzesse des Stalinismus gesucht. Dafür Opfer gebracht. Auch Liberale wie Wilhelm Röpke suchten einen Ausweg, als sie zuletzt erkannten, welche Folgen es hatte, als ein ausufernder Progressismus mit der Mächtigkeit des Amerikanismus über die Welt kam.
Dollfuß ging von der Idee der *Reform* aus. Ihm lagen Reaktion und Revolution im Prinzip fern. Der hochdekorierte Frontoffizier Dollfuß hat in der Politik den Gewehren keine Heiligkeit zugesprochen. Er unterwarf sich freilich auch nicht dem Nessushemd des Marxismus. Dollfuß' Alternative zum Klassenkampf war die berufsständische Ordnung, nicht aber der Einparteienstaat. Eben das, was tiefster Grund der Sozialpartnerschaft in der Zweiten Republik wurde. Er hat die Ausrottung im Rassenkampf nicht erlebt, aber dafür wußte er bereits um die ungleich zahlreicheren Morde, die namens der Ausrottung einer Klasse begangen worden sind.
Otto Bauer und Engelbert Dollfuß waren als Offiziere aus dem Krieg zurückgekommen. So standen sie am 12. Februar 1934 einander gegenüber: Bauer in der Führung einer strategischen Offensive, die sich momentan der Methode der Verteidigung bedienen mußte; Dollfuß in der Verteidigung dessen, was Bauer hätte zer-

stören müssen, um sein Gebäude einer klassenlosen Gesellschaft zu errichten. Auch Bauer hätte als Sieger seine Männer nicht mehr in das Gehäuse zurückgeführt, das in der unfertigen Demokratie der zwanziger Jahre errichtet worden ist. Es gab für beide, so wie im Konflikt Seipel–Bauer, keinen Ausweg. Sie mußten sich stellen. Die Redlichkeit beider erwies sich, als sie das härteste Los eines Kämpfers im Politischen erlitten: Dollfuß den Tod im Kampf, Bauer nach qualvollen Jahren der Emigration das Sterben in der Fremde.

Dem Duce geht es zu langsam

Faschismus auf der Kriechspur

Dollfuß ließ sich wochenlang Zeit mit der Beantwortung des Briefes Mussolinis vom 1. Juli 1933. Es ergab sich nämlich, daß sich der Duce bei der Beurteilung der politischen Gefechtslage in Österreich gründlich geirrt hatte. Die Nationalsozialisten, die im Feldzugsplan des Duce die Rolle eines Verbündeten der österreichischen Regierung spielen sollten, ließen sich eben ganz und gar nicht in die Vaterländische Front hinüberziehen. Im Gegenteil. Jene verbrecherischen Attentate in Österreich, von denen Mussolini in seinem letzten Brief ein wenig zweideutig geschrieben hatte, sie würden den Nationalsozialisten bloß *angelastet*, nahmen im Verlauf des Monats Juli dermaßen zu, daß für Dollfuß im Moment kein Zweifel darüber bestehen konnte, an welcher Front er den Schwerpunkt seiner Abwehr zu bilden hatte. Und für den vom Duce erwarteten Angriff auf die Felsenfestung Wien der Sozialdemokraten sowie die anschließende Säuberung der übrigen Zentren der Sozialdemokraten bestand kein Anlaß. An der Front nach links hin gab es keinen Großangriff des Gegners; es hieß, er bereite für den turnusmäßigen Parteitag der SDAPÖ einiges vor.

Der Feind stand rechts, jedenfalls erfolgte aus dieser Richtung nach dem Mitte Juni ausgesprochenen Verbot der Betätigung für die NSDAP und den Steirischen Heimatschutz eine bemerkenswerte Angriffstätigkeit der Illegalen, deren Kampfkraft durch das Verbot keineswegs geschwächt zu sein schien. Im Gegenteil. Seit dem Handgranatenüberfall auf eine Abteilung des Freiwilligen Assistenzkorps gingen die Illegalen zu schwereren Sprengstoffanschlägen über. Zwar krachten weiter die Böller in den Straßen, wurden Telefonautomaten in die Luft gesprengt, aber immer öfter kam es zu *Bombenanschlägen.* Am meisten Aufsehen erregte nicht nur im Inland ein Bombenanschlag auf die Trisannabrücke, der den Bahnverkehr nach Westen an einer empfindlichen Stelle unterbrechen sollte. Auf dem Arlberg. Der Plan war gut ausgeheckt, aber die Sprengstoffsachverständigen der Illegalen waren noch nicht auf der Höhe. Von den zwei Sprengkörpern explodierte nur einer, und zwar der kleinere, der dadurch angerichtete Schaden erweckte genug Aufsehen, aber die Reparatur gelang rasch. Der Verkehr rollte weiter.

Inzwischen war auch Fey bei seinen Verhandlungen mit dem Heeresministerium zu Rande gekommen, und die ersten Freiwilligen aus den Reihen der HW und der Ostmärkischen Sturmscharen sowie der christlichen Turner konnten in die Kasernen des Bundesheeres einrücken. Fey war bei diesen Verhandlungen nicht entgangen, daß er mit seinem Plan keineswegs bei allen Herren Offizieren des Bundesheeres auf große Aufgeschlossenheit stieß. Er schrieb es zunächst dem bekannten Umstand zu, daß aktive Berufsoffiziere keine besondere Freude an dem militärischen Tun von pensionierten oder Reserveoffizieren haben. Erst mit der Zeit bekam er verläßlichere Informationen der Bundespolizei, die dahin lauteten, daß sowohl in den Reihen der Bundespolizei als auch im Heer trotz des Verbots der Hitlerbewegung in Österreich kompakte Gruppen engagierter Nationalsozialisten bestanden, die sichtlich bereit waren, bei einem bewaffneten Angriff der Bewegung auf die Regierung mitzumachen.

Man erinnert sich an dieser Stelle, daß zu der Zeit, als General Körner noch technischer Berater des Schutzbundes war, auch in dieser Wehrformation ernstlich daran gedacht wurde, im Falle eines Angriffs auf die Staatsgewalt um die Kernformation, den Schutzbund, die zum Kampf entschlossenen Genossen in der Polizei und der Gendarmerie mit heranzuziehen. Einmal hat Körner diese Versammlung einer Kampfgruppe ein *Rotes Heer* genannt. Das war, bevor er davon abkam, dem Schutzbund und seinen Parteigängern einen Zusammenstoß mit dem Heer und einer regierungstreuen Exekutive zuzumuten. Immerhin war der Stabsleiter

des seit dem Frühjahr 1933 verbotenen Republikanischen Schutzbundes, der gewesene Major Eifler, nach wie vor rege tätig, um den Kern des Schutzbundes intakt zu halten. Das geschah im Untergrund, aber zuweilen auch unter den Augen der Polizei; etwa wenn sich in einem Wiener Gemeindewohnhausblock die bestandene und nun verbotene Schutzbundgruppe als Schützenverein, quasi als Sportschützen, bei der Vereinspolizei anmeldete und dafür von Rechts wegen freie Hand für die Fortsetzung ihrer Kampfausbildung bekam.
Viel ernster war es für Fey zu hören, daß in den im Verband der Bundespolizeidirektion aufgestellten *Alarmkompanien* einige wichtige Kommandanten und Posten für Konzeptsbeamte mit ausgezeichnet geschulten Kräften besetzt waren, deren nationalsozialistische Gesinnung außer Zweifel stand. Einige dieser Polizeifunktionäre haben bei dem Anschlag auf das Bundeskanzleramt am 25. Juli 1934 eine wichtige Rolle gespielt. Da nun Heer und Polizei nicht unbedeutende Schwachstellen punkto Verläßlichkeit für den Ernstfall zeigten, war es um so mehr notwendig, die Angehörigen der HW und der OSS, die im Freiwilligen Assistenzkorps während des Sommers 1933 eine verbesserte Grundausbildung bekamen, in ihrer Verwendbarkeit so weit zu bringen, daß sie nachher wenigstens als Gruppenführer die kleinsten Einheiten auch gefechtsmäßig und nicht nur wie bisher zur Parade führen konnten.
Schon in den ersten Juliwochen dieses heißen Sommers entwikkelte sich ein konzentrischer Angriff der Hitlerbewegung auf die Regierung. Nicht nur die Anschläge aus dem Untergrund im Inland wurden härter, dazu kam eine vom Sender München ausgestrahlte Radiopropaganda, in der sich der aus Österreich polizeilich abgeschaffte bisherige Landesinspekteur der bestandenen NSDAP Theo Habicht hervortat. In München hielt sich auch der Landesleiter der NSDAP Alfred Proksch auf, der nach dem Verbot und gewissen Zwischenfällen besser tat, zwischen sich und die österreichische Polizei die Reichsgrenze zu bringen. Immer mehr rückte der gewesene Volkswehrleutnant der Umsturztage und nunmehrige Hauptmann des Bundesheeres Josef Leopold in den

Vordergrund. Er ist zeit der legalen Betätigung der NSDAP der einzige Nationalsozialist in Österreich gewesen, der einer Landesregierung, in seinem Fall der niederösterreichischen, angehört hat. Gleichzeitig bedrängt von der mit seiner Tätigkeit keineswegs zufriedenen Reichsleitung der NSDAP im Reich und der österreichischen Polizei, erlebte er in den folgenden Jahren ein wechselvolles Schicksal. 1938, nach dem Anschluß, gehörte er zu den ersten Österreichern, für die im Dritten Reich kein Bedarf mehr bestand. Er ließ sich reaktivieren. Gleich zu Beginn des Ostfeldzugs 1941 fiel er als Bataillonskommandeur im Kampf.

So wie nun zuweilen der Kampf der Illegalen in Österreich geführt wurde, war es tatsächlich nicht die Art Leopolds und anderer Nationalsozialisten: Etwa ein gut geplanter *Mordanschlag auf Fey,* der aber rechtzeitig, nach einem Verrat, verhindert werden konnte. Die Stunde war da, in der, wie in jedem Kampf im Untergrund, Verräter auf beiden Seiten ihr gemeines Unwesen trieben. Wie weit das gegangen ist, konnte nach dem 25. Juli 1934 in einigen eklatanten Fällen aufgeklärt werden. Verhältnismäßig ruhig verliefen die Wochen an der Front gegen links. Daß Dollfuß nach dem Brief des Duce vom 1. Juli 1933 die Front gegen die Nationalsozialisten vernachlässigte, um im Sinne der Anregungen des Duce um so schärfer gegen die Roten vorzugehen, ist Legende. Daß dem nicht so sein konnte, dafür sorgten in diesem Sommer die Illegalen, unterstützt durch Radiosendungen und *Flugzettelaktionen* aus dem Reich. Dollfuß faßte in dieser Zeit stärkster Bedrängnis den Plan, seinen Kampf um die Unabhängigkeit Österreichs vom Dritten Reich in der Völkerbundversammlung manifest zu machen und um Verständnis dafür zu ringen.

Gegen Ende des Monats Juli konnte und wollte der Kanzler die Beantwortung des seit Anfang des Monats in seiner Briefmappe liegenden Briefs des Duce nicht mehr hinausschieben. Mit seinem Dank versicherte sich der Kanzler einmal mehr des Rückhalts, den er in Rom und in sonst keinem Land Europas in diesen Wochen bekommen hat. Und dies, um Irrtümern vorzubeugen, Monate *vor* dem Verbot der SDAPÖ als Folge des Februaraufstands 1934.

Im Brief verließ sich Dollfuß auf die Berichterstattung des italienischen Gesandten in Wien Gabriele Preziosi. Preziosi war ein in königlichen Diensten arrivierter Diplomat von Format, um so sachlicher fundiert waren daher seine Berichte an den Duce, der nunmehr auch das Außenressort in Rom leitete. Dollfuß durfte hoffen, daß Preziosi die Gefechtslage im Juli des Jahres – nichts Neues auf der Linken, lebhafte Kampftätigkeit auf der Rechten – berichten würde. Im übrigen ging der Kanzler geradewegs auf den Punkt los, der, wie er wußte, für den Duce der wichtigste in der Österreichfrage war: *Die innere Reform,* von der sich Mussolini erwartete, sie würde sich nicht nur in einer *Unterdrückungspolitik gegenüber der Hitlerbewegung* äußern. Bemerkenswert ist, daß der Duce im Sommer in seiner Korrespondenz mit dem österreichischen Regierungschef die Hitlerbewegung noch als eine solche angesehen hat, die sich »wohl oder übel mit einer nationalen Flagge umhüllt«(!). Und diese Bewegung hielt der Duce für so schwächlich, daß er dem Kanzler zumutete, es müsse diesem doch möglich sein, die *Jugend,* also die Jugend des Führers (!), mit dem *»Glanz einer Idee* heranzuziehen, die imstande wäre, das Versprechen einer Zukunft für Österreich darzustellen«.
Wäre. Allein dieses Wort charakterisiert die Skepsis, die der Duce bezüglich der Kraft der Vaterländischen (er schrieb immer von einer *nationalen*) Front in Österreich hegte. Eine Skepsis, die sich nach Gesprächen Mussolinis mit gewissen HW-Führern verstärkte. Aber Dollfuß ging nicht auf die Anregung des Duce ein, der verlangte, die inneren Reformen in entschieden *faschistischem Sinn,* so wörtlich, durchzuführen. Im Antwortschreiben des Kanzlers kam dessen hierzu bezogene Alternative klar zum Ausdruck: Ohne das Wort Faschismus auch nur zu nennen, schrieb der Kanzler am 22. Juli 1933, er denke an Reformen im Sinne einer *berufsständischen und autoritären Verfassung;* dies in der festen Absicht, die auf die Erzielung einer festen staatlichen Autorität gerichtete Tätigkeit der österreichischen Bundesregierung auch nicht für einen Augenblick aus den Augen zu verlieren.
Im Moment bedeutete das, daß der österreichische Regierungschef nicht willens war, irgendeiner Gewalt zu weichen. Momen-

tan hatte er es zum Glück nur mit der Gewalttätigkeit von einer Seite zu tun. Er schrieb auch dem Duce ohne Umschweife, seine Bestrebungen würden dadurch beträchtlich gehemmt, daß ihm die Nationalsozialisten in den Rücken fielen. Das mußte den Duce schwer enttäuschen, denn er erwartete ja eine Allianz des Kanzlers mit den Nationalen, so die Wortwahl, zum *gemeinsamen Kampf gegen die Roten.* Aber in diesem Zusammenhang erwähnte Dollfuß keinen Angriff gegen links, sondern nur eine teils direkte, teils indirekte Schützenhilfe der Linken in Österreich. Er schrieb wörtlich: *des Marxismus.*
Was die notwendige Verfassungsreform anlangte, so schrieb Dollfuß keineswegs, er werde tabula rasa machen. Er schrieb von einem »Fortbestand des Bundesrates«, der allerdings (wovon schon 1929 die Rede gewesen war) in eine berufsständische Körperschaft mit gesetzgeberischen Vollmachten umgestaltet werden sollte. Dollfuß war sich der Schwierigkeit und Langwierigkeit dieser Aufgabe durchaus bewußt. Schrieb er doch dem Duce, daß der Gedanke der berufsständischen Vertretungen bis vor kurzem Verständnislosigkeit und Ablehnung begegnete. Der Kanzler vermeinte aber, daß nun das Verständnis im Wachsen sei; er selbst habe sich seit vielen Jahren mit dem berufsständischen Gedanken beschäftigt. Das bedeutete, daß sich Dollfuß nach Herkunft und Anschauung eben nicht auf faschistisches Gedankengut einließ, sondern auf eine religiös-weltanschaulich fundierte Soziallehre, wie sie damals mit der Enzyklika Quadragesimo anno neuerdings verkündet und auf die Höhe der Zeit gebracht wurde. Daß die einschlägige Lehre seiner Kirche in diesem Punkt keinen Ewigkeitswert besaß, diese Enttäuschung hat Dollfuß nicht mehr erlebt.
Nun war es aber unvermeidlich, dem Duce auch Angriffserfolge gegen den Marxismus aufzuzeigen. Hätte er konkrete Maßnahmen, die seit dem März 1933 ergriffen worden waren, aufgezählt, so hätte das wohl mehr Eindruck erweckt als die allgemeine Bemerkung, man hätte den Marxismus in Österreich so weit zurückgedrängt, wie man es sich vor einem halben Jahr überhaupt nicht zu erhoffen gewagt hätte. Was war geschehen seit der sogenann-

ten Selbstausschaltung des Parlaments im März 1933? Eine spektakuläre Maßnahme war das Verbot des Republikanischen Schutzbundes. Wie wenig durchgreifend diese Maßnahme tatsächlich gewesen ist, das bekamen die Anhänger des Kanzlers am 12. Februar 1934 am eigenen Leib zu spüren. Es gab ein Streikverbot, aber – es wurde gestreikt in Österreich. Das Verbot der KPÖ, geschehen Ende Mai, war das erste Parteiverbot der Regierung. Es traf einen kleinen Kreis von Unbedingten, die sich bald in Kampfgruppen fanden, die selbst schwerste Verfolgungen bis zum Jahr 1945 durchgestanden haben. Und da war die Gründung der Vaterländischen Front, der VF, oder wie die Illegalen diese beiden Buchstaben verdeutlichten: Vollständig fertig . . . Der Kanzler hätte auch schreiben können, was ohne Gewaltanwendung seiner Regierung eingetreten war: Schon vor Übernahme der Kanzlerschaft machten die christlichen, nationalen und unabhängigen (HW-)Gewerkschaften 42 Prozent aller gewerkschaftlich organisierten Arbeitnehmer aus.

Freilich, so der Kanzler, ohne die aggressive Tätigkeit der Nationalsozialisten gegen die Selbständigkeit Österreichs wäre der Erfolg seiner Regierung schon ein größerer. Für Dollfuß war es eine Selbstverständlichkeit, marxistischer *Mentalität,* marxistischen *Formen* und *Organisationen* entgegenzutreten. Entgegenzutreten, nicht aufzulösen, zu unterdrücken und zu verfolgen. Noch bestand die SDAPÖ auf dem Boden der Legalität in der Öffentlichkeit. Und so wie Dollfuß dem Marxismus entgegentrat, so war Otto Bauer längst dem Feindbild entgegengetreten, das er anfangs Kapitalismus, nachher Bourgeoisie, zuletzt Faschismus nannte, kurz gefaßt: jener Mehrheit im österreichischen Volk, die bis 1938 eine Mehrheit bleiben sollte; wenn auch eine in sich zerstrittene, zuletzt in einem mörderischen Kampf der Selbstzerfleischung befindliche. Im übrigen verschob der Kanzler den *Angriff* auf die Linke auf spätere Zeiten. Im Moment mußte sich der Duce damit begnügen, daß die österreichische Regierung sich bemühte, die finanziellen Mittel, die eine Mächtigkeit der Gemeinde Wien ausmachten, zu verringern. Was keine Heldentat war, denn die 1932 bei Aufnahme der internationalen Anleihe übernommene

Aufgabe der *Budgetsanierung* traf nicht nur das Rote Wien, sondern auch andere Förderungsaufgaben des Staates, die dem Kanzler näher lagen. Zum Beispiel die Schrumpfung des Hochschulwesens, eine Maßnahme, die der Propaganda der Nationalsozialisten an den Hochschulen sehr zugute kam. Die Montanistische Hochschule Leoben wurde mit der Technischen Hochschule Graz fusioniert, die Hochschule für Bodenkultur in Wien sollte ebenfalls mit einer anderen an Ort bestehenden Hochschule zusammengelegt werden. Lehrkanzeln wurden aufgelassen, Lehrveranstaltungen vermindert. Alles notgedrungen in einer Zeit, als im Reich bereits die ersten Früchte nach Überwindung der Weltwirtschaftskrise, woran sich Österreich erst später erfreuen sollte, sichtbar und spürbar wurden.
Und da war der Stolz des Kanzlers auf die Vaterländische Front, als deren Führer er sich gerne bekannte: *Der Zusammenschluß aller heimattreuen Österreicher* zur friedlichen, kulturellen und wirtschaftlichen Entwicklung eines freien, selbständigen österreichischen Staates. Der überparteiliche Charakter der Front schloß, so der Kanzler an den Duce, jede Parteipolitik innerhalb der Front aus. Die Absage an den Klassenkampf hatte zur Folge, daß Kommunisten und Sozialdemokraten nicht in die Front aufgenommen wurden. In einem anderen Zusammenhang, nämlich unter Hinweis auf den Kampf gegen den Nationalsozialismus, erwähnte er an dieser Stelle seine persönliche Einschätzung der HW, die Tatsache, daß er dort volles Verständnis und loyale Unterstützung genieße. Daß die HW entschlossen war, trotz des der VF zugedachten Monopols bei der politischen Willensbildung *selbständig Politik* zu machen, erwähnte der Kanzler nicht. Es wäre ja die Bestätigung dessen gewesen, daß die VF doch nicht imstande war, die heimattreuen Österreicher in sich zu vergattern . . .
Wie immer die Gefechtssituation auch war, die Erwartung der Nationalsozialisten, die seit einem halben Jahr der Regierung immer wieder eine mit drei bis vier Wochen begrenzte Lebensdauer gegeben hatten, hätte sich, so der Kanzler mit einigem Stolz, nicht bewahrheitet. Und dieser Feststellung folgte denn auch die tat-

sächliche Ablehnung eines Herzenswunsches des Duce: Es sei selbstverständlich, daß die Bekämpfung der Hitlerbewegung weitergehe und daß ein Zusammenarbeiten mit einer solchen Bewegung, die sich *anarchistischer Mittel* bediene, nicht in Frage komme. Vorweg kassierte der Kanzler ein Verständnis, das er dem Duce hierfür zumutete und wofür er seinen Dank aussprach. Und um gleich bei Unannehmlichkeiten zu bleiben, schloß der Kanzler diesen Brief vom 22. Juli 1933 mit einem eindeutigen Vorbehalt gegen das vom Duce so sehr gewünschte Zusammengehen mit der ungarischen Regierung Gömbös.

Er erwähnte eine Stippvisite Gömbös' in Wien, sprach von einem Besuch auf Einladung, obwohl es nur ein Stopp auf der Durchfahrt nach München gewesen war. Was die wirtschaftliche und politische Zusammenarbeit Österreichs mit Ungarn betraf, hätten sich die Gespräche *abseits von phantastischen Plänen* bewegt. Gerne hätte sich Dollfuß auf einen vor seiner Zeit, nämlich 1931, erfolgten geheimen Notenwechsel zwischen Wien und Budapest zurückgezogen. Dies in der Meinung, daß dadurch ohnehin eine Kooperation mit Ungarn eingetreten sei. Indessen gäbe es *außenpolitische Fragen, die nicht im gemeinsamen Interessenkreis der beiden Staaten lägen.* In diesem Zusammenhang erwähnte der Kanzler die von Ungarn mit Nachdruck betriebene Revision der Friedensverträge von 1919 und, hier fügte Dollfuß ein Bedauern ein, die Beziehung zum nationalsozialistischen Deutschland. Nur in Paranthese bestätigte der Kanzler das österreichischerseits bestehende Verlangen nach einem freundschaftlichen Verhältnis zu Deutschland; dazu werde es aber erst kommen, wenn die Reichsregierung bzw. die mit ihr synonyme (!) Führung der NSDAP den Entschluß fassen würde, in Österreich die nationalsozialistische Bewegung von jeder Förderung und Duldung einer *gegen* den Staat gerichteten Einmischung in innere Verhältnisse Österreichs endgültig und restlos fernzuhalten. Dollfuß war sich über die Persönlichkeit seines ungarischen Kollegen und die allgemeine Auffassung in Ungarn durchaus im klaren. Gömbös ist nach dem 10. Juli 1933 von München den Weg weiter nach Berlin gegangen. Es lag nun einmal im ungarischen Interesse, die Unterstützung seiner Wünsche nach einer Revision der Friedensverträge von 1919 dort zu suchen, wo nicht nur ebenfalls ein Interesse daran bestand, sondern sogar eine eindeutig auf die tatsächliche Änderung abzielende Politik. Mit anderen Worten: Budapest und Berlin waren sich anders als Österreich in diesem Punkt einig. Und was Österreich betraf, so war dessen endgültige Unabhängigkeit keineswegs im Gesetz vom 12. November 1918 statuiert, sondern im Diktat der Siegermächte von 1918, das damals Österreich wie das Deutsche Reich gleichermaßen in dem Punkt traf, wo anfangs in beiden deutschen Staaten vom Anschluß die Rede war. Und als einen deutschen Staat sah Dollfuß auch Österreich an, allerdings als einen, der sich gegen die im Dritten Reich geübte Version energisch zur Wehr setzen mußte.

Dollfuß schrieb diesen Brief nicht in der Stille seines prächtigen Arbeitssalons im Palais am Ballhausplatz. Für ihn war die herrschende Pracht vergangener Epochen eine kaum beachtete Umgebung, denn der Kanzler befand sich im strikten Sinn auf einem Gefechtsstand. Momentan machte es ihm größte Mühe, auch nur innerhalb seiner Regierung wenigstens Tuchfühlung zwischen rivalisierenden Gruppen herzustellen. Die Konflikte zwischen den von der HW und jenen vom liberalen Landbund gestellten Ministern nahmen dermaßen drastische Formen an, daß bald von einem Ausscheiden der Landbundminister die Rede war. Das aber mußte die Übersiedlung des Landbundes in die Opposition zur Folge haben. Mit anderen Worten: Wäre damals der Nationalrat intakt gewesen, dann hätte angesichts der Eigenwilligkeit der Landbundpolitiker und der gegen sie gerichteten Aggressionen der HW die Gefahr bestanden, daß die Regierung die beim Kampf um die Auslandsanleihe noch einmal durch die Macht des Schicksals gerettete Majorität im Parlament verloren hätte. Gab es überhaupt eine Alternative?

Alle Ratgeber, die auch in jenen Stunden dem Kanzler rieten, nur ja nicht die Bemühungen um einen Kontakt mit den Nationalen und mit den Illegalen ganz abreißen zu lassen, blieben dem Kanzler im Ohr. Dem Landbund traute der Kanzler so wenig, wie er auf die Charakterfestigkeit seines Vizekanzlers Winkler zählte.

Noch immer gab es Zwischenträger, die den Kanzler davor warnten, allein, also ohne die Frontverbreiterung durch die Einbeziehung der Sozialdemokraten, den Endkampf mit der Hitlerbewegung und ihren Stützen im Reich aufrechtzuerhalten.
Draußen im Reich taten sich seltsame Dinge: Man hörte von Bestrebungen, die aus Österreich geflüchteten Illegalen in einer Kampfformation militärisch zu erfassen und sie im Kampf gegen die österreichische Regierung einzusetzen. Tatsächlich kam es zu Grenzzwischenfällen. Die Grenze zum Reich wurde eine blutende Grenze. Ein Soldat der Reichswehr fiel bei einem Schußwechsel. Hitler selbst sprach zu dem Anlaß mit kaum gezügeltem Zorn. Dann kamen SA-Männer von draußen bei Kufstein über die Grenze, es kam zu blutigen Auseinandersetzungen. Da geschah das Unerwartete. Der Führer der HW in Tirol Richard Steidle nahm mit dem Kommandanten des offiziell seit dem Frühjahr aufgelösten Schutzbundes im Land Kontakt auf. Im Juni war Steidle bei einem Revolverattentat eines Nationalsozialisten schwer verletzt worden. Steidle erlebte den politischen Kampf jetzt an der Front, nicht mehr in Versammlungen. Er schlug dem Schutzbundkommandanten vor, mit einer *Arbeiterwehr* an der Verteidigung der Landesgrenzen teilzunehmen. Es ist nicht bekannt, wie der Duce auf dieses Gerücht reagierte; die Zentrale der SDAPÖ lehnte es jedenfalls ab, unter den gegebenen Verhältnissen in eine Kampfgemeinschaft mit der HW einzutreten. Es hat also bis zuletzt nie an Versuchen gefehlt, das zu vermeiden, was am 12. Februar 1934 aus beiderseitigem Verschulden ausbrach. Man redete auch davon, daß der für den Herbst anberaumte Parteitag der SDAPÖ ein Programm für die Beendigung des offenen Kampfes und für eine Notstandsgesetzgebung angesichts der Lähmung des Nationalrates bringen würde. Dafür bestand in Kreisen der Christlichsozialen mehr Bereitschaft, als offen zugegeben wurde.
Alles änderte sich, als im Hochsommer 1933, am 19. und 20. August, eine Zusammenkunft des Kanzlers mit dem Duce im Seebad Riccione stattfand. Nichts ist kennzeichnender als das Bild, das vom gemeinsamen öffentlichen Auftreten der beiden Regierungs-

chefs erhalten ist. Nach allen Diffamierungen und Übermalungen seines Persönlichkeitsbildes, die diesem nachher zugefügt wurden, blieb eine Fähigkeit des Duce unbestritten. So wie sein großer Landsmann Napoleon Bonaparte war auch Benito Mussolini ein Schauspieler, der nur ungern die Wahl der Rolle und die Regie dritten Personen überließ. Diese Fähigkeit kam ihm sogar zugute, als seine Politik seinem Volk und ihm selbst schwerste Niederlagen und Enttäuschungen zufügte. Unvergessen ist sein Auftritt in einer Massenversammlung im bereits schwer bombenzerstörten Mailand, als er viele zehntausend Zuhörer noch einmal in Ekstase versetzte. Von seinem Auftritt beim Kommen Hitlers nach Venedig im Jahr 1934 war schon die Rede. Im Jahr zuvor hatte er beim Besuch des österreichischen Kanzlers in Riccione einen noch besseren Regieeinfall. Dollfuß hatte sich auf eine Begegnung in einem italienischen Seebad eingestellt, nicht aber auf eine Begegnung mit einem Duce in der Schwimmhose. Und Mussolini hat diese Szene mit seinem ganzen Geschick gespielt: Er selbst als eine muskulöse und durchtrainierte Figur, der Österreicher klein von Statur im Zivilanzug mit Krawatte, als äußerste Konzession an den Genius loci das über dem Arm getragene Sakko.

So gelungen diese Entreeszene war, so sehr enttäuschte das Finale von Riccione den Gastgeber. Es existieren verschiedene Aufzeichnungen über die Behandlung der Gegenstände der Besprechung. Sie stimmen selten überein, der Unterschied ergibt sich aus Weglassungen und Inserten. Das, was im österreichischen Besitz vorhanden ist, könnte eine Disposition für die Verhandlungen von der Hand des Duce sein. Wenn dem so ist, dann ist es Dollfuß tatsächlich gelungen, mehrmals den Fängen des Diktators zu entkommen.

Mussolini fing mit einem leisen Vorwurf an: Dies sei nun schon die *dritte* Unterredung mit dem österreichischen Kanzler, ohne daß man vom Fleck gekommen sei. Der Duce war für eine neue Entwicklung der Beziehungen, blieb man stehen, dann wäre die Reise *zwecklos* und daher *schädlich* (!). Dem Duce kam es jetzt darauf an, *Taten* des Kanzlers zu sehen. Das Theater war zu Ende, jetzt kam er Dollfuß mit den Methoden eines rücksichtslosen

Diktators. Wenn der im österreichischen Staatsarchiv liegende Text in italienischer Sprache tatsächlich von der Hand des Duce stammt oder wenn er wenigstens die Vorstellung des Duce wiedergibt, dann verlangte dieser an jenem heißen Augusttag nichts weniger als einen *Putsch*. Und zwar einen von oben, einen von der Regierung ausgelösten. Eine fulminante Rede des Kanzlers sollte diesen dem Volk bewußt machen. Der Duce kannte nicht nur das Innere österreichischer Arrestlokale, er kannte auch die Wesensart der Österreicher; nicht zuletzt jenen Zug, wonach ihnen nach einer gewissen Begeisterung für eine Sache das Ganze zu strapaziös wird und sie schläfrig werden. Oder unwirsch, wenn sie im Schlaf gestört werden. Die fragliche Rede des Kanzlers sollte seine Landsleute *aufrütteln*. Und so ging es weiter im Text: Die Regierung sollte aufhören, in ihrer Zusammensetzung ein Abbild der bisherigen Regierungen zu sein. Statt der beiden liberalen Landbündler sollte Dollfuß zwei Heimwehr-Führer, nämlich Steidle und Starhemberg, ins Kabinett berufen. Um es gleich hier zu sagen: Steidle wurde nie Regierungsmitglied, und Starhemberg mußte auf diese Berufung noch Monate warten.

Irgendwie mußte der Duce in Riccione bereits gewußt haben, daß der liberale Vizekanzler Winkler sich mit der Absicht trug, neben der VF eine weitere Front, eine *Vergatterung der Nationalen und Liberalen*, die noch nicht in der Hitlerbewegung mitmachten, zu organisieren. In diesem Punkt konnte der Duce beruhigt sein; derlei lag nicht im Sinn des Kanzlers, und Winkler hat nicht mehr lange auf das Ausscheiden und den Mißerfolg seiner Front warten müssen.

Der Duce war in der Sozialdemokratie in die Lehre gegangen, und er war nach dieser Herkunft mit der Brauchbarkeit der *Methoden der Diktatur* in der Politik, wie sie Karl Marx verstand und Otto Bauer gedeutet hat, bestens vertraut. Also verlangte er von Dollfuß, dessen Regierung müsse einen diktatorischen Charakter bekommen. In diese Gasse ließ sich der Kanzler nicht zerren. Er unterschied prinzipiell zwischen autoritär und diktatorial. Mussolini selbst war auf dem Weg zum *totalen* Staat.

Das Rote Wien sollte sofort einen Regierungskommissär bekommen. Dazu wäre es weiß Gott wie lange nicht gekommen, wäre nicht am 12. Februar 1934 der Aufstand des Schutzbundes mit allen seinen Folgen gerade in Wien auf einen Höhepunkt gelangt. Links gab es im Sommer 1933 für Dollfuß überhaupt keine rege Kampftätigkeit.

Die Art, auf österreichisch Propaganda zu machen, gefiel dem Duce nicht. Man muß zugeben, daß die damalige Propaganda der Regierung im Kampf um die Unabhängigkeit des Staates nicht einmal die Intensität erreichte, die heute bei einer Gemeinderatswahl in einer Landeshauptstadt in Gang gesetzt wird.

Nicht nur die Marschdirektion gab der Duce dem Kanzler an, er wollte auch eine Kampfmethode, eine mit Zähnen und Klauen geführte. Denn es ging ja darum, der künftigen Verfassung eine faschistische Basis in politischer, wirtschaftlicher und kultureller Hinsicht zu schaffen. In völliger Verkennung der Person und der politischen Überzeugung des amtierenden Bundespräsidenten Miklas wollte Mussolini diesen alten Christlichsozialen, der schon die HW nicht mochte, in die Ausführung besagten faschistischen Experiments miteinbeziehen. Miklas sollte sozusagen die *Legalität des nunmehrigen, nach 1918 zweiten Bruchs der Rechtskontinuität im Staat absegnen.* Mussolini, sonst nicht zimperlich in Fällen von Gewaltanwendung, hätte es gerne gehabt, wenn das alles ohne Gewaltanwendung vor sich gegangen wäre. Dafür muß man Verständnis haben. Der Duce übersah natürlich nicht die Tatsache, daß dem Vorgehen des Kanzlers jetzt vor allem die Illegalen und nicht die Roten im Weg standen. Und so sehr Mussolini im Kampf um die Felsenfestung Wien das Risiko der Gewaltanwendung billigte, tat es ihm jetzt schon sichtlich weh, wenn die in der Hitlerbewegung kämpfende junge Generation in Österreich zu Schaden käme.

Bei all dem behielt der Duce seinen großen Plan im Auge: *Italien als Ordnungsmacht im ganzen Umkreis der Donaustaaten;* also nicht nur in Ungarn und nachher in Österreich, sondern sukzessive womöglich auch in den Staaten der Kleinen Entente. Wissend, daß er damit ein heißes Eisen, nämlich die Empfindlichkeit Frankreichs angriff, mutete er Dollfuß tatsächlich zu, von Öster-

reich aus einen Brückenschlag ins Lager der Kleinen Entente zu versuchen.
Im Bundeskanzleramt wurde nach der Rückkehr des Kanzlers aus Riccione eine sogenannte Amtserinnerung verfaßt. Also ein Geschäftsstück ohne Einlaufzahl. Sichtlich entstand es nach Bemerkungen des Kanzlers. Da ist von der Bereitschaft des Duce die Rede, *Österreichs Unabhängigkeit in Schutz zu nehmen.* Mussolini soll nach dem Text des Aktes von einem Hervortreten des Preußentums gesprochen haben; vielleicht wollte er im Umgang mit dem Österreicher nicht den Deutschen, also den momentanen Feinden Österreichs, ein schlechtes Image anhängen. So wurden die Preußen die Bösen, just jene in Deutschland, deren Wesen Hitler nie verstanden hat, indem er ein angebliches Preußentum produzierte, das mit preußischer Tradition nichts zu tun hatte. Konkreter war Mussolini betreffs Bayern. Von dort her erwartete er einen eventuellen Anschlag auf Österreich. Aber allen Unmut über Preußen und alles Mißtrauen gegenüber Bayern hinderten den Duce nicht, dem Kanzler in Riccione die Fortsetzung angeblich bestehender freundschaftlicher Beziehungen zu Berlin ausdrücklich anzuempfehlen (!).
Der Aktenvermerk enthält das bezeichnende Wort *Pression;* als Druck gegen Widerstand. Wie sich herausstellte, war der Duce selbst pressiert worden, ehe er mit Dollfuß gesprochen hat, und zwar von HW-Führern. Für letztere verlangte er eine stärkere Beteiligung an der Regierung. Das konnte nur auf Kosten der ohnedies zum Absprung bereiten Landbündler geschehen. Um es gleich hier zu sagen: Anstatt Winkler rückte Fey, also ein bisheriges Regierungsmitglied, ins Amt des Vizekanzlers auf, aber das war eine Vertretung, die Dollfuß nur ungern seinem Stellvertreter überließ, weil er stets selbst am Steuer bleiben wollte. Baron Karwinsky, der neu in die Regierung kam, war im Krieg Husarenoffizier gewesen, aber an den Husarenstückl'n der HW beteiligte er sich nicht, wie er einmal im kleinen Kreis gesagt hat. So reduzierte sich nach Riccione die Faschisierung der Regierung schließlich auf die Berufung des früheren Generalobersten Schönburg-Hartenstein, die aber erst im Jahr 1934 erfolgte; die faschistische Sub-

stanz des Fürsten war bescheiden, er war erst 1933 der HW beigetreten. Eine HW-Uniform befand sich nicht in seiner Garderobe. Der Duce hatte allen Grund, über dieses Revirement der Regierung in Wien nicht erfreut zu sein. Die Pression zugunsten der HW hatte ja einen mäßigen, noch dazu einen verspäteten Erfolg. Das Wort »Faschismus« kam weder im besagten Aktenvermerk noch in späteren Reden Dollfuß' je vor.

Während Dollfuß sich mit dem Duce in Riccione traf, weilte Starhemberg am Lido. Kaum sickerte das magere Ergebnis besagter Pression durch, da sagte er sich zum Besuch beim Duce an. Er eilte nach Rom; und was er dort erreichte, darüber sprach Starhemberg nach seiner Heimkehr im Kreis seiner HW-Führer; die Öffentlichkeit erfuhr es durch eine Aussendung der Pressestelle der HW. Nach dem Wortlaut eines Telegramms, das Starhemberg beim Verlassen Italiens an den Duce richtete, war der Bundesführer mit seiner Position in der österreichischen Innenpolitik nach wie vor unzufrieden. Da war von Schwierigkeiten die Rede, Schwierigkeiten, gegen die sich Starhemberg durchsetzen wollte, um den Wunsch des Duce nach einer Faschisierung Österreichs zur Geltung zu bringen. Den HW-Führern kündigte er eine neue Ära in Österreich an. In dieser sollte die *faschistische Totalität* zum Durchbruch kommen. Und die Frage der VF sowie das Schicksal aller Parteien sollten vom Neuen einschneidend berührt werden.

Dollfuß wartete in Kenntnis dieser Ankündigung des Bundesführers der HW den entsprechenden Nachdruck seitens Mussolinis ab. Er brauchte nicht lange zu warten. Aber der einschlägige Brief aus Rom kam erst nach der sogenannten *Trabrennplatzrede*, der Verkündigung des Programms der VF, in Wien an.

Diese Rede auf dem ersten Generalappell der Vaterländischen Front fand in der Zeit des mißlungenen Allgemeinen deutschen Katholikentags, am 11. September 1933, statt. Mißlungen deswegen, weil Hitler durch den Plan einer Beteiligung aller Deutschen aus aller Welt einen Strich gemacht hatte. Die aus dem Reich bekamen keine Befreiung von der 1000-Mark-Sperre für diesen Anlaß. So wurde dieser Katholikentag zum 250. Jahrestag der Befrei-

ung Wiens von der Türkengefahr im Jahr 1683 auf unabsehbare Zeit die letzte Begegnung aller Völker, die einmal im alten Österreich den Kampf gegen die Türken ausgefochten haben.
Die sogenannte Trabrennplatzrede Dollfuß' war umrahmt von der Symbolik der VF. Das Krukenkreuz, ein altes christliches Symbol, sollte dem Hakenkreuz entgegengehalten werden. Allerorts in der Weite des Platzes flatterten die rotweißroten Fahnen. Man darf heute sagen, daß erst in diesem Abwehrkampf die Österreicher, die daran beteiligt waren, die 1919 eingeführten Farben des neuen Staates *als mehr* empfunden haben, als sie das je getan hatten. Und dabei blieb es. Dollfuß trat in der Uniform eines Kaiserschützen-Oberleutnants an das erhöhte Rednerpult. Die Rede ging nicht von dem aus, wovon in Riccione die Rede war, sondern von der historischen Bedeutung des Jubiläums, dem auch die Tagung der deutschen Katholiken hätte gelten sollen. Christentum und Volkstum waren für Dollfuß eins, und das war wohl der festeste Punkt seiner Wesenheit, der alle anderen Ansichten getragen hat. Er nannte Namen: den des Prinzen Eugen, aber auch den Namen des damaligen Verteidigers von Wien Graf Starhemberg, dessen Nachkommen er mit zu den Erneuerern Österreichs zählte. Das Wort »Erneuerung« wurde in jenen Tagen viel gebraucht, es sollte Distanz zu reaktionären wie revolutionären Zeittendenzen aufzeigen.
Nicht die Erneuerung des Ständewesens in der Gegenwart war für den Kanzler Anknüpfungspunkt, sondern dessen Zerstörung in der Französischen Revolution. Das und die Erwähnung des Übermuts der Aufklärung trugen Dollfuß sofort einige handfeste Feindseligkeiten ein. Und der Kanzler zögerte nicht, mit dem Nein fortzufahren: Nein zum Marxismus, Nein zur Demagogie in der Kunst der Volksverführung, Nein zum Sündenregister des Parlamentarismus, Nein zur fatalen Formalistik des 4. März bei der Selbstausschaltung des Nationalrates, Nein zum Nationalsozialismus; aber ein Ja zum Zweifrontenkrieg, der ihm aufgezwungen war, Ja zur Erhaltung der Währung, zur Neuordnung im Staatshaushalt, zur Verbesserung der Handelsbeziehungen, zur religiösen Erziehung, zur Abwehr von Gewalt, zur Wahrung von

Ruhe, Ordnung und Frieden in Österreich; und Schluß mit Kapitalismus und Marxismus, dafür Ja zum ständischen Aufbau, zur Überwindung des Klassenkampfs, zu neuen Formen der Sozialfürsorge, zur gerechten Verteilung der sozialen Lasten. Und: Kampf, ja, auch Kampf: gegen die Arbeitslosigkeit, gegen den Sozialismus, nicht aber gegen die Arbeiter; Kampf für ein deutsches Österreich, für eine christlich-deutsche Kulturform, dafür, daß die Österreicher Herr im eigenen Haus bleiben. Und dann der Aufruf zu einem gemeinsamen Bekenntnis, zu einem Gelöbnis für Österreich.

Seither haben die Überlebenden viele solche Reden gehört. Die Sprache des Kanzlers war nicht moduliert, die Pointen seiner Darlegung kamen wie MG-Feuer heraus, aber sie ermutigten jene, die schon so viele Niederlagen der österreichischen Idee erlebt hatten und jetzt einen Mann sahen, der in steter Todesgefahr mit solcher Entschiedenheit seinen Glauben an Österreich ausdrückte. Die führenden Persönlichkeiten ritten an der Spitze der Menge in die Stadt zurück. Es gefiel nicht allen. Die Bauern werden am Lichtmeßtag 1934 in Massen kommen, aber ihre gewichtigen Führer werden über den Ring *marschieren.* Wer die Trabrennplatzrede er-hört hat, stieß sich nicht daran. Der Tag ging vorüber, und was nachher galt, war die *Tat.*

Wie eine kalte Dusche muß den Kanzler kurz nach dem 11. September 1933 der Inhalt des am 9. jenes Monats abgefertigten Briefs des Duce getroffen haben. *Darnach war keine Zeit zum Reden;* denn dem Duce war sichtlich nach den Informationen, die ihm aus Kreisen der HW zugegangen waren, der Geduldsfaden gerissen. Es hatte kein Putsch stattgefunden, und in der langen Rede des Kanzlers sollte nicht ein einziges Mal das Wort »Faschismus« fallen.

Um keine Illusionen bestehen zu lassen, zitierte der Duce seinen Informanten Starhemberg, womit er dem Kanzler ins Gesicht sagte, daß der aus der Öffentlichkeit verschwundene Nationalsozialismus keineswegs ausgelöscht sei, sondern unter der Oberfläche mit unverminderter Intensität arbeite. Die Mehrzahl dieser Untergrundkämpfer machten nach Meinung des Duce nicht aus

Unzufriedenheit mit, sondern wegen des Mangels an Vertrauen zu einer Regierung, in der Typen wie die liberalen Winkler und Schumy figurierten. Nicht erst jetzt wird von Sümpfen in der Politik gesprochen. Mussolini glaubte auch im September 1933 in Österreich Sümpfe wahrzunehmen; allerdings solche, die man damals wenig geschätzt hat: Liberalismus und Demokratie. Und nicht nur Starhemberg sei hierin sein Informant, betonte der Duce. Und was nütze die Leidenschaft, mit welcher der Kanzler für die Erneuerung des österreichischen Staates kämpfe, wenn Männer in der ersten Linie der Politik stünden, die niemals aufrichtig die Ideen des Kanzlers teilen könnten. Auf Winkler traf der Verdacht zu; Schumy war nach 1945 einer der wenigen liberalen Bauernpolitiker, die den Weg in die ÖVP fanden . . .

Ein Verdacht keimte im Denken des italienischen Regierungschefs. Nämlich daß Dollfuß imstande sein könnte, nicht tabula rasa zu machen, sondern sich auf ein Kombinat mit parlamentarischen Gedankengängen einzulassen. Das führe zu nichts. Was Not täte, sei die Gewinnung der Jugend; diese war tatsächlich damals mit mäßiger Sympathie für Demokratie und Parlamentarismus ausgestattet, nachdem es letzterem System zwar gelungen war, eine Weltwirtschaftskrise zu provozieren, es mit der Beseitigung derselben aber nicht vorankam. Bezüglich dieser Jugend, die zum großen Teil auf das Hakenkreuz schaute, muß Starhemberg dem Duce geraten haben, daß den *dissidenten* Jugendgruppen (!) eine größere Handlungsfreiheit einzuräumen sei; also mehr Aufgeschlossenheit für die Jungen hinter der Hakenkreuzfahne. Da Mussolini so schrieb, kannte er noch nicht den Inhalt der Rede des Kanzlers vom 11. September. Er erwartete sich jedenfalls einen entschiedeneren, einen treibenderen Ton der Rede, sichtlich gefielen dem Duce die Reden Starhembergs, die ihre Wirkung in Kreisen der HW nie verfehlten, besser als jene des Kanzlers.

Der Brief war dennoch schließlich sanfter ausgefallen, als Dollfuß erwartet hatte. Immerhin war er in politischer Hinsicht beim Duce arg im Debet. Der Kanzler wartete die Ausbootung der Landbundminister ab und schrieb am Tag nach der am 21. September

erfolgten Regierungsumbildung zurück. Um es vorweg zu sagen: Es war ein kurz gefaßtes Schreiben, in dem wieder das Wort Faschismus oder die Umschreibung des Wortes fehlten. Details für den Duce hatte der Kanzler dem ohnedies zur Berichterstattung nach Rom befohlenen Gesandten Preziosi mitgegeben. Um Kritiken vorzubeugen, zitierte Dollfuß das, was ihm der Staatssekretär des Duce, Suvich, telefonisch eröffnet hatte und was Landeshauptmann Buresch und Gesandter Schüller ihm über ein gutes Echo in Italien bei ihrer Rückkehr aus dem Süden erzählt hatten. Nun waren tatsächlich die Landbündler nicht mehr in der Regierung, allerdings nicht aus dem vom Duce aufgezeigten Grund; aber die Tatsache konnte der Kanzler aufweisen, um dem Duce wenigstens in einem Punkt scheinbar zu entsprechen. Der Brief schloß mit einer Kühnheit. Nach einer sehr verallgemeinernden Bemerkung über die Ausführung der Punkte seiner Programmrede beendete Dollfuß den Brief mit jener Klage, die seither nie mehr aus den Beziehungen zwischen Wien und Rom verschwunden ist: Die österreichischen Bauern klagten 1933 wieder einmal über Probleme des Holzexportes nach Italien, und hierzu erbat sich der Kanzler ein Eingreifen des Duce. So endete der direkte Briefverkehr des Duce mit dem Kanzler.
In den Akten findet sich noch ein Bericht des Gesandten Schüller über eine am 15. September 1933 stattgefundene Unterredung mit Mussolini. Der Duce hatte offenbar seinen leutseligen Tag. So meinte er, die Österreicher seien eben zu fein, um es so zu machen wie die Deutschen, die sich die ganze Welt zum Feind machten. Da sei Österreich bei Italien doch besser aufgehoben. Lächelnd stellte der Duce fest, die Deutschen würden ihm vorwerfen, er unterstütze in Wien eine Regierung, die noch immer nicht den Kommunismus und den Marxismus beseitigt habe. Geschickt überspielte der Duce mit dieser Wendung des Gesprächs, was er dem Österreicher hätte sagen *müssen*. Nämlich, daß seine im Verein mit den Westmächten in Berlin zugunsten Österreichs gemachte Vorstellung *nichts* gezeitigt hatte. Göring hatte ihm gesagt, daß den Deutschen die Brennergrenze sakrosankt sei. Das war nun keine Ermutigung für die Österreicher, die noch erleb-

ten, wie Deutsche und Italiener 1938 an der Brennergrenze den Sieg der Achse feierten. Man redete dann über dies und jenes, über Banden (!), wie der Duce die in Bayern versammelten Legionäre aus Österreich nannte. Und der Duce schloß mit einer immerhin bedeutsamen Bemerkung: Er hoffe, daß die Deutschen nichts tun würden, was sie um den *einzigen* Freund brächte, gemeint war – der Duce. Einen Seitenhieb bekam noch Theo Habicht ab, der für die Einstellung seiner Radiosendungen vier Bedingungen genannt hatte. Der Duce verriet nicht, welche es waren; aber er meinte, ihre Erfüllung würde das Ende Österreichs bedeuten. Im übrigen hätte Österreich recht, wenn es gegen Deutschland defensiv und nicht offensiv vorging.

Das war für Monate das Ende des Meinungsaustausches über die Faschisierung Österreichs.

Der SDAPÖ-Parteitag im Dollfuss-Staat

Reden oder schießen

Seit der behördlichen Auflösung des Republikanischen Schutzbundes gingen zwischen der Führung der SDAPÖ, den Freien Gewerkschaften und dem im Untergrund fortbestehenden und gut geführten Schutzbund Gespräche über die Frage der *Taktik im Kampf gegen die Regierung.* Im Schutzbund erkannte man früh die Gefahr, daß Fey daran war, seine Ressortzuständigkeit bei der Aufrechterhaltung der öffentlichen Sicherheit *militärisch* aufzufassen. So wie übrigens auch sein Gegenüber, der Stabschef des Schutzbundes Major Eifler. Zwar hörten die seinerzeit von General Körner kritisierten Feldübungen auf, dafür aber stellten sich die verbliebenen Verbände mehr und mehr darauf um, den Kampf auf andere Weise fortzusetzen, die Männer bei der Stange zu halten und die Disziplin zu festigen. Mit anderen Worten: Große Teile des Schutzbundes waren entschlossen, mit der Waffe dem Spuk eines autoritären Systems ein Ende zu bereiten. Das aber bedeutete keineswegs, daß diese Kämpfer bereit waren, den Zustand der Demokratie und den Parlamentarismus wieder auf die verfassungsmäßige Basis zurückzuführen. Wer einmal das Wort »Diktatur des Proletariats« im Ohr hat, der ist nicht bereit, für ein System zu kämpfen, in dem man sich nach dem Sieg mit den Verlierern an einen Tisch setzt.

Julius Deutsch, Obmann des Schutzbundes, hat Jahre nachher die Lage seiner Bewegung im Zwielicht der Endzeit der Republik von 1918 so beschrieben:

»Die Mehrheit glaubte . . . die Verantwortung für das drohende Blutvergießen nicht tragen zu können und suchte nach einem Ausweg. Er fand sich in der Rückverwandlung des Republikanischen Schutzbundes in die seinerzeit (vor seiner Gründung) bestandene Ordnerorganisation. Eigentlich, so tröstete man sich, werde ja *nur der Name gewechselt.* Anstatt Republikanischer Schutzbund hieß nun die Kampfvereinigung der Antifaschisten Ordnerorganisation. Sonst blieb alles beim alten, auch die Leitung.«

Es blieb nicht ganz beim alten. Einige im Schutzbund rochen, daß windige Zeiten bevorstanden und verdrückten sich. Je mehr Sand dieser Art aus dem Getriebe des nach wie vor schlagkräftigen Schutzbundes rieselte, desto größer wurde der Einfluß derer, die schon längst dagegen waren, nur den Saalschutz bei Parteiveranstaltungen zu stellen, der HW eine Abreibung zu verabreichen oder nach Feldübungen in der nächsten Stadt vor den Führern des Schutzbundes und der Partei zu defilieren und damit Stärke und Entschiedenheit zu demonstrieren. Inzwischen war, vor allem in Wien, eine aus dem Kern des Schutzbundes rekrutierte gut bewaffnete *Rathauswache* so weit organisiert, daß sie im Ernstfall als Kampftruppe eingesetzt werden konnte. Eine Abteilung der Rathauswache war bestimmt, im Falle des Ausbruchs der Kämpfe als Stabswache den Schutz des Kommandos der kämpfenden Einheiten des Schutzbundes, wofür eine Gemeindewohnhausanlage in einem äußeren Bezirk Wiens vorgesehen war, zu besorgen. Davon, daß es sogenannte Schützenvereine gab, die eigentlich getarnte Eliteformationen des Schutzbundes waren, ist schon die Rede gewesen. Die Schußleistungen der bereitgestellten Kampfeinheiten ließen, wie die Februarkämpfe 1934 beweisen sollten, nichts zu wünschen übrig. Zwar war die Ausbildung am MG nicht mehr überall möglich, doch standen für die Bedienung dieser im Krieg bewährten Waffe genug Kriegsteilnehmer und Abgänger der Volkswehr sowie des Bundesheeres zur Verfügung, die ihre einmal einexerzierte Fertigkeit nicht vergessen hatten.

Ausfälle in der Bewaffnung konnten bis in die letzte Zeit durch Waffenschmuggel aus der ČSR zum Teil ersetzt werden. In allen Nachfolgestaaten der Monarchie waren große Mengen Ausrüstungsgegenstände der bestandenen alten Armee lagernd, und so machte es keine Mühe, im Land befindliche Schußwaffen mit dem

Nachschub aus der ČSR zu komplettieren. Eine wichtige Schlüsselfigur bei derlei Schmuggelaffären war der Gesandte der ČSR in Wien Zdenek Fierlinger, ein unbedingt verläßlicher Genosse der österreichischen Sozialdemokraten. Fierlinger war kein feuerscheuer Diplomat. Im Ersten Weltkrieg war er Regimentskommandant im Verband der Tschechischen Legion und bewährt im Kampf gegen die Österreicher. Ihm stand am Vorabend der Februarkämpfe 1934 eine unersetzliche historische Leistung bevor. 1948, nach dem KP-Putsch in Prag, hat er vorbildlich für die Verschmelzung der dortigen Sozialdemokratischen Partei mit der siegreichen KP der ČSR gewirkt. Auch im KP-Regime blieb Fierlinger prominent in Staat und Partei. War er in der Zeit zwischen den Kriegen ein Vertrauter des Außenministers, zeitweiligen Ministerpräsidenten und schließlichen Staatspräsidenten der ČSR Eduard Beneš, so blieb er in der ČSSR nach dem KP-Putsch stellvertretender Ministerpräsident, wurde Vorsitzender der Nationalversammlung, Mitglied des Präsidiums des Politbüros und des ZK der KPČ. Als Kirchenminister hat er sich große Verdienste um die größtmögliche Beseitigung der Pfaffenwirtschaft in der ČSSR erworben. Es ist nicht schwer, sich von der Einstellung des gestandenen Marxisten zum Dollfuß-Staat, bei dem er als Diplomat akkreditiert, also immun war und wo er alle Vorteile in der Kampfsituation des Gastlandes ausnützte, ein Bild zu machen.
Es kann nicht geleugnet werden, daß die Schutzbundführung mit konkreten Feindmaßnahmen rechnete, ja in der Ära Fey rechnen mußte. Auch Fey wollte, schon um des Ansehens der Dollfuß-Regierung im Ausland willen, *eine blutige Auseinandersetzung mit dem Schutzbund und seinen Parteigängern eher vermeiden.* Und irgendwie dachte er wie der berühmte Prinz Eugen von Savoyen, der während des Spanischen Erbfolgekrieges gemeint haben soll, es sei manchmal klüger, dem Feind seine Kampf- und Hilfsmittel abzujagen als sich in blutige Kämpfe einzulassen. Ob Fey diese Passage kannte, ist nicht sicher, Tatsache ist, daß er anfing, sich mit den Möglichkeiten der Exekutive, also ohne Heranziehung von Heeresverbänden, über die Waffen- und sonstigen Lager des Schutzbundes herzumachen und bald diesen, bald jenen

Schutzbundführer, der bei seiner Tätigkeit im Untergrund ertappt wurde, festnehmen zu lassen. Am Vorabend der Februarkämpfe war der Stabschef des Schutzbundes Major Eifler in Haft, ebenso viele örtliche Schutzbundführer, zumal in der Bundeshauptstadt.

Selbstverständlich erweckten derlei Maßnahmen nicht nur den Zorn der Betroffenen; Männer und Führung konnten sich bald ausrechnen, wann der Zeitpunkt gekommen sein würde, an dem die Frage Gewalt oder Gewaltlosigkeit keine Rolle mehr spielte, weil ohne Waffen kein Aufstand gemacht werden kann. Die Führung der SDAPÖ war über dieses Vorgehen der jetzigen Regierung empört, weil es sich bei den Waffenbeständen des Schutzbundes um solche handelte, die nach 1918 im stillen Einvernehmen der Regierungsparteien vor dem Zugriff der Entwaffnungskommissionen der Siegermächte geborgen und sozusagen paritätisch den Großparteien im ganzen Land zur Verwahrung anheimgegeben wurden.

Es ist umstritten, ob die Wohnhausanlagen im Roten Wien auch aus strategischen Erwägungen an bestimmten Punkten der Ein- und Ausfallverkehrswege der Hauptstadt angelegt wurden. Tatsache ist, daß bei Ausbruch der Februarkämpfe Waffendepots in Wohnungen solcher Bauten vermauert waren, von denen einige nicht rechtzeitig geöffnet werden konnten, weil die Geheimnisträger in Haft waren.

Da hier soviel von Gewalt und Waffengebrauch die Rede ist, muß gleichzeitig festgestellt werden, daß sowohl im Regierungslager als auch in den Reihen führender Sozialdemokraten genug Männer mit Herz und Verstand waren, die alles in ihrer Macht Stehende taten, um blutige Auseinandersetzungen nicht einfach mit der Beschlagnahme der Waffen des Gegners zu verhindern, sondern mit jenem Reden, bei dem, wie die Wiener sagen, *die Leut' z'samm kommen.* Solche verantwortungsbewußten Politiker argumentierten, es müßte doch auch unter den gegebenen Verhältnissen möglich sein, so wie nach dem Brand des Justizpalastes am 15. Juli 1927 wieder zu einer geordneten Gesprächssituation zu kommen. Hat es nicht zwei Jahre nach diesem Tag im Siebenund-

zwanzigerjahr sogar eine Verfassungsreform gegeben, bei deren Zustandekommen die Politiker von Regierung und Opposition bereit waren, einen gangbaren Weg zu gewissen Einigungen im Sachlichen zu suchen und sich gegenseitig eine gewisse Toleranz zu erweisen? Diese Männer hatten recht, und derlei wäre wohl am Platz gewesen. Aber 1933 war die Lage im politischen Kampfgeschehen eine ganz andere als nach 1927. Nun stand als *neue Kampfgruppe* neben Schutzbund und HW die Hitlerbewegung im Feld, und die Illegalen verfügten über zahlreiche und kampfentschlossene Verbände in allen Teilen des Landes, vor allem im Roten Wien. Fey hat vergeblich davor gewarnt, der Exekutive zuzumuten, im Untergrundkampf diesen Gegner besiegen zu wollen. Starhemberg war vorweg überzeugt, daß es hierzu des radikalen Einsatzes der HW bedurfte. So entstand zwischen Regierung und Opposition eine *neue Streitfrage,* die nie entschieden wurde. Nämlich die Frage, ob die Roten oder die Schwarzen besser geeignet waren, bei der Abwehr der Hitlerbewegung den Kampf zu bestehen. Über diese Frage ist man sich bis 1938 nicht einig geworden. Nach 1945 herrschte vielfach die Version, daß Robert Danneberg vergebens versucht hatte, mit Dollfuß zu einer gemeinsamen Abwehrfront gegen die Nazis zu kommen. Beide Männer haben die Nazizeit nicht überlebt, und es war in der Zweiten Republik angeblich gescheiter, einfach hinzunehmen, daß es allein Dollfuß und sein System gewesen sind, die die Schuld am Frontzusammenbruch im Frühjahr 1938 trugen.
Dem steht die Tatsache entgegen, daß sowohl Dollfuß als auch sein Vorgänger Buresch bei der Regierungsbildung nicht versäumt haben, das Gespräch auch mit der SDAPÖ zu führen, in beiden Fällen ohne Resonanz. Von dem 1931 gemachten Versuch Ignaz Seipels, zusammen mit Otto Bauer als seinem Vizekanzler und vier Ministern aus den Reihen der SDAPÖ eine große Koalition zustande zu bringen, nicht zu reden. Man weiß, daß es damals ausgerechnet der Sympathisant solcher Kombinationen, Karl Renner, gewesen ist, der aus nicht ganz stichhaltigen Gründen in letzter Stunde jene Politiker in seiner Partei zu einem absoluten Widerstand gegen diese Koalition brachte, die dem Prälaten

nie grün waren. Das versteht man heute. Man versteht nicht oder man vergißt, daß seit dieser Haltung Renners gerade jene Christlichsozialen in ihren eigenen Reihen an Ansehen verloren, die immer versucht haben, den Frontalzusammenstoß mit den Roten zu verhindern; und die vor allem in den Bundesländern in der jeweiligen Landesregierung eine erfolgreiche Zusammenarbeit mit der Arbeiterpartei schätzten und bis in den Februar 1934 verteidigten. Renner verlor zudem viel von seiner Glaubwürdigkeit für gegnerische Kreise, als er sich am 4. März zu jenem Trick der Parteiexekutive hergab, demzufolge er als Erster Nationalratspräsident zurücktrat, um für eine einzige Abstimmmung eine Mehrheit der Opposition gegen die Regierung Dollfuß auf die Beine zu bringen – und womöglich die Regierung zum Rücktritt zu zwingen.

Nach dem Sommer 1933 ergab sich *ein weiterer Testfall*, der bewies, daß in den beiden großen Parteien nun die Kombattanten das Wort hatten. Es war Brauch, daß *die SDAPÖ im Herbst jeweils ihren Parteitag abhielt.* Der des Jahres 1933 sollte am 14. Oktober in Wien im Favoritner Parteiheim, Stätte historischer Entscheidungen, stattfinden. Für die HW war unter den gegebenen Verhältnissen ein Parteitag der SDAPÖ eine Herausforderung. Nicht einmal einen der Christlichsozialen wollte sie fernerhin durchgehen lassen. Wozu Parteitage, wo doch alle politischen Parteien, nicht zuletzt auch die der Schwarzen, zum Untergang bestimmt waren und das System des Parteienstaates zerschlagen werden sollte?

Für Fey, Führer der WHW, war die Verhinderung des Parteitages der SDAPÖ ein Fall für seine Zermürbungstaktik, von der schon die Rede war. Die Verhinderung des Parteitages der Roten im roten Arbeiterheim inmitten des roten Bezirks Favoriten hätte sein Ansehen in der Partei und vor allem auch gegenüber Starhemberg gefestigt; ein Prestigefall, zumal Starhemberg es im eigenen Land, in Oberösterreich, nicht zustande brachte, in einer unablässigen Kampagne gegen den dortigen schwarzen Landeshauptmann Schlegel den gewünschten Erfolg, nämlich den Rücktritt des Landeshauptmannes und das Ende der Packeleien der Schwarzen mit den Roten, zu erreichen. Es war der niederösterreichische Landeshauptmann Reither, der einem seiner Gewährsmänner unter den Sozialdemokraten mitteilte, daß mit dem Verbot des Parteitages zu rechnen sei. Einem Verbot des Parteitages hätte der Kanzler zwar nicht zugestimmt, aber schließlich setzte sich Fey mit dem Verlangen durch, den Ablauf des Parteitages von einem im Saal anwesenden *Regierungskommissär* kontrollieren zu lassen. Selbstverständlich war die SDAPÖ absolut nicht willens, sich derlei gefallen zu lassen. Vergessen oder vergessen gemacht ist die Tatsache, daß in Kreisen der Gegner der SDAPÖ wilde Gerüchte kursierten. Man erinnerte sich daran, daß 1917, während des Krieges, auf dem Parteitag der SDAP der umstürzende Beschluß gefaßt worden war, *die Landesverteidigung gegenüber den Erfordernissen des Klassenkampfes in die zweite Reihe zu rücken.*

Und noch lebten genug Tatzeugen der Ereignisse von damals, die um die demoralisierende Wirkung dieses Beschlusses wußten; zumal dort, wo man das Prinzip des Klassenkampfes nicht auf sich nehmen wollte und außerdem entschlossen war, dem Krieg um den Bestand des Vielvölkerreiches nicht jenes Ende zu bereiten, das 1917 in Rußland der Sieg der Bolschewiken eingetragen hat. Als sich Lenin mit der Auffassung durchsetzte, man müsse per sofort dem Krieg gegen den auswärtigen Feind ein Ende machen, um mit dem *Klassenkampf* im eigenen Land *zu beginnen* und den *Klassenfeind auszurotten.*

Es war Reither, der zum bettlägerigen Kanzler ging und versuchte, die von Fey gedachte Maßnahme hintanzuhalten. Der Kanzler vertröstete ihn damit, daß er am folgenden Tag wieder im Dienst sein würde. Aber morgen, am Tag des Beginns des umstrittenen Parteitages, wäre es zu spät gewesen, die Entsendung des fraglichen beaufsichtigenden Kommissärs zu verhindern. Nicht auszudenken, was im Favoritner Arbeiterheim geschehen wäre, wenn sich Delegierte über den Kommissär hergemacht und ihn aus dem Saal befördert hätten. In letzter Sekunde entschlossen sich Julius Deutsch, Oskar Helmer, damals ein erfolgreicher Gesprächspartner der Schwarzen in Niederösterreich, dann der Sekretär der Wiener SDAPÖ Paul Richter und Robert Danneberg, alles zu unternehmen, um die drohende Gefahr abzuwenden. Deutsch versuchte sogar, den gewesenen liberalen Landbund-Vizekanzler Winkler zu einer Intervention beim Kanzler zu bewegen. Auf einem anderen Weg befaßte man den Justizminister Schuschnigg, der sich keineswegs abweisend verhielt. Aber der Abend ging zu Ende, und noch immer war kein Ruf ans Krankenbett des Kanzlers in der Parteizentrale der SDAPÖ eingelangt. Mitternacht kam, es wurde vier Uhr früh, als endlich Julius Deutsch die Möglichkeit bekam, in die Wohnung des Kanzlers in der Stallburggasse zu kommen. Es ist bekannt, daß im Verband der Staatspolizei Kräfte am Werk waren, die mit Fey nicht ganz konform gingen! Sie haben das Gespräch des Kanzlers mit Julius Deutsch, dem Obmann des Schutzbundes, zustande gebracht.

In der Kanzlerwohnung traf Deutsch zuerst den für das Sicherheitswesen zuständigen Staatssekretär Karwinsky. Das war eher ein gutes Omen, denn der Staatssekretär war *kein* Schätzer der HW. Deutsch und der Kanzler einigten sich. Es sollte kein Regierungskommissär dem Parteitag beiwohnen, dafür versprach Deutsch dem Kanzler eine Abschrift des Verhandlungsprotokolls. Damit war nichts vertan. Was wichtig war unter den Beschlüssen, das kam ohnedies ins Kommuniqué. Und Interna der SDAPÖ erfuhr die Regierung längst durch gewisse Typen, die in solchen Zeiten besonders gefährlich sind, weil Verrätereien niemandem nützen, den Haß der Betroffenen aber steigern. Auch unter den damaligen Parteitagsdelegierten waren Informanten der Regierung. Fey war in jener Nacht jedenfalls der Verlierer. Bei Deutschs Weggehen sagte der Kanzler:

»Nach dem Parteitag werden wir weiterreden; ich bin überzeugt, daß wir uns dann auch in anderen Fragen einigen können.«

In seinen Erinnerungen, die Deutsch 1960 herausbrachte, klingt die Enttäuschung darüber auf, daß es zu dieser Fortsetzung des Gesprächs nicht gekommen ist. Mag sein, daß der Kanzler nachher nicht gerade mit Deutsch gesprochen hat. Es gab aber bis zum 12. Februar 1934 genug andere Kanäle, in denen das Gespräch der Feinde weitergeflossen ist. Eine Heuchelei, wie Deutsch dieses Versprechen eine Generation später hingestellt hat, war es auf seiten Dollfuß' nicht.

Der umstrittene Parteitag brachte keine Kriegserklärung an die Regierung. Otto Bauer schied auf eigenes Verlangen aus der Parteileitung aus. Ob das schon der Beginn des Weges war, auf dem er sich mit Julius Deutsch im Februar 1934 getroffen hat, um den Aufstand des Schutzbundes zu leiten, ist nicht bewiesen. Eher ist anzunehmen, daß wieder einmal die Einigkeit zwischen Bauer und Renner abging. Renner legte nämlich dem Parteitag einen im Parteivorstand ausgearbeiteten *Entwurf eines Verfassungsgesetzes* vor, das den *Staatsnotstand,* der mit der Selbstausschaltung des Nationalrates am 4. März 1933 entstanden war, überbrücken sollte. *Auf legalem Weg war dieses Ziel nicht zu erreichen.* Und selbst die nachher von Renner überarbeitete Fassung dieses Entwurfs, um die der gewesene Erste Präsident des Nationalrates in den folgenden Wochen und Monaten bemüht gewesen ist, hätte nicht mehr erzeugt als einen weiteren Bruch in der seit Oktober, November 1918 gebrochenen Rechtskontinuität. Daran läßt der von Renner erdachte *modus procedendi* keinen Zweifel: Ein ad hoc gebildeter Staatsrat sollte Notverordnungen des Staatsoberhauptes überprüfen. Emmerich Czermak, letzter Obmann der Christlichsozialen Partei, hat nach 1945 erklärt, er hätte eine Bereitschaft des Bundespräsidenten, der Renner entgegenkommen wollte, unterstützt; aber Dollfuß hätte nicht mitgemacht. Die Toten haben Unrecht, Dollfuß konnte nach 1945 nicht aussagen, wie das damals in seinem Fall gewesen ist. Aber darum hat man sich in der Zweiten Republik nicht gekümmert. Nicht nur in der SPÖ, sondern auch in Kreisen ehemaliger enger Mitarbeiter Dollfuß' war man froh, diese unbewältigte Vergangenheit einfach *dem Dollfuß anhängen* zu können und damit die Sache vom Hals zu haben.

Es wäre ungerecht, etwa die Ernsthaftigkeit der SDAPÖ zu bezweifeln, mit der viele ihrer Politiker grundsätzlich das Vorhaben Renners unterstützten. Vereinfachend könnte man sagen, und man hat es zuweilen gesagt, daß ein politischer Kompromiß auf der Parteibasis unter Umständen erreichbar gewesen wäre. Und zwar ein echt österreichischer, ein *Ausgleich*: Mochte auf Bundesebene Dollfuß die Regierung behalten, an der Substanz des

Roten Wien sollten um keinen Preis irgendwelche Abstriche gemacht werden.
Der Parteitag der SDAPÖ im letzten Jahr ihres Bestandes brachte das Ende eines Bekenntnisses, das viele Jahre in ihrem Arkanum gestanden hat: Fortan entfiel der Punkt im Programm, der den Anschluß Österreichs an das Reich betroffen hat.
Die Illegalen kümmerten sich in diesen Monaten wenig um Vorgänge wie die eben beschriebenen. Sie setzten ihre Terroranschläge fort. Kurz nach dem Parteitag der Linken führte die Regierung die Todesstrafe im standrechtlichen Verfahren ein. Eine moralische Wirkung hatte diese furchtbare Drohung in den Reihen der Illegalen nicht. Im Gegenteil. Sie bereiteten für den Beginn des Jahres 1934 Aktionen vor, die alles übertreffen sollten, was bisher im Land geschehen war. Die übliche Weihnachtsamnestie brachte zahlreichen Unterführern der Illegalen die Freiheit und damit die Möglichkeit, dort weiterzutun, wo sie am Anfang ihrer Strafverbüßung aufgehört hatten. Und jetzt erst recht den Kampf zu verstärken.
Man kann sich vorstellen, welchen Eindruck die Abhaltung eines sozialdemokratischen Parteitages im Dollfuß-Österreich in Rom und dort vor allem auf den Duce gemacht hat. Anstatt der gedachten endgültigen Unterdrückung des Marxismus in Österreich hatte die Partei des Klassenkampfes nicht nur jeden einschlägigen Widerstand in Regierungskreisen gebrochen, sondern außerdem zugleich dem Führer der WHW eine spektakuläre Niederlage beigebracht. Wohin sollte das führen? Der Duce hat sich in diesen Tagen vorgenommen, den Gang der Ereignisse durch seinen Staatssekretär Suvich unter Kontrolle nehmen zu lassen.
In Wien erregte ein neuerliches Hervortreten der katholischen Kirche auf dem Feld der Politik einiges und sehr unterschiedliches Aufsehen. Als die Bischöfe 1933 den Geistlichen untersagten, jemals wieder am politischen Leben teilzunehmen, sah man das in Kreisen der SDAPÖ und der NSDAP als ein Mißtrauensvotum für die Regierung Dollfuß an. Man kann sagen, daß es für die im Kampf mit den Illegalen stehenden Österreicher nicht gerade eine Ermutigung war, wenn sie solche Weisungen beim Sonntagsgot-

tesdienst von der Kanzel herab hörten. Zu Weihnachten 1933 hingegen machten die österreichischen Bischöfe einen aufsehenerregenden Ausfall auf das Feld der Politik. Sie verurteilten das Programm einer Partei, nämlich jenes der NSDAP, und das insbesondere in dem Punkt, wo der Antisemitismus der Hitlerbewegung seine Stütze hatte. Daß die nach wie vor kulturkämpferischen Aktivitäten der ideologisch gefestigten Kreise in der SDAPÖ nicht die gleichen harten Zensuren bekamen, fiel auf. Da nützte ein tröstendes Wort für den Kanzler wenig; es sah so aus, als würden die Bischöfe die Katholizität Dollfuß' zur Kenntnis nehmen, für seinen gleichzeitigen Abwehrkampf gegen links *und* rechts aber kein rechtes Verständnis haben. Es war die Optik, die verwirrte.

Um diese Zeit war Österreich längst Zufluchtsort von Reichsdeutschen, die aus politischen Gründen keine Bleibe mehr hatten im Reich. Selbst Bert Brecht scheute sich nicht, den Boden des Dollfuß-Staates zu betreten. Man weiß, wie damals Carl Zuckmayer sein Leben in diesem verfluchten Staat beschrieb. Und unbestreitbar ist heute die Tatsache, daß jene Juden in Österreich, die die Regierung im Kampf unterstützten, bei weitem die Anzahl jener übertraf, die in den Reihen der *Revolutionären* Sozialisten noch vor dem Verbot der SDAPÖ im Februar 1934 den Dollfuß-Staat bekämpften. Wie die Illegalen diese Merkwürdigkeit beurteilten, das haben sie nach dem Anschluß in einer Monsterschau, die von den Siegern in der riesigen Nordwestbahnhalle unter dem Titel »Der ewige Jude« mit großer Aufmachung gestaltet wurde, dokumentiert. Da gab es eine den österreichischen *Judenknechten* gewidmete Abteilung. Mehr als vieles andere erregte das Interesse der Österreicher ein Foto, auf dem unter anderen der frühere Generalsekretär der VF und Landeshauptmann der Steiermark Karl Maria Stepan und der auf Drängen aus Berlin noch *vor* dem Anschluß abgesetzte Landesleiter der VF in der Steiermark Alfons Gorbach zu sehen waren. Gorbach am Stock, weil er ohne diesen nach einer Beinamputation als Folge einer Kriegsverletzung nicht haftfähig gewesen wäre. In Zebrastreif, also in der KZ-Kluft, und kahlgeschoren sah man in dieser Ausstellung auch den *Systemling* Heinrich Gleißner, früherer Landeshauptmann von Oberöster-

reich, der bei seiner Einlieferung ins KZ Dachau derart mit Wunden bedeckt war, daß sein guter Freund Fritz Bock ihn nicht erkannte und Gleißner zu ihm sagte:
»Fritz, kennst du mich nicht? Ich bin der Heinrich Gleißner.«
Es war Starhemberg, der zu Neujahr 1934 darauf drängte, die vermehrten und gefährlich gewordenen Angriffe der Illegalen gewaltsam, *Gewalt gegen Gewalt*, zu unterdrücken. In diesen Tagen mäßigte der Fürst angesichts der seitens der Illegalen drohenden Gefahr für zwei Wochen selbst die Angriffe auf schwarze Packler in der Politik. Dollfuß aber scheute sich nicht, den *Klub der Parlamentsabgeordneten seiner politischen Freunde* aufzusuchen und dort für seinen Weg zwischen Rot und Braun zu werben. Als aber der Kanzler *ehrliche Arbeiterführer* zur Mitarbeit aufrief, quittierten das die Illegalen mit dem Vorwurf der Heuchelei. Und von links her hat man sich verbeten, daß auf verlogene Weise eine Spaltung in die Arbeiterpartei getragen würde.
Man darf nicht vergessen, daß die Kampfsituation am Vorabend des 12. Februar 1934 keineswegs *alte Kampffronten* vergessen gemacht hatte. Was fortbestand, war ein *Antisemitismus*, bei dem sich die VF und die HW schwerer taten als ehedem die Christlichsozialen, weil beide Gruppen Juden an prominenter Position in ihren Reihen hatten. Auch die Freimaurerei bestand im Dollfuß-Staat weiter; sie war nicht nur im Wiener Rathaus vertreten, sondern auch in der VF, weil diese – verglichen mit der Hitlerbewegung – das kleinere Übel war. Und ungebrochen war jener *Antiklerikalismus*, bei dessen Praktizierung sich gewisse Kreise in der HW nicht zu schämen brauchten beim Vergleich mit gleichgerichteten Gesinnungen in der SDAPÖ. Für die Illegalen waren ohnedies Juden, Freimaurer und Pfaffen die ewigen Macher allen Übels in der Welt. Und dabei blieb es nach 1938. In den damals aufgelegten Fragebögen lautete jeweils die erste Frage, ob der Betroffene *Jude* sei, einer *Loge* angehöre oder *CVer* sei.
Es fällt selbst heute nicht ganz leicht, Dollfuß vorweg einer erklärten Feindseligkeit gegenüber der Arbeiterschaft zu bezichtigen. In seiner Trabrennplatzrede vom Herbst 1933 hat er dem *Marxismus* wie dem ausbeuterischen *Wirtschaftsliberalismus* glei-

chermaßen den Kampf angesagt; und sich damit einen konzentrischen Angriff gewisser Kreise von rechts und links her, der oft merkwürdig synchron gestaltet war, eingehandelt. Aber ausgerechnet in Kärnten sollte der Kanzler an der Front gegen links einen Erfolg bekommen.

Nach dem Tod von Friedrich Austerlitz wurde Oscar Pollak Chefredakteur der »Arbeiter-Zeitung«, des Zentralorgans der SDAPÖ. Pollak hatte so wie Bauer den Krieg als Offizier und zum Teil an der Front mitgemacht. Das war 1933 vergessen, nicht aber jener *fighting spirit,* der nicht nur die Schreibweise Pollaks bis lange nach 1945 ausgezeichnet hat. Dank seiner intellektuellen Diszipliniertheit, seiner Weltkenntnis und seiner aus der bürgerlichen Welt bezogenen soliden Bildung geriet die »Arbeiter-Zeitung« unter Pollak zu einer Tageszeitung, die auch der eingeschworene Gegner nach Serien von Herausforderungen nicht zornig in die Ecke geworfen hat. Pollak bekam bald genug Stoff für seine Kommentare und Analysen der aktuellen Lage im Land.

Seit Monaten war der Duce eine Erwiderung der Besuche des Kanzlers schuldig. Selbstverständlich kam im Falle eines Kleinstaates wie Österreich kein Besuch des Führers des Faschismus in Wien in Betracht. Mussolini beauftragte mit dem Besuch bei der Wiener Regierung seinen Staatssekretär Fulvio Suvich. Dieser, ein gebürtiger Triestiner, war von Beruf Rechtsanwalt; im österreichischen Vorkriegsvenedig war er nicht gerade heldenhaft gegen die Österreicher aufgetreten; halb Slowene, halb Italiener, war er zeitlebens vieles halb, nichts ganz, und so kam er glücklich über die Zeiten; nach dem Zweiten Weltkrieg, als faschistische Bonzen von Kommunisten serienweise umgelegt wurden, ging er in seine Heimatstadt an der Adria zurück und nahm, so als wäre nichts geschehen, seinen Beruf als Rechtsanwalt wieder auf.

Suvich war Dollfuß gemäß dieser Herkunft und Anschauung bekannt; der Kanzler wußte, daß der Staatssekretär seine Informationen über Österreich weniger den Gesandtschaftsberichten des italienischen Missionschefs in Wien als vielmehr den aufregenden Darstellungen von HW-Führern entnahm. Und Dollfuß ahnte, daß Suvich mit Mahnungen des Duce versehen war, auf die Dollfuß eigentlich nicht sehr neugierig war. Die Illegalen nahmen sich vor, beim Besuch des Abgesandten des Duce einen Feuerzauber abzuziehen, der dem Gast ein richtiges Bild von den Zuständen in Österreich machen sollte. Die Linke schrieb einfach, Suvich käme zur Befehlsausgabe an den Kanzler. Als bald nach diesem Besuch die Februarkämpfe in Österreich ausbrachen, wurde diese Version mit dem Gerücht ergänzt, wonach Suvich dem Kanzler befohlen hätte, nicht länger zu zögern, sondern der Sozialdemokratie das Lebenslicht auszublasen. Und daß der Kanzler gehorcht hätte.

Jetzt sind die Akten aus jener Zeit zugänglich, und jeder, der nur den Akten vertraut, hat Gelegenheit, eine dokumentarische Darstellung jener Tage im Jänner 1934 je nach Geschmack zu interpretieren. Auch in Italien sind inzwischen die Schleier gelüftet worden, die der Faschismus zu seiner Zeit über seine Diplomatie gelegt hat. Aber niemand weiß, wie jenes Gespräch des Duce mit seinem aus Wien zurückgekommenen Staatssekretär Suvich wirklich verlaufen ist. Die Version, wonach sich just zur Zeit des Besuchs von Suvich Dollfuß für einen Angriff gegen die Linke in Österreich fertig gemacht haben soll, kann jedenfalls heute nur mehr als bewußte Lüge aufrechterhalten werden. *Denn Ende Jänner erreichte der diplomatische Konflikt zwischen Wien und Berlin einen Höhepunkt.* Links verlief eine *Nebenfront,* die besser zu beobachten der Regierung nicht geschadet hätte. Am 26. Jänner 1934 schrieb Suvich aus Rom einen Brief an den Kanzler. Für den 1. Februar hatte sich die österreichische Regierung eine Antwort aus Berlin erbeten. Die Antwort auf eine Note, in der Wien an Hand eines gut fundierten Tatsachenmaterials Klage führte gegen Eingriffe, die aus dem Reich auf die Integrität Österreichs gerichtet und von österreichischen Nationalsozialisten exekutiert wurden.

Der Ballhausplatz erwartete also die Note aus Berlin spätestens am 1. Februar, es ist daher wenig wahrscheinlich, daß die Regierung Dollfuß in den letzten Tagen vor dem 12. Februar 1934 einen Konflikt mit der SDAPÖ anzuzetteln bereit gewesen ist. Hitler fegte in seiner Rede zum ersten Jahrestag seiner Machtergreifung, also am 30. Jänner 1934, das aus Wien gekommene Tatsachenmaterial mit einer unwirschen Geste vom Tisch, bestritt die Richtigkeit solcher Vorhaltungen und bezeichnete die in Wien bestehende Ansicht, wonach er beabsichtigte, Österreich mit Gewalt zu überziehen, als absurd und durch nichts zu belegen. Dementsprechend fiel die Antwortnote aus Berlin aus, sie begnügte sich mit der Feststellung, daß die Vorhaltungen Wiens unrichtig seien. Dieser Kampf ging also weiter. Dollfuß war genug geschult, um sich jetzt nicht einen Frontalzusammenstoß einzuhandeln – mit den Roten.

Denn das alles ereignete sich, als in Österreich die Illegalen mit ihren Sprengstoffanschlägen ein Maximum an Intensität erreichten. Nicht nur in den Bundesländern, wo der Zustrom zur verbotenen Hitlerbewegung am größten war, ging es so zu; auch im Roten Wien, inmitten der Massen einer sozialdemokratisch organisierten Bevölkerung, griff der Terror um sich. Zwei bezeichnende Reaktionen folgten dem:

Der Niederösterreichische Bauernbund organisierte am Lichtmeßtag 1934 einen Massenaufmarsch in Wien. 100 000 Bauern marschierten unter ihren anerkannten Führern im Roten Wien auf. Aber nicht mehr als bloße Demonstranten gegen die Roten, sondern zur Unterstützung des Kanzlers, der eben in einem schweren Abwehrkampf gegen die Hitlerbewegung in Österreich und ihre Hintermänner im Reich stand.

Zwei Tage später schlug in Tirol die HW zu: Sie erzwang die Umwandlung der Landesregierung in einen, wie es auch in der Monarchie hieß, Landesausschuß und die Befolgung des autoritären Kurses der Regierung Dollfuß. Zwei Tage später scheiterte ein in Niederösterreich unternommener gleicher Versuch. Der Reichsbauernführer Reither ließ sich nicht so leicht biegen. In Oberösterreich erreichte die Rednerkampagne Starhembergs gegen den christlichsozialen Landeshauptmann Schlegel und dessen zum Teil mit Sozialisten besetzte Landesregierung einen Höhepunkt.

Da wollte Fey nicht zurückstehen. Die Waffensuchen in sozialdemokratischen Parteiheimen und an längst bekannten anderen verborgenen Plätzen wurden fortgesetzt; sie bewiesen den guten

Stand der Bewaffnung des Schutzbundes, gleichzeitig war das Ergebnis so, daß der Exekutive nur ein *Bruchteil* der in Verwahrung der Linken befindlichen Kriegswaffen aus 1918 in die Hände fiel. Der Schutzbund konnte am 12. Februar infanteristisch ausreichend bewaffnet ins Gefecht gegen die Regierung treten. Da und dort gab es im Schutzbund mehr MGs als ausgebildete MG-Schützen. *Es lag etwas in der Luft.*

Und im Wiener Gemeinderat ereignete sich ein Avertissement. Eigentlich stand am 9. Februar die Konvertierung der Bonds der sechsprozentigen Dollaranleihe von 1927 in Schillingobligationen auf der Tagesordnung. Referent war der Finanzstadtrat Robert Danneberg. Aber Danneberg sprach nicht nur zum Thema. Ebensowenig wie Bürgermeister Karl Seitz und der Christlichsoziale Leopold Kunschak. Die beiden Sozialdemokraten sparten nicht mit Vorwürfen an die Regierung. Kunschak lag es im Moment weniger, auf diese Angriffe zu replizieren. Er stellte sich auf den heute meistens verneinten Standpunkt, wonach es bei der Vermeidung einer Gefahr darum geht, *beide Teile* zur Räson zu bringen. Seine Rede richtete sich aber ausdrücklich gegen die Hitlerbewegung. Dabei mußte Kunschak zum Fenster hinaus reden, denn die Fraktion der NSDAP im Wiener Gemeinderat gab es seit dem Verbot der Betätigung für die NSDAP nicht mehr. Es ging Kunschak auch nicht um ein Anliegen, das die Stadt und ihren Gemeinderat betraf. Denn er wandte sich gegen *»die Entartung des deutschen Geistes durch den Nationalsozialismus«*, und er rief zum gemeinsamen Kampf dagegen auf, ehe das Volk im Land an Gräbern stehe und weine.

Nach 1945 wurde diese Rede zuweilen als Beweis dafür gewertet, daß Kunschak bereits am 9. Februar 1934 vom bevorstehenden Kampf wußte, von einem Kampf, mit dem dann die Regierung die nichtsahnende Linke überfallen haben soll.

Derlei Gerüchte widerlegt unter anderem jener Briefwechsel, der zwischen dem 26. Jänner und dem 1. Februar 1934 zwischen Suvich und Dollfuß stattgefunden hat. Suvichs Brief an Dollfuß ist in sich eine Reaktion auf Erfahrungen des Staatssekretärs bei seinem Besuch in Wien und eine Verdolmetschung dessen, womit

der Duce den Erfahrungsbericht seines Staatssekretärs quittiert hat.
Suvich begann mit der Feststellung, daß die *Lage in Österreich*, vor allem in der Provinz (also nicht am Schwerpunkt der Macht der Linken), an einem *kritischen Punkt* angelangt sei. Suvich strich heraus, daß die Macht der Regierung auf ihrer bewaffneten Macht und auf der HW beruhe. Daß dem so war, führte Suvich auf den in der Bevölkerung bestehenden Eindruck zurück, demzufolge man meinte, *die Regierung sei untätig*, denn die Erneuerungspolitik ginge nicht voran. Und: Die Regierung versäume es, die Jugend zu gewinnen. Sie wäre zu gewinnen, wenn die Regierung mit größter Entschiedenheit ihr Erneuerungswerk sichtbar mache. Was aber erwartete sich Rom in dieser Hinsicht? Suvich, und offenbar auch der Duce, hatte keinen Blick für die Tatsache, daß Dollfuß im Moment nicht von links, sondern von den Illegalen und ihren Hintermännern angegriffen wurde. Rom wollte den Kampf gegen den Marxismus, die Reform der Verfassung in einem antiparlamentarischen und korporativen Sinn, die Beseitigung der Parteien und die Stärkung der Vaterländischen Front. Der Angriff in diese Richtung sollte nicht länger hinausgeschoben werden.
Das wurde nach 1945 der Beleg dafür, daß Dollfuß am 12. Februar 1934 befehlsmäßig angegriffen hat.
Sichtlich vertraute der Duce im Moment der *Person* des Kanzlers. Suvich hielt sich zugute, dem Duce gesagt zu haben, daß die Rettung der Unabhängigkeit Österreichs durch das in der Person Dollfuß' verkörperte Regime möglich sei. Nicht von Erneuerung ist hier die Rede, sondern von einer Rettung aus höchster Gefahr. Der Duce hat in dieser Stunde durch Suvich ausrichten lassen, daß er willens sei, *bis zum Ende die Unterstützung Österreichs in seinem Unabhängigkeitskampf aufrechtzuerhalten.*
Aus diesem Brief Suvichs geht hervor, daß Dollfuß dem Duce die Erfüllung der von Mussolini in Riccione ausgesprochenen Wünsche schuldig geblieben war. Und daß der Duce jetzt die Erfüllung erwartete. Große Wichtigkeit hatte aber folgende Sentenz im Brief Suvichs: Er und der Duce wären der Ansicht, *in Wien messe*

man im Moment den Aktionen der Nazis eine zu große Bedeutung bei. Jedenfalls eine größere, als ihnen zukommen sollte. Allen Ernstes glaubte der Duce, es gäbe in der Umgebung des Kanzlers eine Art Verschwörung (!), die teils interessiert teils unbewußt alle Aktionen der Nazis besonders herausstreiche. Das aber hielt Suvich für gefährlich. Es entstünde so ein Seelenzustand (!) des *Unvermeidlichen.* Aber der sei leicht zu beseitigen. Man müsse sich nur entschließen, im Sinne des Duce die bekannten Maßnahmen zu ergreifen und alle gesunden Kräfte des Landes, die sie erwarteten, erfassen. Das sei freilich unaufschiebbar geworden. Derlei Umschweife bedeuteten nicht weniger als den Vorwurf, Dollfuß hätte unterlassen, was in den Augen Mussolinis wichtig und höchst aktuell war:

So den Vernichtungskampf gegen den Marxismus. Eine Reform der Verfassung, mit welcher der Parlamentarismus beseitigt werden sollte. Das Ende der Parteienwirtschaft in Österreich. Kurz gesagt: *die Faschisierung*. Aber der kleine Mann am Wiener Ballhausplatz war schon unterwegs, Wege zu beschreiten, die der Duce nur mit einigem Mißtrauen wahrnahm. Mussolini war entschlossen, die Unabhängigkeit Österreichs zu verteidigen, weil er lieber die laschen Österreicher als die harschen Deutschen am Brenner gehabt hat. Aber mit der Innenpolitik des Kanzlers war er unzufrieden, und Suvich verdeutlichte das mit geschickten Einflechtungen.

Auf diesen Brief antwortete der Kanzler postwendend mit einem Privatschreiben an Suvich. Geschickt schmeichelte er dem Ehrgeiz des Triestiners, indem er feststellte, Suvichs Besuch in Österreich hätte sich im In- und Ausland günstig ausgewirkt. Auch der Kanzler wollte eine Beschleunigung seiner Vorhaben, nur waren es nicht genau jene, die der Duce erwartete. Ein christlicher Staat war für den Duce kein Ersatz für Faschismus. Um dem Duce in diesem Punkt entgegenzukommen, wies der Kanzler auf sein Bemühen hin, in Budapest einen Termin für sein Kommen nach Ungarn zu kriegen. Dollfuß wäre dafür die Woche von 5. bis 12. Februar 1934 (!) am liebsten gewesen. Der geneigte Leser wird an dieser Stelle bemerken, daß der Kanzler bei Abfassung des gegenständlichen Briefes am 30. Jänner 1934 wohl kaum an einen für den 12. Februar anberaumten Putsch denken konnte. In Ungarn wäre man aber, so Dollfuß an Suvich, für einen Besuch am 7. und 8. Februar. Zwölf Tage vor dem legendären *Februarputsch von oben* war man sich also am Ballhausplatz noch nicht im klaren, was am 12. Februar passieren werde; und ob man eventuell an diesem Tag in Ungarn Staatsbesuch machen würde. Alles Tarnung, sagte man nach 1945.

Noch dazu kam Rintelen dem Kanzler arg in die Quere. Anfangs 1934 hatte der Kanzler in Freundeskreisen längst gesagt, daß es nicht seine beste Idee gewesen sei, den aus dem Amt gedrängten Landeshauptmann der Steiermark Anton Rintelen nach Rom zu schicken. Er habe freilich gedacht, daß der routinierte Kurbler unter der Aufsicht des Duce wohl geborgen sei. Was Dollfuß im Sommer wohl nicht genügend bedacht hatte, war die Tatsache, daß Mussolini zwar die staatliche Unabhängigkeit Österreichs vom Dritten Reich verteidigen wollte, daß ihm aber Streitigkeiten, welche die Regierung Dollfuß mit Berlin und den österreichischen Nazis hatte, gar nicht ins Konzept paßten.

Rintelen nahm in Rom eine Fleißaufgabe auf sich. Er sprach mit Suvich über die Absicht des Kanzlers, angesichts des Refus, den Berlin sowohl der Vorsprache der Vertreter der Großmächte als auch den Vorhaltungen Wiens zuteil werden ließ, den Weg nach Genf zu gehen und die Unabhängigkeit Österreichs dort ein weiteres Mal präsent zu machen. Geschickt schrieb Rintelen, wie er gewisse Vorbehalte, die Suvich sowie der Duce diesem Vorhaben entgegenbrachten, zu beschwichtigen suchte. In der Sache hielt der Gesandte in einem langen Schreiben Kurs: Dollfuß sollte im Kampf um die Unabhängigkeit und im Konflikt mit Berlin nicht den Völkerbund anrufen. Der Altösterreicher Suvich und der Nochösterreicher Rintelen waren verwandte Seelen. Und sie fanden die Blockade, die den Gang des Kanzlers verhindern sollte: Der italienische Gesandte in Wien sollte sich am Ballhausplatz den Text der ruppigen Antwort der Reichsregierung verschaffen, mit der diese die von Wien aufgezeigten Gravamina vom Tisch gefegt hatte. Der österreichischen Regierung wurde aber italienischerseits geraten, in dieser Sache nichts zu unternehmen, bevor man in Rom die Absage aus Berlin geprüft haben und zu einem Entschluß gekommen sein würde.

Es wäre nicht Rintelen gewesen, wäre er nicht dem Kanzler mit einer Belehrung über Nationalsozialismus gekommen. Im gegenständlichen Brief unternahm er es tatsächlich, in der Hitlerbewegung zwei Fraktionen zu unterscheiden. Da seien jene unter den österreichischen Nationalsozialisten, die den *Anschluß* anstrebten, und andere, die einfach *etwas Neues* wollten. Nicht ganz zu Unrecht sagte Rintelen voraus, daß erstere Gruppe bereits nach einem Jahr bemerken würde, daß der Anschluß für sie nachteilige Folgen gebracht hätte. Den Neuerern aber sollte man den Wind aus den Segeln nehmen, indem sich die Regierung ihrer bediente und sie miteinbezöge bei der verstärkten Bekämpfung der Sozialdemokraten; allen Ernstes legte Rintelen Dollfuß die gewisse Schattierung eines Antisemitismus nahe.

Und wie um den Kanzler zu beruhigen, schrieb er abschließend gleich, die Juden in Österreich unterstützten die Regierung loyal. Ob das für jene Juden in Wien zutraf, die verläßliche Parteigänger der SDAPÖ waren, interessierte Rintelen sichtlich wenig in diesem Zusammenhang. Immerhin kam er zu dem Schluß, wonach die österreichischen Juden einen antisemitischen Einschlag (!) in der Regierungstätigkeit hinnehmen würden. Denn in der Endabrechnung würden alle Juden in Österreich die jetzige Regierung einer nationalsozialistischen vorziehen.

Und noch einen Schlangenrat gab Rintelen im letzten Satz des Briefes dem Kanzler: Dieser sollte ja keine Schritte in Richtung Genf unternehmen, ehe er sich der Rückendeckung der Großmächte versichert hätte. Aber auf die hätte Dollfuß bis zum Sankt-Nimmerleins-Tag warten können.

Dollfuß wäre in den nächsten fünf Monaten vieles erspart geblieben, hätte die Regierung nach Eingang dieses Briefes Rintelen sofort abberufen. Das tat sie nicht. Und also wird Rintelen am 25. Juli 1934 im Wiener Hotel Imperial lauern. In der Hoffnung, der an jenem Tag erfolgte Anschlag auf das Bundeskanzleramt würde gelingen und er wäre am Abend dieses Tages Bundeskanzler.

Totentanz im Fasching

Februar 1934

Der 11. Februar 1934 war der Faschingssonntag des Jahres 1934. Es war viel Not in Österreich, aber es gab viel Jugend, die es noch verstand, sich auch ohne großen Geldaufwand zu unterhalten. So entstand jene seltsame Nachbarschaft zwischen Freude und Not, Angst und Unbekümmertheit. Niemand sprach von einer unmittelbar bevorstehenden Putschaktion, aber zu viele Österreicher sagten sich, so wie es jetzt steht, kann es nicht weitergehen. *Es muß sich ändern.* Bezüglich der Notwendigkeit einer Änderung waren sich die bis aufs Blut verfeindeten politischen Gegner einig. Bloß darüber, *was* die Feinde jeweils eine *Neuerung* nannten, das war eben umstritten. Zwischen den verfeindeten Parteien sproß unversöhnlicher Haß empor. Nur mehr wenige Politiker wagten es, auf Rufweite an die anderen heranzukommen oder in geheimen Treffs darüber zu reden, wie man das Ärgste verhindern könnte. Sie fürchteten längst jene Methoden in der Politik, bei der jener gewinnt, der die meisten Gewehre und nach dem Kampf den Kerkerschlüssel in Händen hat.

Im oberösterreichischen Linz fanden am Faschingssonntag auch geheime Gespräche statt, nur waren es Auseinandersetzungen unter Gesinnungsfreunden, die alle bewährte Parteigänger der SDAPÖ waren, ihre Ziele größtenteils vorbehaltlos bejahten – aber im Moment über eine Frage nicht einig wurden. Der Streit ging um den Griff nach jenen Gewehren, von denen nach dem blutigen 15. Juli 1927 der Vorsitzende der SDAPÖ Karl Seitz, zugleich Bürgermeister der Bundeshauptstadt Wien, gesagt hatte, sie seien für seine Genossen *heilige Gewehre.*

Die oberösterreichische Parteiführung der SDAPÖ war in dem

Streit schlecht dran. Ihr Landesparteivorsitzender lag krank im Spital, der Sekretär war nicht der Mann, sich gegen den an seiner Seite tätigen Leiter des Republikanischen Schutzbundes der SDAPÖ zu behaupten. Letzterer hieß Richard Bernaschek, ihm hat man später die Schuld dafür angelastet, daß am 12. Februar 1934 in Österreich die Gewehre losgegangen sind. Bernaschek war eine der Persönlichkeiten, die das Schicksal zur rechten Zeit an den rechten Ort stellt, um die Unruhe bis zum Aufstand zu steigern. Er stammte aus einer ursprünglich im niederösterreichischen Vöslau beheimateten Arbeiterfamilie, die, so wie er selbst, viel in der Welt vor 1914 herumgeworfen worden ist.

Bernaschek rückte im Ersten Weltkrieg ein und brachte es bis zum Zugsführer. Man sagte ihm gerne nach, er wäre aus dem Krieg mit der höchsten Tapferkeitsauszeichnung für Mannschaftspersonen heimgekommen: mit der Goldenen Tapferkeitsmedaille. Die ihn gut kannten, setzten auch ohne Rücksicht auf dieses Gerücht einfach auf seine Entschiedenheit, seine faszinierende Kraft der Rede und seinen Mut zum Handeln in gefährlichen Situationen. Am 11. Februar hat er sich eines der schwersten Vergehen schuldig gemacht, das ein Soldat – und Bernaschek war ein politischer Soldat – begehen kann: Er brach die militärische Disziplin, bei deren Beobachtung er als Leiter des Schutzbundes seinen Männern Vorbild hätte sein sollen. Es geschah dies, indem er für den 12. Februar 1934 der Zentrale der Partei in Wien den militärischen Widerstand des Schutzbundes Oberösterreichs ankündigte, wenn es an diesem Tag zur angeblichen Waffensuche der Exekutive kommen sollte. *Schmach und Schande* drohte er denen in Wien an, wenn sie bei Ausbruch des Kampfes die Kämpfer des Schutzbundes in Oberösterreich im Stich lassen sollten. Um es gleich hier zu sagen: Bernaschek handelte, indem er derlei androhte, nicht etwa im Jähzorn. Er hatte sich vorher mit verläßlichen Genossen besprochen, allerdings nicht mit den nach dem Parteistatut zuständigen Genossen in der Landesleitung und im Schutzbund.

Lange genug hatte Bernaschek die seit dem Verbot des Schutzbundes im Frühjahr 1933 einsetzende Demontage des revolutionären Charakters der SDAPÖ mitgemacht. Schon nach der Verdrängung der Partei aus der Regierung im Jahr 1920 sei, so sah Bernaschek die Dinge, eine Verwässerung nach der anderen an dem Säuregehalt der ursprünglichen Substanz der alten Arbeiterbewegung vorgekommen. Zuerst sei der Arbeiterrat, das starke Herz der Umsturzbewegung der Ära 1918/19, aufgelöst worden. Bernaschek war in Oberösterreich Obmannstellvertreter dieser Kampfgemeinschaft gewesen, in der auch Kommunisten ein Wort mitzureden hatten. Da war es ihm nur recht, als er im selben Jahr mit dem Aufbau des aus der Ordnertruppe der Partei hervorgegangenen Schutzbundes betraut worden war. Er war dabei, als der Schutzbund schon binnen kurzer Zeit, und lange bevor die HW ein Machtfaktor im Land war, seine große Zeit hatte. 1934 war Bernaschek Leiter des Schutzbundes in Oberösterreich, zugleich einflußreich in der Landesleitung der SDAPÖ.

General Theodor Körner, ehedem lange Jahre technischer Berater des Schutzbundes, hat frühzeitig davor gewarnt, die Schlagkraft durch einen Routinebetrieb zu ermüden. Bernaschek hat die Warnung seinerseits rechtzeitig verstanden. Und nicht nur er. 14 Tage vor dem 12. Februar 1934 sprach der Zentralbetriebsratsobmann der Steyr-Werke, der auch dem Landesparteirat der Partei angehörte, in Wien beim Obmann des Schutzbundes Julius Deutsch vor. Die Genossen in den Steyr-Werken waren kein lahmer Haufen; einer von ihnen ermordete am Morgen des 12. Februar den dortigen Werksdirektor auf grausame Weise. Und wenn Mitte Jänner 1934 besagter Zentralbetriebsratsobmann von krisenhaften Zuständen sprach, dann hatte dies seinen Grund nicht im Erschlaffen der Kampfbereitschaft der Genossen, sondern in jener Tatbereitschaft, die viele verläßliche Mitkämpfer dazu bewog, der sehr ordentlich geführten SDAPÖ den Rücken zu kehren und bei den Nazis oder den Kommunisten mitzutun. Es müsse etwas geschehen, sagte der Gewerkschafter. Deutsch zog dem Gespräch den Vorsitzenden der mächtigen und einflußreichen Eisenbahnergewerkschaft bei. Als aber das Gespräch auf die Zweckmäßigkeit und Notwendigkeit eines Generalstreiks kam, winkte der Eisenbahner ab. Nach dem total mißlungenen Streik im März 1933 seien die Eisenbahner schwer für derlei zu gewinnen.

Um diese Zeit inspizierte Bernaschek zahlreiche Parteiveranstaltungen, wobei er auch den Zustand des bereits verbotenen, aber im Untergrund fortbestehenden Schutzbundes prüfte. Vor seinem Verbot im Frühjahr 1933 betrug der Stand des Schutzbundes in Oberösterreich 8429 Mann; seither hatte der scharfe politische Wind, der im Dollfuß-Staat wehte, den Flugsand aus den Ständen der örtlichen Schutzbundformationen verweht. Was blieb, war zahlenmäßig schwächer, aber an Kampfkraft und Kampfentschlossenheit besser als je zuvor seit der Gründung des Schutzbundes.
In Oberösterreich herrschte bis zum Februar 1934 ein politisches Klima wie in keinem anderen Land der Republik. In diesem Land der Bauern und der Arbeiter gab es seit dem Umsturz eine gut funktionierende demokratische Grundstimmung in der Bevölkerung; die beiden christlichsozialen Landeshauptmänner der Zwischenkriegszeit, ein Römischer Prälat und ein CVer der ersten Stunde, sorgten dafür, daß in der Landesregierung und im Landtag die Landesverfassung beachtet wurde. Ihre Zusammenarbeit mit sozialdemokratischen Politikern trug ihnen seit 1930 scharfe Kritik der HW ein. Sie wurden in Reden von HW-Führern als üble *Packler*, als *Kofferträger* der Roten und Ärgeres hingestellt. Bernaschek und andere Männer im Schutzbund rechneten damit, daß eines Tages die HW den amtierenden Landeshauptmann Josef Schlegel aus dem Amt verjagen würde und mit ihm die Genossen in der Landesregierung.
Am 8. Februar 1934 berief Bernaschek in Abwesenheit des in Spitalsbehandlung befindlichen Landesparteivorsitzenden eine Besprechung der Abteilungsleiter der Landesleitung ein. Aus Wien war die Nachricht gekommen, daß dort die besten Bezirksführer des Schutzbundes und der Stabsleiter Major Alexander Eifler sowie dessen engster Vertrauter Hauptmann Löw in Haft genommen seien. Man darf annehmen, daß in dieser Stunde Bernaschek Ähnliches fürchtete; nicht etwa für sich, sondern im Interesse des Schutzbundes, der in Gefahr war, führerlos in die schwerste Krise seines Bestandes zu geraten. Aber der 8. Februar ging vorbei, und es blieb beim gewohnten Routinebetrieb: *Bereitschaft* und *Vor-*

sicht bei allen Maßnahmen zur Verstärkung der Alarmbereitschaft. Die innere Unruhe wich nicht, und Bernaschek berief für den Faschingssamstag fünf seiner engsten Vertrauten ins Parteihaus und Stabslokal des Schutzbundes im ehemaligen Hotel Schiff in der Landstraße in Linz ein.
Ganz bewußt hielt Bernaschek den Abgeordneten zum Nationalrat und Linzer Gemeinderat Ernst Koref aus der Sache heraus. Koref sollte Bernaschek am Faschingsmontag nach Wien begleiten; dies für den Fall, daß es nicht zu der befürchteten Waffensuche im Hotel Schiff kommen sollte; aber bei den Gesprächen in Wien wollte Bernaschek Koref an seiner Seite haben. Er kannte den ehemaligen bewährten Frontoffizier Koref aus der Zeit des Arbeiterrates, und er vertraute ihm ebenso wie den Genossen, die ihn in den Kampf begleiten sollten. Aber der Gymnasialprofessor Koref war nicht der Mann, der unter den im Hochwinter 1934 bestehenden Gegebenheiten zu einem Losschlagen geraten hätte. Im Gegenteil.
Den ganzen Samstag und bis in den Nachmittag des Faschingssonntags berieten sich Bernaschek und seine Vertrauten. Am Faschingssonntag stieß auch der Wiener Gemeinderat und Obmann des Vereins Kinderfreunde zum Kreis der Verschwörer. Er hieß Alois Jalkotzy, und man sagte nachher, er sei nicht nur der Kinder wegen am Faschingssonntag in Linz gewesen. Für diesen Verdacht spricht die Tatsache, daß in Wien da und dort die Angehörigen des Schutzbundes zu den Versammlungsorten stießen, ehe die Zentralen der Partei und des Schutzbundes das vereinbarte Zeichen zum Kampf gaben. Einer dieser ersten Kämpfer in Wien schoß einen Sicherheitswachmann, der ihn perlustrieren wollte, nieder. Dieser Wachmann war der erste Tote des 12. Februar 1934 in der Bundeshauptstadt.
Wer waren die Männer, die dabei waren, als Bernaschek den entscheidenden Schritt tat? Da waren der erwähnte Zentralbetriebsratsobmann der Steyr-Werke, der Landtagsabgeordnete und Bürgermeister von Steyr, der Bezirksparteiobmann von Steyr, der Schutzbundobmann von Wels und zwei weitere absolut verläßliche Genossen, die aber dann weniger hervortraten. Aber selbst

der Bürgermeister von Steyr sowie der dortige Zentralbetriebsratsobmann, die fürchten mußten, daß sie ihre Leute so oder so nicht mehr lange würden halten können und daß also etwas geschehen *müsse,* hofften bei der Heimfahrt aus Linz, daß Bernaschek die Nerven behalten werde. Das – gerade das – tat Bernaschek, und deswegen ging er ja kaltblütig das Risiko des 12. Februar 1934 ein.

Wie gesagt, hat Bernaschek das Prinzip jeder militärischen Tätigkeit, das in Krieg und Frieden bestehen muß, die Disziplin, gebrochen. Gerade das hat einmal Körner seinen Unterführern beibringen wollen: Diszipliniertheit im politischen Denken und beim militärischen Handeln. Aber Bernaschek wollte, und hierin dachte er wie Körner, nicht losschlagen, ohne der Hilfe der ganzen Bewegung im Land sicher zu sein; und dazu brauchte er die Mithilfe der Zentralstellen in Wien. An sie schrieb er einen Brief, den er am Faschingssonntag seinen engsten Vertrauten im Entwurf vorlas; diesen Brief sollte der *unverdächtige* Funktionär des Vereins Kinderfreunde nach Wien mitnehmen, und zwar in mehreren Exemplaren. Diese Schreiben waren dem seit dem letzten Parteitag der SDAPÖ aus dem Parteivorstand ausgeschiedenen Otto Bauer, dem seinerzeitigen technischen Berater des Schutzbundes Theodor Körner und dem schon am 15. Juli 1927 bewährten Gewerkschaftssekretär Johann Schorsch zugedacht. Schorsch wußte den jeweiligen Aufenthalt des bereits in den Untergrund gegangenen Obmannes des Schutzbundes Julius Deutsch.

Und das stand in besagtem Brief: Bernaschek hätte am Vormittag des 11. Februar zusammen mit fünf Genossen, denen er ausdrücklich die Gewissenhaftigkeit bescheinigte, einen Beschluß gefaßt, der unwiderruflich sei. Aber noch immer rechnete er damit, daß die Dinge so verlaufen würden, daß er selbst am Faschingsmontag dem Reichsparteivorstand der SDAPÖ Bericht erstatten könnte, wenn . . . ja, wenn *nicht* am 12. Februar in einer oberösterreichischen Stadt mit einer Waffensuche begonnen oder ein Vertrauensmann verhaftet würde. Gegebenenfalls wollte der Schutzbund gewaltsamen Widerstand leisten und in Fortsetzung dieses Widerstandes zum *Angriff* übergehen.

»Dieser Beschluß sowie die Durchführung ist unabänderlich«, schrieb Bernaschek nach Wien, und wenn ». . . die Wiener Arbeiterschaft uns im Stiche läßt, *Schmach und Schande über sie!*«
Abschließend drückte Bernaschek noch einmal die Hoffnung aus, zusammen mit dem Genossen Koref am Montag, also am 12. Februar 1934, nach Wien zu kommen, um dem Reichsparteivorstand Rede und Antwort zu stehen. Ausdrücklich erwähnte Bernaschek, daß Genosse Koref von all dem nichts wisse. Und er drohte auch, daß er dem Reichsparteivorstand *mehr als Rede und Antwort stehen wollte.*

Nicht nur die militärische Disziplin im Schutzbund brach Bernaschek also, *er setzte die Zentrale der Partei unter ungehörigen Druck,* indem er vorweg jedem Genossen, der nicht mit ihm ging, Schmach und Schande androhte.

Und dabei bewies Bernaschek, daß die Genossen in Österreich so gar nichts von dem verstanden, womit vor 1917 die russischen ihre revolutionäre Bewegung in Schwung brachten und unter Kontrolle behielten: *die Kunst der Verschwörung.* Allen Ernstes verlangte der Schutzbundleiter von Oberösterreich, die ganze Arbeiterschaft müsse auf ein gewisses Zeichen aus Linz hin losschlagen. Das Stichwort hierfür war entweder *Waffensuche hat begonnen* oder *Verhaftungen werden vorgenommen.* Aber wie wollte Bernaschek dieses Alarmzeichen nach Wien durchgeben? Es ist bei dem heutigen Höchststand der Kampfmethoden im Untergrund unglaublich, aber wahr: Es sollte unter Benützung des *staatlichen Telefons* geschehen.

Jalkotzy machte sich auf die Heimfahrt nach Wien. Per Bahn. Es war nach Mitternacht, als er in Wien seinen Rundgang bei den Briefempfängern antrat. Otto Bauer war am Abend des Faschingssonntag im Kino, wo eben ein Film der Göttlichen, der Greta Garbo, gespielt wurde. Julius Deutsch hatte die Nacht sicherheitshalber in Baden bei Wien verbracht. Als er am Morgen des 12. Februar von einem Telefonautomaten aus den Permanenzdienst der Zentrale des Schutzbundes anrief, erfuhr er, in Linz sei bereits der Kampf mit der Exekutive ausgebrochen. Deutsch und Bauer sollten die Männer sein, die nach Verhaftung des Stabschefs die Operationen im Aufstand zu leiten hätten; beide waren Oberleutnants der Reserve in der alten Armee, beide waren als solche ausgezeichnet dekoriert. Aber für die Leitung eines Aufstands waren sie ungeeignet, es ging ihnen außerdem der Befehlsapparat ab. Sie luden eine ungeheure Verantwortung auf sich, aber sie wichen ihrem Schicksal nicht aus.

Deutsch ging in die Wohnung seiner Schwester in Wien-Gumpendorf, dort traf er einige der Männer, in deren Händen die Entscheidung lag: Otto Bauer, die Gewerkschafter Schorsch und König; später, als schon alles entschieden war, kam aus dem Rathaus Robert Danneberg, im Moment nicht nur Finanzstadtrat, sondern bewährter Ratgeber des Bürgermeisters, der ja zugleich Parteivorsitzender war. Aber Karl Seitz trat – so wie am 15. Juli 1927 – nicht in Erscheinung, solange für ihn die Möglichkeit bestand, den Gang der Dinge zu ändern.

Der von Jalkotzy überbrachte Brief wurde beraten. Ohne alle anderen zu befragen, hatte Bauer sogleich nach Linz telegrafiert (!), der Schutzbund möge keine selbständigen Aktionen unternehmen, sondern einige verläßliche Vertrauensmänner zur Beratung nach Wien schicken. Was die Teilnehmer an der Geheimsitzung nicht wissen konnten war, daß es später *zwei* Versionen des Telegrammtextes geben sollte, jede war durchaus geeignet, die Aufmerksamkeit des Linzer Fräuleins von der Post wachzurufen. Sie erstattete laut Dienstvorschrift Meldung, und so kam es, daß die Bundespolizeidirektion Linz vom Vorhaben Bernascheks Kenntnis bekam, ehe die Waffensuche begann. Daß Fey tatsächlich in der Nacht zum Faschingsmontag von der Bundespolizeidirektion um Weisung für den Fall der Gewaltanwendung durch den Schutzbund gebeten wurde, ist später gesagt worden. Ein Gegenbefehl, der der Waffensuche im Wege gestanden wäre, lag nicht vor.

So war der Stand der Dinge, als Julius Deutsch zum Geheimtreff in der Gumpendorferstraße stieß. Ohne auf ihn, den Verantwortlichen für die oberste Führung des Schutzbundes, zu warten, hatten die nach dem Parteistatut inkompetenten Persönlichkeiten die beiden entscheidenden Beschlüsse gefaßt. Auch diese waren unwiderruflich. Nämlich die *Proklamation des Generalstreiks* und die *Bewaffnung des Schutzbundes.* Deutsch fügte sich den gegebenen Tatsachen. Er fragte aber, ob die *Ausgabe der Waffen* auch die *Aufnahme von Kampfhandlungen* bedeute. Bauer meinte, man möge die Waffen bloß bereitstellen, kämpfen nur dann, wenn der Feind angreifen sollte.

Unwillkürlich drängt sich hier der Vergleich mit der unverständlichen Unentschlossenheit auf, mit der 1914 nach dem Mord in Sarajevo die Monarchie in einen Verteidigungskrieg taumelte, um nach 1918 als Hauptverursacher des Ersten Weltkrieges vor der Weltöffentlichkeit dazustehen ...

Das Conveniat ging weiter, nachdem bereits alles beschlossen war; General Körner und der Landeshauptmannstellvertreter von Niederösterreich Oskar Helmer, der zugleich Schutzbundführer war, kamen später dazu. Sie erkannten, daß in der Gumpendorferstraße alles geschehen und getan war und beeilten sich, sofort die ihnen gut bekannten Christlichsozialen in der Herrengasse im niederösterreichischen Landhaus aufzusuchen. Wenn den Dingen Einhalt geboten werden konnte, dann nur von den starken Männern im Bauernbund und in der niederösterreichischen Landesregierung. Aber Körner und Helmer liefen der Polizei in die Hände. Gleiches widerfuhr Danneberg.

Um diese Zeit erhielt das Kraftfahrjägerbataillon 4, das in der alten Deutschmeisterkaserne am Rennweg stationiert war, Befehl, das Wiener Rathaus zu besetzen und Bürgermeister Seitz festzunehmen. Der Kompaniekommandant Oberleutnant Dinter erhielt den heiklen Auftrag. Als das Kommando beim Rathausgebäude ankam, ergab es sich, daß die Rathauswache Befehl hatte, keinen Widerstand zu leisten. Bürgermeister Seitz hatte für diesen Tag zum ersten und einzigen Mal die von seinen christlichsozialen Vorgängern getragene Bürgermeisterkette angelegt. Er protestierte gegen die Gefangennahme, erklärte aber, er weiche der Gewalt. Nachdem das vom Heer gestellte Kommando mit Seitz abgezogen war, übernahm die HW die Bewachung des Komplexes. Es genügten sechs Mann und ein MG. Als alles vorbei war, verlangte die HW, daß neben den Fahnen in den Farben der Stadt

Wien und des Bundes auch die weißgrüne Fahne der HW hochgezogen werde. Das geschah.
Es wurde Mittag, und nun geschah, was die Genossen im Rathaus vorbereitet hatten, solange sie noch Herren der Lage waren: Die Genossen im Elektrizitätswerk schalteten den Strom ab. Die Eingeweihten wußten, daß dies das Zeichen zum Beginn des Generalstreiks war.
Um diese Zeit waren Deutsch und Bauer schon auf dem Weg zum Befehlsstand des Schutzbundes, der im Ahornhof, einer riesigen Wohnhausanlage der Gemeinde Wien im Bezirk Favoriten, vorbereitet war. Dort fand sich auch der Gemeinderat Hans Pokorny ein, der nach der Verhaftungswelle Feys zum Leiter des Wiener Schutzbundes ernannt worden war. Eine Gemeindewohnung war das Stabsquartier. Rosa Jochmann, die alle Zeiten der Verfolgung und der Erfolge ihrer Partei überlebt hat und prominentes Mitglied des Nationalrates wurde, arbeitete in einer anderen Wohnung, hörte die Nachrichten ab, die im Radio durchgesagt wurden, und half, wo sie konnte. Bis zuletzt. Nicht alle waren so verläßlich in der Stunde der Bewährung:
Nahe dem Befehlsstand des Schutzbundes im Ahornhof, bei der Spinnerin am Kreuz, sollte eine aus ausgesuchten Männern bestehende Abteilung den Schutz der Zentralleitung besorgen. Ihr Kommandant war ein ehemaliger Volkswehrleutnant und aus dieser Zeit Julius Deutsch gut bekannt. Er wußte längst seinen eventuellen Kampfauftrag. Alles war mit diesem Wachkommandanten abgesprochen – bloß fehlte am 12. Februar die Bewaffnung. Man hat dem fahrlässigen Kommandanten später die Rechtfertigung abgenommen, wonach er angeblich in der Stunde der Gefahr die Nerven verloren hat. Seinem Schicksal entging er nicht. Im Zweiten Weltkrieg diente er in der britischen Armee. Während eines Transports über See ging er mit dem von den Deutschen torpedierten Schiff unter.
So ging der 12. Februar 1934 in der Zentralleitung schleppend und wenig effektiv weiter und zu Ende: Der Kampflärm aus den nahen Kampfstätten am Wiener Gürtel drang in die Stille des Ahornhofes. Es war schrecklich anzusehen, daß der Bahnverkehr ohne Be-

hinderung lief – und das vor den Augen Bauers und Deutschs. Also gab es keinen Generalstreik, die Massenbewegung, die den Schutzbund über die Wälle des Systems tragen sollte, fand nicht statt.

Im Krieg so wie im Bürgerkrieg ist es Teil des Kampfgeschehens, daß nach dem letzten Schuß in den am Kampf beteiligten Parteien ein eifriges Suchen nach den Ursachen, vor allem aber nach den Schuldigen des Kampfgeschehens erfolgt. Im Österreich nach 1945 ist es ziemlich unbestritten geworden, daß es ausschließlich *Dollfuß, seine Regierung* und nicht zuletzt die *HW* gewesen sind, die das Unheil des 12. Februar 1934 absichtlich heraufbeschworen haben und mit ihrem mörderischen Machtstreben das grausame Blutvergießen jenes Tages und die nachfolgende Zerrissenheit im Land, womöglich vorsätzlich, erzeugt haben. 50 Jahre später hörten sich einschlägige Reminiszenzen so an, als wären damals die SDAPÖ und ihr Schutzbund, vor allem aber die Führer der Linken nicht mehr gewesen als Redner, die ein Imponiergehabe mißbraucht haben, und Unglückliche, die jene Streiche schmerzlich genug erleben mußten, an deren Verabreichung sich ihre Gegner erfreuten und erfreuen. Für das frühzeitige Entstehen dieser Version hat schon während des Zweiten Weltkrieges der in den USA lebende Schriftsteller Charles A. Gulick gesorgt. Nach 1945 wurde sein Werk »Österreich von Habsburg zu Hitler« ins Deutsche übersetzt und für Volksbüchereien von Amts wegen angekauft.

Damit bekam vor allem Fey das Image eines elenden Arbeitermörders, die Führer des Schutzbundes, nicht nur jene, die am Galgen starben, die Märtyrerkrone. Nach dieser Unterscheidung wird denn auch in der Zweiten Republik die Gefolgschaft beider Bewegungen eingeteilt. Ein gewesenes einfaches Mitglied der HW ist demnach disqualifiziert für ein hohes Amt im Staat. Das wurde hingenommen, zumal Theodor Körner, zeitweise technischer Berater im Schutzbund der Bürgerkriegsära, das allseits anerkannte Staatsoberhaupt wurde; und mit dieser Anerkennung wurden zugleich seine Gegner von einst einer nicht zu überbietenden Diffamierung überantwortet. Es sei denn, sie schwiegen oder sie paßten sich den neuen Verhältnissen an.

Fey war kein Arbeitermörder. Er faßte seinen Auftrag im Jahr 1934 so auf, daß er den drohenden Kampf mit Waffen vermeiden wollte, indem er den Gegner um seinen Waffenbesitz und seine Führungskräfte brachte. Das aber ist jedem Bürgerkrieg eigen, und so führt auch die Linke Bürgerkrieg in aller Welt.

Es ist Friedrich Funders Verdienst, Gulicks Image widerlegt zu haben. Funder befaßte sich ausführlich mit jener Darstellung Gulicks, mit der dieser 1943 festzustellen glaubte, daß Fey am 11. Februar der Linken in Österreich vor der Öffentlichkeit eine Art Kriegserklärung gemacht habe. Diese unzutreffende Behauptung bildet ja den Kern der von Gulick geführten Auseinandersetzung.

Es ist wohl am besten, im Wortlaut zu zitieren, was Funder in seinen Memoiren als Tatzeuge am Ort des Geschehens erlebt und nach Verfolgung und KZ-Haft in Zeiten, da er sich für den Frieden der Feinde von 1934 einsetzte, hinterlassen hat:

»Am 11. Februar 1934 hatten sich Mannschaften einer Wiener Heimatschutzabteilung nach einer Geländeübung in Lang-Enzersdorf bei Wien vor dem Kriegerdenkmal des Ortes zu einer Ehrung der Gefallenen aus dem ersten Weltkrieg versammelt, einer Kundgebung, der Vizekanzler Fey und Staatssekretär Fürst Schönburg-Hartenstein beiwohnten. Der Vizekanzler hielt eine Rede, die sofort am nächsten Tage das allgemeine Gespräch bildete und mit den Linzer Ereignissen in Verbindung gebracht wurde. Linksstehende Journalisten der Auslandspresse und nach ihnen verschiedene interessierte Parteiblätter verbreiteten die Nachricht, der Vizekanzler habe in seiner Rede in drohendem Ton angeblich für den nächsten Tag einen *Gewaltstreich gegen die Sozialistische Partei angekündigt* und sich dabei auf die Zustimmung des Bundeskanzlers berufen. Der angelsächsische Korrespondent Gedye wiederholte diese Behauptung noch in seinem später erschienenen Buch ›Österreichs Selbstmord‹. Eine Quelle für seine Darstellung nannte er nicht.

Die Behauptung ist falsch. Sie entstand durch die im nachstehenden feststellbare *Verstümmelung des echten Textes der Rede, hervorgerufen durch eine sinnwidrige Kürzung.*

Der echte Text:

›Ich will am Grabe altösterreichischer Soldaten keine politische Rede halten. Ich möchte Ihnen nur sagen, daß wir dieselben Aufgaben und Pflichten haben wie die Helden des großen Krieges: Zu kämpfen für unser Vaterland und, wenn es gilt, für das Vaterland auch zu sterben. Ihr Heimatschützer habt brav gekämpft und darum habt ihr Anspruch auf Lob und Anerkennung, die euch das Vaterland nicht versagen wird. Ich kann euch beruhigen, die Aussprachen von vorgestern und gestern haben uns die Gewißheit gegeben, daß Kanzler Dr. Dollfuß der Unsrige ist. Ich kann euch noch mehr, wenn auch nur mit kurzen Worten, sagen: Wir werden morgen an die Arbeit gehen und wir werden ganze Arbeit leisten *für unser Vaterland, das nur uns Österreichern allein gehört, das wir uns von niemandem nehmen lassen und für das wir kämpfen wie jene Helden, die wir grüßen mit dem Gruße:*
Heil Österreich!‹

(Bericht der ›Reichspost‹ in dem Montag, 12. Februar, erschienenen Blatte. Wiedergabe nach dem von der Pressestelle des Heimatschutzes ausgegebenen Wortlaut.)

Der verstümmelte Text:

›Ich will am Grabe *alter* österreichischer Soldaten keine politische Rede halten. Ich möchte euch nur sagen, daß wir dieselben Aufgaben und dieselben Pflichten haben wie die Helden des großen Krieges: . . .
. . . die Aussprachen von gestern und vorgestern haben uns die Gewißheit gegeben, daß Kanzler Dollfuß der Unsrige ist. Ich kann euch sogar noch mehr sagen, wenn auch nur in kurzen Worten: Wir werden morgen an die Arbeit gehen und die ganze Arbeit gründlich machen.‹

(Wortlaut nach Charles A. Gulick: ›Österreich von Habsburg zu Hitler, Band IV, S. 295, Deutsche Übersetzung Danubia-Verlag, Wien 1949.)

Eine Analyse des echten Textes ergibt:
1. *Der echte Text widerlegt die Behauptung, daß die Rede gegen die Sozialdemokratische Partei gerichtet gewesen sei.*
2. Der echte Text redet von ›altösterreichischen Soldaten‹ (nicht von ›alten österreichischen‹), die für das alte Reich, ihr Vaterland, gegen einen *Angriff von außen als ›Helden des großen Krieges‹ 1914/1918* gekämpft haben.
3. ›Dieselben Aufgaben und Pflichten obliegen nun auch den Heimatschützern von heute, da auch sie *gegen einen Angreifer von außen* ihr Vaterland zu verteidigen haben, *das nur uns Österreichern allein gehört* und das wir uns von niemandem nehmen lassen.‹ Damit ist ausgesprochen, daß sich die Rede nicht gegen die Sozialdemokratische Partei, sondern *gegen die Hitler-Macht* richtet, die durch Gewalt und Terror die Unabhängigkeit Österreichs zu zerstören und ›den Österreichern ihr Vaterland zu nehmen sucht‹.
Diejenigen, die in dem Satze ›wir werden morgen an die Arbeit gehen‹ eine Gewaltandrohung herauslesen wollen, finden die richtige Erklärung in den von Fey selbst gebrauchten Worten: ›Die Aussprachen von vorgestern und gestern haben uns die Gewißheit gegeben, daß Kanzler Dollfuß der Unsrige ist.‹
Der nüchterne Sachverhalt ist, daß, wie heute noch feststellbar, kurz zuvor eine Aktion des Heimatschutzes ins Stocken geraten war, die auf eine Beteiligung an der Regierungsmacht in den Bundesländern abzielte; der Anspruch der Heimwehr begegnete in fast allen Bundesländern Widerspruch als ein Eingriff in die Länderautonomie, der selbst die ältesten Rechte der Landtage nicht unangetastet ließ. Die Verhandlungen der Heimwehr sollten nach der Rückkehr des Kanzlers aus Ungarn in Übereinstimmung mit ihm fortgeführt werden.«
Schon im Sommer 1933 kündigte Fey bei der Aufstellung des Freiwilligen Assistenzkorps, später Schutzkorps, an, er werde *alle* Gewalttaten staats- und volksfeindlicher Elemente schon im Keim ersticken. Das war nun kein Hinweis auf ein etwa bei Fey vorhandenes sogenanntes Demokratieverständnis; aber genauso dachte sein Gegenüber im Schutzbund, Major Eifler, wenn er sag-

te, ihm sei neu (!), wenn gesagt wird, seine Partei dürfe erst nach Besitz der Mehrheit im Parlament die Macht an sich reißen. Fey ging 1933/34 Wege, die abseits der vorgezeichneten Routen der Demokratie verliefen; aber Eifler und der Schutzbund waren ihrerseits nicht willens, nach einem Sieg im Bürgerkrieg etwa zu der vor 1933 gängigen Form der Demokratie zurückzukehren.
Mitte Jänner 1934 richtete Fey unmißverständliche Drohungen gegen die damals scharf angreifenden Nazis. Er sagte:
»Alle diese Angriffe müssen in kürzester Zeit restlos niedergebrochen werden.«
Das sollte geschehen. Von allen Behörden, vor allem von der Exekutive; sie sollten bestehende einschlägige Methoden der Bekämpfung auf Grund der Gesetze schärfstens anwenden. Diese Verfolgung sollte sich nicht nur gegen Kombattanten richten, sondern vor allem gegen ihre Hintermänner. Wenn einer im Dollfuß-Österreich in der Lage war, mit den Illegalen fertig zu werden, dann war es Fey. Wer so wie er genug über die Gefahren des Nazismus wußte, tat also falsch, wenn er – wie es bald geschehen ist – dem Kanzler einredete, Fey kaltzustellen. Der Fey, der angeblich am 25. Juli 1934 vor den Nazis versagt hat, war ein aller Mittel des Staatssicherheitsdienstes entkleidetes Mitglied der Regierung. Jener Fey, der im Februar die Exekutive ins Gefecht führte, hätte auch am 25. Juli 1934 nicht versagt, als Militär zu handeln.
Als Ende Jänner, nach dem Besuch Suvichs, die Anschläge der Illegalen abflauten, tat Fey weiter wie bisher. Seit dem Frühjahr 1933 hatte er den Schutzbund einigermaßen gewähren lassen, obwohl ihm bewußt war, was unter der Decke vorging. Der Feind stand für Fey im Sommer 1933 und lange Zeit nachher, bis in den Jänner 1934, rechts; mögen auch viele Politologen darauf bestehen, daß die Hitlerbewegung nicht von rechts her gekommen ist. In den ersten Februartagen griff Fey nicht im Roten Wien, sondern in den Ländern zu. In den Bundesländern ging die HW resolut auf die christlichsozialen Landeshauptmänner los, die sie eines üblen Packelns mit den Roten verdächtigte. Nur mit Mühe gelang es Dollfuß, die da und dort offen zutage kommenden schweren

Konflikte der HW mit den Christlichsozialen für diesmal zum Stillstand zu bringen. Derlei Risse im eigenen Lager hätten ja seinen Zweifrontenkrieg gegen Braun und Rot noch schwieriger gemacht. Fey führte seine militärisch abgestimmte Kampfesweise nach dem zeitweiligen Ende der im Jänner 1934 auf einen Höhepunkt gelangten Angriffe der Nazis auf seine Weise weiter.
Fey ahnte, daß der im Untergrund fortbestehende Schutzbund auf die Dauer nicht in Lauerstellung verharren konnte. Denn eine solche zuwartende Haltung hätte unweigerlich dazu geführt, daß seine Kämpfer noch vor dem Februar zu den Nazis oder zu den Kommunisten abgewandert wären. Für Fey war eine solche Verstärkung des Feindes an anderen Fronten keine Lösung des ihm obliegenden Problems. Also ging er nicht gegen die Kampfstellungen des Schutzbundes vor, wohl aber gegen dessen Organisation und Waffenbestände. In der ersten Woche des Monats Februar 1934 ließ er in ganz Österreich die allgemein bekannten Schutzbundführer verhaften, denen man die Bereitschaft zum Kampf nachsagte; es gab ja schon genug Verräter im Schutzbund. Dann ließ er quasi zur Probe die Räume der Zentrale der SDAPÖ durchsuchen; diese befand sich in dem heute denkmalgeschützten Objekt in der Rechten Wienzeile, ein 1909 entstandenes eindrucksvolles Monument aus dem Heroenzeitalter der alten Arbeiterpartei. Den daraufhin erneut aufkommenden Widerstand des Vorsitzenden der SDAPÖ Bürgermeister Karl Seitz brach Fey, indem er dem Land Wien weitere Agenden des Sicherheitswesens nahm. Das waren gewiß schwere Eingriffe in den Bestand der SDAPÖ; aber Mr. Gulick hat nach einem anderen Zwischenfall gesucht, um den auf Bernaschek und seinen Männern lastenden Vorwurf zu entkräften, wonach die SDAPÖ und der Schutzbund die Februarkämpfe eröffnet hätten. Und siehe da, es gab eine Fundstelle, allerdings, wie es Friedrich Funder 1957 ausdrückte, eine geschichtswidrige Legende, die genug Unheil angerichtet hat. Und so zeigte Funder diese Lüge im zweiten Band seiner politischen Memoiren mit dem Titel »Als Österreich den Sturm bestand« auf:
»Am Morgen des 12. Februar (1934) gab der Wiener Havas-Kor-

respondent telephonisch an den französischen Gesandten die Nachricht von dem Linzer Vorfall (im Hotel Schiff). Puaux (der Gesandte) notierte: ›Einige Augenblicke darnach rief eine andere Stimme mich an den Apparat. Es war die des Herrn Zdenko Fierlinger, des Wiener Gesandten der Tschechoslowakei. Sie hatte den Klang von Triumph. Die Sozialistische Partei, so sagte der Gesandte, hat den Generalstreik beschlossen . . . An diesem selben Morgen‹, fährt der französische Diplomat in seiner Schilderung fort, ›fand im Stephansdom ein feierlicher Gottesdienst aus Anlaß der Papstkrönung statt. Das Diplomatische Korps hatte im Chorgestühl Platz genommen. Ich sah mir gegenüber den Kanzler, ernst, erstarrt in einer sorgenvollen Bewegungslosigkeit. Kardinal Innitzer zelebrierte das Hochamt. Um 11.30 erloschen plötzlich die Lampen, dann wurden sie wieder hell, dann wieder dunkelten sie ab im Zeitraum weniger Sekunden. Das hohe Kirchenschiff war finster; Wachskerzen erleuchteten nur schwach den Chor.‹«

So also erlebte die Haute Volée des Kleriko-Faschismus den Ausbruch der Februarkämpfe. Sie erlebte auch, wie das Orgelspiel im Dom immer schwächer wurde, bis der Blasebalg wegen des Stromausfalls versagte.

Puaux lieferte aber auch eine Schilderung der Kampfhandlungen. Und er war Tatzeuge des Geschehens, wie Dollfuß versuchte, dem Kampf frühzeitig ein Ende zu machen; wie der Kanzler Straffreiheit für die Kämpfer im Schutzbund verkünden ließ; eine Straffreiheit, von der nur jene ausgenommen sein sollten, die die Kämpfer ins Feuer geschickt hatten.

Was aber war auf dem Kalender des Bundeskanzlers Dollfuß unter dem Datum 12. Februar 1934 vorgemerkt? Der Tag war ein sogenannter langer Tag im Alltag des Politikers; es stand nichts von dem vorgemerkt, was dieser Tag Österreich bringen sollte. Für den Abend des 12. Februar war jedenfalls der Besuch der Rudolfina-Redoute vorgesehen, einer Ballveranstaltung, die schon damals viele Besucher anlockte, die nicht zum Kreis der CVer gehörten. Dazu kam es nicht. Der Kanzler erfuhr vor dem Besuch des Festgottesdienstes im Dom von dem, was in Linz geschehen war. Was er während des Gottesdienstes nicht wußte, und nicht wissen konnte, war, daß gleichzeitig in der Wiener Gumpendorferstraße ein Conveniat von sozialdemokratischen Spitzenfunktionären tagte. Wieder, wie im Juli 1927, trafen nicht die *zuständigen* Gremien die Entscheidung; Julius Deutsch, Obmann des Schutzbundes, wurde bei seinem Kommen *vor die vollendete Tatsache gestellt.* Der Vorsitzende der SDAPÖ fehlte bei der wohl folgenschwersten Entscheidung in der Geschichte der alten Arbeiterpartei. Wie aber hätte Dollfuß, der zur gleichen Zeit einem Gottesdienst beiwohnte, wissen können, was sich in Gumpendorf tat? Der Kanzler ahnte nach dem Geschehen in Linz sicher nichts Gutes. Er saß, wie er später erzählte, wie auf Nadeln im Chorgestühl der Stephanskirche. Aber er zog nicht vom Leder.

Und er sorgte sich nicht nur wegen des politischen Geschehens dieser Stunde. Just an diesem Vormittag des 12. Februar hatte es die Gattin des Kanzlers unternommen, in Notstandsvierteln Wiens nachzuschauen, wie es um die dort vom Staat und von Privaten eingerichteten Wohlfahrtseinrichtungen stand. Das Kommen der Kanzlergattin war angekündigt, die Nachricht verbreitete sich in der Umgebung der für den Besuch ausgewählten Arbeiterviertel der Stadt. 1984 hätte eine gut geführte Terrorgruppe erst gar nicht einen Anschlag auf die Regierung versucht, sondern einfach die Gattin des Kanzlers gekidnappt und von ihrem Gemahl zu erpressen versucht, was die Lage nur hergab. Es gab noch eine viel bessere Chance: Auch die Gemahlin des Vizekanzlers Fey war auf einer solchen Tour durch die Notstandsgebiete. Was für eine Chance, den Vizekanzler, Sicherheitsminister und Führer der WHW zu erpressen! Was immer in den Herzen der von Not, besonders von Arbeitslosigkeit Betroffenen in den Besuchszentren vorgegangen sein mag, sicher ist, daß ein Kanzler und ein Vizekanzler, die tatsächlich Absichten gehegt hätten, wie sie Gulick den beiden zuschreiben wollte, ihre Frauen nicht in die Viertel geschickt hätten, in denen um die Mittagsstunde des 12. Februar das Kampfgeschehen losging.

Die Wiener Sicherheitswache hatte bis gegen Mittag keinen

Alarm, nicht einmal die sogenannte Bereitschaft wurde einberufen, geschweige denn die ganze verfügbare Mannschaft. Wohl gab es in der Polizeikaserne im dritten Bezirk Alarmkompanien; diese aber waren gerade in Umorganisierung, weil Fey dahintergekommen war, daß sich im Konzeptpersonal dieser Abteilungen Akademiker aus den Kreisen der Illegalen (!) in einflußreichen Positionen einen Aufgabenbereich für den nächsten Putsch, den vom 25. Juli 1934, geschaffen hatten. Die Namen dieser Polizeifunktionäre wurden teils nach dem 25. Juli 1934, teils nach dem 11. März 1938 bekannt. Auch Fey waren einige dieser Herren verdächtig. Er war im Februar eben daran, diese Akademiker auf die Kommissariate zu versetzen und die Alarmabteilungen besser instand zu setzen. Im übrigen war die Sicherheitswache für den bevorstehenden Häuser- und Straßenkampf weder gerüstet noch vorbereitet. Sie wurde erst im Lauf des Kampftages mit den unhandlichen Mannlicher-Infanteriegewehren ausgestattet, die sie zusammen mit der Normalequipierung herumschleppen mußte. Das Bundesheer ist in Linz sofort nach dem ersten Schußwechsel in dieser Stadt alarmiert und anmarschbereit gemacht worden. Es konnte so den Kampf rasch einem Ende zuführen. Im übrigen waren auch das Heer und erst recht das Freiwillige Schutzkorps und die Freiwilligen Wehrverbände auf ein Kampfgeschehen, wie sie eines nach dem 12. Februar erlebten, überhaupt nicht vorbereitet. Das hat blutige Opfer gekostet, die bei der gehörigen Vorbereitung der Exekutive auf einen Überfall im Bürgerkrieg leicht vermeidbar gewesen wären.

Die heiligen Gewehre gehen los

Parade der Toten

Die Erinnerung an den Februar 1934 ist längst überdeckt von Beweisen menschlichen Versagens, menschlicher Schuld sowie Dokumenten des unauslöschlichen Hasses und unentschuldbarer Brutalität. Um das Jahr 2000, da in allen Teilen der Welt Bürgerkriege, Aufstände und Putschunternehmen sowie individueller und Massenterror die Szene der Politik entscheidend beeinflussen, wird allen Ernstes versucht, *Kampf als Motiv des Lebens* nur mehr als Verbrechen gegen einen bestimmt abgesteckten Frieden anzusehen. 50 Jahre nach jenem Februar kam dazu, daß die in Österreich vorherrschende politische Meinung sich tatsächlich dazu verstieg, ihren eigenen damaligen Vorkämpfern alle Schuld an dem tragischen Geschehen abzunehmen, um die Alleinschuld jenen aufzuladen, die als Reaktionäre, Faschisten und dergleichen im Schuldwinkel der Weltgeschichte stehen.

Es begann am 12. Februar 1934 in Linz, an einem kühlen und trüben Wintertag. Die Kriminalbeamten, die während der Nacht das Zentrum des Schutzbundes im Hotel Schiff observiert hatten, erschauerten im Morgenwind und sahen neidig den Bummelanten nach, die nach einer durchschwärmten Faschingsnacht in die Wärme ihrer Behausungen heimkehrten.

Längst ging Verrat hin und her zwischen den zum Kampf entschlossenen beiden Parteien im Bürgerkrieg. Die Männer im Hotel Schiff erwarteten demnach eine Waffensuche der Exekutive, nachdem aufgekommen war, daß eine für den 8. Februar vorgesehene bloß verschoben worden war. Die Exekutive schickte ein kleines Kontingent von Sicherheitswachebeamten und Kriminalbeamten ins Treffen, wissend, daß diese Männer auf gewaltsamen

Widerstand stoßen würden. Der Sicherheitsdirektor von Oberösterreich, im Krieg bewährter Offizier, hatte vorsichtshalber das Linzer Brigadekommando des Heeres gebeten, nötigenfalls eine Kompanie zur Assistenz zu stellen, Generalmajor Zehner alarmierte daraufhin die Garnison. Um sieben Uhr morgens trat die Exekutive an. Anstandslos passierten die Polizisten die Räume des Erdgeschosses, erst im oberen Stockwerk stießen sie auf versperrte Türen. Als sie versuchten, die Türen einzudrücken, erscholl der Ruf: *Zu den Waffen!*

Der Leiter des Schutzbundes in Oberösterreich Bernaschek befand sich im Moment dort, wo er als Kampfgruppenkommandant hingehörte: Inmitten des Geschehens. Es gelang ihm aber nicht, den Polizisten zu entgehen, er und zwei weitere Führer fielen der Polizei in die Hände. Der Schutzbund eröffnete das Feuer, der Kommandant der Exekutive erkannte sofort, daß angesichts des Einsatzes von MGs die in der Bewaffnung unterlegene Polizeimannschaft gegen die aus der Deckung feuernden Männer des Schutzbundes nicht ankommen konnte. Erstes Opfer des Kampfgeschehens war ein schwer verwundeter Sicherheitswachmann.

Um diese Zeit lief der Alarm in den Garnisonen des Heeres, insbesondere in Steyr, Wels und Braunau (Grenzstadt zum Reich!) an. Den Polizisten im Hotel Schiff kam eine Kompanie der Linzer Alpenjäger Numero 7 zu Hilfe. Der Versuch, einen konzentrischen Angriff auf das Gebäude zu organisieren, gelang nicht recht, weil das MG-Feuer des Schutzbundes keine Bewegung in der Umgebung des Hotel Schiff zuließ. Der Kompaniekommandant des Heeres forderte daher eine MGK der Alpenjäger an. Ehe noch die Angriffe der Exekutive durch MG-Feuer unterstützt wurden, fiel der Tischler Rudolf Kunst, ein bewährter MG-Schütze des Schutzbundes. Im Schußwechsel mit einem Scharfschützen des Heeres wurde er tödlich getroffen, sein Ausfall erwies sich als fatal für die Kampfmoral der Schutzbundmänner. Sie ergaben sich bald darnach.

Generalmajor Zehner, der Brigadekommandant, der versucht hatte, eine Ausweitung der blutigen Kampfhandlungen durch ein rasches Unterdrücken des aufflammenden Gefechts zu unterbinden, trat an jenem Tag im Februar in einen Lebensabschnitt, in dem es ihm am 25. Juli 1934 oblag, als Landesverteidigungsminister auch den Aufstand der Illegalen niederzukämpfen. Die Rache blieb nicht aus. Nach dem Anschluß 1938 erledigte ihn ein Rollkommando, wie der Sprachgebrauch lautete.

In den Februarkämpfen 1934 trug das Heer zum ersten Mal im Einsatz die im Jahr davor wieder eingeführten Uniformen und Abzeichen der alten Armee. Auf beiden Seiten führten Subalternoffiziere dieser Armee des Vielvölkerreiches; Unteroffiziere wie Bernaschek oder Wallisch und andere bewährten sich im Schutzbund ebenso wie ihre früheren Kameraden, die ihnen jetzt in der staatlichen Exekutive oder einem Wehrverband entgegentraten. Geschult im Waffengebrauch während vieler Monate des Frontdienstes, waren diese Männer einander ebenbürtig im soldatischen Können. Das Heer verfügte über leichte Artillerie, der Schutzbund hatte in Wien auch zerlegbare Gebirgsgeschütze in Reserve, setzte sie zuletzt aber nicht ein. Tatsache ist, daß er mehr MGs in seinen Waffenlagern hatte als ausgebildete MG-Schützen. Im Infanteriekampf war der Schutzbund in Wien im Vorteil, weil er in Gemeindebauten längst vorbereitete Kampfstellungen hatte, während die Exekutive, die nie im Straßen- oder Häuserkampf ausgebildet worden ist, gegen diese Stellungen angreifen mußte.

Am Ende ergab sich, daß in den Februarkämpfen der Schutzbund und die Exekutive etwa gleich viele Tote zu beklagen hatten; in der Exekutive hatte die HW die meisten Toten. Ohne das Aufgebot der HW wäre es nicht möglich gewesen, Polizei, Gendarmerie und Heer an den Schwerpunkten einzusetzen und dazu die Kontrolle im Land aufrechtzuerhalten – diese übernahm die HW, die auch binnen kurzem den da und dort ausbrechenden Streik unter Kontrolle nahm. Der Aufstand der Massen, die *Levée en masse*, wie es Generalmajor a.D. Körner einmal im Rückblick auf die Französische Revolution gesehen hat, fand nicht statt.

Es kämpften Volkswehroffiziere, die einmal Julius Deutsch nach 1918 aus dem Unteroffizierskorps der alten Armee geholt hat, gegen ihre Genossen; bei den Welser Alpenjägern, die in Linz eingesetzt wurden, stand als Kompaniekommandant Major Johann

Charvat, einer der am höchsten ausgezeichneten Kompaniekommandanten der alten Armee – 1934 aber ein Parteigänger der Hitlerbewegung. Er ist im Juli 1934 gegen die SA gefallen.
In Linz ereignete sich am 12. Februar ein grausames Geschehen. Die aus Wels anrückende kombinierte Abteilung des Heeres hatte eine Offizierspatrouille vorausgeschickt. Am Linzer Polygonplatz wurde der Kraftwagen zum Stehen gebracht, der Mob bemächtigte sich der Insassen. Zuerst wurde ein Oberleutnant des Heeres aus dem Wagen gezerrt und richtiggehend massakriert. Ebenso fanden zwei Jäger den Tod, darunter ein Korporal, der Neffe des damals weltberühmten Wiener Chirurgen Eiselsberg. Der Fahrer des Wagens und ein anderer Mitfahrer kamen mit dem Leben davon. Was später geschah, ist symptomatisch für die Mentalität im Bürgerkrieg:
Für die auf dem Polygonplatz ermordeten Soldaten wurde an einer Häuserwand am Ort des blutigen Geschehens eine Gedenktafel angebracht. Nach dem Umbruch 1938 wurde von den neuen Herren im Land die Gedenktafel entfernt. In der Zweiten Republik wurde die Stätte der Tat nach einem der radikalen Anführer des Mobs benannt; einer jener Zivilisten, die justifiziert wurden und von denen im Ausland zu lesen war, das System hätte nicht nur Kämpfer auf der Gegenseite, sondern auch Zivilisten gehenkt. In Linz gab es bis 16. Februar, als andernorts schon die Gewehre schwiegen, vereinzeltes Feuer auf Wachposten der Exekutive.
Auch in Steyr fing der Tag mit einem grausamen Geschehen an. Als am Morgen des 12. Februar der Werksdirektor Ingenieur Wilhelm Herbst mit seinem winzigen Steyr-Wagen ins Werksgelände einfuhr, wurde das Auto aufgehalten. Ein Mann trat an das Fahrzeug heran und erschoß den Direktor auf kürzeste Distanz mit einer großkalibrigen Waffe. Als zwei Tage später die Exekutive das Gelände besetzte, stand der Wagen noch immer da, und über dem Lenkrad lag eine kopflose Leiche, so furchtbar war die Schußwirkung gewesen. Die Angehörigen des Toten vermieden ein Heldenbegräbnis; auf der evangelischen Abteilung des Wiener Zentralfriedhofes fand ein stilles Begräbnis statt, während Vizekanzler Fey seine Parade der Toten auf dem Ring kommandierte . . .

An den Kämpfen in Steyr nahm auch jene von Starhemberg geführte Abteilung der HW teil, die schon am Abend des 12. Februar bei der Vorbeifahrt am Karl-Marx-Hof mit MG-Feuer belegt wurde und zwei Tote und einige Verwundete zu beklagen hatte.

Was in Linz und Steyr geschehen ist, haben Soldaten des Heeres im oberösterreichischen Kohlenrevier, in Holzleithen, auf schauerliche Weise gerächt. In Holzleithen, einem traditionellen Stützpunkt der SDAPÖ in Oberösterreich, war das auf freiem Feld stehende Arbeiterheim ein nur schwer zu erobernder Kampfstand. Heute noch erinnert eine Gedenktafel an die im Kampf um das Haus gefallenen Männer des Schutzbundes. Die Inschrift läßt vergessen, daß es sich nicht um ermordete Zivilisten handelte, sondern um Kämpfer. Und daß auch ihre Gegner schwerste Opfer bringen mußten, als das geschah, was als eine böse Erinnerung fernere Generationen im Gedächtnis behalten sollten:

Der Schutzbund in Holzleithen ging kriegsmäßig an seine Aufgabe heran. Sein Kommandant ließ im Umkreis des Arbeiterheimes Schützen- und Laufgräben ausheben. Und der Schutzbund ergriff die Initiative, indem er die in ihrem Stammlokal verbarrikadierten Männer der örtlichen HW unter Feuer nahm und dazu seine Männer im deckungslosen Gelände vorführte. Der Schutzbund hatte insofern Erfolg, als er den Hausrucktunnel besetzen und den Bahnverkehr unterbrechen konnte; die Eisenbahner streikten ja nicht. Dabei fiel ein Schutzbundangehöriger, auf der anderen Seite wurde der örtliche HW-Führer verwundet, ebenso eine Kellnerin des HW-Lokals, die sich weigerte, aus der Schußlinie zu gehen und inmitten der HW alles mitgemacht hat. Es nützte nichts, daß die HW aus den eigenen Reihen Unterstützung bekam, den Angriff auf den Stützpunkt des Schutzbundes im Arbeiterheim mußte *Militär* besorgen. Die Neuner-Alpenjäger stellten sich bei besagtem Wirtshaus zum Angriff. Sie hatten nun das deckungslose Gelände zu durchkämpfen, das vorher dem Schutzbund Opfer abverlangt hatte. Es erfolgte ein kombinierter Angriff, bei dem sich Heer und HW unter der Führung eines Majors a. D. der HW im Gefecht unterstützten. Trotzdem kam der Angriff in dem dekkungslosen Gelände zum Stehen. Erst als MG-Feuer ins Arbeiterheim einschlug, flüchteten die ersten Kämpfer des Schutzbundes aus dem Haus. Die Soldaten drangen ins Gebäude ein – die Verteidiger setzten sich im Kampf Mann gegen Mann mit Pistolen und Messern zur Wehr. Es floß Blut, wer sich bis zuletzt zur Wehr setzte, verlor das Leben. Nach einer anderen Version soll es so gewesen sein, daß ein Ereignis während des Feuerkampfes im Gelände die Soldaten in Rage brachte. Die Soldaten waren noch feuerscheu; als sie zum erstenmal das Blut ihrer Verwundeten sahen, schienen sie in Panik zu geraten. Da ereignete es sich, daß einer ihrer Sanitäter, der einem Verwundeten zu Hilfe kommen sollte, angeschossen wurde. Nun siegte Wut über die Angst, die Soldaten drangen ins Heim ein, und es geschah das Unglaubliche – ehe noch Offiziere die Männer zur Räson bringen konnten: Die Männer vom Schutzbund, die ums Leben kamen, haben kein faires Gerichtsverfahren bekommen, es war ein Akt schändlicher Selbstjustiz. Jahrelang wurde der Zwischenfall untersucht. Es kam heraus, daß der Schutzbund auf dem Dach des Heimes bereits die weiße Fahne gehißt hatte, als wieder auf die Soldaten geschossen wurde. Man sagt, es hätte im letzten Moment im Heim zwei Gruppen gegeben, von denen eine unter keinen Umständen den Widerstand aufgeben wollte, auch nicht, als die weiße Fahne schon gehißt war.

Die Illegalen produzierten in einer ihrer im Untergrund hergestellten Zeitungen eine gut gemachte Fotomontage: Man sieht darauf sieben Zivilisten waffenlos auf einer Bühne in Reihe stehen und vor ihnen ein Exekutionskommando, das seine Gewehre auf die unglücklichen Opfer richtet. Das Bild zeigt seltsame Details, die nicht zuletzt auch wegen der Herkunft der Fotos seine Authentizität bezweifeln lassen, zumal verschiedentlich von den Illegalen fälschlicherweise behauptet wurde, die HW hätte das Massaker von Holzleithen begangen. Dem war nicht so. Viel schwerer wiegt die Tatsache, daß das Heer und die Regierung nicht für die Sühne des verbrecherischen Tötens an bereits Wehrlosen sorgten. Die Version des Schutzbundes, es habe sich bei den Opfern nicht um Kombattanten, sondern ausschließlich um Sanitäter ge-

handelt, ist verständlich, aber nicht zutreffend. Die Wahrheit an sich war für jeden Österreicher in jenen Tagen erschütternd.
Und doch – Menschlichkeit war nicht außer Kurs gesetzt. In der Steiermark kam es verschiedenenorts zu Kämpfen. Koloman Wallisch, von dem bekannt war, daß er 1919 in der Zeit der Rätediktatur in Ungarn dort einem Revolutionsdirektorium und einem Tribunal angehört hat, war vor, während und nach dem Pfrimer-Putsch nicht nur der HW ein Dorn im Auge. Mit ihm war tatsächlich nicht zu spaßen. Es gefiel ihm zuzeiten, Reden zu halten, deren Drohungen oft noch schlimmer waren als die unvergessenen Stegreifreden des Bundesführers der HW Starhemberg. Nur: Starhembergs einschlägige Reden werden sorgfältig evident gehalten, jene Wallischs wurden vergessen gemacht, um manches Ressentiment der Gegner von damals verständlich zu machen. Was immer Wallisch von gegnerischer Seite vorgeworfen wurde und wird, eines ist sicher: Er ist *gegen* den Februaraufstand des Schutzbundes gewesen.
Im Februar 1934 war er Landesparteisekretär der SDAPÖ der Steiermark. Er erfuhr als einer der ersten in Graz, was in Wien beschlossen worden war, nachdem die Linzer losgeschlagen hatten. Auf der Fahrt von Graz nach Bruck sagte er zu einem Genossen, ein Aufstand käme jetzt zu spät, die Dollfuß-Regierung säße zu fest im Sattel, und für den Schutzbund werde es ein *organisierter Selbstmord* werden. Und:
»Ich weiß, daß ich nach dem Zusammenbruch eines der Opfer sein werde . . .«
Trotzdem bot er den Schutzbund auf. Er tat es halbherzig, denn als er sah, daß der Bahnverkehr rollte, wußte er, daß so wie am 15. Juli 1927 ein Generalstreik nicht mehr zustande kam in Österreich, wenn es um parteipolitischen Kampf und nicht um Berufsforderungen ging. Als das Bundesheer anrückte, entließ er die meisten Männer, zuletzt, als er verhaftet wurde, war er allein und verlassen. So ging er in den Tod. Zuletzt sagte er noch einmal, er sei kein Kommunist, er sei immer Sozialdemokrat gewesen.
Es gab Männer des Schutzbundes, die kamen vor Gericht besser weg als Wallisch. 50 Jahre nach dem 12. Februar 1934 meldeten

sich Mitkämpfer jener Tage zu Wort. Eine junge Generation, die das damalige Tun ihrer Großväter oft einfach dumm und widerlich findet, schätzte diese Bekenntnisse der Tatzeugen aus den Reihen der Kämpfer von damals nicht sehr. Ein solches Bekenntnis gehört aber hierher, wegen seines Nachspiels.

Walter Stoischek, der es im Bundesdienst bis zum Kraftfahrer gebracht hat, war im Februar 1934 als Angehöriger des Freiwilligen Schutzkorps dem Gendarmerieposten Eggenberg bei Graz zugeteilt. Schon am frühen Morgen des 12. Februar wurde der Gendarmerie bekannt, daß sich in einem nahen Gemeindebau zahlreiche mit Gewehren bewaffnete Männer sammelten. Der Postenkommandant stellte eine aus Gendarmen und Schutzkorpsangehörigen bestehende Gruppe zusammen, die zum Sammelplatz des Schutzbundes abrückte. Stoischek und ein Gendarm standen vor dem Gebäude Wache, als von allen Seiten Bewaffnete auf das Postenkommando einstürmten. Das geschah, als bereits in der Nähe Schüsse gefallen waren. Stoischek wurde entwaffnet und als Gefangener in den Keller des nahen Gebäudes des Konsumvereines geführt. Den ganzen Tag über sammelte der Schutzbund in diesem Keller die nach und nach von ihm gemachten Gefangenen aus Kreisen der Exekutive. Die Lage der Gefangenen war nicht rosig, denn man hörte von Opfern, die der Schutzbund zu beklagen hatte, aber auch von Opfern der Exekutive.

In der Nacht wurden beim nahen Postamt (die Postler waren die ersten, die nicht beim Generalstreik mitmachten, der erste Zustelldienst wurde vielfach von Angehörigen der Post- und Telegraphenwehr der HW besorgt, die mit weißgrünen Armbinden ausgestattet waren) Geschütze in Stellung gebracht. Als die mit ausgeschraubten Zündern verschossenen Granaten ins Gebäude des Konsumvereines einschlugen, gaben die Männer des Schutzbundes auf und flüchteten. Hilfreiche Nachbarn sorgten dafür, daß die Namen der im Konsumsvereinsgebäude eingesetzten und am Sturm auf den Gendarmerieposten beteiligten Schutzbundangehörigen ausgeforscht werden konnten. Jene beiden, die Stoischek festgenommen und mit »Bajonett auf!« in die Gefangenschaft abgeführt hatten, waren unter denen, die sich vor dem

Standgericht zu verantworten hatten. Stoischek erkannte sie, wußte ihre Namen. Seiner Aussage verdankten die beiden Angeklagten den Freispruch; sie wurden sofort auf freien Fuß gesetzt. 50 Jahre später beschrieb Stoischek in einer Grazer Zeitung sein Februarerlebnis. Er nannte die beiden Männer, die ihn damals überwältigten, beim Namen und schloß mit dem Satz: »Hoffentlich sind sie noch am Leben.« Sie waren 1984 am Leben. Und sie hatten es in der Zweiten Republik ein wenig weiter gebracht als der ehemalige Schutzkorpsmann aus den Reihen der Ostmärkischen Sturmscharen. Und sie suchten so lange, bis sie den Zeugen von damals in seiner Wiener Wohnung fanden. Die Männer, nun alle schon Ruheständler, fielen einander in die Arme, wie man einmal sagte. Und die Ehefrauen der Beteiligten sorgten dafür, daß es nicht bei einem Treffen blieb und auch nicht nur bei den Blumen, die die alten Männer vom Schutzbund dem altgewordenen Sturmschärler beim Wiedersehen brachten. Im großen Geschehen leider nur *a good story,* wie man in Amerika sagt. Denn in Wien ging es anders zu:
Es dauerte nur Minuten, da wußte man in Wien vom ersten Schuß, der zuvor in Linz gefallen und von einem Mann des Schutzbundes abgefeuert worden war. Der Versuch, von einzelnen Betrieben aus einen Generalstreik in Gang zu setzen, mißlang. Diesmal brauchten die zum Kampf fest entschlossenen Genossen nicht auf eine Weisung von oben zu warten. Zu Mittag gab die Partei den Auftrag, und die Genossen im E-Werk besorgten das Weitere: Die Stromabschaltung in ganz Wien.
Der in Haft befindliche Stabschef des Schutzbundes Major Eifler hatte für diesen Fall sehr zum Ärger Körners einen Kampfplan entworfen, der gar nicht so fragwürdig war, wie dies nachher vor allem von den Kommunisten hingestellt wurde, und der heute in zeitgeschichtlichen Darstellungen herabgewürdigt wird. Eifler vermied es, den Schutzbund *verzettelt* einzusetzen und mit der Exekutive, vor allem mit dem Heer, in *Straßenkämpfe* verwickelt zu werden. Die Gemeindewohnanlagen im Roten Wien waren zufällig oder absichtlich (das blieb umstritten) so angelegt, daß von ihnen aus tatsächlich alle Bahnlinien und das Straßennetz um

die Bundeshauptstadt unter Kontrolle genommen werden konnten. Außerdem waren, und das ist unbestreitbar, in diesen städtischen Gebäuden Waffenbestände des Schutzbundes eingemauert und Kampfstände für Gewehr- und MG-Schützen erkundet. Wären am 12. Februar die von Fey inhaftierten örtlichen Führer noch an Ort gewesen, dann hätte die Exekutive in den Tagen nach dem 12. Februar einen viel höllischeren Feuerzauber im gemütlichen Wien erlebt. So aber geschah es, daß die Vertreter der Inhaftierten über Details des Kampfplanes aus Gründen der vorher notwendigen Geheimhaltung nicht informiert waren; vielfach suchten die Kombattanten des Schutzbundes zu lange oder gar vergebens nach den Waffenverstecken; und wenn sie diese dann ausmachten, ergab es sich oft, daß die Munition nicht am selben Platz versteckt war wie die Waffen. Das gab Verzögerungen, bis endlich der Feuerkampf eröffnet werden konnte. Aber – die Idee, eine Millionenstadt im Hochwinter vom Rest des Landes abzusperren und die Zentralen inmitten der Stadt mürbe zu machen oder die von diversen Absperrungen (die Strom- und Gasabsperrung sollte nicht die einzige sein) Betroffenen gegen die Regierung aufzubringen, war nicht kalt. Übrigens haben sich nach 1938 die neuen Herren jenes Arbeiters im E-Werk, der gegen Widerstand die Stromabschaltung durchgesetzt hatte, bemächtigt; er war inzwischen Kommunist geworden, und er wurde hingerichtet. Die Stromabschaltung brachte allerdings auch der Schutzbundführung eine Fatalität ein. Das von Otto Bauer verfaßte Manifest sollte in Druck gehen. Da aber die Stromzufuhr in der ganzen Stadt ausgefallen war, ist es nie gedruckt worden. Andere Medien standen den Aufständischen nicht zur Verfügung. Das Radio war staatliches Monopol.

In Wien wurde am 12. Februar die ganze Mannschaft der Sicherheitswache auf Grund der Nachrichten aus Linz noch vor 12 Uhr zum Dienst einberufen. Eine erste Lagebesprechung in dem im Zweiten Weltkrieg von Bomben zerstörten Gebäude der Polizeidirektion am Schottenring führte zu einer richtigen Planung: Man beließ vorerst Gas- und E-Werke den Aufständischen, sicherte die Innere Stadt gegen Angriffe der Aufständischen auf Zentralen

des Staates ab und nahm sich vor, nach und nach die Außenbezirke der Stadt wieder unter Kontrolle zu bringen. *Wieder!* Es ergab sich nämlich, daß in Wien der Schutzbund den Kampf nicht nur verteidigungsmäßig führte, sondern vielfach zum Angriff überging, wobei zahlreiche Sicherheitswachstuben besetzt, Bezirkspolizeikommissariate zerniert und unter Beschuß genommen wurden. Noch vor Ausbruch der Kampfhandlungen gab es das erste Opfer der Februarkämpfe in Wien:
Kurz nach 11 Uhr versuchte der Rayonsinspektor der Sicherheitswache Josef Schiel einen gewissen Franz Havlicek, der auf dem Weg zum Sammelort des Schutzbundes seine Waffe ziemlich offen zur Schau trug, festzunehmen. Havlicek schoß den Wachebeamten nieder. Das geschah in Simmering, dort, wo es bald zu schwersten Kampfhandlungen kommen sollte.
Die von der Wiener Sicherheitswache gewählte Taktik erwies sich in Einzelfällen als falsch: So wollte die Polizei jene Wohnhausanlagen der Gemeinde Wien, die als Stützpunkte des Schutzbundes bekannt waren, im Handstreich nehmen und damit eine Ausweitung der Kampfhandlungen hintanhalten. Das bekam den Wachleuten schlecht. Als ein solcher Versuch kurz nach der Alarmierung bei der städtischen Wohnhausanlage Sandleiten unternommen wurde, liefen die Angreifer ins gezielte Gewehr- und MG-Feuer des Schutzbundes. Dieser hatte dort Gefechtsposten an den zum Gemeindebau führenden Straßen bis zu gewissen Straßenkreuzungen vorgeschoben; so konnte er selbst eine mit fünf MGs bewaffnete Alarmabteilung der Polizei abwehren. Zum ersten Mal wurden darnach von dort Assistenzverbände des Heeres angefordert; aber derlei Anforderungen liefen im Stadtkommando in so großer Zahl ein, daß es unmöglich war, ihnen gerecht zu werden. Außerdem zögerten die Militärs, Truppen in zahlreichen Einzelaktionen zu verzetteln. Denn niemand wußte noch, wohin die Kampftätigkeit führen würde und wo Schwerpunkte einen eventuellen massiven Einsatz des Heeres verlangen würden.
Um diese Zeit klärte sich auf seiten der Exekutive eine wichtige Vorfrage: Der Schutzbund kämpfte um die Behauptung seiner Zernierung der Stadt, aber er war offensichtlich nicht darauf aus,

in die Innere Stadt einzudringen, um sich der Zentralstellen des Staates zu bemächtigen.
Die beim Sandleitenhof eingesetzte Polizei erhielt schließlich doch ein Bataillon Infanterie und eine Gebirgskanonenbatterie als Verstärkung. Die Artilleristen hatten keinen Feuerbefehl, zumal es sich ergab, daß der Schutzbund seine Kampfpositionen in Sandleiten geräumt hatte; nicht um zu fliehen, sondern um andernorts bei einer Schwerpunktbildung rechtzeitig dabei zu sein. Bald wußte man, wohin die Schutzbundmänner abgerückt waren: Ins Ottakringer Arbeiterheim, wo sich denn auch ereignete, was die Führung der Exekutive gefürchtet hatte – ein tagelanger und verlustreicher Kampf.
Schlag auf Schlag geschah es, daß der Schutzbund an den von ihm ausgewählten Kampfpositionen das Gefecht aufnahm. Eine besonders schwierige Lage ergab sich für die Exekutive entlang des Gürtels. Und dort vor allem an dem Punkt, wo zwischen dem Schutzbund eines Bezirks und dem im benachbarten Bezirk eine Frontstellung aufgezogen worden war, die dann eine erstaunliche Kampfkraft ermöglichte. Der Reumannhof im Bezirk Margareten war jener Punkt an der Gürtellinie, an dem die Exekutive mit der Methode des Handstreichs nicht ankam. Im Reumannhof hatte eine Kampfgruppe des im Frühjahr 1933 behördlich aufgelösten Schutzbundes einen Schützenverein mit dem Namen »Steinadler« gegründet, dem die Vereinsbehörde die Genehmigung nicht versagen konnte. So erfolgte dort quasi unter den Augen der Behörde die Ausbildung einer besonders gut geschulten Kampfgruppe, für deren zusätzliche Bewaffnung man sich etwas einfallen ließ: Gußeiserne Rohre wurden als Handgranaten adjustiert; sie erzeugten scheußliche Verwundungen. Jeder Schütze bekam zwei solcher Wurfgeschosse.
Beim Kampf um den Reumannhof erlitt die Polizei schwere Verluste. Als das in den umliegenden Gemeindebauten bekannt wurde, stärkten diese erfreulichen Nachrichten selbstverständlich den Kampfwillen der dort eingesetzten Genossen. Mehrere Angriffe der Polizei scheiterten, bis endlich ein Feldjägerbataillon des Heeres anrückte, den Bau zernierte und eine Sturmgruppe gegen die

in einem Tanzsaal verschanzten Schutzbündler vorgehen konnte. Die Feldjäger brachten die Meldung mit, wonach entlang der ganzen Gürtellinie vereinzelte Dachschützen ein gut gezieltes Einzelfeuer auf anrückende Verbände der Exekutive unterhielten. Es war zu überlegen, wie dem bei der Länge dieser Verkehrsfläche beizukommen war. Im Reumannhof versuchte der Heeresoffizier, der den Angriff auf den Tanzsaal führte, die Tür zum Lokal mit einer Handgranate zu zerstören. Ein gut gezielter Schuß brachte die Handgranate vor dem Wurf zur Explosion. Der Offizier fiel schwerverwundet aus, aber die Feldjäger drangen dennoch in den Tanzsaal ein, worauf sich die Männer des Schutzbundes in den Keller zurückzogen. Während dieser Kampfhandlungen flammte plötzlich das elektrische Licht auf, die Schutzbündler erfuhren so, daß es keinen Generalstreik gab. Einige ergaben sich, andere eilten in der Dunkelheit zur nächsten Kampfstätte. Die zur Bewachung des Reumannhofes eingesetzten Sicherheitswachebeamten wurden am Morgen des nächsten Tages aus Wohnungen im nahegelegenen Matteottihof unter Feuer genommen; ihre eigene Bewaffnung und Zahl reichten für eine Gegenaktion nicht aus. Die Sicherheitsorgane kamen ins Kreuzfeuer, als auch der Meidlinger Schutzbund in das Gefecht eingriff. Bis zu diesem Zeitpunkt waren die seit Anfang der Kampfhandlungen eingesetzten Männer der Sicherheitswache zum Teil nur mit Faustfeuerwaffen versehen. Nun kamen ihnen Kollegen, die mit Gewehren ausgestattet waren, sowie eine Abteilung des Freiwilligen Schutzkorps, gestellt von der HW, zu Hilfe. Das brachte die Wende.

Um diese Zeit liefen in den Reihen der Exekutive wilde Gerüchte von dem, was sich gleichzeitig im Bezirk Ottakring im Kampf um das dortige Arbeiterheim abspielte. Ottakring war und blieb der Traditionsbezirk der alten Arbeiterpartei. Die Abgeordneten dieses Bezirkes genossen hohes Ansehen in der Partei, unter ihnen ragte der seinerzeitige Landeshauptmann von Niederösterreich Albert Sever hervor. Die unter ihm eingeführte sogenannte Sever-Ehe ermöglichte es Katholiken, ihre kirchlich geschlossene Ehe dem Band nach zu lösen und mit einem neuen Partner eine neue

Ehe einzugehen. Halb spöttisch, halb anerkennend sagten die Gegner dessen, die einzige glückliche Sever-Ehe sei die Albert Severs. Für Sever und seine Frau war es eine Selbstverständlichkeit, daß sie ihre bescheidene Wohnung im Ottakringer Arbeiterheim nicht verließen, als der Kampf um den Komplex begann. Der Bestand des Ottakringer Arbeiterheims war ein Symbol der Unerschütterlichkeit der Arbeiterbewegung in Wien.

Die Härte des dort entstehenden Kampfes war von Anfang an dadurch gekennzeichnet, daß sich dem Schutzbund zahlreiche sogenannte Zivilisten aus den Reihen der Partei anschlossen, während die Polizei Panzerwagen einsetzte, mit denen die Sicherheitswache nach den Ereignissen des 15. Juli 1927 ausgestattet worden war.

Die Panikengasse, benannt nach einer alten Flurbezeichnung, erwies sich bald als eine windige Ecke; zweimal erschien Fey am Ort, um vor allem seine kampfunerfahrenen Schutzkorpsmänner durch seinen persönlichen Einsatz während des Feuergefechts zu ermutigen und Rückschläge wettzumachen. Gleich bei Eröffnung der dortigen Kampfhandlungen wurde ein Polizist getötet, zwei wurden schwer verwundet. Die Polizei zog sich auf das Bezirkskommissariat zurück, das sogleich vom Schutzbund unter Feuer genommen wurde und in Gefahr geriet, in die Hände der Angreifer zu fallen. Erst als das Heer in die Kämpfe eingriff, konnte diese Schwachstelle in der Zernierungslinie um das Arbeiterheim bereinigt werden.

Nichts kennzeichnet die Situation in Ottakring besser als die Tatsache, daß nach der Alarmierung des Schutzbundes Zivilisten aus verschiedenen Gemeindebauten in aller Öffentlichkeit durch die Straßen zum Arbeiterheim zogen. Die Polizei tat gut daran, sich in diesem Augenblick möglichst wenig zu zeigen, um ihre Unterlegenheit nicht offenkundig zu machen. Nach der Versammlung und der Bereitstellung im Arbeiterheim errichtete der Schutzbund im Umkreis des Gebäudes Barrikaden und zog den benachbarten Volkerthof in die Kampflinie ein. Nun hatte er gutes Schußfeld, um die Radetzkykaserne des Heeres unter Beschuß zu nehmen; er zögerte auch nicht, eine Siedlung für Familien von Po-

lizisten zu beschießen. Dies wohl in der Annahme, daß auch der Gegner Wohnhäuser zur Bereitstellung und für Kampfhandlungen benützte . . .
Die aus Italien bezogenen Panzerwagen der Polizei waren für den Schutzbund keine erschreckende Erscheinung. Er schlug Angriffe, bei denen diese Fahrzeuge als Deckung der Sicherheitswachebeamten dienen sollten, kaltblütig zurück. Das war die Stunde, wo auch in Ottakring befolgt wurde, was Bernaschek für Linz als seinen Kampfauftrag angekündigt hatte: *Verteidigung, aus der zum Angriff übergegangen wird.* Die Ottakringer stießen mit Vorpatrouillen in Richtung Innenbezirke bis zum Gürtel vor. Zwei Tage und zwei Nächte dauerte es, bis die Exekutive den Kampf um das Arbeiterheim bestanden hatte. Infanteriewaffen versagten angesichts der Kampfmoral der Schutzbundmänner. Es bestand die Gefahr, daß sich der Kampf um das Arbeiterheim dermaßen in die Länge zog, daß die innen- und außenpolitischen Folgen unabsehbar wurden. Der Einsatz von leichter Artillerie – schwere Artillerie war dem österreichischen Heer verboten – wurde in Erwägung gezogen. Reiz- oder Tränengas, das heutzutage auch in den westlichen Demokratien bei solchen Anlässen von der Exekutive bedenkenlos verwendet wird, war in Österreich seit 1919 gleichermaßen verboten. Entgegen der gegnerischen Propaganda wurde erst im Jahr 1935, also nach den Februarkämpfen 1934, im Heer die Verwendung von Reizrauchbüchsen *erörtert.*
Der vom Heer vorgetragene Feuerkampf wurde in der Nacht gegen heftiges Feuer von Hecken- und Dachschützen fortgesetzt. Dabei wurde Ecke Koppstraße–Klausgasse ein Geschütz in Stellung gebracht. Nach Mitternacht eröffneten von dort Artilleristen das Feuer. Von einer zerschmetternden moralischen Wirkung auf die Männer des Schutzbundes war aber nicht die Rede. In der Dämmerung des neuen Tages erschien Fey an Ort. Er exponierte sich wieder inmitten des Schußwechsels, um seinen Leuten, die schon erhebliche Verluste erlitten hatten, die Feuerscheu zu nehmen. Als er die Kampfstellung verließ, versprach er weitere Militärassistenz.

Um 7.30 Uhr setzte das zusammengefaßte Feuer der Exekutive auf das Arbeiterheim ein. Unter diesen Umständen konnte der Schutzbund seinen Infanteriekampf nicht mehr aufrechterhalten. Die Männer verließen das Heim, *aber sie flüchteten nicht,* denn sie schlossen sich benachbarten Kampfgruppen an oder zeigten ihre Schußfertigkeit als Dachschützen. Die zur Besetzung des Heimes eingesetzte Kampftruppe des Heeres fand das Gebäude geräumt. Geräumt von Kämpfern. Das Ehepaar Sever war nicht geflüchtet. Die Gattin Severs wurde durch einen Splitter tödlich verwundet. Sever hat nie aufgehört, sich selbst die Schuld am Sterben seiner Frau zuzuschreiben, die doch nur tat, was sie als Gattin ihrem Mann schuldig zu sein glaubte: Ihn nie zu verlassen.

So endete der organisierte Kampf in Ottakring. Aber bis zum 14. Februar hielten Dachschützen das Polizeikommissariat sowie eine Kaserne unter Störfeuer. Ottakring blieb eine windige Ecke.

Die Entschiedenheit, mit der der Schutzbund in Ottakring kämpfte, wurde von der geschickten Taktik der Meidlinger Genossen übertroffen. Dort machte sich zunächst der durch die Verhaftungswelle hervorgerufene Mangel an Führern bemerkbar. Die verbliebenen Kämpfer wußten zum Beispiel nicht, daß die Abschaltung des Stroms am 12. Februar zu Mittag das Alarmsignal war. Sie wähnten, es mit einem Stromgebrechen (!) zu tun zu haben. Dazu kam das schon erwähnte Dilemma bei der Aufsuche von Waffendepots, die teils zu spät entdeckt wurden, teils nicht geöffnet werden konnten, weil die Kämpfer die Schlüssel nicht bei der Hand hatten. Munition und Schußwaffen waren auch in Meidling nicht am selben Ort gelagert. Aber am Abend des 12. Februar, als da und dort in Österreich der Schutzbund schon aufgab, traten die Meidlinger voll in den Kampf. Ein Überfallskommando der Polizei fuhr in den Bereitstellungsraum, die Polizei hatte ihre ersten Toten in Meidling. Dann ging der Schutzbund vor, besetzte Wachstuben und war nahe daran, den Meidlinger Bahnhof zu erobern. Von den Kampfabsprachen mit den benachbarten Margaretner Genossen war schon die Rede.

Der Matzleinsdorfer Frachtenbahnhof, Lagerplätze und Fabriksgelände boten dem Schutzbund gute Feuerstellungen, die von

Angreifern schwer zu erkennen und noch schwerer zu bekämpfen waren. Anders als Männer der Städtischen Feuerwehr in Floridsdorf waren in Meidling Bedienstete der Straßenbahn weniger am Kampfgeschehen beteiligt. Die Fahrdienstleitung in der Meidlinger Remise schickte Lastwagen aus, um die nach dem Stromausfall zum Stehen gekommenen Zugsgarnituren abzuschleppen. Diese Transporte genossen den Schutz der Polizei, soweit eben ihre Kontrollen reichten. Der Schutzbund machte sich diese Fahrten der Transportwagen zunutze und holte mit ihnen quasi unter dem Schutz der Polizei Waffen und Munition aus anderen Verstecken nach Meidling. Bei den Kämpfen um den Gürtel erwies sich das Schutzkorps als dem Schutzbund unterlegen, zumal die Schutzkorpskompanien nicht mit MGs ausgestattet waren. Es erlitten so die von der HW gestellten Formationen von allen Teilen der Exekutive die meisten Opfer. Meidling fiel, als das Heer eingriff. Dieses hatte beim Anmarsch Verluste durch Dachschützen erlitten. Den Reumannhof gab der Schutzbund auf, aber in mehreren anderen Gemeindebauten setzte er sich aufs neue fest. Nach dem Fall des Reumannhofes überschritt das Heer den Gürtel stadtauswärts. Dabei stieß es auf Straßenbarrikaden, die vom Schutzbund unter Einsatz von MGs hartnäckig gehalten wurden. Brach dieser den Kampf ab, setzten ihn seine Dachschützen fort, oft über das allgemeine Ende der Kämpfe am 15. Februar 1934 hinaus.

Lange hielt sich die Legende von den schwerbewaffneten Panzerzügen der Exekutive. Die Söhne der Kämpfer von damals haben in einem Weltkrieg erlebt, wie richtige Panzerzüge ausgerüstet sind. Derlei gab es nicht im Österreich von 1934. Tatsache ist, daß die 1929 gegründete Eisenbahnerwehr der HW zahlenmäßig stark war. Die von ihr zusammengestellten Panzerzüge waren ohne Panzerung und boten keinen Schutz gegen gezieltes Infanteriefeuer des Gegners. Entlang der Bahnlinie, die die Bezirke Meidling und Margareten trennt, wurden solche Züge eingesetzt. Sie kamen zunächst eingeschlossenen Polizeiabteilungen zu Hilfe, bis der Schutzbund erkannte, daß sich diese Panzerzüge gegen gezieltes MG-Feuer nicht halten konnten, da die Projektile die

Holzverkleidung der Waggons glatt durchschlugen. Der Versuch, auch auf den Gleisen der sogenannten Badner Elektrischen, also der ehedem noblen Bahn in die Kurstadt Baden, improvisierte Panzerzüge einzusetzen, schlug fehl. Gerade diese Trasse hielt der Schutzbund am längsten unter Kontrolle. Die sogenannte Säuberung Meidlings durch die Exekutive war leichter anbefohlen als getan. Auch hier mußte Fey persönlich an Ort den Angriff organisieren und einigen Offizieren auf die Sprünge helfen, aber die Meidlinger haben noch am 16. Februar geschossen.

Der Bezirk Simmering blieb denen vom Schutzkorps in schlechter Erinnerung. In diesem Arbeiterbezirk war der Schutzbund in der Lage, entlang der Bezirksgrenze in Gemeindebauten Kampfstände einzurichten und alle rasch improvisierten Angriffe der Exekutive zurückzuweisen. Hier erlitt eine Abteilung des Freiwilligen Schutzkorps, ehe die Männer von den Lastwagen herunterkamen, schwere Verluste. Wie stark der Schutzbund in Simmering war, ergibt sich aus seiner Absicht, die Artilleriekaserne in Kaiserebersdorf zu erobern und die dort erbeuteten Geschütze im Kampf einzusetzen. Der Plan muß schon vor dem 12. Februar gefaßt worden sein, denn es gab bei Ausbruch der Kämpfe ehemalige Artilleristen des Heeres im Schutzbund, die für den Fall eines Erfolges an den Geschützen eingesetzt werden sollten.

Nachher, als alles geschehen und vorbei war, wurde in einer Pressekonferenz die Justifizierung des verwundeten Schutzbundführers Münichreiter beanstandet. Dabei wurde darauf hingewiesen, daß die Polizei sich keine Mühe gegeben hatte, einen unvergeßlichen Kampfvorfall in Simmering aufzuklären: Als dort die Kämpfe schon abflauten, schob ein Ehepaar, das in den sogenannten Krankenkassenhäusern am Rand des Bezirks wohnte, mit einem winzigen Leiterwagerl ein MG samt Munition an eine verlassene Barrikade heran. Es fand sich ein MG-Schütze, der daraufhin das Feuer aufnahm. Viele solcher Kampfszenen blieben den Beteiligten aus beiden Parteien in Erinnerung.

Das Simmeringer Bezirkspolizeikommissariat lag inmitten des Bezirks, und es stand vor dem Fall, da die Exekutive den Sperriegel entlang der Bezirksgrenze nicht brechen konnte. Deswegen versuchte die Exekutive, den Angriff entlang der Simmeringer Hauptstraße vorzutragen. Auch hier war Fey zur Stelle. Er erlebte einen wahren Feuerzauber, der den Soldaten aus Gemeindebauten, Schrebergärten und Fabriksgebäuden entgegenschlug. Artillerie mußte heran. Wenig taktischen Erfolg brachte auch hier der Einsatz eines Panzerzuges. Im Schutzbund erwog man sogar, die Gleise der Ostbahn zu sprengen, um von dieser Seite her Rükkenfreiheit für die Kämpfe in der Bezirksmitte zu bekommen. Das MG-Feuer der in den von der Krankenkasse errichteten Wohnhäusern verschanzten Schutzbündler war so effektiv, daß die Bedienungsmannschaft einiger Geschütze floh. Mehr und mehr war es das Heer, das ab dem 14. Februar mit schweren Waffen den Kampf auch in Simmering entschied. Der Schutzbund stellte das Feuer ein, um auf dem Laaerberg neue Stellungen zu beziehen. In Simmering erbeutete die Exekutive Stahlhelme und anderes Gerät, das französischen Ursprungs war, also aus der ČSR über die Grenze geschmuggelt worden war. Es entstand auch das Gerücht, der Schutzbund hätte auf dem Laaerberg irgendwo Gebirgskanonen versteckt, die er hervorholen und einsetzen wolle.

Die Simmeringer hätten denen auf der Landstraße den Rücken gedeckt, wenn diese angegriffen hätten. Das nun geschah nicht, aber nicht aus Feigheit. Bezirksparteiobmann der SDAPÖ war der Sozialminister in der Zeit der Zweiten Republik Karl Maisel. Der Schutzbund war gut organisiert, er trat an und besetzte neben einem wichtigen Versorgungszentrum der Stadt, nämlich dem Zentralviehmarkt, auch das dortige Wachzimmer der Polizei. Rund um den Rabenhof entstand der entscheidende Kampf: Diesmal griffen von Anfang an Abteilungen des Heeres ein, womit das blutige Geschehen zwar nicht unterbunden, jedoch stark abgekürzt werden konnte. Letzten Widerstand leistete der Schutzbund in der Remise der Städtischen Straßenbahn in Erdberg und im Schutzbundheim. Ein resolutes Vorgehen des Schutzbundes des Bezirks Landstraße hätte die Exekutive in der Krise des 14. Februar in Schwierigkeiten bringen können, kampfentscheidend wären sie nie geworden.

Denn der entscheidende Großkampf in Wien erreichte im Nobelbezirk Döbling und am linken Donauufer seinen Höhepunkt und Abschluß. In Döbling erhebt sich der in den Jahren 1927 bis 1930 erbaute Karl-Marx-Hof, eine Gemeindebauanlage mit 1600 Wohnungen und einer Längsausdehnung des Gebäudes von mehr als anderthalb Kilometern. Der nach dem 15. Juli 1927 errichtete Bau erwies sich wie kein anderer als eine erstklassige Kampfanlage des Schutzbundes. Polizei, die vor der Versammlung des Schutzbundes den Hof besetzen konnte, wurde nachher vertrieben. Beide Teile erlitten schwere Verluste. Aber der Schutzbund hatte den Anfangserfolg, er besetzte den Bahnhof Heiligenstadt. Einige HW-Männer, deren Angriff auf den Karl-Marx-Hof gescheitert war, kämpften zusammen mit Polizisten um ihr Leben, bis sie aus ihrer Klemme im Wachzimmer des Bahnhofes befreit werden konnten. Im Verlauf der Kampfhandlungen, an denen sich etwa 300 Schutzbundangehörige beteiligten, ergaben sich einige Sicherheitswachebeamte. Einer von ihnen wies sich als eingeschriebenes Mitglied der SDAPÖ aus, und er tat einiges, um seinen Kollegen in ihrer Lage zu helfen. Hier kam es zu keinem Massaker.

Der sogenannte Blaue Bogen des Karl-Marx-Hofes ist eine der höchsten Erhebungen in diesem Komplex. Dort setzte sich der Schutzbund fest, von dort her bekamen Starhemberg und seine Männer am Abend des 12. Februar auf ihrer Fahrt nach Tulln das MG-Feuer zu spüren, das zwei HW-Männern das Leben kostete. Und dieser Blaue Bogen wurde von der Artillerie unter Beschuß genommen. Er eignete sich nachher besonders gut für Fotoreporter gewisser Auslandszeitungen, die ihre Bilder mit dem Kommentar versahen, hier hätte eine Soldateska Frauen und Kinder vorsätzlich ermordet. Das war, als in einem Hof des Komplexes noch die Leichen der HW-Leute lagen, die bei einem Versuch, im Handstreich zusammen mit Polizei dem Kampf ein Ende zu machen, gefallen waren. Davon gab es keine Bilder in Zeitungen des Auslandes. Es wurde auch verschwiegen, daß die von der Artillerie angerichteten Schäden von der Art waren, daß sie ohne viel bauliche Arbeiten repariert werden konnten.

Der Kampf um den Karl-Marx-Hof zog sich in die Länge, weil dort eingesetzte Verbände der Exekutive abgezogen wurden, um jenseits der Donau, in Floridsdorf, eingesetzt zu werden. Sofort flammten in Döbling die Kämpfe auf, und in dem einsam inmitten des Bezirks stehenden Gemeindebau in der Obkirchergasse säumte der Schutzbund nicht, eine momentane Schwäche des Feindes auszunützen. Der Kampf um den Karl-Marx-Hof erforderte den Einsatz von zwei Bataillonen Infanterie, zwei Geschützbatterien und Verbänden der Exekutive. Der Schutzbund gab auf, als Dollfuß am 15. Februar um 11.30 Uhr ein Ultimatum stellte; als aber weiße Fahnen vom Karl-Marx-Hof wehten, ergriffen die Männer des Schutzbundes erneut die Waffen, um andernorts diese Schmach wettzumachen.
Man kann sich vorstellen, daß in diesem diffusen Kampfgeschehen eine einheitliche Leitung des Schutzbundes fast unmöglich war. Da das Telefon verständlicherweise nicht benutzt wurde, setzten die Zentralleitung des Schutzbundes sowie die Kampfgruppenkommandanten Meldegänger ein. Einer von ihnen war der spätere Bundeskanzler Bruno Kreisky. Nach 1945, als Eifler tot und Julius Deutsch mit seiner Partei zerfallen war, ist viel Kritik an der militärischen Führung des Schutzbundes geübt worden. So etwa, was zu Lebzeiten des Stadtschulratspräsidenten Otto Glöckel niemand gewußt hat, daß die von diesem der Zentralleitung zur Verfügung gestellten und gut ausgestatteten Büroräume nicht in Anspruch genommen worden sind. Aber Deutsch hielt aus, bis sich das Kommando, das zu seiner Verhaftung eingesetzt wurde, schon dem George-Washington-Hof, in dem sich der Ahornhof und das Kommando befanden, näherte.
Andere Schutzbundleiter waren keine Helden. Der Kommandant des Kreises Wien-West, der die Bezirke Mariahilf, Neubau, Josefstadt, Penzing, Rudolfsheim und Ottakring (!) unter sich hatte, versagte völlig. Er geriet in den Verdacht, Verrat geübt zu haben. Aber in Ottakring kämpfte der Schutzbund auch ohne solche Typen.
In Floridsdorf schlug der Schutzbund am 14. Februar richtig los, also zu einem Zeitpunkt, als in anderen Stadtteilen schon die Aus-

sichtslosigkeit des Kampfes spürbar wurde; Bezirksparteisekretär war der spätere Bundespräsident der Zweiten Republik Franz Jonas. Aber nicht er, sondern das Schutzbund-Regiment »Karl Marx« war das starke Herz. Obwohl die Folgen von Verhaftungen die gut eingespielte Organisation störten, sammelten sich die Angehörigen des Schutzbundes, die dabei eine beispielhafte Gesinnungstreue und Kampfentschlossenheit zeigten. Diese Männer besetzten Wachstuben, überwältigten ein Überfallsauto der Polizei (wobei dessen Kommandant fiel) und nötigten die Besatzungen der meisten Wachstuben, diese Lokale zu räumen, um sich ins Bezirkskommissariat zurückzuziehen.

In Floridsdorf geschah es, daß der Brandadjunkt der Städtischen Feuerwehr Georg Weissel auf der Brandwache Feuerwehrmänner, die dem Schutzbund angehörten, sammelte. Um sie mit Munition zu versorgen, schickte er einen Rüstwagen der Feuerwehr aus, der anstandslos die Sperren der Exekutive passieren konnte. Der Branddirektor von Wien erfuhr davon. Er blieb bei der Überzeugung, daß die Feuerwehr nicht ein Feuer schüren soll, sondern jedes ausgebrochene Feuer löschen muß. Weissel lehnte aber die Weisung des Branddirektors, die Waffen niederzulegen, ab. Der Branddirektor verständigte daraufhin den Magistratsdirektor. In dem folgenden Wirrwarr der Befehle und Aktionen ereignete es sich, daß die Exekutive die Schutzbündler in der Feuerwache überraschend außer Gefecht setzen konnte. Nur Weissel wehrte sich mit einem Schuß gegen die Angreifer. Dann gab er auf und verfiel so den Folgen, die nach der Verhängung des Standrechtes alle trafen, die die Waffen nicht innerhalb der gesetzten Frist niedergelegt haben. Weissel hatte sein Leben für seine Idee eingesetzt. Nun traf ihn das schreckliche Los des Todes am Galgen.

Die wichtigen Aufträge, die denen vom Regiment »Karl Marx« zugemutet worden waren, konnten diese nicht ausführen: nämlich den Griff über die Donau, um die Genossen im Karl-Marx-Hof zu degagieren, und die Eroberung der Reichsbrücke, womit der Kampf aufs rechte Donauufer und in Richtung Innere Stadt getragen werden sollte. Auch in Floridsdorf fiel die Last des Endkampfes nach den schweren Opfern, die Polizei und Wehrver-

bände vorher erleiden mußten, dem Heer zu. Der erste Angriff richtete sich gegen den Schlingerhof, an den die Angreifer erst herankommen konnten, nachdem sie die im Vorgelände des Hofes errichteten beiden Barrikaden genommen hatten. 350 Mann der Besatzung des Schlingerhofes ergaben sich; wie viele sich nach dem Fall dieses Stützpunktes andernorts neuerlich an den Kämpfen beteiligten, ist nicht bekannt.
Währenddessen wurde das Polizeikommissariat Donaufeld umkämpft. Alle Wachzimmer dieses Kommissariats fielen in die Hände des Schutzbundes, auch der Bahnhof wurde erobert. Hier wurde ein Panzerzug eingesetzt. Lokführer und Heizer wurden vom Eisenbahnerregiment der HW gestellt. Beide wurden schwer verletzt, der Lokführer erlag seinen Verwundungen. Auch diese Männer kämpften nicht um Versorgungsposten, obwohl das nach 1945 ohne weiteres unterstellt worden ist. Die HW hatte auch einige Kompanien aus den Reihen der Bediensteten der Städtischen Straßenbahn; andere Straßenbahner kämpften im Schutzbund. Letztere verteidigten unter anderem die Straßenbahnremise in Floridsdorf. Die Lage des Schutzbundes wurde prekär, als die Gefechtspatrouillen der Pioniere aus Korneuburg anrückten. Erst später, im Krieg, erkannten die Gegner des Schutzbundes von damals, was es heißt, in scheinbar aussichtsloser Lage auszuhalten; auf Weisungen von oben zu warten, die nicht kommen; einem Feind gegenüberzuliegen, der überlegen ist.
Neben dem Schlingerhof war der nahe der Donau liegende Goethehof Zentrum der Kämpfe. Polizei und HW, die anfangs wie üblich vorgingen, wurden vom Schutzbund vertrieben. Dann richtete sich dieser im Goethehof zum Kampf ein. Zwar mißlang der Überfall auf die Reichsbrücke, aber das Ultimatum, das die Regierung den Kämpfern am 14. Februar nach Mittag stellte, erschütterte die Männer im Goethehof nicht. Auch nicht das Artilleriefeuer, das mit Unterbrechungen bis zum Abend dauerte. Dann räumte der Schutzbund den Goethehof, aber die Männer liefen nicht davon. Sie nahmen weiter an den Kämpfen teil, obwohl sie einsehen mußten, daß weder die Partei noch die Leitung des Schutzbundes imstande waren, operativ zu führen.

Eine schwere Enttäuschung war das Verhalten des zahlenmäßig starken Schutzbundes in Niederösterreich. Der oft großsprecherische Leiter in Wiener Neustadt Josef Püchler wurde *schon* am 10. Februar verhaftet. Er randalierte in Volltrunkenheit auf der Straße, und das brachte ihm die üble Nachrede ein, er wäre vor dem Kampf in die Haftzelle geflohen. Das tat, ohne Alkoholgenuß, der Schutzbundleiter in einem bürgerlichen Bezirk Wiens. Als der Alarm erging, begab sich der Herr über ein Dutzend Kombattanten ins Bezirkskommissariat und fragte den dortigen Hofrat:
»Herr Hofrat, bei uns ist Alarm, ist bei Ihnen auch Alarm?«
So ersparte er, der im Krieg Offizier gewesen war, seinen Männern ein nutzloses Opfer. In der Zweiten Republik wurde er, obwohl nicht eben der Frömmsten einer, der Präsident der Israelitischen Kultusgemeinde in Wien. Er selbst hat diese Episode erzählt und – *it is a good story.*
Nicht viel anders, nur gekonnter war das Verhalten des Gemahls der Enkelin Kaiser Franz Josephs I., des Schutzbundleiters Leopold Petznek; von Beruf Lehrer, im Krieg Offizier, bot er in aller Form dem zuständigen Bezirkshauptmann quasi Waffenstillstandsverhandlungen an. Nach 1945 wurde er Präsident des Rechnungshofes.
In St. Pölten, wo einmal Julius Raab Führer der vom Bauernbund abgestützten niederösterreichischen HW war, trat der Schutzbund unter der Leitung des Bezirksparteisekretärs an; es gab Plänkeleien und Schußwechsel. Aber die erwartete Hilfe für Wien blieb aus. Nicht viel besser war es in den anderen Bundesländern.
In Salzburg trat man zu einer Konferenz (!) zusammen, das Heer wußte, woran es war, und konnte so Truppen an mehr gefährdete Orte detachieren. Wörgl erwarb sich in Tirol den Ruf, daß dort der Schutzbund gekämpft hat. Es war umsonst. In Klagenfurt traten der dortige sozialdemokratische Bürgermeister und sein Genosse im Amt des Landeshauptmannstellvertreters aus der Partei aus. Zugleich forderten sie ihre bisherigen Genossen auf, im *Interesse der Freiheit und Unabhängigkeit . . . keine Kampfhandlungen gegen die Exekutive oder die Bundesregierung zu unternehmen.*

In Vorarlberg und im Burgenland ereignete sich absolut nichts. Mehr noch: Schon am 12. Februar 1934 sind in Vorarlberg die sozialdemokratischen Führer beim Landeshauptmann vorstellig geworden mit der Erklärung, »daß sie die anderswärts vorkommenden Ausschreitungen verurteilen und erklären, daß kein Sozialdemokrat in Vorarlberg Hand anlegen noch an verbrecherischen Anschlägen sich beteiligen wird«.

In seiner »Römischen Geschichte« urteilt Theodor Mommsen über die Haltung, die Gaius Julius Caesar nach dem Sieg im Bürgerkrieg gegen seine Feinde an den Tag gelegt hat. Und Mommsen kommt zu dem Schluß, daß alle *politischen* und *militärischen* Leistungen, die Caesar während des Bürgerkrieges erbracht hat, bei weitem übertroffen werden durch sein *Verhalten gegenüber den Unterlegenen.* Er nahm nicht Rache. Dafür wurde er selbst während der nächsten Welle des Aufruhrs ermordet.

1927 hat der damalige liberale Bundespräsident Michael Hainisch den an jenem Unglückstag gefallenen Angehörigen der Exekutive, es waren – verglichen mit der Zahl der Opfer der Februartage – nur wenige, am Grab jene Referenz erwiesen, die Diener des Staates verdienen, die in Ausübung ihres Dienstes das Letzte gegeben haben. Das war eine *noble* Haltung, sie war zugleich eine *mutige* Haltung des Staatsoberhauptes angesichts der tiefen Entzweiung, die jener Tag im österreichischen Volk aufgerissen hat.

Als Wilhelm Miklas, der Bundespräsident in der Zeit der Februarkämpfe 1934, nach 1945 starb, beantragte Julius Raab im Ministerrat eine Trauerkundgebung gegenüber der Familie des Verstorbenen; der Akt unterblieb, weil der Koalitionspartner nicht zustimmte: Es war der amtierende Bundespräsident, General a. D. und einstmaliger technischer Berater des Republikanischen Schutzbundes Theodor Körner, der sich in würdiger Weise des Auftrags annahm, den der Bundeskanzler vergebens für sich erbeten hatte. Nachher sagte Theodor Körner zu einem Regierungsmitglied in bezug auf diesen ritterlichen Akt nach Abwägung des Handelns des Verstorbenen in der Bürgerkriegsära:

»Ich weiß nicht, wie ich jeweils gehandelt hätte.«

Diese Haltung, fern jeder Rechthaberei, hat wie in so vielen ähnlichen Fällen dazu beigetragen, daß in der später wenig geschätzten Koalitionsära Wunden nicht aufgerissen und Gräben nicht geöffnet wurden. Im Februar 1949 hat der damalige Vorsitzende der SPÖ und Vizekanzler Adolf Schärf in seinem Vorwort zur Herausgabe der Dokumente des Briefwechsels Mussolini–Dollfuß einigermaßen zustimmend erklärt, es sei nicht üblich, aus öffentlichen Archiven Bestände jüngerer Zeit zur allgemeinen oder zur wissenschaftlichen Benützung freizugeben. Nach der damaligen Konstellation in einer Koalitionsregierung war die Handhabung dieses Prinzips nur möglich, wenn *beide* Koalitionspartner in einer Frage einig wurden. Und doch sind Wunden von damals nicht geheilt, wie die in den achtziger Jahren neuerlich ausgebrochenen Polemiken unter den Enkeln der Tatzeugen von damals beweisen. Hat man 1934 aber so gehandelt, wie Caesar handelte?

Es war schon die Rede davon, wie ein allseits anerkanntes Staatsoberhaupt im Jahr 1927 handelte. Nachfahren könnten rügen, daß dieser Bundespräsident nicht auch den vielen toten Zivilisten jenes Tages die gleiche Äußerung der Pietät erwiesen hat. Das war damals nicht möglich. Bei der großartigen Trauerfeier, die von der SDAPÖ für die Opfer des 15. Juli 1927 vor dem Zentralfriedhof veranstaltet wurde, wollte man unter sich sein. Die Einstimmung auf diesen Tag, geschrieben von Friedrich Austerlitz im Zentralorgan der SDAPÖ, ließ zu deutlich das Grundmotiv hören, das den Tenor jener Trauerstunde ausmachen sollte: Nicht bloß unvergessen sollten die Opfer sein, sondern gerächt sollten sie werden.

50 Jahre nach dem 12. Februar 1934 erinnerte sich die leidgeprüfte Mutter Vindobona jener toten Zivilisten, die bisher abseits der großen Straßen des Wiener Zentralfriedhofes in einem Sammelgrab ohne Denkmal beigesetzt waren. Also auch Zivilisten, die nicht am Kampf beteiligt waren und die starben. Es waren lange Zeit verschollene Gräber, und es brauchte 50 Jahre, bis Mutter Vindobona ihnen ein Denkmal setzte.

Man sagt, die Wiener hätten nichts lieber als eine schöne Leich'. Ein prunkvolles Begräbnis, wie es einmal in der, wie es heißt, bürgerlichen Welt für die Besitzenden üblich war. Nicht nur die

Bourgeoisie weiß um den Totenkult. Ungleich mehr darüber sagt die politische Linke aller Richtungen aus, wenn sie nach dem Kampf die lange Reihe ihrer Opfer dem Feind vor Augen führt. 1934 war das nicht möglich. Um so grausamer war der Anblick, als Vizekanzler Emil Fey, auf einem Schimmel reitend, den Kondukt anführte, mit dem die Parade der Toten sozusagen zur Parade des Siegers wurde.
Wer diesen *pompe funêbre* und das militärische Gepränge dazu sah, der verstummte. Denn zugleich wurden die Opfer von jenen erbracht, denen das Schicksal nach der Niederlage im Kampf den Tod durch Henkershand zugedacht hatte. Man soll es Starhemberg nicht vergessen, daß er unter manchem guten Wort, das er im Anschluß an die Februarkämpfe sagte, eines hinterließ, das gewichtig war: Der Fürst war dagegen, die Verurteilten auch zu justifizieren. Das aber geschah, und damit bekam das Datum 12. Februar 1934 jenen Charakter, den kein Zeitgeschichtler und keine Toleranz der Enkel, noch weniger deren betuliche Suche nach Ursache und Schuld wegräumen können.

Auf halbem Wege nach Damaskus

Wenige Wochen nach unseren Diskussionen in der Nacht, geführt im Gebäude der ehemaligen Bodencreditanstalt, zernierten wir in einer Februarnacht den Bahnhof Floridsdorf am linken Donauufer in Wien. Es war die Nacht auf den 14. Februar 1934. Ausgerüstet waren wir mit Repetiergewehren, System Mannlicher, Modell 1895, die zu Stutzen umgearbeitet worden waren. Da man sich bei der Herstellung der Stutzen nicht lange mit der Justierung des Korns und des Grinsels aufgehalten hatte, konnte bei solchen Gewehren die Ziellinie nie stimmen. Der längst abgetragene Militärmantel war dünn, und er ließ Wind und Regen gut durch. Wärme hatten wir nur dort am Leib, wo der Mantel über dem Bauch von einem Überschwung gerafft und von den schweren Patronentaschen, genannt Buchteln, an den Körper gepreßt wurde. Es stand sich in dieser Nacht schlecht auf Einzelposten. Zwar riß das klakkernde Feuer bald ab; aber unser Kordon war so dünn, daß wir nicht einmal auf Rufweite standen. Das Gelände war unübersichtlich: ein Rangierbahnhof, Fabriksanlagen, düstere Baulücken und Straßen, in denen Menschen wohnten, die wußten, daß ihre Söhne, Gatten und Väter, die im Schutzbund gegen uns kämpften, einen bereits aussichtslos gewordenen Kampf hinhielten.

Zum erstenmal sah ich die Toten einer militärischen Auseinandersetzung. Soldaten des Heeres, Kameraden vom Schutzkorps, Schutzbundmänner in Zivil. Das Heer sollte das Land verteidigen, wir sahen die Heimat bedroht, und der Schutzbund wollte die Republik schützen. In dieser Defensive hatten wir uns bis aufs Blut bekämpft und aus lauter Verteidigungsbereitschaft aufeinander geschossen. Und da lagen die Toten: ein Bündel Mensch, der gewesen ist. Unsere Toten in dünner Uniform, die anderen in noch dünnerem Zivil.

War das die Stunde von Damaskus? Saulus hat bei der Steinigung des Erzmärtyrers Stephanus teilgenommen. Später ist er nach Damaskus aufgebrochen, um Christen zu verfolgen. In der Apostelgeschichte sind die Gestalten des Saulus und des Paulus klar unterscheidbar gezeichnet. Saulus erfuhr vom Endgültigen von oben her und wurde ein Paulus. Wer ist aber in einer konkreten Situation der Revolutionsgeschichte jeweils Saulus, und wer ist Paulus? Gilt vielleicht doch das Wort des gewesenen Priesters und Bischofs Talleyrand, wonach Hochverrat nur eine Frage des Datums sein soll? Meine Generation hat, wo immer der einzelne gestanden haben mag, so nicht gedacht. Mag es auch unter uns geschickte Wellenreiter gegeben haben, die mit der Formel Talleyrands über revolutionäre Zeiten hinweggekommen sind, um nachher mit Schwung in der Reaktion mitzutun. Die Zeit des Herrn Karl war, jedenfalls in Österreich, noch nicht gekommen. Der Tag nach dem Einsatz beim Floridsdorfer Bahnhof ging düster zu Ende. Wir rückten ab auf eine Stadtrandsiedlung, vor der ein Major, als die Kämpfe längst entschieden waren, erschossen worden war. Nachher waren die Männer aus der Siedlung geflüchtet. Die Frauen und Mütter sahen an uns vorbei über die mit dünnem Schnee bedeckten Äcker des Marchfeldes, in denen sie den Sohn oder Gatten unterwegs wußten auf dem Weg zur tschechischen Grenze. Zwar wehten von allen Häusern der Siedlung Leintücher, weiße Fahnen. Aber sie bedeuteten nicht Frieden, sondern nur, so wie 1943 in Italien und 1945 in Deutschland: Es wird nicht mehr geschossen. Manchmal gehe ich als alter Mann zu den verlassenen Gräbern unserer Gefallenen von damals oder zu Totenmessen, die für sie zelebriert werden. Dann habe ich Zeit nachzudenken, ob das alles umsonst gewesen ist. Ich weiß, daß alle Toten eine Brüderschaft sind. Auch unsere Gefallenen und die der anderen sind in dieser Brüderschaft, die uns versagt war, als die Toten noch unter uns waren und wir uns untereinander um der umfassenden Gemeinschaft willen bekämpften. Bis auf den Tod.

Aus: Heinrich Drimmel, Die Häuser meines Lebens, Erinnerungen eines Engagierten, Wien 1975, Seite 265 ff.

Dramatis Personae

(Jeweils Lebensdauer, Herkunft, Berufsbeschäftigung sowie öffentliche Tätigkeiten im Zeitraum 1927 bis 1934. Siehe auch im ersten Band der Trilogie, »Vom Umsturz zum Bürgerkrieg«, Seite 410 ff.)

Adam, Walter (Klagenfurt 1886–1947), Berufsoffizier, Journalist (»Reichspost«), 1934 Bundeskommissär für Heimatdienst, 1934–1936 Generalsekretär der VF, 1936 Leiter des Bundespressedienstes, 1938–1943 KZ.

Alberti, Albrecht (Graf) (1889–1963), 1929–1934 HW, 1934 Geheimverhandlungen mit Nationalsozialisten, 1938 offenes Bekenntnis zur NSDAP; nach 1945 Funktionär des VdU und der FPÖ.

Alfons XIII. (Madrid 1886–1941), König von Spanien, Sohn einer österreichischen Erzherzogin; Niederlage gegen die USA (Verlust Kubas, der Philippinen, Puerto Ricos); wahrte Neutralität im Ersten Weltkrieg; aufkommende soziale Revolution und separatistische Bewegungen lähmen Regierungstätigkeit; Versuch, Land mit Hilfe von Militär regierbar zu machen, scheitert; nach Lokalwahlen 1931 ging er angesichts des Sieges der Mitte-links-Kreise außer Landes, ohne formell auf den Thron zu verzichten; verlangte von Monarchisten, dem neuen Regime loyal zu dienen.

Apold, Anton (Großjedlersdorf 1877–1950), im Ersten Weltkrieg Dienst in der preußischen Heeresverwaltung, 1917 Konsulent im k. u. k. Kriegsministerium; 1922 Leitung der Oesterreichisch-Alpine Montangesellschaft; förderte nach 1927 Aufkommen des Steirischen Heimatschutzes und dessen Unabhängige Gewerkschaften, nach Pfrimer-Putsch ebenso NSDAP und ihre Vorherrschaft in der Personalvertretung; Dollfuß berief angesichts der Zustände unter Apold den aus der HW hervorgegangenen Josef Oberegger (siehe dort) zum Regierungskommissär der Alpine-Montan-Werke.

Austerlitz, Friedrich (Hochlieben 1862–1931), 1895–1931 Chefredakteur der »Arbeiter-Zeitung«.

Baar-Baarenfels, Eduard (Laibach 1885–1967), Berufsoffizier, 1929–1936 HW, zuletzt Bundesführerstellvertreter, 1935/36 Bundesminister, Vizekanzler, nachher Generalkommandant der Frontmiliz, 1938–1941 KZ Dachau und Flossenbürg.

Bauer, Otto (Wien 1881–1938), Publizist, Theoretiker des Austro-Marxismus, Verfasser des Linzer Programms der SDAPÖ von 1926, Hauptgegner Seipels; 12./13. Februar 1934 zusammen mit Julius Deutsch militärischer Führer des Februaraufstandes, Emigration in die ČSR, zuletzt in Paris, Gründer des Auslandsbüros der SDAPÖ.

Berghammer, Stephan (Geinberg 1900–1966), 1927–1936 HW, führend in HW-Sozialpolitik, 1937/38 Hinwendung zum Nationalsozialismus, 1945 in automatical arrest, zuletzt in FPÖ.

Bernaschek, Richard (Budapest 1888–1945), 1914–1918 Kriegsteilnehmer (Goldene Tapferkeitsmedaille), 1919–1921 Arbeiterrat in Linz, 1923–1936 im Schutzbund, zuletzt Landeskommandant in Oberösterreich, löste am 12. Februar 1934 um 7 Uhr Waffengebrauch gegen Exekutive aus; aus nachheriger Polizeihaft mit Hilfe nationalsozialistischer Illegaler befreit, Flucht ins Deutsche Reich, dann Exil in der Schweiz, ČSR, UdSSR, zuletzt Prag, 1939 Rückkehr nach Linz, 1939–1944 Magistratsbediensteter in Linz, 1944/45 KZ Mauthausen, dort erschossen.

Biedermann, Karl (Ungarn 1890–1945), 1914–1918 Frontoffizier, 1928–1936 HW, Februar 1934 Bataillonskommandant im Einsatz gegen Karl-Marx-Hof; illegales Mitglied der NSDAP, 1939–1945 deutsche Wehrmacht, 1945 als Kommandant der Wehrmachtsordnungstruppe (Streife) in Wien Verbindung mit anrückenden Sowjettruppen gesucht; als Verräter am 8. April 1945 öffentlich gehenkt.

Blum, Léon (Paris 1872–1950), zusammen mit Jaurès Einiger der Sozialistischen Partei Frankreichs, nach Ermordung Jaurès' (1914) Reformer und Sekretär der Partei, formulierte 1918/19 Parteiprogramm, 1936/37 Ministerpräsident der von Sozialisten, Kommunisten und Linksliberalen gebildeten Volksfrontregierung, 1937 Bruch mit KP; begrüßte 1938 Ribbentrop-Molotow-Pakt als Beitrag zur Friedenssicherung, 1943–1945 KZ.

Bock, Fritz (Wien 1911), nach Führungsaufgaben in katholischen Mittelschüler- und Hochschülerorganisationen an Gründung der VF beteiligt, zuletzt stellvertretender Leiter des Bundespropagandadienstes,

1938/39 KZ; seit Gründung 1945 in ÖVP führend tätig, zuletzt Vizekanzler und Bundesminister 1966–1970.

Brook-Shepherd, Gordon (Nottingham 1918), Südostexperte des »Daily Telegraph« und des »Sunday Telegraph«; Publikationen über Ära 1934–1938 widerlegen die zum Teil sozialistisch instruierten Darstellungen des Engländers G. E. R. Gedye und des Amerikaners Charles A. Gulick.

Brüning, Heinrich (Münster 1895–1970), bewährter Frontoffizier im Krieg, 1920–1930 Geschäftsführer der christlichen Gewerkschaften im Reich, Teilnahme am passiven Widerstand im Ruhrkampf gegen Franzosen; seit 1924 Abgeordneter zum Reichstag, 1930–1932 Reichskanzler (Zollunion mit Österreich – Schober!); SPD, KPD und NSDAP erzwingen 1930 Neuwahl, die der NSDAP entscheidenden siegreichen Durchbruch zur Machtergreifung einbringt (und fortdauernden Einfluß auf österreichische Verhältnisse); 1932 unter entscheidender Beteiligung seines Parteifreundes Papen von Hindenburg abberufen; verzichtete nach 1941 in den USA auf Vorteile eines politischen Flüchtlings im Kampf gegen Deutschland; lehrte an der Harvard University (USA), nach 1945 in Westdeutschland.

Bulla, Adolf (Ungarn 1899–1944), Theresianist, 1916 zu Tiroler Kaiserjägern eingerückt, Oberleutnant, Studium Innsbruck, 1921 mit Corps »Oberland« in Oberschlesien, nachher HW, 1929–1936 Führer des Studentenfreikorps Wien, 1939 deutsche Wehrmacht, 1943 als Kommandant einer Aufklärungsabteilung bei Nettuno gefallen; letzter Verbindungsmann Starhembergs nach dessen Weggang aus Österreich.

Buresch, Karl (Großenzersdorf 1878–1936), trat Lueger-Partei bei, 1922–1931 und 1932/33 Landeshauptmann von Niederösterreich, 1931/32 Bundeskanzler, 1933–1935 Finanzminister, 1935/36 Bundesminister ohne Portefeuille; Versuch als Bundeskanzler, Regierungsbeteiligung der SDAPÖ zu erreichen, wurde aber von dieser zurückgewiesen.

Czermak, Emmerich (Datschitz 1885–1965), Gymnasiallehrer und -direktor, 1929 und 1930–1932 Bundesminister für Unterricht, letzter Bundesobmann der Christlichsozialen Partei, bis 1938 Präsident des niederösterreichischen Landesschulrates, 1938 inhaftiert; 1933 letzter Landesvorsitzender des CV in Österreich im Verband des Gesamt-CV.

Danneberg, Robert (Wien 1885–1942), 1919–1933 sozialdemokratischer Abgeordneter, 1932–1934 Finanzstadtrat von Wien; gewandter und für seine Partei erfolgreicher Unterhändler mit Teilen der Christlichsozialen Partei, handelte zusammen mit Bundeskanzler Schober Verfassungsreform 1929 aus und wehrte damit gleichgerichtete Absichten der HW ab; 1938 verhaftet, im KZ Dachau ermordet.

Dengler, Josef, hervorgegangen aus den christlichen Gewerkschaften, gehörte zu den Gründern des am 17. Juli 1927 (!) in Wien gegründeten Freiheitsbundes zum Schutz christlicher Gewerkschafter vor dem Betriebsterror der Linken; zuletzt Landesführer von Niederösterreich und lange Zeit an der Seite der 1930 von Julius Raab gegründeten , vom Bauernbund finanzierten HW; weigerte sich am 18. Mai 1930 als einziger Führer der in Korneuburg angetretenen Wehrverbände, das vom Bundesführer der HW Richard Steidle verlangte Gelöbnis abzulegen und sich als Mandatar primär dem Führungsanspruch der HW zu unterstellen; wehrte sich nach 1934 vergeblich gegen die Unterwanderung des Freiheitsbundes durch Sozialisten und Nationalsozialisten. (Bundeskanzler Klaus war Angehöriger des Freiheitsbundes.)

Deutsch, Julius (Lackenbach 1884–1968), vor 1914 Redakteur der »Arbeiter-Zeitung«, 1914–1918 Frontdienst (Oberleutnant), 1918 Einberufung ins k. u. k. Kriegsministerium, von dort aus Organisator der »geheimen Militärorganisation«; 1919/20 Staatssekretär, nachher Parlamentskommissär für Heerwesen, stellte 1918–1920 eine Volkswehr auf, 1923–1934 im Schutzbund, zuletzt dessen Obmann, militärischer Leiter des Februaraufstandes 1934, Flucht in die ČSR; 1936–1939 im Spanischen Bürgerkrieg, zuletzt General, Exil New York; nach 1945 als Leiter der Verlagseinrichtungen der SPÖ mit dieser in Konflikt geraten und zurückgetreten; brachte nach 1945 zusammen mit Revertera erstes »Gespräch der Feinde von 1934« zustande.

Dimitroff, Georgi Michailowitsch (Bulgarien 1882–1949), 1919 Mitbegründer der KP Bulgariens, nach Beteiligung an Terroranschlägen und Aufständen 1923 in Moskau; agierte damals viel in Berlin und Wien für die Komintern; 1933 der Teilnahme an der Brandstiftung im Berliner Reichstagsgebäude bezichtigt, aber freigesprochen; 1935–1942 Generalsekretär der Komintern, versuchte Volksfront als »Trojanisches Pferd« in die kapitalistische Gesellschaftsordnung einzuschleusen; 1946 als bulgarischer Ministerpräsident mitschuldig an Massenhinrichtungen, entging allen Säuberungen der Stalinära.

Dinghofer, Franz (Ottensheim 1873–1956), Burschenschaft »Ostmark«-Graz; als Deutschnationaler 1907–1918 Bürgermeister von Linz, 1911–1918 Reichsratsabgeordneter, 1918 Präsident der Provisorischen Nationalversammlung, vertrat 1922 Koalition der Großdeutschen mit Christlichsozialen, 1926/27 Vizekanzler, 1927/28 Justizminister, 1928–1938 Präsident des Obersten Gerichtshofes.

Dollfuß, Engelbert (Texing 1892–1934), studierte Theologie, nachher Jus, 1915–1918 Frontdienstleistung (Oberleutnant bei Kaiserschützen); ab 1921 im Niederösterreichischen Bauernbund tätig, Fachstudium in Berlin, 1922 Sekretär des Niederösterreichischen Bauernbundes, entscheidende Mitarbeit bei Errichtung der Landwirtschaftskammer Niederösterreich, 1927–1934 Kammeramtsdirektor; 1931 Bundesminister für Land- und Forstwirtschaft, 1932–1934 auch Bundeskanzler, 1933 Gründer der VF, schuf nach Ende des Parteienstaates 1934 Ständestaat auf autoritärer Grundlage; als einziger Regierungschef der Welt im Kampf gegen Hitlerbewegung gefallen.

Ebert, Friedrich (Heidelberg 1871–1925), seit der Jugend in der sozialdemokratischen Bewegung, 1913 Parteivorsitzender der SPD, 1918 erstes Staatsoberhaupt der Weimarer Republik, verdient um die Einheit des Reiches und die Abwehr des Bolschewismus.

Eifler (Edler von Lobenstein), Alexander (Wien 1890–1945), 1914–1918 ausgezeichneter Frontoffizier, 1923–1934 im Schutzbund, zuletzt Stabschef, kurz vor Februaraufstand 1934 inhaftiert, nachher vor und nach 1938 in Haft, 1938–1945 im KZ, dort umgebracht.

Ellenbogen, Wilhelm (Lundenburg 1863–1951), Arzt, seit Studienzeit in sozialdemokratischer Bewegung tätig, 1919/20 Unterstaatssekretär und Staatssekretär in Kabinetten Renner II und III, Abgeordneter zum Nationalrat; beteiligt am Programm der Verstaatlichung; schrieb schon 1923 über Faschismus.

Ellison, Otto (St. Pölten 1868–1947), Berufsoffizier, 1918 als Generalmajor Kommandant der 1. Jägerbrigade, Ritter des Maria-Theresien-Ordens, zuletzt HW Steiermark, Landeswehrführer; war für Putsch 1931 nicht zu gewinnen.

Ender, Otto (Altach 1875–1960), 1918–1930 und 1931–1934 Landeshauptmann von Vorarlberg, förderte 1918–1920 Bewegung für Anschluß Vorarlbergs an die Schweiz, 1920–1934 Mitglied des Bundesrates, 1930/31 Bundeskanzler (Sanierung der Credit-Anstalt), 1933/34 Minister im Kabinett Dollfuß II, federführend bei Vorarbeit für ständische Verfassung.

Fey, Emil (Wien 1886–1938), Berufsoffizier, 1914–1918 hochdekorierter und mehrfach verwundeter Frontoffizier bei Deutschmeistern;

Einiger der vor dem 15. Juli 1927 zersplitterten Selbstschutzverbände in Wien in seiner Wiener Heimwehr (WHW), die einer österreichischen Tradition folgte; ab 1932 Staatssekretär, Bundesminister und Vizekanzler in den Kabinetten Dollfuß; Vertreter einer militanten Bekämpfung der aus dem Untergrund angreifenden Nationalsozialisten und Sozialisten, entschied durch persönlichen Einsatz den Ausgang der Februarkämpfe 1934; Rivalität mit Starhemberg kostete Fey die politische Karriere und führte zum Zusammenbruch der HW 1936, als sie sich widerstandslos auflösen ließ.

Fierlinger, Zdenek (Olmütz 1891–1976), 1914 Handelsschullehrer in Rußland, Kriegsfreiwilliger in zaristischer Armee, nachher Regimentskommandeur in Tschechischer Legion im Kampf gegen Österreich; seit 1918 als Sozialdemokrat engster Mitarbeiter des Liberalen Beneš; als Gesandter in Wien unterstützte er 1933 am Vorabend der Februarkämpfe Waffenlieferungen aus ČSR an Schutzbund; 1941 Vertreter der Exilregierung Beneš in Moskau; 1945/46 Vorsitzender der SP in der ČSR, als stellvertretender Ministerpräsident 1948 verdient um KP-Putsch in Prag, drängte zur Fusion der SP mit KP; im KP-Regime hohe Funktionen in Staat und Partei; als Kirchenminister erfolgreich bei Unterdrückung der Kirche im Land.

Fischer, Ernst (Komotau 1899–1972), Offizierssohn, 1918 Fähnrich, Revolutionär; Lyriker, Dramatiker, Kulturkritiker, 1934 Mitarbeiter der »Arbeiter-Zeitung«, Emigration, zuletzt in Moskau, Beitritt zur KP; 1945 Staatssekretär für Unterricht usw.; 1969 aus KPÖ ausgeschlossen nach Kritik an »Panzerkommunismus« im Prager Frühling; 1945–1959 hervorragender Redner im Nationalrat.

Flor, Fritz (Wien 1905–1939), hervorgegangen aus katholischem »Bund Neuland« (während der national ausgerichteten Phase), Mitarbeiter Albertis, vertrat faschistischen Kurs, geriet bei Verhandlungen zwischen HW und Nationalsozialisten ins Zwielicht, 1934 verhaftet, nachher im Kreis um Seyß-Inquart, 1939 unter ungeklärten Umständen tödlich verunglückt.

Frauenfeld, Alfred Eduard (Wien 1898–?), Alter Kämpfer der NSDAP, 1930–1933 Gauleiter von Wien, 1934 Flucht ins Reich, 1938 Mitglied des Reichstages, zuletzt ab 1943 Generalkommissär für die Krim.

Funder, Friedrich (Graz 1872–1959), Theologiestudent, nachher Jurist, in Wien Journalist, 1905–1938 Herausgeber der »Reichspost« (kein »parteieigenes Organ«), obwohl kein Parteifunktionär, Teilnehmer an Beratungen der Führungsgremien der Christlichsozialen Partei; ermöglichte Ende 1918 Seipels Hervortreten zugunsten der Einigkeit in der Partei; 1935–1938 Mitglied des Staatsrates, 1938/39 KZ; Gründer der Wochenschrift »Die Furche«, einflußreich bis zum Tod.

Gleißner, Heinrich (Linz 1893–1984), 1914–1918 hochdekorierter Frontoffizier bei Kaiserschützen, 1930–1933 Direktor der oberösterreichischen Landwirtschaftskammer, 1933/34 Staatssekretär für Landwirtschaft im Kabinett Dollfuß II, 1934–1938 und 1945–1971 Landeshauptmann von Oberösterreich; 1951 Kandidatur für Amt des Bundespräsidenten, scheiterte an falschen Wahlstrategie seiner Partei.

Glöckel, Otto (Pottendorf 1874–1935), Lehrer, früher Parteigänger der SDAP, 1897 aus politischen Gründen enthoben, 1907–1918 Abgeordneter zum Reichsrat, 1919–1933 zum Nationalrat, 1918–1920 Unterstaatssekretär für Unterricht in Kabinetten Renner I–III, 1920–1934 Präsident des Stadtschulrates für Wien, 1918–1934 Vorkämpfer der sozialdemokratischen Schulreformpläne, 1934 Anhaltelager Wöllersdorf.

Gömbös, Gyula (Murga 1886–1936), 1918 Hauptmann im k. u. k. Generalstab, 1918 Mitbegründer der nationalistischen Bewegung »Erwachendes Ungarn«, früher Gehilfe Horthys, 1920–1923 Abgeordneter der Kleine-Landwirte-Partei, ab 1928 mehrmals Mitglied der Regierung, 1932–1936 Ministerpräsident; frühe Anlehnung an Berlin; für Mussolini Stützpunkt seiner Mitteleuropapolitik.

Gorbach, Alfons (Imst 1898–1972), 1918 als Schwerkriegsinvalide abgerüstet, vor 1938 und nach 1945 in der Steiermark politisch tätig, 1934–1938 Landesführer der VF; Illegale setzten nach Berchtesgaden im Februar 1938 Abberufung des »ärgsten Feindes des Nationalsozialismus« in Wien durch, 1938–1942 als »Judenknecht« im KZ, ebenso 1944/45; 1945–1970 Abgeordneter zum Nationalrat, 1960–1964 Bundesparteiobmann der ÖVP, 1961–1964 Bundeskanzler, 1965 als Kandidat für das Amt des Bundespräsidenten nach Versagen der eigenen Partei unterlegen.

Habicht, Theo(dor) (Wiesbaden 1898–1944), 1927–1931 Kreisleiter der NSDAP Wiesbaden, 1931 Reichstagsabgeordneter, 1931–1933 »Landesinspekteur« der NSDAP in Österreich, versuchte trotz vehementer Angriffe gegen Dollfuß in der Öffentlichkeit den Kanzler zur Zusammenarbeit mit der NSDAP zu gewinnen, 1939 Unterstaatssekretär im Reichsjustizministerium; 1944 als Reserveoffizier gefallen.

Hainzl, Sepp (Massing 1888–1960), 1918 Schwerkriegsversehrter, seit

1921 unter Pfrimer bei Aufbau der HW tätig, 1930 Landesleiterstellvertreter, errang 1930 Grundmandat des Steirischen Heimatschutzes an der Seite der NSDAP, 1933 Verlust des Nationalratsmandats, 1938 Reichstagsabgeordneter; nach 1945 zuerst für ÖVP, dann für FPÖ tätig.

Hammerstein-Equord, Hans (Niederösterreich 1881–1947), Dichter, als Offizier und Beamter Vertreter der österreichischen Staatsidee, 1933/34 Sicherheitsdirektor für Oberösterreich (12. Februar 1934 !), 1934/35 Staatssekretär für Sicherheitswesen, 1936 Bundesminister für Justiz, 1944 KZ Mauthausen.

Heinrich, Walter (Haida 1902–1984), Schüler Spanns und als Universitätsprofessor Vollender von dessen Lebenswerk; 1929 Kontakt zur HW, Vertreter des wissenschaftlichen Charakters der berufsständischen Ordnung, 1930 an Textierung des »Korneuburger Eides« beteiligt (?), 1938 inhaftiert, 1941–1945 KZ Dachau; 1949 Professor, auch Rektor der Hochschule für Welthandel, Gründer der »Österreichischen volkswirtschaftlichen Gesellschaft«.

Helmer, Oskar (Tattendorf 1887–1903), Schriftsetzer, von Jugend auf für SDAP tätig, 1919/20 und 1945–1959 Abgeordneter zum Nationalrat, 1921–1934 Mitglied der niederösterreichischen Landesregierung; als Schutzbundführer Widersacher von Julius Raab in Niederösterreich, vor 1934 um Ausgleich der gefährlichen innenpolitischen Spannungen bemüht.

Hertz, Friedrich (Wien 1878–1964), Soziologe, Berater der Regierung für internationale und wirtschaftliche Belange vor und nach 1918, 1933 Universitätsprofessor in Halle an der Saale, 1938 Emigration nach England; vertrat auch nach 1945 Bedeutung des unersetzlichen Charakters des Kommunikationsraumes Altösterreichs.

Hilferding, Rudolf (Wien 1877–1941), zusammen mit Otto Bauer und Max Adler führender Theoretiker des Austro-Marxismus, 1904–1923 Redakteur des »Vorwärts« (Zentralorgan der SPD), 1917–1922 Übertritt zur radikalen »Unabhängigen« (= KP-Vorläuferin) SPD, 1923–1933 wieder Mitglied und im Parteivorstand der SPD, 1924–1933 Reichstagsabgeordneter, 1928/29 Reichsfinanzminister, 1933 emigriert, nach Fall von Paris 1941 in Gestapohaft gestorben.

Hindenburg, Paul von Beneckendorff und von (Posen 1847–1934), als Berufsoffizier Teilnehmer an den Feldzügen 1866 gegen Österreich und 1870/71 gegen Frankreich; 1911 als Kommandierender General verabschiedet, 1914 in einer Krise im Krieg gegen Rußland reaktiviert, Symbolfigur der Siege an der Ostfront, die 1917 zur Kapitulation Rußlands führten; Versuch, mit zusammengefaßten Kräften vor dem Kommen der Amerikaner auch den Krieg in Frankreich siegreich zu entscheiden, scheiterte; führte das deutsche Heer geschlossen in die Heimat; 1925 als Kandidat der vereinigten Rechten zum Reichspräsidenten gewählt, 1932 als Kandidat der Parteien der Mitte und der SPD wiedergewählt; berief nach langem Zögern am 30. Jänner 1933 Hitler zum Reichskanzler.

Hitler, Adolf (Braunau 1889–1945), kam in Wien als Maler nicht an, meldete sich 1908 polizeilich ab, bis Kriegsausbruch in München; 1914 Kriegsfreiwilliger in bayerischer Armee, bis 1918 (gasverwundet) an Brennpunkten der Westfront (EK I als Gefreiter), seit 1919 in DAP (später NSDAP), zuletzt deren Führer; Putsch vom 9. November 1923 scheiterte; nach Wiedergründung der damals verbotenen Partei Bekenntnis zur Machtergreifung auf legalem Weg (Aussage vor Reichsgericht), 1933 Ernennung zum braunschweigischen Regierungsrat und damit Erwerb der deutschen Staatsbürgerschaft; nach Serien von Wahlerfolgen ernennt Hindenburg Hitler zum Reichskanzler (30. Jänner 1933); vielfach wird Georg von Schönerer als Vorkämpfer Hitlers bezeichnet; Hitler lehnte Lueger trotz dessen kommunalpolitischer Leistungen wegen dessen »Scheinantisemitismus« letztlich ab.

Hörnigk (Horneck), Wilhelm von (Frankfurt am Main 1640–1714), wichtiger Vertreter des Merkantilismus; der Titel seines 1684 erschienenen Buches »Österreich über alles, wenn es nur will« wurde eine Losung für die Vaterländische Front (VF, von den Illegalen als *v*ollständig *f*ertig mißdeutet).

Hueber, Franz (Grünburg 1884–1981), 1914–1918 Frontoffizier, von Jugend auf in deutschnationalen Organisationen, 1927 Notar in Mattsee, Schwager Hermann Görings, November 1930 (zusammen mit Starhemberg) als Minister für Justiz im Kabinett Vaugoin, 1930–1932 Abgeordneter des Heimatblocks im Nationalrat (Fraktionsführer), Juni 1933 Austritt aus HW, 1938 Justizminister in der Regierung Seyß-Inquart, 1938 Reichtagsabgeordneter, Unterstaatssekretär im Reichsjustizministerium, Kriegsdienstleistung, 1942–1945 Präsident des Reichsverwaltungsgerichtshofes, nachher Lagerhaft (Glasenbach), 1948 vom österreichischen Volksgerichtshof zu 18 Jahren Kerker verurteilt, 1950 Nachsicht der Verurteilung; starb hochbetagt als Gauobmann des (Deutschen) Turnerbundes, dem er in seiner Jugend beigetreten war.

Hülgerth, Ludwig (Wien 1875–1939), Berufsoffizier, nach 1919 in

Volkswehr und Bundesheer, 1918–1920 Landesbefehlshaber im Kärntner Abwehrkampf, 1927 aus dem Heer geschieden und sogleich zum Leiter (!) der HW in Kärnten gewählt, 1928 Bundeswehrführer, 1934 Landeshauptmann von Kärnten, 1936 Vizekanzler und Generalkommandant der »Frontmiliz«; schied am 11. März 1938 aus dem öffentlichen Leben aus.

Kammerhofer, Konstantin (Turnau 1899–1958), hervorgegangen aus der völkischen Turnerbewegung, seit 1927 führend in der HW, 1931 führend am Pfrimer-Putsch beteiligt, Hauptverantwortlicher für den Übertritt des Steirischen Heimatschutzes zur Hitlerbewegung; 1938 in den Reichstag gewählt, als hoher SS- und Polizeiführer zumal in Kroatien tätig; 1945 in Österreich auf die Kriegsverbrecherliste gesetzt, in Jugoslawien zum Tod verurteilt; Alliierte verweigerten Auslieferung, gestorben in Hannover.

Karwinsky, Karl (Innsbruck 1888–1958), Theresianist, Jurist, 1914–1918 Kavallerieoffizier, nach Dienstleistung in der niederösterreichischen Landesregierung 1933 Sicherheitsdirektor für Niederösterreich und Burgenland, 1933/34 Staatssekretär für öffentliche Sicherheit, nach Juliputsch Minister für Justiz im Kabinett Schuschnigg I, 1938 KZ Dachau, Mauthausen; nach 1945 vom US-Besatzungselement als Berater herangezogen.

Kelsen, Hans (Prag 1881–1973), bis 1918 als Jurist im k. u. k. Kriegsministerium verwendet, 1919–1929 Professor für Staatsrecht in Wien, maßgebend am Entwurf der Verfassung 1920 beteiligt, schied 1930 aus Verfassungsgericht und nahm Berufung nach Köln an; 1936–1938 auch Professor an bestandener deutscher Universität Prag; 1940 Emigration in die USA; Vertreter eines Rechtspositivismus bis in gefährliche Extreme (Rechtmäßigkeit der Machtergreifung Hitlers 1933?).

Kernstock, Ottokar (Marburg 1848–1928), Priesterdichter, verfaßte Text für von ihm gedachte Wiedereinführung der Haydnhymne (die nach seinem Tod Bundeshymne wurde).

Kienböck, Viktor (Wien 1873–1956), Rechtsanwalt, früher Parteigänger Luegers, 1922–1924 (Seipel-Sanierung) und 1926–1929 Finanzminister, 1932–1938 (Alpendollar) Präsident der Oesterreichischen Nationalbank.

Knoll, August Maria (Wien 1900–1963), Soziologe, als Vertreter einer katholisch instruierten Soziallehre auf einer Linie mit E. K. Winter (Wiener Vizebürgermeister 1934–1936), wenn dieser sagt: Rechts stehen, links denken; vor 1938 als Hochschullehrer Vortragender in Pflichtvorlesungen für Hochschüler: »Zur weltanschaulichen und staatsbürgerlichen Erziehung«; 1938 Verbot der Berufsausübung; nach 1945 Universitätsprofessor in Wien, beschloß Lebenswerk 1962 mit damals sensationellem Hinweis: Immer muß der Typus Spartakus zum Typus (des Apostels) Paulus hinzutreten. Ursprünglich nach Herkunft und Anschauung Monarchist, gilt er als ein Wegbereiter des »Linkskatholizismus« der sechziger Jahre.

Kollmann, Josef (Laibach 1868–1951), 1919–1938 christlichsozialer Bürgermeister von Baden bei Wien; Abgeordneter zum Nationalrat, 1936 Bundesminister für Finanzen; galt als einer der um Ausgleich mit der SDAPÖ in Niederösterreich bemühten Politiker, daher Gegner der HW; nach 1938 Versuch einer Diffamierung durch Verdacht auf Veruntreuung von Stiftungsvermögen, der aber scheiterte.

Körner, Theodor (Komorn 1873–1957), hervorragende Leistungen als Generalstabsoffizier, 1915–1918 insbesondere als Generalstabschef der Isonzoarmee; trat 1918 der in Gründung begriffenen Volkswehr bei; Amtsleiter im Heeresministerium unter Julius Deutsch; nach leidigem Konflikt mit Heeresminister Vaugoin als Generalmajor aus dem Dienst geschieden; bis 1930 technischer Berater des Schutzbundes; Konflikt mit Vaugoin als sozialdemokratisches Mitglied der Parlamentskommission für Heerwesen fortgesetzt; unterlag in der SDAPÖ gegen Tendenz, Schutzbund zu »militarisieren«; keine Beteiligung am Februaraufstand 1934, dennoch monatelang in Untersuchungshaft; 1944 neuerlich verhaftet; 1945–1951 Bürgermeister von Wien, 1951–1957 Bundespräsident, prägte ein allseits anerkanntes Bild des Staatsoberhauptes der Republik.

Kraus, Karl (Jitschin 1874–1936), Sprach- und Kulturkritiker, Übersetzer, Dichter, Herausgeber, zuletzt Alleinverfasser der Zeitschrift »Die Fackel«; versäumte kaum einen Anlaß, in der Öffentlichkeit mit kritischen Kommentaren zu Zeitfragen hervorzutreten; erweckte 1933 höchstes Erstaunen und Widerstand mit dem Werk »Die Dritte Walpurgisnacht«, in dem er Dollfuß gegen Polemiken der Linken verteidigte.

Kunschak, Leopold (Wien 1871–1953), Sattlergehilfe, 1896 Herausgeber der »Freiheit«, später der »Christlich-sozialen Arbeiterzeitung«; Wiener Gemeinderat 1904–1934, 1907–1918 Reichsratsabgeordneter, 1919 Abgeordneter zur Nationalversammlung, 1920–1933 zum Nationalrat, 1920 Obmann der Reichsparteileitung der Christlichsozialen Partei, nach 1945 Mitglied des Nationalrates, einer der ersten und entschiedensten Gegner der HW, daher der Schimpfname Bela Kun-schak.

Leopold, Josef (Niederösterreich 1889–1941), 1914–1918 hochdekorierter Berufsoffizier, 1919 Volkswehrleutnant, Hauptmann im Bundesheer, 1927–1933 Gauleiter der NSDAP Niederösterreich, 1932 Landtagsabgeordneter; einziger Landesrat der NSDAP, 1933 Landesleiter der illegalen NSDAP, verlor zusehends an Einfluß, 1938 kaltgestellt, nach Reaktivierung 1941 als Bataillonskommandant in Rußland gefallen.

Lichtenegger, Franz (Schwechat 1900–1975), Mitbegründer und Betriebsrat der Unabhängigen Gewerkschaften der HW (Alpine in Donawitz), 1930–1934 Abgeordneter des Heimatblocks zum Nationalrat, nachher in Berufsverbänden tätig (dramatischer Zusammenstoß mit Otto Bauer während einer Nationalratssitzung).

Lueger, Karl (Wien 1844–1910), Rechtsanwalt, politische Herkunft aus demokratischem Bürgerklub (Gegensatz zum Liberalismus), 1875 Wiener Gemeinderat, 1885 Reichsratsabgeordneter, 1887 Anschluß an Christlichsozialen Verein, Gegner der »Preußenheuchelei«, daher nicht beteiligt an Linzer Programm von 1887 der Deutschnationalen (Schönerer – Adler!), Anwalt der »kleinen Leut'« gegen wirtschaftliche Bedrohung durch Großbetriebe und jüdische Kleinhändler (kein Rassenantisemit!), 1897–1910 Bürgermeister von Wien, das unter ihm zur Weltstadt wurde.

Mandl, Fritz (Wien 1900–1977), 1918 Einjährigfreiwilliger, in Hirtenberger Patronenfabrik (zuletzt als Generaldirektor), 1919–1936 Mittelpunkt der Kampagne gegen Waffenlieferung Italiens an Ungarn via Hirtenberg; enger Freund Starhembergs (NS-Schlagwort: Dem Fürschtn sei' Jud); 1938 nach Zwangsveräußerung seiner Besitztümer nach Argentinien ausgewandert.

Messner, Johannes (Schwaz 1891–1984), Priester, Universitätsprofessor vor und nach 1938 (Ethik, Sozialwissenschaften), 1938 nach England emigriert, Hauptwerk »Das Naturrecht« (1955), Beiträge zur Idee des Ständestaates aus der Zeit vor 1938 heute vielfach verschollen.

Meyszner, August (Graz 1888–1946), 1914–1918 Frontoffizier, 1918 Übertritt zur Gendarmerie, enger Vertrauter Pfrimers und Rintelens, 1930–1933 Abgeordneter des Heimatblocks zum Nationalrat, 1933 Aberkennung des Mandats nach Verbot der NSDAP und des Steirischen Heimatschutzes, 1934 am Juliputsch gegen Regierung beteiligt, Flucht ins Reich, steile Karriere in deutscher Polizei und SS; 1945 an Jugoslawien ausgeliefert, dort gehenkt.

Miklas, Wilhelm (Krems 1872–1956), Gymnasiallehrer und -direktor, 1907–1918 Reichsratsabgeordneter, verlangte 1918 Volksbefragung über künftige Staatsform Österreichs, 1919–1920 Unterstaatssekretär im Unterrichtsministerium, 1923–1928 Präsident des Nationalrates, 1928–1938 Bundespräsident, leistete am 13. März 1938 als letzter im Bundeskanzleramt Widerstand gegen Machtergreifung der Nationalsozialisten; Bundespräsident Körner kondolierte nach seinem Tod, nachdem SPÖ-Fraktion in Koalitionsregierung diesbezüglichen Antrag von Bundeskanzler Raab abgelehnt hatte.

Morsey, Andreas (Hohenbrugg 1888–1951), Tatzeuge des Mordes in Sarajevo 1914 als Dienstkämmerer des Thronfolgers, 1914–1918 Kavallerieoffizier, 1921–1936 Kreisleiter der HW in Feldbach, widersetzte sich Abschwenken des Steirischen Heimatschutzes zur NSDAP, KZ Buchenwald und Dachau; nach 1945 Ministerialrat.

Mosley, Sir Oswald (London 1896–1980), britischer Politiker (Konservativer, Arbeiterpartei, Faschist), 1932 Gründer der »British Union of Fascists«, 1940–1943 in England interniert, 1948 Neugründung des »Union Movement«.

Mussolini, Benito (Predappio 1883–1945), zunächst Herumtreiber in radikalen Linkskreisen und unter Nihilisten, dann Sozialdemokrat, Redakteur des Parteiorgans »Avanti«, 1914 Lob für die Mörder von Sarajevo, wurde 1915 bezahlt für Umschwenken der Zeitung zugunsten Kriegseintritt, 1915–1918 zuletzt Korporal, 1919 Gründer der Fasci, November 1922 »Marsch auf Rom« (Modell ähnlicher Experimente in anderen Ländern), 1922 an die Spitze einer Koalitionsregierung berufen; nach Mord an sozialdemokratischem Parteisekretär Matteotti rückten 1924 liberale und konservative Parteigänger von ihm ab, 1925–1928 Schaffung des faschistischen Staates, 1929 Staatsvertrag mit Pius XI., 1934 Begegnung mit Hitler, Juli 1934 militärische Demonstration nach Mord an Dollfuß, 1935 Krieg mit Abessinien, Austritt aus Völkerbund, Annäherung an Berlin, 1935/36 Engagement im Spanischen Bürgerkrieg, 1938 Preisgabe Österreichs, 1940 Kriegseintritt an der Seite Hitlers, 1943 Landung alliierter Truppen auf Sizilien, 25. Juli 1943 (!) Putsch gegen Mussolini im Großen Rat des Faschismus, Entlassung als Regierungschef durch den König, Haft, Befreiung durch Skorzeny, Experiment einer fiktiven »Sozialen Republik Italien« unter deutscher Besatzung in Norditalien; bis zuletzt Rednererfolge, Euphorie nach Rundstedt-Offensive Ende 1944; 28. April 1945 auf der Flucht vor Alliierten und Partisanen von Kommunisten umgebracht, Leichnam in Mailand zur Schau gestellt.

Neustädter-Stürmer, Otto (Laibach 1885–1938), vor 1914 und nach 1918 Staatsbeamter, 1914–1918 zuletzt Oberleutnant, 1919 Annahme des Mädchennamens der Mutter (bisher Marquis von Goiani), tätig in der Anschlußbewegung, frühe theoretische Befassung mit der Idee des Ständestaates; kandidierte 1930 für Heimatblock, übernahm dann Starhembergs Nationalratsmandat, 1933/34 im Kabinett Dollfuß III zuständig für Arbeitsbeschaffung, Arbeitsdienst usw., 1934/35 im Kabinett Schuschnigg I, 1934 zwielichtige Haltung bei und nach Überfall auf Kanzleramt, im Konflikt Starhemberg – Fey auf seiten Feys, im Kabinett Schuschnigg IV Bundesminister für Sicherheit, Versuch der Wiederannäherung an NS-Kreise, mehrmaliger Frontwechsel trieb ihn am 19. März 1938 zum Selbstmord.

Oberegger, Josef (Leoben 1896–1969), Corpsier, 1915–1918 zuletzt Oberleutnant, 1927 Mitbegründer der HW in der Steiermark, 1934 Regierungskommissär für Oesterreichisch-Alpine Montangesellschaft, 1938 KZ Dachau und Buchenwald, nach 20. Juli 1944 Gestapohaft; 1945 öffentlicher Verwalter, dann Generaldirektor der verstaatlichten Alpine Montangesellschaft.

Pabst, Waldemar (1881–1970), 1914–1918 zuletzt Major in preußischer Garde, Freikorpsführer, berufsmäßiger Putschist, 1920 erstmals in HW (Tirol), 1930 von Regierung Schober ausgewiesen; Ausweisung im Herbst 1930 durch Minister Starhemberg zurückgenommen; Erfahrungen im Pfrimer-Putsch veranlassen Rückkehr ins Reich; letzte Versuche im dortigen »Stahlhelm«; Strohtod als Kaufmann.

Papen, Franz von (Westfalen 1879–1969), preußischer Berufsoffizier; nach 1918 politische Karriere in der katholischen Zentrumspartei und fortan für jede Aufgabe zu haben, die ihm Machterweiterung brachte; 1931 am Sturz Brünings beteiligt und dessen Nachfolger als Reichskanzler; abwechselnde Versuche, Aufstieg der NSDAP aufzuhalten oder dabei mitzumachen, 1933 erfolgreich beteiligt an der Ernennung Hitlers zum Reichskanzler, als dessen Vizekanzler politisch bedeutungslos; entgeht am 30. Juni 1934 dem Massenmord anläßlich des sogenannten Röhm-Putsches; nach Ermordung Dollfuß' als persönlicher Vertreter Hitlers nach Wien geschickt, wurde dessen »Trojanisches Pferd« in Österreich 1934–1938; bis 1945 in Diensten Hitlers; als Hauptkriegsverbrecher 1946 freigesprochen, 1949 in Westdeutschland pro forma zu acht Jahren Arbeitslager verurteilt (Strafe galt aber als längst abgebüßt).

Pfliegler, Michael (Guttenbrunn 1891–1972), Priester, Gymnasiallehrer, gemeinsam mit Karl Rudolf Gründer und Mentor des katholischen Jugendbundes »Neuland«; Versuche zur Versöhnung Kirche mit Sozialismus scheiterten; um 1933 Umorientierung großer Teile »Neulands« auf »Erneuerungsbewegung« Hitlers.

Pfrimer, Walter (Judenburg 1881–1968), Rechtsanwalt, 1917 als kriegsuntauglich superarbitriert, deutschnational nach Herkunft und Anschauung, Protestant, ab 1928 Bundesführer der HW nach Erfolg gegen politischen Streik vom 15. Juli 1927, 1930 zusammen mit Steidle abgetreten; neuer Bundesführer Starhemberg betraute ihn mit zeitweiliger Führung; 13. September 1931 Pfrimer-Putsch, Flucht aus dem Land; Geschworenengericht sprach ihn nach Rückkehr frei; Führer des Deutschen Heimatschutzverbandes; 1932 Abkommen mit Hitler, Februar 1933 Beitritt zur NSDAP, 1938 Reichstagsabgeordneter, Wiedergutmachung für Schäden in Systemzeit; 1945/46 vom britischen Besatzungselement in Wolfsberg interniert, kein Verfahren vor Volksgerichtshof; Niederlassung als Rechtsanwalt in Judenburg.

Pollak, Oscar (1893–1963), Offizier im Ersten Weltkrieg, 1923–1925 als Journalist in London, 1931 Nachfolger Austerlitzs als Chefredakteur der »Arbeiter-Zeitung« (bis 1934); nach Betätigung im Untergrund Emigration nach London, 1946–1961 wieder Chefredakteur der »Arbeiter-Zeitung«, pointierte, aber stets intellektuell abgestimmte Kritik am Gegner hinterließ Anerkennung, zumal Pollak gegen Übergriffe der sowjetischen Besatzungsmacht mit unablässiger Entschiedenheit auftrat.

Preziosi, Gabriele (Caserta 1884–?), Jurist, seit 1908 im diplomatischen Dienst, seit Anfang 1934 bis 1936 Gesandter in Wien, nachher bis 1940 in Belgien, Einberufung ins Auswärtige Amt, Vertrauensmann Mussolinis in Fragen Österreichpolitik.

Proksch, Alfred (Österreichisch-Schlesien 1891–1945), Realschule, Angestellter der k. k. Staatseisenbahnen, 1914–1918 zuletzt Reserveoffizier, 1930–1933 Gauleiter der NSDAP in Oberösterreich, 1933 Flucht ins Reich, 1938 Reichstagsabgeordneter, nachher Reichstreuhänder der Arbeit und Präsident des Arbeitsamtes Wien-Niederösterreich; war in den für die NSDAP unergiebigen Jahren 1926–1928 Landesleiter der NSDAP für ganz Österreich.

Raab, Julius (St. Pölten 1891–1964), Studium an Technischer Hochschule Wien, 1912 aktiv bei CV »Norica«, 1914–1918 zuletzt Oberleutnant, 1927–1934 Abgeordneter zum Nationalrat, 1927–1932 HW, 1930 Gründung selbständiger HW Niederösterreich, 1934–1938 im

Bundeswirtschaftsrat, zuletzt Bundesminister für Handel und Verkehr; nach 1945 führender Politiker und Staatsmann (1955 Staatsvertragskanzler).

Ramek, Rudolf (Österreichisch-Schlesien 1881–1941), Rechtsanwalt, 1919–1934 Abgeordneter zur Nationalversammlung und zum Nationalrat, Staatssekretär und Bundesminister im Justizressort, 1924–1926 Bundeskanzler angesichts der Bedrohlichkeit des Linzer Programms der SDAPÖ; 1932/33 Zweiter Präsident des Nationalrates, parierte am 4. März 1933 den Versuch Renners, mit dem Verzicht auf den Vorsitz eine Mehrheit der Oppositionsparteien herbeizuführen, durch seinen Verzicht auf den Vorsitz.

Rauter, Hans (Klagenfurt 1895–1949), 1914–1918 Frontoffizier, Mitbegründer der HW in der Steiermark, Studium der Technik, Corpsier, »Stabschef« unter Pfrimer, nahm am Pfrimer-Putsch 1931 nicht teil, Abschwenken zur Hitlerbewegung, 1934 bereits im Kampf gegen Regierung, Flucht ins Reich, Sammlung und Betreuung der ins Reich geflüchteten Illegalen, 1938 Reichstagsabgeordneter, ab 1940 oberster Chef der deutschen Polizei und SS in den Niederlanden; 1949 erschossen.

Reither, Josef (Niederösterreich 1880–1950), Großbauer, letzter Reichsbauernführer; 1928 Obmann des Bauernbundes, 1931/32, 1933–1938 und 1945–1949 Landeshauptmann von Niederösterreich; als konsequenter Feind der HW suchte und fand er bis zum Februar 1934 Kontakte mit Sprechern der SDAPÖ; 1938 KZ, 1944 nach Putsch vom 20. Juli so wie auch Seitz inhaftiert.

Renner, Karl (Südmähren 1870–1950), k. k. Bibliotheksdirektor des Reichsrates, 1917 Direktor im Ernährungsamt der k. k. Regierung, Sozialist seit der Studienzeit, 1907–1918 Abgeordneter zum Reichsrat, 1919–1934 zur Nationalversammlung und zum Nationalrat, 1918 und 1945 Staatskanzler der Republik, 1919 Leiter der Delegation zu den Friedensverhandlungen in Saint-Germain und nachher Staatssekretär für Äußeres als Nachfolger Otto Bauers; löste am 4. März 1933 durch seinen kalkulierten Rücktritt als Erster Nationalratspräsident die Krise des Parlamentarismus und der Demokratie aus; 1918/19 und 1938 vorbehaltloses Bekenntnis zum Anschluß an das Deutsche Reich; 1945 einstimmig im Parlament zum Bundespräsidenten gewählt. Schuf das letzte eventuell verwertbare Konzept zur Erhaltung des Kommunikationsraumes der Monarchie, Vertreter der Konsenspolitik am Vorabend der Februarkämpfe und bei vielen anderen Anlässen.

Reumann, Jakob (Wien 1883–1925), Drechslergehilfe, frühzeitig in Gewerkschaftsbewegung tätig, 1900 Wiener Gemeinderat, 1919–1923 erster sozialdemokratischer Bürgermeister von Wien; Umstellung bisheriger christlichsozialer Magistratsverwaltung im sozialdemokratischen Sinn.

Rintelen, Anton (Graz 1876–1946), Universitätsprofessor in Prag und Graz, 1919–1933 Abgeordneter zum Nationalrat, 1919–1933 Landeshauptmann von Steiermark, 1926 und 1932/33 Unterrichtsminister, Rivalität zu Seipel, deckte Pfrimer-Putsch 1931, beteiligt am Juliputsch 1934 der Nationalsozialisten (lebenslange Kerkerhaft, 1938 daraus befreit), Reichstagsabgeordneter; nach 1945 als Universitätsprofessor pensioniert.

Rudolf, Karl (Wien 1886–1965), Priester, Feldkurat, Pionier moderner Großstadtseelsorge, Hochschüler- und Akademikerseelsorger, Mitgründer des Bundes »Neuland«, Versuch, Spaltung katholischer Hochschülerschaft in Wien (CV/Neuland) zu vermeiden; um 1933 Schlüsselfigur in der katholischen Intelligenz Wiens.

Schärf, Adolf (Nikolsburg 1890–1965), Jurist, seit Jugendzeit in sozialdemokratischer Bewegung tätig, 1914–1918 Offizier, 1918 Sekretär der sozialdemokratischen Fraktion im Abgeordnetenhaus, 1918–1934 Sekretär des Präsidenten der Nationalversammlung (des Nationalrates), 1934, 1938 und 1944 in Haft; 1945–1957 Vorsitzender der SPÖ, 1957–1965 Bundespräsident.

Schlegel, Josef (Böhmen 1869–1955), Jurist, schon als Student Parteigänger Luegers, 1927–1934 Landeshauptmann von Oberösterreich, von HW als schwarzer Packler heftig attackiert, 1934 zur Demission gezwungen; nach 1945 Präsident des Rechnungshofes.

Schmitz, Richard (Mähren 1885–1954), seit Studententagen in Luegerbewegung; nach 1918 Direktor des katholischen Volksbundes, 1922–1924, 1933/34 Bundesminister für soziale Verwaltung, 1926–1929 für Unterricht (brachte während der schweren Krise nach dem 15. Juli 1927 Kompromiß mit Sozialdemokraten über Reform der Volks- und Bürgerschule, letztere fortan Hauptschule, zustande), 1930 Vizekanzler, 1934–1938 gegen Widerstand der HW Bürgermeister der Stadt Wien; KZ-Einweisung verdächtigte ihn der Vorbereitung eines Volksaufstandes im Verein mit Kommunisten; nach 1945 Verlagsleiter.

Schober, Johannes (Perg 1874–1932), als Jurist im Konzeptsdienst der Polizeidirektion Wien; 1918 von Kaiser Karl I. zum Polizeipräsidenten von Wien ernannt; seine Zusammenarbeit mit sozialdemokratischer Rathausmehrheit rettete 1919 Wien vor kommunistischen Umsturzversuchen; 1921/22 Bundeskanzler (Vorarbeit für Seipel-Sanierung), ebenso 1929/30 (Verfassungsreform 1929), 1930–1932 Vizekanzler und Außenminister (Zollunion mit Reich); bedeutendster Vertreter der »dritten Kraft« in der Zwischenkriegszeit; international anerkannter Polizeifachmann, der als Vorsitzender Interpol nach Wien brachte, wo ihr Sitz bis 1938 verblieb.

Schönburg-Hartenstein, Alois (Karlsruhe 1858–1944), Berufsoffizier, zuletzt Generaloberst, 1914–1918 Truppenführer, für persönliche Tapferkeit ausgezeichnet; setzte sich im Herbst 1918 für rasche Beendigung der Kampfhandlungen ein; 1933 Beitritt zur HW (nominell), 1934 Staatssekretär für Heerwesen im Kabinett Dollfuß I.

Schumy, Vinzenz (Kärnten 1878–1962), Tierzuchtinspektor, Landbundpolitiker in Kärnten (1921–1924 Landtagsabgeordneter, 1923–1927 Landeshauptmann), 1929 Vizekanzler, 1923–1930 und 1933 Innenminister; 1945–1949 Abgeordneter zum Nationalrat; vereitelte 1945 den Versuch Renners, durch Reaktivierung des Landbundes Ausgangsposition der ÖVP zu schwächen.

Schürff, Hans (Mödling 1875–1939), Unternehmer, 1911–1918 Abgeordneter zum Reichsrat, nachher zum Nationalrat, großdeutscher Politiker der Ära Seipel-Dinghofer, 1923–1929 Bundesminister für Handel und Verkehr, 1930–1932 für Justiz, 1929 Bürgermeister von Mödling.

Schuschnigg, Kurt (von) (Riva 1897–1977), Offizier und in italienischer Kriegsgefangenschaft, nach 1919 Studium in Innsbruck, Rechtsanwalt, 1927 jüngster Abgeordneter zum Nationalrat, Reichsführer der Ostmärkischen Sturmscharen (OSS), 1932–1934 Bundesminister, 1934–1938 Bundeskanzler, 1938–1945 Gestapohaft und KZ; zuletzt Universitätsprofessor in St. Louis, USA, gestorben in Tirol.

Seipel, Ignaz (Wien 1876–1932), Priester, Universitätsprofessor für Moraltheologie, 1909 in Salzburg, 1917 in Wien, in Salzburg im Kreis um Lammasch, Bahr usw., 1918 letzter k. k. Minister für soziale Fürsorge, 1919 Abgeordneter zum Nationalrat, rettete 1918/19 Einheit der in Monarchisten und Neuerer zerfallenden Lueger-Partei, 1921–1929 Bundesobmann der Christlichsozialen Partei, Bundeskanzler 1922–1924 (Genfer Sanierung), 1926–1929 (Scheitern des Versuchs einer Einheitsliste mit Großdeutschen), 1930 Außenminister unter Vaugoin; unbestreitbare Erfolge der Sanierung 1922; HW gedacht als Abwehr des 1923 geschaffenen Schutzbundes der SDAPÖ; nach 15. Juli 1927 als »Prälat ohne Milde« von links maßlos diskriminiert, zuletzt im eigenen Lager nicht mehr verstanden (so nach 1945!); Außenpolitik nach dem Grundsatz: Keine Politik ohne Deutschland, jede österreichische Politik mit Deutschland; grundlegende Untersuchung zur Verfassungsreform 1929; zuletzt Anklänge zu berufsständischer Ordnung im Staat; 1931 an SDAPÖ gemachtes Angebot einer Regierungskoalition (Otto Bauer als Vizekanzler) scheiterte am Widerstand Renners, dem sich auch Bauer anschloß; Folgen eines 1924 erlittenen politischen Attentats beschleunigten den Tod.

Seitz, Karl (Wien 1869–1950), als Volksschullehrer unter Lueger aus dem Dienst geschieden, 1901–1918 Reichsratsabgeordneter, 1918/19 einer der drei Präsidenten der Provisorischen Nationalversammlung, 1920–1934 Vorsitzender der SDAPÖ, 1923–1934 Bürgermeister von Wien und Landeshauptmann; 1934 abgesetzt und in Untersuchung wegen Verhaltens am 12. Februar 1934; 1944/45 KZ Ravensbrück; 1945 Altersvorsitzender bei Konstituierung des ersten seit 1930 frei gewählten Nationalrates; hielt sich von notwendig gewordenen Entscheidungen in Krisen am 15. Juli 1927 und im Februar 1934 trotz persönlichen Muts bei Löscharbeiten am Justizpalast zurück; Symbolfigur für Leistungen des »Roten Wien« 1919–1934.

Sever, Albert (Agram 1867–1942), 1911–1918 Abgeordneter zum Reichsrat (Ottakring), nachher zur Nationalversammlung, 1919/20 Landeshauptmann von Niederösterreich (damals mit Wien als Hauptstadt); führte rechtlich umstrittene sogenannte Sever-Ehe ein, wonach geschiedene Ehen von Katholiken nicht mehr Ehehindernisse für Wiederverehelichung der früheren Partner waren.

Spann, Othmar (Altmannsdorf 1878–1960), Nationalökonom, Soziologe, Geschichtsphilosoph; nach Lehrtätigkeit an der Technischen Hochschule Brünn 1919 an Universität Wien berufen; seine universalistische Gesellschaftslehre wurde gründlichste Auseinandersetzung mit den im Anschluß an Karl Marx entstandenen Lehrmeinungen; Lehrveranstaltungen Spanns in der Zwischenkriegszeit wurden von Anhängern und Gegnern massenhaft besucht; Grundsätze für Neuordnung von Staat und Gesellschaft auf berufsständischer Grundlage brachten ihn in nie versöhnten Gegensatz zu Dollfuß; 1938 enthoben, Gestapohaft in Wien und München; heftigster Widerstand nach 1945 gegen Wiedergutmachung der unter NS-Regime erlittenen Schädigungen.

Starhemberg, Ernst Rüdiger (siebenter Fürst von) (Eferding 1899–1956), 1917 Einjährigfreiwilliger, erlebte 1918 letzten Waffenerfolg der k. u. k. Truppen in Albanien; Rückkehr nach Linz, drastischer Konflikt mit Soldatenräten; obwohl bis zum Tod katholischer Kongregationist, 1919 aktiv beim Corps »Rhaetia«-Innsbruck; kurzes Studium der Nationalökonomie, dann in Wehrformationen tätig; im »Bund Oberland« am 9. November 1923 hinter Hitler, dann »Schwarze Reichswehr«; 1927/28 Beginn seiner Tätigkeit in HW, Ortsführer, Bezirksführer, Gauführer, Kreisführer, 1929 Landesführer, jeweils nach hartem persönlichem Einsatz; rüstete zum Teil unter Einsatz eigener finanzieller Mittel seine Jägerbataillone aus; faszinierte im Zeitalter des Verfalls der alternden Christlichsozialen Partei Jugend und Heimkehrer mit fulminanten, aber nicht immer druckreifen Reden; Mutter, 1920–1930 Mitglied des Bundesrates, brachte Kontakt mit Mussolini zustande. Erste Konflikte mit Fey, der ihm zuviel mit den »Schwarzen« packelte; »Schwarze« an sich für ihn unausstehlich, trotz persönlicher Religiosität Gegner des politischen Katholizismus; 1930 nach »Korneuburger Eid« und Versagen Steidles zum Bundesführer gewählt; 1931 Innenminister unter Vaugoin, der an sich mäßige Sympathie für HW hatte. Während kurzer Beurlaubung als Bundesführer Pfrimer-Putsch (Beteiligung Starhembergs umstritten, kurze Inhaftierung, aus der ihn Seipel befreite). An der Bruchstelle national – nationalsozialistisch entschied sich Starhemberg im Mai 1933 für Dollfuß und verbesserte damit Überlebenschance des ernsthaft gefährdeten Kabinetts Dollfuß I. Um diese Zeit Ausgleich über Privatvermögen, das er im politischen Kampf rücksichtslos einsetzte. 1934 militärischer Einsatz in Steyr, verwahrte sich nachher gegen Beteiligung des Landeshauptmannes Schlegel an Beerdigung der Februaropfer der Exekutive in Oberösterreich. Schlegel demissionierte, Heinrich Gleißner, kein Angehöriger der HW, wird Nachfolger. Nach 12. Februar 1934 trat Starhemberg offen gegen Verfolgung der Sozialdemokratie mit Mitteln wie Säuberung des öffentlichen Dienstes, Konfiszierung von Wirtschaftseinrichtungen, vor allem gegen Justifizierung am Galgen ein (»Ich würde mich schämen, neben Kriegsauszeichnungen solche aus der Zeit des Bürgerkriegs zu tragen«). Erst aufkommender endloser Konflikt mit Fey veranlaßte ihn, Dollfuß' Ruf in die Bundesregierung anzunehmen. Nach 25. Juli 1934 faktisch im Besitz der Macht im Staate (alle Macht des Regierungschefs und der von diesem innegehabten Ministerien, vor allem des Verteidigungsministeriums). Umstritten, ob Intrige oder Scheu vor bürokratischen Amtsobliegenheiten ihn abhielten, letzte Chance für HW zu nutzen. Nach Dollfuß Bundesführer der VF. Seit Frühjahr 1936 Zusammenarbeit mit Bundeskanzler Schuschnigg prekär. Geldgeber der HW stellen sich um auf Förderung der Illegalen. Mussolini weicht aus. 10. Oktober 1936 Auflösung der HW. Letzte Kundgebung am 4. Oktober 1936 in Wiener Neustadt schließt Starhemberg mit detaillierter Schilderung seines verheerenden Konflikts mit Fey und mit den Worten: »Auf Wiedersehen, und wenn es sein muß, in Wöllersdorf!« 1937 verließ er Österreich; noch nicht 40 Jahre alt, nahm er die Ideale vieler mit, an denen es im letzten Kampf um Österreich zuweilen fehlte. Kehrte erst 1955 zurück, um hier im Frühjahr 1956 zu sterben.

Staud, Johann (Böhmen 1882–1939), aus christlichsozialer Arbeiterbewegung hervorgegangen, 1934–1938 Präsident der Wiener Arbeiterkammer, erklärter Gegner des autoritären Prinzips im Staat; Gerücht, wonach unter Staud nicht wenige Illegale und Sozialdemokraten um Unterstand ersucht haben, schwer zu widerlegen.

Steidle, Richard (Untermais 1881–1940), so wie Pfrimer kriegsuntauglich, in beider Duumvirat in der HW neben dem deutschnationalen Pfrimer der »Kathole« Steidle; 1900 aktiv bei CV »Austria«-Innsbruck; politische Laufbahn als Landtagsabgeordneter und Bundesrat der Tiroler Volkspartei, 1933/34 Landesrat, 1930 während Konflikt HW–Partei aus dem Klub der christlichsozialen Bundesräte ausgeschlossen (blieb aber bis Ende der Partei Mitglied); 1920 bei Tiroler HW, deren Landesführer bis 1934, 1926 bis September 1930 Bundesführer der HW (Korneuburger Eid!), 1932–1934 Bundesführerstellvertreter, 1933 bei Pistolenattentat eines Illegalen schwer verletzt; 1933 Sicherheitsdirektor für Tirol, Ende 1933 Bundeskommissär für Propaganda, zuletzt als Generalkonsul nach Triest abgeschoben, 1938–1940 KZ Buchenwald, Tod im KZ.

Stepan, Karl Maria (1894–1963), ausgezeichneter Frontoffizier; 1933 von Dollfuß zur Organisierung der erst in Umrissen bestehenden VF berufen, als deren Generalsekretär scharfer Gegner der Nationalsozialisten; 1934–1938 Landeshauptmann der Steiermark; KZ; nach 1945 Verlagsdirektor und publizistisch um Einebnung der aus 1934 stammenden Gegensätze bemüht.

Straffner, Sepp (Tirol 1875–1952), Eisenbahnbediensteter, großdeutscher Politiker und Gewerkschaftsfunktionär, 1919–1933 Abgeordneter zum Nationalrat, vollendete am 4. März 1933 als Dritter Präsident des Nationalrates durch seinen Rücktritt die von Karl Renner eingeleitete Lahmlegung der historisch gewordenen Sitzung dieses Tages; streng antiklerikal eingestellt, wandte er sich von Anfang an gegen die in Tirol von dem Christlichsozialen Richard Steidle geführte HW.

Streeruwitz, Ernst (Böhmen 1874–1952), Wirtschafts- und Finanzfachmann, 1929 nach dem Abgang Seipels angesichts der drohenden Wirtschaftskrise als Bundeskanzler berufen; scheiterte am Widerstand der HW, die ihm geheime Gegnerschaft unterstellte; schuf Kuratorium für Wirtschaftlichkeit; Lebenserinnerungen aus 1927, »Springflut über Österreich«, bieten interessante Einblicke in wirre Zeitverhältnisse am Ende der Ersten Republik.

Strobl, Ludwig (Siebenhirten bei Mistelbach 1900–1974), Agrarfachmann; Jugendfreund Dollfuß', von diesem nach dem Studium in die Niederösterreichische Landwirtschaftskammer geholt, 1925 Leiter der Buchstelle, 1933 der Tierzuchtabteilung, 1934 vom Kanzler zum Vorsitzenden der Verwaltungsausschüsse bisheriger sozialdemokratischer Konsum- und Großeinkaufsgenossenschaften (GÖC, KGW) bestellt; 1935/36 Bundesminister für Land- und Forstwirtschaft; setzte sich wiederholt für verfolgte Sozialisten ein, so Ende 1935 für die Amnestierung Bruno Kreiskys.

Suvich, Fulvio (Triest, 1887–?), Rechtsanwalt, faschistischer Abgeordneter zum Parlament in Rom, mehrmals Delegierter Italiens beim Völkerbund, 1932 Unterstaatssekretär im Außenministerium, Schlüsselfigur in der damaligen Österreichpolitik Italiens, Jänner 1934 Besuch in Wien, Gehilfe des Duce im Abessinienkonflikt, 1936 Botschafter in Washington (am 4. Februar 1938 bestätigte er dem US-Unterstaatssekretär Sumner Welles: »La indipendenza e l'integrita della Austria come parte integrante della politica estera italiana«!); nahm nach 1945 seinen alten Beruf als Anwalt wieder auf; galt als Verfechter der österreichischen Unabhängigkeit.

Tandler, Julius (Iglau 1869–1936), 1910 von Kaiser Franz Joseph I. zum Universitätsprofessor ernannt; frühe Beziehungen zur SDAP; 1919 Unterstaatssekretär im Kabinett Renner I, 1922–1934 Wiener Stadtrat für Volksgesundheit, erfolgreicher Reformator sozialer und sanitärer Einrichtungen in Wien, 1934 in Haft (!); gestorben im Exil in Moskau als dortiger Konsulent.

Tauschitz, Stephan (Hörtenberg 1889–1969), Ingenieur, 1930 Abgeordneter des »Nationalen Wirtschaftsblocks und Landbundes« zum Nationalrat, Staatssekretär im Kabinett Dollfuß II – Schuschnigg I Juli/August 1934, zuletzt Gesandter in Berlin bis 1938.

Vaugoin, Carl (Wien 1873–1949), entstammte französischer Emigrantenfamilie, Berufsoffizier, vor Eintritt in niederösterreichischen Landesdienst frühe Betätigung für Lueger-Partei, 1914–1918 Reserveoffizier, 1921–1933 (mit kurzer Unterbrechung) Heeresminister, 1929 auch Vizekanzler, 1930 Bundeskanzler, 1930–1934 Bundesobmann der Christlichsozialen Partei (Niederlage bei Nationalratswahl 1930!),

1933–1936 Präsident des Aufsichtsrates der Bundesbahnen; umstritten blieben Umorganisation der Volkswehr und der Ausbau des Bundesheeres bei konsequentem Vorgehen gegen sozialdemokratische und später nationalsozialistische Parteigänger im Heer; er hielt Distanz zur HW; während seiner Ministerschaft hat das Heer bei Assistenzen der Exekutive nie geschossen.

Wallisch, Koloman (Ungardeutscher 1889–1934), von Jugend auf Sozialdemokrat (bekannte 1934 vor dem Standgericht: »Ich bin kein Kommunist«), 1914–1917 diensttuender Feldwebel, 1917 Beteiligung an sozialdemokratischer Kundgebung, Frontdienst; 1919 Mitglied des Szegediner Arbeiterrates und Revolutionstribunals des Räteregimes in Ungarn; 1921 Parteisekretär der SDAPÖ in Bruck an der Mur, Juli 1927: »Im Moment, wenn Arbeiterblut fließt, wird Bürgerblut fließen.« Es blieb bei Besetzung der Bahnstrecke, Straßensperren, Autorequisitionen, Requisition in einem Bäckerladen u. ä. Im März 1933 für Losschlagen nach »Selbstausschaltung des Parlaments«; am 12. Februar 1934 war er gegen Losschlagen, weil Regierung zu stark, bewaffneter Aufstand Selbstmord wäre. Versammelte in Bruck an der Mur Mannschaften, zog sich vor anrückendem Heer ins Gebirge zurück; entließ die Ermüdeten und Mutlosen, blieb zuletzt allein und ergab sich; ertrug Vollstreckung des Todesurteils gefaßt.

Weinheber, Josef (Wien 1892–1945), der große Lyriker aus dem Wien seiner Zeit; seit 1934 freier Schriftsteller (nach Mitarbeit in »Arbeiter-Zeitung«), 1934 »versehentlich« inhaftiert, von Nationalsozialisten mehr reklamiert, als ihm recht war; einer der am meisten Enttäuschten nach dem Anschluß; mit wachsender Tragik des eigenen Erlebens wuchs zeitlose Bedeutung seines Werkes; immer wieder blitzt in seinen Werken ein Bild jener Zeit auf, das mehr erhellt als spätere Darstellungen; Tod durch Selbstmord.

Weissel, Georg (Wien 1899–1934), 1918 Einjährigfreiwilliger, Zugsführer; Studium an Technischer Hochschule Wien, Angehöriger der »Akademischen Legion« des Schutzbundes, Feuerwehradjunkt der Wiener Berufsfeuerwehr; sammelte nach Verbot des Schutzbundes ausgesuchte Feuerwehrmänner in Kampfeinheit, eröffnete am 13. Februar 1934 Feuer auf Polizei; sein Widerstand in Feuerwache Floridsdorf brach teils durch Verrat, teils durch Nichtbeteiligung der Mehrzahl der Männer zusammen; Einsatz von Löschgerät für Waffentransport sowie Benützung der Feuerwache im Kampfgeschehen war nach einem einwandfreien Verhalten der Berufsfeuerwehr am 15. Juli 1927 erschreckend; nahm Todesurteil mit Haltung an und blieb aufrecht bis zur Vollstreckung (hatte sich zuzeiten mit Auswanderung in die UdSSR beschäftigt, ist aus SDAPÖ ausgetreten, war aber im Februar 1934 wieder deren Mitglied).

Wildgans, Anton (Wien 1881–1932), 1910/11 als Jurist Gerichtsauskultant, freier Schriftsteller, 1921/22 und 1930/31 Direktor des Wiener Burgtheaters; trotz scharfer sozialkritischer und parteipolitisch akzentuierter Angriffe auf herrschende Parteien und Gesellschaftsgruppen anerkannt und gefördert; konzipierte 1929 ergreifende »Rede über Österreich« (heute fast verschollen ...).

Winkler, Franz (1890–1946), Argartechniker, Landbundpolitiker, 1930–1934 Abgeordneter zum Nationalrat, 1930–1932 Innenminister, 1932/33 Vizekanzler im Kabinett Dollfuß I, scheiterte beim Versuch, VF durch seine »Nationalständische Front« zu schwächen; nach Ausscheiden aus der Regierung heftige Polemiken gegen Dollfuß und Schuschnigg; Enthüllungsgeschichten seiner Memoiren bieten auch interessante Hinweise; Parteianwärter in der Verbotszeit der NSDAP, 1938 aber abgewiesen.

Wölfling, Leopold (Salzburg 1868–1935), an sich Erbe auf die Rechte eines Großherzogs von Toskana (worauf sein Vater verzichtet hatte); im Wien der Zwischenkriegszeit populär wie etwa der »Goldfüllfederkönig« oder die »Reichsgräfin Triangi«; es ging das Gerücht, er verkaufe in einem Laden in Floridsdorf »Blaue Blutwurst«; gestorben in Berlin als Bewunderer Hitlers, begraben im Friedhof der Dreifaltigkeitskirche im heutigen West-Berlin.

Zehner, Wilhelm (Siebenbürgen 1893–1938), seit 1912 Berufsoffizier, im Bundesheer 1933/34 Kommandant der 4. Brigade, an Kampfhandlungen im Februar 1934 beteiligt, am 10. Juli 1934 zum Staatssekretär für Landesverteidigung ernannt; nach dem Anschluß in seiner Wohnung von einem Rollkommando umgebracht.

Zernatto, Guido (Treffen 1902–1943), Lyriker und Erzähler, dessen Leistungen verdeckt wurden durch politisches Engagement; Teilnahme am Kärntner Abwehrkampf, Studium in Wien, Burschenschafter, 1936–1938 Staatssekretär im Bundeskanzleramt, zuletzt Minister, Generalsekretär der VF, 1938 emigriert; starb inmitten einer unausstehlichen Fremde in den USA.

Sachbezogenheiten

Abgeordnetenhaus: Ein Zweikammernsystem gab es in Österreich seit 1861. Im Verband des Reichsrates bestanden das Herrenhaus und das Haus der Abgeordneten. 1871 wurde die direkte Reichsratswahl eingeführt, und obwohl die Wahl sich nur auf das Abgeordnetenhaus bezog, blieb es bis 1918 bei der Bezeichnung Reichsratswahl. Nach verschiedenen Wahlgesetznovellen brachte das Wahlrechtsgesetz von 1906/07 den Durchbruch zu einem durchaus modernen allgemeinen, gleichen, geheimen und direkten Wahlrecht, wie es ein solches damals nur in wenigen europäischen Staaten gegeben hat. In der ungarischen Reichshälfte blieb es dagegen bei einem auf die magyarische Minorität zugeschnittenen Wahlrecht, dessen Privilegien zugunsten der herrschenden Nation mit Ursachen des Umsturzes der Monarchie im Jahr 1918 waren. 1911 erfolgte die letzte Wahl in den »im Reichsrat vertretenen Königreichen und Ländern« (erst nach 1915 ausdrücklich Österreich genannt!). Die damalige Niederlage der Christlichsozialen Partei in Wien (nicht aber in den Ländern) war Anfang vom Niedergang der Lueger-Partei. Es siegten die in einer Allianz gegen die »Römlinge« auftretenden Sozialdemokraten und Deutschnationalen, die in der Stichwahl die Christlichsozialen auf den dritten Rang im Abgeordnetenhaus verwiesen. Am 21. Oktober 1918 bildeten die deutschsprachigen Mitglieder des Abgeordnetenhauses unter Bruch der Verfassung von 1867 eine Provisorische Nationalversammlung. Diese beschloß auf Grund dieser fragwürdigen Rechtslage die Abhaltung einer Wahl für eine Konstituierende Nationalversammlung. Letztere beschloß 1920 eine Bundesverfassung. Soweit der Anfang eines fortwirkenden Kontinuitätsbruchs in der Umsturzzeit nach 1918. Wegen des Übergangs von der monarchischen Staatsform zur republikanischen wurde das Volk nicht befragt. In dieser Hinsicht war das, was im Sprachgebrauch als »Umsturz« bezeichnet wird, rechtlich ein revolutionärer Akt.

Anhaltelager: Seit 1933 bestanden im Bundesstaat Österreich die beiden Anhaltelager Wöllersdorf und Kaisersteinbruch. 1933 zunächst vor allem als Internierungslager für illegal tätige Nationalsozialisten geschaffen, wurden sie in politischen Polemiken in einer Linie mit den Konzentrationslagern im Deutschen Reich gesehen. Ein Vergleich, der einer sachlichen Prüfung nicht standhält. Nach 1938 entstanden auf ehemals österreichischem Staatsgebiet tatsächlich Konzentrationslager des Dritten Reiches, 1945 schufen das amerikanische und das britische Besatzungselement in Österreich Internierungslager für Nationalsozialisten in Salzburg (Glasenbach) und Kärnten (Wolfsberg). Bei allen seit 1933 geübten Praktiken erfolgte die Einweisung in das Lager ohne vorheriges gerichtliches Verfahren, auch auf bloßen Verdacht hin.

Anschlußbewegung: Die Anschlußbewegung war eine der Folgen der Zerstörung Österreich-Ungarns sowie der die Österreicher nachher schwerstens belastenden ideellen und materiellen Auswirkungen dieser Zerstörung. Am 12. November 1918 wurde mit Beschluß der Provisorischen Nationalversammlung ein »Gesetz über die Staats- und Regierungsform Deutsch-Österreichs« beschlossen. Nach dem Konzept Karl Renners enthielt das Gesetz in Artikel 2, erster Satz, die Feststellung: »Deutsch-Österreich ist ein Bestandteil der Deutschen Republik« (einen Staat mit dem letzteren Namen hat es nie gegeben). Die im Jänner 1919 gewählte Konstituierende Nationalversammlung bestätigte im Gesetz vom 12. März 1919 die Tendenz des Beschlusses vom 12. November des Vorjahres, wobei die fälschliche Bezeichnung »Deutsche Republik« in »Deutsches Reich« berichtigt wurde. Die Siegermächte haben im selben Jahr in ultimativer Form die Regierung in Wien angewiesen, sowohl die Staatsbezeichnung Deutsch-Österreich als auch alle den Anschluß der Republik an das Deutsche Reich betreffenden bisherigen Gesetzesbeschlüsse zu nullifizieren. Nach der Verabschiedung des Gesetzes von 1920 betreffend die Bundesverfassung der Republik erfolgten in Westösterreich in einigen Bundesländern »Abstimmungen«, die in allen Fällen einen überwältigenden Sieg der Anschlußbewegung zeitigten. Wieder wurde die Republik, und zwar während der Vorbereitung der Sanierung 1922, gezwungen, diesen Bestrebungen Einhalt zu gebieten. Die steirischen Parteifreunde des früheren christlichsozialen Bundeskanzlers Michael Mayr weigerten sich, dem zu entsprechen, und trugen so unter anderem zum Sturz dieser Bundesregierung bei (1922). Solche und ähnliche Vorgänge bestärkten vor allem die erste Nachkriegsgeneration in Österreich in ihrem Wunsch nach dem »Anschluß«. Alle im damaligen Nationalrat vertretenen Parteien sahen sich schon deswegen gezwungen, in ihren Programmen das Bekenntnis zur Anschlußidee irgendwie zu formulieren. Die SDAPÖ strich den betreffenden Passus erst auf ihrem letzten Parteitag im Herbst 1933. Nach der Machtergreifung Hitlers im Deutschen Reich (30. Jänner 1933) und angesichts der konsequenten Unabhängigkeitsbestrebungen der Regierung Dollfuß als Folge der Machtergreifung Hitlers wurde für die NSDAP bei ihrem Kampf gegen Dollfuß die Anschlußidee ein wirksames Werbemittel unter der jungen Generation. Von der tatsächlichen Erreichung dieses Zieles durch die am 12. März 1938 erfolgte militärische Besetzung des Bundesstaates Österreich durch Truppen der deutschen Wehrmacht ist die Geschichte der Anschlußbewegung im Österreich vor 1938 scharf zu unterscheiden. Der letzte Bundeskanzler vor der Besetzung Österreichs, Arthur Seyß-Inquart, hat diese Truppenentsendung, die in Berlin als notwendiger Beitrag zur Beendigung von Aufstandsbewegungen und eines Blutbades in Österreich hingestellt wurde, vergeblich zu verhindern versucht.

Arbeiterkammern: In der zweiten Hälfte des 19. Jahrhunderts haben Gewerkschaften, aber auch Politiker (nicht zuletzt christlichsoziale) die Forderung nach der Gründung von Arbeiterkammern in Österreich vertreten. Beratungen darüber begannen schon vor 1914. Das Bundesgesetz vom 26. Februar 1920 wurde Grundlage für die Errichtung von Kammern für Arbeiter und Angestellte, die den bereits bestehenden Kammern (Handels-, Ärzte-, Apothekerkammern usw.) gleichgestellt wurden.

Arbeitslosigkeit: Die stets wiederkehrende Massenarbeitslosigkeit ist unvermeidbare Folge der industriellen Revolution. In gewissen Zyklen erreicht sie Höhepunkte, so als Folge der 1929 in den USA ausgelösten Weltwirtschaftskrise. Sie wurde im Österreich der dreißiger Jahre ein tragisches Motiv des Kampfes der Opposition gegen die Regierungen Dollfuß und Schuschnigg, da in den Polemiken die Massenarbeitslosigkeit in Österreich nicht in ihrem eigentlichen Ursprung angesprochen, sondern als Folge der verfehlten Politik der Bundesregierung hingestellt wurde. Also anders als nach 1970. Bis zum Höhepunkt der Arbeitslosigkeit im Winter auf 1934 stieg die Zahl der unterstützten Arbeitslosen auf nahezu 400000. Verschärft wurde die Krisensituation dadurch, daß zur Zahl der unterstützten Arbeitslosen die Masse jener hinzukam, deren Arbeitslosigkeit die für die Unterstützung vorgesehene Zeitdauer überschritt und die auf Notstands- und Wohlfahrtseinrichtungen verschiedenster Art angewiesen blieben. Die nach der Machtergreifung des Nationalsozialismus im Deutschen Reich (Jänner 1933) unter der Regierung Hitler mit Geschick und anfänglich unbestreitbarem Erfolg betriebene Arbeitsbeschaffungspolitik drängte geradezu die schärfste Diskriminierung der gleichzeitig in Österreich betriebenen Austeritypolitik des damaligen Finanzministers und Nationalbankpräsidenten Kienböck auf. Dies um so mehr, als 1937 der Kontrollor des Völkerbundes für den Wiederaufbau, Rost van Tonningen, seine weitere Anwesenheit in Österreich nach gebesserter Wirtschaftslage (!) für überflüssig erklärte (Alpendollar).

Austro-Marxismus: Eine vor 1914 in Österreich ausgebildete Form des Marxismus (Otto Bauer, Max Adler, auch Karl Renner u. a.). Nach 1917 im offiziösen Organ der SDAP als Versuch vertreten, auch ohne die vom Marxismus-Leninismus angesagten bolschewistischen Methoden die Macht zu ergreifen. 1919 erfolgte, nach dem Zusammenbruch der Ersten Internationale bei Kriegsausbruch 1914, die Gründung einer Zweiten Internationale. Ausgehend von Wien und Österreich wurde aber der Versuch unternommen, angesichts der von Moskau angestrebten Dritten Internationale eine »Zweieinhalbte Internationale« (auch Wiener Internationale!) zu schaffen (Experiment endete 1923). Trotzdem kündigte Otto Bauer 1926 auf dem Parteitag in Linz für den Fall eines »Widerstands des internationalen Kapitalismus« eine »Diktatur des Proletariats« an und fand damit die Zustimmung beim Beschluß des neuen Parteiprogramms. Daß diese Ankündigung vom Gegner als Androhung einer vom Apparat der SDAPÖ und der Gewerkschaften ausgeübten Diktatur angesehen werden könnte, hat Bauer selbst wohl kaum in Rechnung gestellt. Obwohl schon seit 1903 in der russischen SDAP die Frage gestellt war, wer denn die Männer sein würden, die die Diktatur handhaben würden. Linz 1926 und Wien 1927 verliehen der vorher eher provinziellen HW ungeahnte Auftriebskräfte im ganzen Land.

Bürgerblock: Bezeichnung für die in der Ersten Republik zustandegekommenen Wahlbündnisse nichtmarxistischer Parteien unter Führung der Christlichsozialen Partei und ihrer Kanzler. Nur so war es möglich, die in der Bevölkerung bestehende kompakte Mehrheit der nichtsozialistisch eingestellten Wähler auch im System der parlamentarischen Demokratie in Anwendung zu bringen (nachdem im System des Austro-Marxismus die 1919 noch sehr stark spürbare Kraft der KP untergegangen war). Der Tod Schobers und Seipels sowie das Aufkommen der Hitlerbewegung in Österreich machten die Fortsetzung des Zusammenhalts ihrer Parteien für immer unmöglich.

Cartellverband (CV): Seit 1864 auch in Österreich (»Austria«-Innsbruck) vertreten. Ab 1919 bestand der CV im Deutschen Reich, in Österreich, in der Schweiz und in der ČSR sowie in Rumänien. Die 1933 im Dritten Reich erfolgte Gleichschaltung des dortigen CV zeitigte im Juli desselben Jahres in Österreich den Bruch mit dem bisherigen Verband. HW und ÖCV wurden als unersetzliche Stützen des »Systems« in Österreich von den Gegnern angesehen. 1938 war die bisherige Zugehörigkeit zu einer Verbindung des ÖCV in Fragebögen gleichgestellt den Fragen nach rassischer Herkunft oder Zugehörigkeit zur Loge. »National« eingestellte Angehörige des ÖCV erlebten böse Überraschungen.

Christlichsoziale Partei: 1893 einigte Karl Lueger die »Vereinigten Christen« mit dem »Christlichsozialen Verein«. Die Lueger-Partei errang alsbald im Wiener Gemeinderat eine Zweidrittelmehrheit; trotzdem konnten liberale und kirchliche Einflüsse die Bestätigung Luegers als (gewählter) Bürgermeister Wiens beim Kaiser längere Zeit verhindern. Ein systematisch ausgearbeitetes Parteiprogramm, wie es Deutschnationale und Sozialdemokraten hatten, gab es in der Lueger-Partei nicht. Bei der Reichsratswahl 1911 zeigten sich nach dem Tod Luegers im Vorjahr sofort die Folgen dessen in Wien: Gegen das für die Stichwahl zwischen der SDAP und den Nationalen ausgehandelte Wahlbündnis zur »Beseitigung der Herrschaft der Römlinge in Wien« unterlag die Partei und rutschte im Abgeordnetenhaus mit ihrer Fraktion auf den dritten Rang. So die Ausgangslage beim Umsturz 1918. Da aber beim Umsturz seitens der Krone nicht der Kirche der Vorwurf einer gewissen Versabilität gemacht werden konnte, fiel der Verdacht auf die Lueger-Partei. Den nachher innerhalb der Partei drohenden Riß zwischen Monarchisten und Republikanern überwand Ignaz Seipel mit Hilfe Friedrich Funders (Artikelserie in der »Reichspost« im Dezember 1918). Seipels Grundsatz, wonach es gelte, die »effektive Minorität der Christen in Österreich möglichst selten ostensibel zu machen«, versagte 1930, als Teile der jungen Generation die Stimme eher dem Heimatblock gaben; einer Splitterpartei, die aber dazu beitrug, daß im Nationalrat seither die SDAPÖ die stärkste Fraktion bildete und den Ersten Präsidenten (Karl Renner) stellte. Nicht die SDAPÖ, sondern die Hintermänner des Heimatblocks haben also diesen Sieg der Linken herangezwungen und damit die 1933 beginnenden Folgen davon.

Dachau: Bis 1933 als Stätte urbayerischen Brauchtums bekannt, wurde der Ort seither Stätte eines der ersten im Dritten Reich geschaffenen Konzentrationslager (KZ). Die im KZ Dachau herrschenden Zustände waren vor 1938 in Österreich hinlänglich bekannt, im Frühjahr 1938 waren auch die »Systemlinge« Insassen des ersten aus Wien dahin abgehenden Transports. Die 1938 bestehenden KZs im Dritten Reich unterschieden sich bei alledem noch von den während des Zweiten Weltkrieges im Osten betriebenen Vernichtungslagern.

Deutschnationale Bewegung: Seit 1848 mehr und mehr Spezifikum aller auf den Zusammenschluß aller Deutschen gerichteten Bestrebungen im alten Österreich. Alle einschlägigen politischen Bewegungen wurden von starken emotionellen Kräften getragen und fanden daher vor allem an den Hochschulen Eingang. Im Abgeordnetenhaus des Reichsrates waren die »nationalen Belange« anfangs einer national-liberalen »Vereinigten Linken« der Deutschen anvertraut. Für die Deutschnationalen im alten Österreich entstand 1881 das »Linzer Programm«: eine Arbeit junger Burschenschafter unter der Anleitung von Georg von Schönerer und Engelbert Pernerstorfer sowie Victor Adler und Heinrich Friedjung. Noch überwog, bis 1885, der Antiklerikalismus den aufkeimenden Antisemitismus. 1889 einigte Adler die Sozialdemokraten in einer Partei. Erst 1911 einigten sich Sozialdemokraten und Deutschnationale in Wien, um in der Stichwahl der damaligen Reichsratswahl die nach dem Tod Luegers führerlos gewordenen Christlichsozialen aus dem Feld zu schlagen. Nach 1918 näherten sich die 1920 in der Großdeutschen Volkspartei geeinten Nationalen dem Sanierungsprogramm Seipels, und trotz schärfster Auseinandersetzungen an den Hochschulen bestand dieser Zusammenhalt alle Krisen. Erst nach dem Tod Schobers und Seipels und angesichts des aufkommenden Nationalsozialismus zerbrach er. Das »Kampfbündnis«, das im Mai 1933 die Großdeutschen mit den Nationalsozialisten schlossen, beschleunigte den Untergang einer traditionsreichen Bewegung.

Einheitsliste: Wahlgemeinschaft der Christlichsozialen, Großdeutschen und liberalen Landbündler bei der Nationalratswahl 1927. Der Wahlpakt war so gestaltet, daß Großdeutschen und Landbündlern jedenfalls ihr Mandatsbestand gesichert blieb, während Gesamteinbußen der Einheitsliste von der Partei Seipels getragen werden mußten, deren Mandatsbestand tatsächlich von 82 auf 73 fiel. Damit und mit dem Aufkommen der HW begann die letzte Phase im Bestand der alten Lueger-Partei.

Erste Republik: So wie in Frankreich die rasch wechselnden Staatsformen numeriert werden (seit 1792: fünfeinhalb Republiken, zwei Kaiserreiche, zwei Königreiche), wurde die zwischen 1918 und 1934 bestandene Republik Österreich nach 1945 als die Erste, die 1945 geschaffene als die Zweite Republik bezeichnet. Schon ist von einer dritten Republik die Rede.

Faschismus: Die nach dem Ersten Weltkrieg von Benito Mussolini ins Leben gerufene antidemokratische, antiparlamentarische und antiliberale Bewegung wurde Trägerin der Doktrin des Faschismus. Gemäß dem Mythos vom »Marsch auf Rom« haben die Marschierer Mussolini 1922 an die Macht gebracht. Zunächst genoß er als der vom König ernannte Ministerpräsident Hilfen gewisser antimarxistischer Kreise. Nach dem Mord an dem Generalsekretär der SDAPI Matteotti (1924) wandten sich die liberal-konservativen Kreise von der Bewegung ab, der »Duce« aber schuf in den folgenden Jahren seine Einparteiendiktatur. HW-Führer, nicht zuletzt Starhemberg, redeten von einer Faschisierung Österreichs, die Mussolini vergebens dem Bundeskanzler Dollfuß zu dessen Lebzeiten aufzwingen wollte. Ohne konkretes Wissen um das Wesen der Diktatur wurden bald die Worte »Bolschewik« und »Faschist« im Parteienkampf gewechselt.

Februarkämpfe 1934: Die Frage, ob es sich dabei um einen Aufstand oder einen Putschversuch des Republikanischen Schutzbundes handelte, ist umstritten. Tatsache ist, daß der Schutzbund keineswegs die Rückkehr zu den Formen der parlamentarischen Demokratie im Parteienstaat erkämpfen, sondern jene Macht erringen wollte, die sein Stabschef Eifler schon in den zwanziger Jahren als ein Ziel des Schutzbundes aufgezeigt hat, das mit Mehrheitsverhältnissen im Nationalrat nichts zu tun habe. Die beiden gewesenen Majore Eifler (Schutzbund) und Fey (HW) führten in den Februarkämpfen und bei deren Vorbereitungen ihre Wehrformationen nach militärischen, nicht nach politischen Taktiken. Das bedeutete: Kampf um den Besitz der gehorteten Waffen, paramilitärische Ausbildung der Angehörigen ihres Verbandes, letztlich eine Entscheidung im Infanteriekampf. Dazu kam, daß Fey als Führer der HW tatsächlich von einer politischen Partei unabhängig war, ein Vorteil, den Eifler vergebens im Verband der SDAPÖ erreichen wollte. Eine für den 12. Februar 1934 in Linz anberaumte Waffensuche der Exekutive im dortigen Stützpunkt des Schutzbundes provozierte den sofortigen Waffengebrauch durch diesen. Die Wiener Zentralen der Partei und des Schutzbundes konnten oder wollten die nachdrücklichst geforderte Hilfe für die Linzer Genossen nicht schuldig bleiben. Nach mehrstündigen Besprechungen, an denen Robert Danneberg als Vertrauter des Parteivorsitzenden und Bürgermeisters von Wien Karl Seitz teilnahm, wurde am selben Tag um 12 Uhr das längst abgesprochene Signal zum Generalstreik und zur Alarmierung des Schutzbundes durchgegeben. Nach 1945 haben der seinerzeitige Obmann des Schutzbundes Julius Deutsch und der ehemalige oberösterreichische HW-Führer Peter (Graf) Revertera ein »Gespräch der Feinde von 1934« herbeiführen wollen. Das aber lag nicht auf der damals von den Koalitionsparteien verfolgten Linie, die dafür waren, in der prekären Situation unter dem Besatzungsregime die heikle Frage unter Verschluß zu belassen; zugleich wurde über die Archivbestände eine 50jährige Sperre verhängt. Im Jubiläumsjahr 1984 erwies es sich, daß die Öffnung der Archive und der Unterricht in Zeitgeschichte ein Image der Februarkämpfe zeitigten, in dem jeder Zug fehlt, der mehr als Verdammung des Austro-Faschismus oder des Kleriko-Faschismus des verfluchten Dollfuß-Systems andeuten könnte. Das Axiom von der Alleinschuld letzterer Kreise beherrscht vor allem die Medien.

Freimaurerei: Im Habsburgerreich wurde 1721 die erste Freimaurerloge in Mons (heute Belgien, damals Österreichische Niederlande) gegründet. Der Gemahl der Maria Theresia, der spätere Kaiser Franz I., war schon vor seiner Vermählung Meister einer englischen Loge. Nicht zuletzt aus Rücksicht darauf wurde im Habsburgerreich die Verkündigung der päpstlichen Exkommunikationsbulle von 1738, die gegen das

Logenwesen erging, verhindert. In Wien entstand 1742 die erste Loge. Josef II. und sein Bruder Leopold II. zerstörten die unter ihrer Mutter entstandene Hochblüte der Freimaurerei. Leopolds Sohn Franz verbot seinen Beamten und Militärs die Zugehörigkeit zu einer Loge. Unter dem Eindruck der Tatsache, daß an dem schauerlichen Terror in der Französischen Revolution von 1789 vielfach Persönlichkeiten schuld waren, die aus der Loge hervorgegangen waren, glaubten die Wiener Logen gut zu tun, von sich aus dem Kaiser Franz ihre Selbstauflösung zu melden. Und doch bekleideten im franziszäischen Österreich Freimaurer in nächster Umgebung des Monarchen hohe Stellungen in Staat und Armee. Bei Ausbruch der Oktoberrevolution 1848 wurde ein Versuch unternommen, in Wien ein Loge aufzumachen, doch gingen die Ereignisse über das Experiment hinweg. Erst am 6. November 1918 kam es dazu, daß in Wien unter dem Beistand von ungarischen Brüdern eine »Großloge für Deutsch-Österreich« entstand. 1938 verfielen die Logen der im Dritten Reich längst vorher geübten Verfolgung. Nach 1945 wurden in der amerikanischen und in der britischen Besatzungszone Österreichs Logen geschaffen, die zu einer raschen Verbreitung der Freimaurerei in der Zweiten Republik führten. Anders als in der Lueger-Partei waren schon vor 1914 namhafte sozialdemokratische Politiker Angehörige von Logen, so auch nach 1918 und nach 1945.

Frontkämpfervereinigung (FKV): 1920 gründeten ehemalige Offiziere der alten Armee die FKV. Sie entsprach der damals schon bestehenden »Ordnertruppe« der SDAPÖ und diente ihrerseits zunächst eher dem Versammlungsschutz. Die Beziehungen beider Richtungen wurden gespannt, als die SDAPÖ ihre Ordnertruppe in den Schutzbund überführte und dessen Werbeaufmärsche solche des FKV (und umgekehrt) zur Folge hatten. Als das Burgenland an Österreich kam, glaubten beide Wehrverbände damit ein noch unerschlossenes Werbegebiet vor sich zu haben. Dabei war es Brauch, daß örtliche Veranstaltungen durch die Beiziehung von Gesinnungsfreunden aus Nachbargemeinden und aus anderen Bundesländern (auch Wien) ansehnlicher gemacht wurden. Für eine solche Veranstaltung im burgenländischen Ort Schattendorf bekam die dortige FKV im Jänner 1927 die behördliche Genehmigung. Als vom Zuzug einer prominenten Verstärkung für die FKV aus Wien geredet wurde, rief der Schutzbund in Schattendorf mit Unterstützungen aus benachbarten Gemeinden zu einer Gegendemonstration auf (die nicht behördlich genehmigt war). Nachdem der Schutzbund die aus Wien kommenden Mitglieder der FKV aus dem Feld geschlagen hatte, flüchteten die restlichen Angehörigen der örtlichen FKV in ihr Stammlokal, dessen Inhaber nominelles Mitglied der FKV, das heißt seiner Kundschaft, war. Als der Schutzbund die Frontkämpfer bis in den Hof des Gasthauses verfolgte, gab ein Sohn des Besitzers zwei nicht gezielte

Schüsse ab, mit denen zwei Unbeteiligte getötet wurden. Die darüber im Juli 1927 in Wien abgeführte Schwurgerichtsverhandlung endete mit einem Freispruch der Angeklagten. Es war dies nicht ein Ausdruck bürgerlicher »Klassenjustiz«, sondern Folge einer schlecht geordneten »Teilnahme des Volkes an der Rechtsprechung«, also der Geschworenen. Wie bekannt, folgten dem die Ereignisse des 15. Juli 1927. Ein von der SDAPÖ, also nicht von den Gewerkschaften, ausgerufener Generalstreik kam nicht zum Tragen. Die Tatsache, daß in Tirol die dortige HW imstande war, den Streik zu brechen, wurde Anreiz für jene, die dem Monopol der Linken auf die Straße und den Mißbrauch des Streikrechtes für parteipolitische Zwecke entgegentreten wollten. Leidtragender wurde letztlich die FKV, denn sie büßte ihre Bedeutung zum Vorteil der HW ein. Reste der FKV wurden 1935 von der Bundesregierung wegen nationalsozialistischer Betätigung aufgelöst.

Genfer Protokolle: Seit 1921 bemühte sich die Bundesregierung um finanzielle Hilfen vom Ausland, um die sichtlich unaufhaltsame Nachkriegsinflation unter Kontrolle zu bekommen. Der Regierung Seipel lag daran, mit einer Auslandsanleihe nicht in Abhängigkeit von einem bestimmten Staat zu kommen; daher bemühte sich Seipel um eine vom Völkerbund garantierte Anleihe. Die Garantie kam zustande, es wurde aber offenkundig, daß sie nur einer nichtmarxistischen Regierung zugedacht war. Damit war für die SDAPÖ das Bemühen Seipels weniger eine Sanierungsmaßnahme zugunsten des Staates als der Exzeß einer »internationalen Aktion des Kapitalismus«. Aber alle Versuche, das Konzept zum Scheitern zu bringen, mißlangen, zuletzt tat die SDAPÖ bei dem Ganzen mit, weil sie auf die Interessen ihrer eigenen Wirtschaftseinrichtungen Bedacht nehmen mußte. Die unvermeidbaren Opfer des Unternehmens, das die Stabilisierung der Währung und nach einiger Zeit die erhoffte Erholung der Wirtschaft brachte, fielen Seipel, seiner Partei und deren Andenken zur Last.

Geschworenengerichte: Die Beteiligung des Volkes an der Rechtsprechung ist in Österreich eine der in der Revolution von 1848 erhobenen Forderungen gewesen. Es war dann Kaiser Franz Joseph I., der mit Patent von 1850 dem Rechnung getragen hat. Mängel im System wurden erst nach 1945 bereinigt. Das Unheil, das 1927 aus der damaligen Prozedur in Schwurprozessen erwuchs, ist bekannt. In der politisch bewegten Ära der Ersten Republik kam heraus, daß die Geschworenen nur zu oft einen Schuldspruch vermieden, weil das im Falle des Schuldspruchs zu verhängende Strafausmaß ihnen für ein »nur« politisches, also nicht gemeines Verbrechen zu hoch erschien. (Siehe FKV.)

Gewerkschaftsbund: Als Interessenvertretung der Arbeitnehmer waren

Gewerkschaften die längste Zeit durch das sogenannte Koalitionsverbot blockiert. 1867 brachte das Staatsgrundgesetz die fortan garantierte Vereins-und Versammlungsfreiheit. 1870 fiel das Koalitionsverbot. Für sozialistisch orientierte Gewerkschaften war damit auch der Weg zu einer außerparlamentarischen Unterstützung der Arbeiterpartei eröffnet. Das Wahlrecht der liberalen Ära brachte es mit sich, daß die Arbeiterschaft praktisch von der Teilnahme an der parlamentarischen Demokratie im Abgeordnetenhaus ausgeschlossen blieb. Christliche Gewerkschaften litten zeit ihres Bestandes unter den Pressionen der großen Mehrheit sozialdemokratisch orientierter Freier Gewerkschaften, aber auch unter dem Mißtrauen von Unternehmern. Nach 1927 entstanden im Schatten der Schwerindustrie Unabhängige Gewerkschaften der HW. Die wenigen »ruhigen Jahre« in den zwanziger Jahren kamen der Arbeiterbewegung nicht zugute. 1924 löste der Parteitag der SDAPÖ die aus der Umsturzzeit stammenden Arbeiterräte auf. Waren 1923 noch 893763 Arbeitnehmer, also 80,26 Prozent aller gewerkschaftlich Organisierten, Mitglieder Freier Gewerkschaften, sank diese Zahl dann bis zum Ausbruch der Weltwirtschaftskrise 1929 auf 655204. Rückschauend hat man dafür später eine »Konjunktur in der relativen Stabilisierungsperiode« verantwortlich gemacht (womit indirekt die Seipel-Sanierung die »Schuld« für diese Einbuße bekommen hat). Andererseits nahm die Zahl der christlichen, nationalen und unabhängigen Gewerkschafter zu. Ihre Gesamtzahl stieg von rund 50000 im Jahr 1921 auf 350000 im Jahr 1931. Im Herbst 1933 fiel die Zahl der Mitglieder der Freien Gewerkschaften auf 480000; das aber hielt und hält man allein der damaligen Arbeitslosigkeit vor. Am 2. März 1934 wurde im autoritären Staat unter dem christlichen Gewerkschafter Johann Staud eine »Einheitsgewerkschaft« ins Leben gerufen. Anstatt des Betriebsrätegesetzes von 1919 regelte fortan das »Werkgemeinschaftsgesetz« vom Juli 1934 die Interessenvertretung der Arbeitnehmer an Ort. Auf letzterer Ebene wurde im Ständestaat das Experiment einer freien Wahl unternommen. Bei einer Wahlbeteiligung von 92,5 Prozent wurden 5719 der bisher ernannten 9358 Vertrauensmänner in ihrer Funktion bestätigt.

Großdeutsche Volkspartei: Aus Teilen des vor 1918 im Abgeordnetenhaus bestandenen »Deutschen Nationalverbandes« entstand 1919/20 die Großdeutsche Volkspartei. 1921–1932, in der Ära Seipel–Dinghofer, war sie Regierungspartei. Sie stellte eine Reihe bedeutender Kabinettsmitglieder. Dann geriet sie in den Sog der Hitlerbewegung, Nachwuchs blieb mehr und mehr aus, zuletzt sah sie sich im Mai 1933 gezwungen, mit der NSDAP ein »Kampfbündnis« einzugehen. Es war tragisch genug, daß Dollfuß, der nach Herkunft und Anschauung unter allen von seiner Partei gestellten Regierungschefs der am ehesten »national eingestellte« gewesen ist, mit diesem Kampfbündnis in einen tödlichen Konflikt geriet. Nach seinem Tod wurde die Großdeutsche Volkspartei verboten. So entstand ein Riß, der nach 1945 dazu führte, daß eher die SPÖ als die ÖVP eine Brücke über den Graben aus der Vergangenheit gefunden hat.

Heimwehr (HW): Seit 1918/19 bestanden in allen Teilen des Landes Selbstschutzverbände, die sich Heimwehr, Heimatschutz oder so ähnlich nannten. Als 1924 die Ordner der SDAPÖ in Wiener Neustadt in militärischer Ordnung und in Stärke von 18000 Mann ausrückten, tat sich die HW noch an Ort und unter lasch gehandhabten Landesleitungen im kleinen um. Erst die Ereignisse des 15. Juli 1927 in Wien und das Brechen des Generalstreiks durch die HW Tirols ermunterten viele Gegner des Marxismus in Österreich, fortan bei der HW mitzumachen. In Wien hat es vor dem Jahr 1927 eine HW in nennenswerter Stärke überhaupt nicht gegeben, die nachmals mächtige WHW war das Werk des Majors a. D. Emil Fey. Keinem Führer und keinem Ideologen ist es gelungen, die diffuse weltanschaulich-politische Ausrichtung der HW zu überwinden; vielmehr litt die Bewegung bis zu ihrem Ende im Jahr 1936 unter Rivalitäten ihrer Führer und unter unausgeglichenen Meinungsdifferenzen in der Tagespolitik; der sogenannte Pfrimer-Putsch des Steirischen Heimatschutzes wirkte auf viele HW-Männer beschämend, sie blieben einfach aus. Die 1933 unter Starhemberg der Regierung Dollfuß zugeführte HW war zahlenmäßig nur mehr ein Bruchteil der Volksbewegung der Endzwanzigerjahre, dafür aber durch die gleichzeitige aktuelle Konfrontation im Kampf mit der NSDAP und der SDAPÖ im Vergleich zum großen Haufen der Vergangenheit weitaus mehr geschlossen. Mussolini setzte viel in die Fähigkeit Starhembergs, die Österreich zugedachte Faschisierung heranzuzwingen. Unter Dollfuß mißlang derlei, Schuschnigg wurde das Miteinander mit Starhemberg 1936 unausstehlich. Die letzten Jahre des Bestandes der HW litten außerdem unter einem von den »Männern in der Doppelreihe« nie verstandenen endlosen Konflikt zwischen Starhemberg und Fey. Es kam sogar zu einer Duellforderung. Über all das ging die Auflösung der Wehrverbände im Jahr 1936 hinweg. Starhemberg reagierte stimmgewaltig, aber völlig harmlos. Seine politische Laufbahn war zu Ende.

Juden: In den Erbländern der Habsburger gab es uralte Judengemeinden, die Zeiten der Verfolgung überstanden und Bedrängnisse der Landesfürsten nutzten. Schwere Konflikte entstanden in den Städten, wo eher wirtschaftliche Konkurrenz als konfessionelle Verschiedenheiten zu Ausschreitungen gegen die oft durch landesfürstliche Privilegien geschützten Juden führten. Im Revolutionsjahr 1848 ereigneten sich, unter anderem in Ungarn (!), einige Wellen heftiger Judenverfolgungen. Dies obwohl bereits ein halbes Jahrhundert zuvor Josef II. die Emanzipierung der Juden eingeleitet hatte. Kaiser Franz Joseph I. verachtete den Antisemitismus, der unter seinem Namen gestiftete Orden wurde quasi Entreebillet der sogenannten Haute juiverie in die bessere Gesellschaft von damals. Georg von Schönerer, in dessen väterlichem Erbe viel jüdisches Geld steckte, war anfangs kein Antisemit. Erst in der Burschenschaft »Libertas«, der er als prominenter Politiker ehrenhalber angehörte, erlebte er die Wandlung der völkischen Gesinnung in jene Form des Rassenantisemitismus, der ihm die Bezeichnung »Vorläufer Hitlers« eingetragen hat. Lueger gehörte solchen Kreisen nicht an, sein politischer Lehrmeister war ein Jude; der in Polizeirapporten erwähnte Antisemitismus des jungen Lueger wirkte werbekräftig in Kreisen des Kleingewerbes, genügte der Intelligenz aber nicht. Auch Theodor Herzl wurde nicht in Wien zum Zionisten. Während seiner Tätigkeit als Pressekorrespondent in Paris erlebte er die langjährige »Affäre Dreyfuß«. Dann aber drängte er zum Exodus der Juden aus Europa und zur Gewinnung einer Heimstätte in Palästina. Im Herbst 1914 kamen zahlreiche Juden aus Galizien nach Wien; sie flüchteten vor den Armeen des Zaren und jenen Pogromen, die sie als Grenznachbarn russischer Juden erlebt hatten. Eine zweite Welle folgte, als die junge Republik Polen in Ostgalizien eine Judenverfolgung auslöste, die sich eher an russischen Vorbildern als an jenen der Anhänger Schönerers orientierte. 1938 gab es in Österreich rund 300000 Juden. In Wien machte der Prozentsatz 11,5 aus. Die den Österreichern nach 1945 angelastete Kollektivschuld am Schicksal der Juden im Europa der dreißiger Jahre bleibt umstritten. Die Zahl der Juden, die nach 1934 im Untergrund gegen das »System« ankämpften, war bei weitem geringer als die Zahl jener, die (insbesondere in der HW) am Kampf gegen die Hitlerbewegung mitmachten. Noch einmal kamen nach 1933 Juden nach Österreich, diesmal aus dem Deutschen Reich. Nach 1938 wurde in Wien eine Monsterschau mit dem Titel »Der ewige Jude« gezeigt. Den Judenknechten der Systemzeit war ein besonderer Abschnitt gewidmet. Man sah, kahl geschoren und in Zebrastreif, den späteren Bundeskanzler Alfons Gorbach, Landeshauptmann Heinrich Gleißner und andere, die so der allgemeinen Verachtung preisgegeben werden sollten.

Kammern der gewerblichen Wirtschaft: Die erste rechtliche Grundlage für den Bestand der in der Revolution von 1848 geforderten Einrichtungen dieser Art war ein kaiserliches Patent von 1850. In der Verfassungsära nach 1867 kam ein Kurienwahlrecht mit seinen Privilegien den Angehörigen dieser Kammern sehr zugute. Während für den Abgeordneten einer Gemeinde anfangs 11000 bis 12000 Wählerstimmen erforderlich waren, konnten zuweilen schon 24 bis 28 Kammermitglieder einen Abgeordneten in den Reichsrat entsenden. Das moderne Wahlrecht von 1906/07 machte dem ein Ende. 1920 kam die Einrichtung der Arbeiterkammern zum Teil auch den Handelskammern zugute. Der nach 1934 unternommene Versuch, das Kammerwesen in die berufsständische Ordnung zu integrieren, kam nicht zum Tragen. Doch entwickelte sich das ganze System der Kammern in der Zweiten Republik dermaßen, daß man zuweilen von einem »Kammerstaat« spricht. Julius Raab widmete sich, nachdem er sich von der Tätigkeit in der HW 1932 zurückgezogen hatte, ganz dem Ausbau seines »Gewerbebundes«. Davon blieb nach 1945 genug intakt, um im Verband der ÖVP den Wirtschaftsbund zu einem tragenden Faktor in vielen Bereichen des politischen Lebens zu machen.

Katholische Kirche: Die tatsächliche innere Hohlheit des legendären »Bündnisses von Thron und Altar« kam im Umsturz 1918 sofort zutage. Die katholische Kirche stellte sich nämlich erklärtermaßen auf den Boden der im Herbst 1918 geschaffenen neuen Tatsachen. Politiker, die nach Herkunft und Anschauung ihre Tätigkeit nach religiösen Grundsätzen ausrichteten, wie etwa der spätere Bundespräsident Wilhelm Miklas, bedauerten während der Verhandlungen, die zur Schaffung der Republik von 1918 führten, daß nicht das Volk zur Entscheidung über Monarchie oder Republik aufgerufen worden war. Doch schloß Miklas in der Anhoffnung auf einen solchen Entscheid folgendermaßen: ». . . die Christlichsozialen (werden) sich, wie es ihnen auch ihre katholischen Grundsätze vorschreiben, der neuen, von ihr selbst bestellten legalen Staatsautorität loyal unterwerfen.« Die neue Autorität säumte aber nicht, die Kirche sogleich herauszufordern: mit der vom Unterstaatssekretär Otto Glöckel initiierten Schulreform und mit der Einführung der sogenannten Sever-Ehe, die kirchlich Verheirateten nach einer staatlicherseits erfolgten Lösung des Ehebandes ermöglichte, eine andere Ehe einzugehen. Dazu kam, daß sich die beiden großen staatstragenden Parteien bei der Beschlußfassung der Bundesverfassung 1920 in Fragen des Schul-, Erziehungs- und Volksbildungswesens nicht einigen konnten. Die notwendige verfassungsrechtliche Gesamtregelung dieses Fragenkomplexes erfolgte erst 1962, also nach 44jährigem Bestand der Republik. Um so schärfer gerieten in den zwanziger Jahren die Polemiken zwischen Kirche und Sozialismus; wobei die Linke die Tatsache, daß ihre von Marx und Engels abgeleitete Ideologie auf einem erklärten Atheismus beruht, mit der Behauptung verdeckte, die Kirche sei daran, nach dem Sturz des Thrones ein Bündnis mit dem Kapitalismus zu praktizieren. Das 1933 abgeschlossene Konkordat beseitigte die meisten der kirchlicherseits seit 1918 erhobenen Gravamina, gelangte aber nicht mehr zur Ratifizierung durch den Nationalrat. Seine zugleich mit der Maiverfassung 1934 erfolgte Übertragung in den innerstaatlichen Rechtsbereich dauerte nur bis 1938. Nach 1945 wurde der Kampf um das Konkordat fortgesetzt und erst in den sechziger Jahren beendet. Die bis 1934 von sozialistischer Seite geförderte Kirchenaustrittsbewegung erreichte bei weitem nicht jenes Ausmaß, wie es nach 1970 über die katholische Kirche in Österreich hereinbrach.

Konsumgenossenschaften: 1856 Gründung der ersten Konsumgenossenschaft in Österreich in Teesdorf in Niederösterreich. Die Arbeiterparteien der Monarchie nahmen die Konsumbewegung in ihr Programm auf. 1911 wurde Karl Renner Präsident des »Zentralverbandes österreichischer Konsumvereine«. Renners Verdienste um diese Bewegung kommen neben der staatspolitischen Bedeutung seines Politikerlebens weniger zur Geltung. Noch vor 1914 wurde er auch Präsident der »Großeinkaufsgesellschaft österreichischer Consumvereine« (GÖC). Nach dem Ende seiner Kanzlerschaft im Jahr 1920 widmete sich Renner erneut und hauptsächlich den wirtschaftlichen Unternehmungen im Einzugsbereich seiner Partei, so auch dem Ausbau der »Arbeiterbank«. 1934 wurde für die Konsumvereine ein Regierungskommissär bestellt, der schon als Kammerbeamter für eine Zusammenarbeit der landwirtschaftlichen Genossenschaften mit den Konsumgenossenschaften eingetreten war und genug Sachwissen mitbrachte, um die Einrichtungen nach Möglichkeit intakt zu halten. Nach 1945 und vor allem nach 1970 geriet die Entwicklung der Konsumbewegung in nie gekannte Ausmaße (1985 ca. 1000 Niederlassungen in ganz Österreich).

Korneuburger Programm: Die HW hat nie ein in allen Teilen anerkanntes politisches Programm besessen. Der sogenannte »Korneuburger Eid« vom Mai 1930 war ein eher überfallsartiger Versuch des damaligen Bundesführers Steidle, die der HW angehörenden Mandatare politischer Parteien in erster Linie auf die HW zu verpflichten und ihre parteimäßigen Bindungen dem gegenüber zurückzustellen. Noch an Ort, während die aufmarschierten Männer in der Doppelreihe lange genug warten mußten, ging der Streit um diesen Punkt und andere Fassungen der Formel, auf die die angetretenen Männer verpflichtet werden sollten, weiter. Zuletzt fügte sich auch Julius Raab nolens volens der Forderung seines Cartellbruders Steidle (der 1930 aus der Fraktion der christlichsozialen Bundesräte ausgeschlossen wurde!). Die nachher vertretene Ansicht, der sogenannte Korneuburger Eid (es war kein Eid, sondern eine Gelöbnisverpflichtung) sei eine direkte Reaktion auf die 1926 von Otto Bauer in Linz angedrohte »Diktatur des Proletariats« gewesen, trifft nicht zu. Wohl aber stimmten Bauer und Steidle in dem Punkt überein, daß beide willens waren, die »Macht im Staate« unter Außerachtlassung der Gesetzmäßigkeit der parlamentarischen Demokratie im Parteienstaat anzustreben. Man hat Textteile des Korneuburger Eides auch in der programmatischen »Trabrennplatzrede« Dollfuß' vom September 1933 gesucht. Aber Dollfuß gründete sein Experiment auf päpstliche Sozialenzykliken und die daraus erflossenen Lehren einer christlichen Sozialpolitik, nicht auf die Maxime eines politischen Katholizismus, nicht auf eine faschistische Leihgabe Mussolinis. Der Tag in Korneuburg (18. Mai 1930) endete damit, daß die Männer todmüde abmarschierten; sie haben die ihnen vorgelesene Gelöbnisformel kaum gehört, noch seltener gleich richtig aufgefaßt. Was im Ohr blieb, war »der Griff nach der Macht im Staate«, so wie beim Gegner die Anhoffnung einer »Diktatur des Proletariats« Furore machte. Wie rasch sich das in Korneuburg vermutete politische Klima verflüchtigte, geht daraus hervor, daß kurze Zeit nach diesem Tag die Regierung Schober den preußischen Major Pabst, einen gewerblichen Kurbler der Bürgerkriegsära, einfach des Landes verwiesen hat; im September 1930 übernahm Starhemberg die oberste Führung der HW; und im Dezember desselben Jahres organisierte Julius Raab mit Unterstützung des mächtigen Niederösterreichischen Bauernbundes eine selbständige (!) HW Niederösterreichs. Verhängnisvoll für die christlichsoziale Partei war nicht die Formel von Korneuburg, sondern vielmehr die Tatsache, daß die Financiers der HW in der Steiermark den dortigen Landesführer Steidle bewogen, mit seinen Männern eine weitere Ziehung nach rechts zu machen; im Herbst 1930 trat eine Wahlpartei mit der Bezeichnung »Heimatblock« in Konkurrenz mit den Christlichsozialen und der ihr nahestehenden WHW. Sie errang bei der Nationalratswahl dieses Jahres acht Mandate, die christlichsoziale Fraktion aber verlor auf diese Weise die seit 1920 innegehabte relative Mehrheit im Nationalrat an die SDAPÖ. Karl Renner rückte auf den Posten des Ersten Präsidenten des Nationalrates auf, den er aber am 4. März 1933 aus parteitaktischen Gründen preisgab und damit die fatale »Selbstausschaltung« des Parlaments in Österreich initiierte. Seipel hat in seinen beiden letzten Lebensjahren diese Entwicklung mit Sorge betrachtet. Man weiß, daß er sich fortan mit der Idee einer berufsständischen Ordnung im Staat beschäftigte. Das Verhängnis nahm seinen Lauf. Das Koalitionsangebot, das Seipel 1931 an die SDAPÖ richtete, wurde zurückgewiesen; so wie alle vorherigen und späteren diesbezüglichen Angebote der Bundeskanzler Buresch und Dollfuß . . .

Landeshauptmann: In Kreisen der HW wurden die Landeshauptleute in den Bundesländern mit vorwiegend bäuerlicher Bevölkerung öfters »Bauerngeneräle« genannt. Soweit sie von der Christlichsozialen Partei gestellt wurden und nach der jeweiligen Landesverfassung zusammen mit Sozialdemokraten die Landesregierung bildeten, waren sie in der HW als »Packler« verachtet. Ihre Beseitigung wurde bald das Anliegen einiger Landesführer der HW. Ausgenommen von dieser Kampagne war der Landeshauptmann der Steiermark Anton Rintelen, der mit dem Landesführer Walter Pfrimer gemeinsame Sache machte (Pfrimer-

Putsch 1931) und so wie dieser 1938 als Reichstagsabgeordneter nach Berlin ging.

Landwirtschaftskammern: Um 1880 wurden nach und nach Landeskulturräte und Bezirksgenossenschaften der Landwirte gegründet. Erst 1902 wurden solche Berufsgenossenschaften als Kammern zur Interessenvertretung der Selbständigen und Forstwirte legalisiert. Träger dieser Entwicklung wurde der »Reichsbauernbund«. Aus ihm gingen einflußreiche Politiker wie der niederösterreichische Landeshauptmann Josef Reither, der Direktor der niederösterreichischen Landwirtschaftskammer Dollfuß und zahlreiche andere hervor.

Liberalismus: Die Ursprünge des Liberalismus reichen in Österreich in die Zeit der Aufklärung im 18. Jahrhundert zurück, als sich in »gebildeten Kreisen« erste Widerstände gegen die unbeschränkte landesfürstliche Gewalt und die unerwünschten Einflüsse der katholischen Kirche regten. Die industrielle Revolution erzeugte eine Form des Wirtschaftsliberalismus, auf dessen Boden sich fortschrittlich gesinnte Aristokraten und Angehörige des Besitzbürgertums fanden. In diesen Kreisen erfolgten Sammlung und Bereitstellung der Kräfte für den Umsturz, den im März 1848 eine derartige selbstausgewählte Führung im Verein mit großstädtischen Massen aus den Vororten herangezwungen hat. Kaiser Franz Joseph I. paktierte nach der Niederlage im Krieg von 1859 mit hervorragenden liberalen Politikern wie dem deutschliberalen Anton von Schmerling (Ministerpräsident 1860–1865). Nach einer Serie von Verfassungsexperimenten siegten die »österreichischen« Liberalen über die »Deutschliberalen« (Schönerer!) in einer »Verfassungspartei«, die bis etwa 1878, gestützt auf ihr Privilegienwahlrecht, eine Zeit des wirtschaftlichen und kulturellen Fortschritts in der Monarchie herbeiführte. Und das ganz besonders in Wien. 1879 verlor diese Sammelpartei die Mehrheit im Abgeordnetenhaus. Als »Vereinigte Linke« war sie nachher oft die einzige verfassungstreue Fraktion inmitten der sich ankündigenden nationalen und sozialen Revolution. Die Lueger-Partei, nachher die SDAP erwiesen sich solchen Nachhuten gegenüber als überstark. 1918/19 spielten die Liberalen bei der Gründung der Republik keine Rolle mehr. Soweit sie nicht schon in den achtziger Jahren Anhänger an die Deutschnationalen verloren hatten, bildeten sie nach 1918 den Großteil der Großdeutschen Volkspartei. Diese hat ein wichtiges Element der Liberalen übernommen, den Antiklerikalismus.

Linzer Programm: 1881/82 wurde von Deutschnationalen und späteren Sozialdemokraten (Victor Adler, Engelbert Pernerstorfer) das sogenannte Linzer Programm entworfen, es war auf die Stärkung des »deutschen Charakters Österreichs« abgestellt, enthielt aber im übrigen sehr bemerkenswerte Reformvorschläge in wirtschafts- und finanzpolitischer Hinsicht. Erarbeitet wurde es von den Vertretern der damaligen jungen Generation in den Burschenschaften, die vor und nach 1918 fast alle als Politiker führend tätig wurden. 1923 entwarf Karl Lugmayer ein »Linzer Programm für die christliche Arbeiterbewegung«, aus dem 1945 bleibende Grundsätze vom »Arbeiter- und Angestelltenbund« der ÖVP übernommen wurden. 1926 nahm der in Linz tagende Parteitag der SDAPÖ ein von Otto Bauer auf Grund von Theorien des Austro-Marxismus entworfenes Programm an. Das darin enthaltene Bekenntnis zur Demokratie wurde durch die im Falle eines Widerstands des »internationalen Kapitalismus« angedrohte »Diktatur des Proletariats« fragwürdig gemacht.

Maifeier: In Wien fand am 1. Mai 1890 (im Jahr nach der Sammlung der Sozialdemokraten unter Victor Adler) zum ersten Mal ein »Mai-Umzug« im Prater statt. Die Disziplin, die dabei gezeigt wurde, verfehlte nicht, Eindruck auf gewisse anfangs arg erschreckte Gegner zu machen. Der Tag und sein Verlauf waren auch die Startbahn im Lebenserfolg Victor Adlers. 1919 wurde der 1. Mai Staatsfeiertag. Auch nach 1934 sowie nach 1945 blieb der Tag Staatsfeiertag. Die katholische Kirche feiert den Tag als Festtag des heiligen Josef, des Arbeiters.

Maiverfassung 1934: Legitimierende Staatsidee der am 1. Mai 1934 veröffentlichten Verfassung des »Bundesstaates Österreich« war eine Neuordnung des »christlich-deutschen Bundesstaates auf berufsständischer Grundlage«. Die Neuerung wurde sowohl auf Grund des Kriegswirtschaftlichen Ermächtigungsgesetzes aus 1917 als auch (gegen den Willen Starhembergs) durch Beschluß eines Rumpfparlaments (das der Nationalrat seit 1933/34 war) mit 76 gegen zwei Stimmen »beschlossen«. Dem Bruch der Rechtskontinuität des Jahres 1918 folgte jener des Jahres 1934. Das im Konzept vorhandene Prinzip einer berufsständischen Form der Interessenvertretung konnte bis zum Anschluß 1938 nicht realisiert werden. Im »Haus der Bundesgesetzgebung« tagten ein Staatsrat (Mitglied war u. a. Friedrich Funder), ein Bundeskulturrat (dazu gehörte Richard Meister, nachmals Präsident der Akademie der Wissenschaften), ein Bundeswirtschaftsrat (unter den Mitgliedern Julius Raab) und ein Länderrat (Mitglieder von den Ländern genannte Funktionäre). Tatsächlich blieb es in der Zeit der Bedrohlichkeit bürgerkriegsähnlicher Zustände bei der Vollmacht der Bundesregierung, die nacheinander in den Händen der Bundeskanzler Engelbert Dollfuß und Kurt (von) Schuschnigg lag. Bemerkenswert ist, daß der Anschluß im März 1938 vom letzten Bundeskanzler Arthur Seyß-Inquart auf Grund eben dieser Vollmachten in die Wege geleitet wurde. Damit ergab sich in der Serie von Bruchstellen in der Rechtskontinuität ein neuer

Fall. Der seinerzeit bekannte Staatsrechtler Adolf Merkl (Universität Wien), der nach 1945 das Verfassungsexperiment 1934 einer einschneidenden Kritik unterzog, hat es 1935 mit seinem Werk »Die ständisch-autoritäre Verfassung Österreichs« ebenso gründlich analysiert – aber nicht verneint.

Mieterschutz: Kaiser Karl I. schuf während des Ersten Weltkrieges einen Schutz vor Kündigung für Familien, deren Ernährer eingerückt waren. Dieser Mieterschutz wurde sowohl in der Ersten als auch in der Zweiten Republik novelliert. Der »Kampf um den Mieterschutz« wurde nach 1920 eines der wichtigsten Themen der schweren politischen Auseinandersetzungen, die wegen der von der sozialdemokratischen Stadtverwaltung in Wien betriebenen Wohnungsbeschaffungspolitik geführt wurden. Praktisch kam es damals in Wien zu einem Monopol des Magistrats beim Neubau von Wohnhäusern auf Kosten des Mittelstandes, dessen Zerfall in dieser Ära einsetzte.

Nationalrat: Als Nachfolger des 1918 abgetretenen Abgeordnetenhauses bildet seither der Nationalrat (1919/20 Nationalversammlung) den allgemeinen Vertretungs- und Gesetzgebungskörper der Republik Österreich. Hinzu kommt der Bundesrat als zweite parlamentarische Körperschaft, die insbesondere auch zur Vertretung der Interessen der Länder berufen ist. Die 1929 ins Auge gefaßte Einbeziehung einer Vertretung berufsständischer Interessen blieb eine leere Promesse. In der Ersten Republik besaß die Christlichsoziale Partei bis 1932 im Bundesrat eine Mehrheit, die den von ihr gestellten Regierungen zugute kam, zugleich aber andere wichtige Kontrollfunktionen (Einsprüche gegen Beschlüsse des Nationalrates) von Anfang an beeinträchtigte. Alle bisherigen Versuche einer verbesserten Aufgabenstellung des Bundesrates scheiterten. Von 1934 bis 1945 gab es keinen Bundesrat. Im Bundesrat erhob 1933 Theodor Körner seinen Einspruch gegen die damals bestehende Regierungspraxis.

Nationalsozialismus: 1903 wurde in Aussig (Böhmen) die »Deutsche Arbeiterpartei Österreichs« gegründet. 1918 nahm sie den Namen »Deutsche Nationalsozialistische Arbeiterpartei« an. Unabhängig davon entstand 1919 in München die »Deutsche Arbeiterpartei« (DAP), deren »Propagandaobmann« Adolf Hitler am 13. November 1919 wurde. Am 24. Februar 1920 verkündete Hitler aus eigener Vollmacht im Münchner Hofbräuhaus ein Parteiprogramm der DAP, die kurz nachher in »Nationalsozialistische Deutsche Arbeiterpartei« (NSDAP) umbenannt wurde. Während im Deutschen Reich die NSDAP unter dem 1925 aus dem österreichischen Staatsverband ausgetretenen und bis 1932 staatenlosen Führer Adolf Hitler nach einer von schweren Erschütterungen erfüllten »Kampfzeit« schließlich die Ernennung ihres Führers zum Reichskanzler erzwang (30. Jänner 1933), blieb die NSDAP in Österreich in den zwanziger Jahren jener kleine, aber unerschütterliche Kern der später als »Alte Kämpfer« geehrten Mitglieder. Der enorme Wahlerfolg Hitlers in der 1930 zusammen mit der SPD und der KPD provozierten Reichstagswahl änderte von Grund auf die künftigen Chancen der Hitlerbewegung in Österreich. Bei den kurz nachher erfolgten Nationalratswahlen stieg die Zahl ihrer Stimmen von etwa 20000 auf 111843. Damit erreichte die NSDAP kein Nationalratsmandat, wie sie überhaupt im Nationalrat nie vertreten gewesen ist (anders als in den Niederlanden, wo die dortige Schwesterpartei eine Fraktion der Zweiten Kammer stellte). Dagegen war die NSDAP seit April 1932 im Bundesrat mit einem Mandatar vertreten; dies als Folge ihres Wahlsieges in Wien, wo sie der Christlichsozialen Partei 15 Mandate abnahm. Insgesamt stieg bei den im Frühjahr in drei Bundesländern stattgefundenen Wahlen die Stimmenzahl der NSDAP von bisher 66999 auf 336000. In Niederösterreich wurde ihr Landesführer, der Hauptmann des Bundesheeres Josef Leopold, das erste und einzige Mitglied einer Landesregierung der NSDAP in Österreich. Dem folgte ein sensationeller Wahlerfolg in Innsbruck, wo die Partei bei der Gemeinderatswahl die relative Mehrheit erringen konnte. Bei den letzten Landtagswahlen in der Ersten Republik (Vorarlberg November 1933) stieg die Zahl der Stimmen von 800 auf 8000. In dieser Entwicklung konnte die SDAPÖ im Vergleich zur Christlichsozialen Partei ihren bisherigen Stand besser verteidigen, doch büßte auch sie Stimmen ein, in Vorarlberg schon mehr als die Christlichsozialen. Die in der SDAPÖ vertretene Version, wonach sie eher als die »Schwarzen« imstande sein würde, einen Siegeslauf der Hitlerbewegung in Österreich zum Stehen zu bringen, wurde durch den im Deutschen Reich erfolgten Gang der Ereignisse widerlegt. Bundeskanzler Dollfuß nahm den Kampf mit der NSDAP in der Überzeugung auf, daß nicht die von Mussolini verlangte Faschisierung seinem politischen Vorhaben den notwendigen Halt geben konnte, sondern eine auf der kirchlichen Soziallehre begründete Ordnung in Staat und Gesellschaft. Damit trat er mit dem Prinzip der berufsständischen Ordnung auch dem Prinzip des Klassenkampfes, wie es die SDAPÖ im Anschluß an Karl Marx vertrat, entgegen. Die Reaktion Berlins (Reichsregierung) und Münchens (Reichsleitung der NSDAP) war dementsprechend. Bereits am 27. Mai 1933 verhängte die Reichsregierung die sogenannte Tausend-Mark-Sperre, eine Visumgebühr für deutsche Reisende nach Österreich. Damit wurde der gewohnte Zustrom deutscher Urlaubsgäste nach Österreich unterbunden. Dies in der Erwartung, daß in den davon betroffenen Bundesländern der Widerstand gegen die Regierung Dollfuß (dem die Propaganda die Verursachung dieser Maßnahme zuschrieb) verstärkt würde. Die zu Weihnachten 1932 begonnene Propaganda der »Tat« erreichte nach der Zurückweisung des Reichsjustizkommissars Hans Frank (1946 in Nürnberg hingerichtet) bei seinem Besuch in Wien einen Höhepunkt. Im Mai 1933 mußte bei einer zwischen HW und SA in Innsbruck ausgetragenen Straßenschlacht das Bundesheer eingesetzt werden. Kurz nachher erfolgte ein Attentat auf den dortigen HW-Führer Steidle, der Täter kam aus Bayern. Der für Österreich bestellte »Landesinspekteur der österreichischen NSDAP« Theo Habicht wurde nach einer Serie von Sprengstoffanschlägen verhaftet und aus Österreich ausgewiesen. Er setzte bald danach seine Agitation im Sender München fort. Am 19. Juni 1933 erfolgte im Alauntal bei Krems ein Handgranatenüberfall auf eine von der Übung heimkehrende Abteilung des Freiwilligen Assistenzkorps (1 Toter, 29 Verletzte). Daraufhin wurde von der Bundesregierung der NSDAP und ihren Gliederungen die Betätigung (!) in ganz Österreich untersagt. Die sofort einsetzende Verstärkung der Sprengstoffanschläge führte zur Verfolgung des bisherigen Landesleiters der NSDAP in Österreich Alfred Proksch; dieser entzog sich der Verfolgung durch die Flucht nach Bayern. Am 28. August entschloß sich Dollfuß zu einem verhängnisvollen Schritt: Er bewog den mit ihm verfeindeten langjährigen Landeshauptmann der Steiermark Anton Rintelen, aus dem Amt zu scheiden und den Gesandtenposten in Rom anzunehmen. Von dort knüpfte Rintelen jene Beziehungen zur NSDAP an, die dazu führten, daß er als Nachfolger Dollfuß' für den Fall bestimmt wurde, daß der Überfall auf das Bundeskanzleramt am 25. Juli 1934 zum Sturz der Regierung Dollfuß führen sollte. Der Überfall mißlang, aber Dollfuß wurde von dem gewesenen Stabswachtmeister des Bundesheeres Otto Planetta erschossen. Es war dies der schwerste Verlust, den die NSDAP der von Dollfuß geführten vaterländischen Bewegung zufügen konnte. Dollfuß war der einzige Regierungschef, der im Kampf gegen die Hitlerbewegung gefallen ist. Nach 1938 paktierten die Regierungen in London und Paris mit Hitler, so auch Stalin, der im militärischen Bündnis mit Hitler den Zweiten Weltkrieg ausgelöst hat.

Revolutionäre Sozialisten: Nach dem Februaraufstand bildeten verschiedene Gruppen aktiv tätiger Sozialdemokraten Widerstandsgruppen, von denen die der Revolutionären Sozialisten vor und nach 1945 die größte Bedeutung bekam. In Verbindung mit Gesinnungsfreunden organisierten sie Hilfsaktionen für die Opfer der Kämpfe, gleichzeitig richtete sich der Kampf zuletzt mehr gegen das »System«, weniger gegen die sich vergrößernde Gefahr einer Intervention aus dem Dritten Reich. Die nach Berchtesgaden 1938 von Linkskreisen angebahnten Beziehungen zum Bundeskanzler und Frontführer Schuschnigg kamen nicht zu Ende, da in der Nacht zum 12. März 1938 der Einmarsch der deutschen Wehrmacht in Österreich die Sachlage in jeder Beziehung änderte. Die Unabhängigkeitserklärung Österreichs vom 27. April 1945 unterzeichnete Dr. Adolf Schärf namens der SPÖ (Sozialdemokraten und Revolutionäre Sozialisten). Den Namen »Sozialdemokratische Arbeiterpartei Österreichs« (SDAPÖ) nahm der damalige Parteivorstand nicht mehr an, und dabei blieb es.

Römische Protokolle: Vereinbarung vom 17. März 1934, unterzeichnet von Benito Mussolini, Engelbert Dollfuß und Gyula Gömbös. Der Zusammenhalt bewährte sich wenige Monate später, als Mussolini nach den Vorfällen vom 25. Juli 1934 mit einer Truppendemonstration an der Brennergrenze eventuellen Absichten der Reichsregierung drastisch entgegentrat. In dem Maße, in dem sich Gömbös und Mussolini nach 1936 Hitler zugewendet haben, geriet Österreich in jene Vereinsamung, in der es der Duce am 11. März 1938 im Stich gelassen hat.

Sanierung: Maßnahmen des Bundeskanzlers Seipel, mit denen dieser in den Jahren 1922 bis 1924 die Inflation beseitigte, die Schillingwährung einführte und eine positive Konjunkturentwicklung einleitete, die erst von den katastrophalen weltweiten Folgen der 1929 in New York ausgelösten Weltwirtschaftskrise unterbrochen wurde. Die mit der Sanierung verbundenen Sparmaßnahmen wurden von der sozialdemokratischen Opposition benützt, um die Version zu verbreiten, wonach die Seipel-Sanierung einfach zu Lasten der Arbeiterschaft gemacht worden sein soll. Nach 1945 wurde systematisch erhoben, daß die Seipel-Sanierung eigentlich ein völliger wirtschaftlicher Fehler war. Indessen hat die Fraktion der SDAPÖ im Jahr 1922 bei dem für die Sanierung notwendigen, mit qualifizierter Mehrheit zu fassenden endgültigen Gesetzesbeschluß die Möglichkeit, diesen Beschluß zu verhindern, nicht genutzt. So wie 1932 bei der unter Dollfuß durchgeführten Sanierung konnte sie über die unabweisbar notwendigen Maßnahmen im Interesse ihrer eigenen Wirtschaftseinrichtungen nicht hinweggehen.

Schutzbund (richtig: Republikanischer Schutzbund): Paramilitärische Formation, hervorgegangen aus der seit dem Umsturz bestehenden Ordnertruppe der SDAPÖ. Nach dem Ausscheiden der SDAPÖ aus der Regierung war sie als Schutz der Republik gegen die Anschläge der nachher in der Ersten Republik amtierenden nichtmarxistischen Bundesregierungen gedacht. Nach dieser Version war der Schutzbund eine Reaktion auf das Hervortreten der HW. Tatsache ist, daß die HW erst nach den Ereignissen des 15. Juli 1927 (Justizpalastbrand in Wien, Generalstreik in Österreich) jene umfassende Wehrformation geworden ist, die in den Endzwanzigerjahren nahezu Kern einer Volksbewegung wurde. Der Höchststand des Schutzbundes soll 80000 Mann betragen haben. Dem Schutzbund war zu Beginn des Bürgerkrieges der Schutz jener Waffenbestände anvertraut, die nach 1918 vor den Entwaffnungskommissionen der damaligen Sieger verborgen und gleichmäßig auf die damaligen staatstragenden Bewegungen verteilt worden waren. Sie dienten schließlich zur Aufrüstung von Schutzbund und HW. Zuletzt bezog der Schutzbund auch Rüstungsgegenstände aus der ČSR. Der zwischen dem General a. D. Körner und dem Major a. D. Eifler ausgebrochene Richtungsstreit führte schließlich dazu, daß Körner sich anfangs der dreißiger Jahre als technischer Berater zurückzog und Eifler mit seiner eher militärisch gedachten Ausrichtung und Ausbildung durchdringen konnte. Der Aufstand des Schutzbundes, der im Februar 1934 erst nach Verhaftung seiner meisten militärischen Führer (!) in den Kampf trat, war auch in den Augen von Gegnern ein beispielloser Akt der Selbstaufopferung in einer aussichtslos gewordenen Lage. Angehörige des Schutzbundes, die nachher in die Sowjetunion flüchteten, verließen bald das sogenannte Arbeiterparadies, nicht wenige fielen einem der Exzesse des Stalinismus zum Opfer. Eifler versuchte Anfang 1938 angesichts des bedrohlichen Auftretens Hitlers eine gemeinsame Abwehrfront der Gegner von 1934 zustande zu bringen. Nicht zuletzt das trug ihm den Tod im KZ ein.

Sicherheitswache: Wachkörper, die in der Republik den Bundespolizeidirektionen und Kommissariaten zur Verfügung standen. Die k. k. Sicherheitswache in Wien wurde 1869 ins Leben gerufen. Sie ersetzte die bisherige Militärpolizei, war aber nicht wie diese militärisch organisiert und ausgerüstet. Erst nach dem 15. Juli 1927 wurde sie auch für den Wachdienst mit einer Schußwaffe (Steyr-Kipplauf-Pistole) ausgestattet. Damals wurde der noch heute gebrauchte Gummiknüppel eingeführt. Die anfangs der dreißiger Jahre aufgestellte Alarmabteilung kam in der Ära Schober unter die Kontrolle von Konzeptsbeamten und militärischen Kommandanten, die später zum großen Teil zur NSDAP übergingen und daher in der Ära Dollfuß teils entlassen, teils auf die Kommissariate versetzt wurden. Sie waren der Kern der SS-Standarte 89 vom 25. Juli 1934.

Sozialdemokratische Arbeiterpartei Österreichs (SDAPÖ): Victor Adler gelang es 1889 in Hainfeld, bisher rivalisierende Gruppen von Sozialisten in einer Sozialdemokratischen Arbeiterpartei zu vereinen. In der Zeit der Monarchie war es ein Königsgedanke vieler Sozialdemokraten, eine die Arbeiterbewegungen aller Nationalitäten des Reiches umfassende Partei zustande zu bringen. Doch siegte schon damals die Idee der nationalen Revolution über die der sozialen; zumal unter den Tschechen, die harte Widersacher dieser Zusammenfassung blieben. Das Bild einer anfangs vielfach von den Theorien Lassalles geprägten Arbeiterpartei, für die zuletzt der Austro-Marxismus bestimmend wurde, setzte sich bald nach der Jahrhundertwende durch. 1897 zogen die ersten deutschen Sozialdemokraten in das Abgeordnetenhaus ein. Das moderne Wahlrecht von 1906/07 ermöglichte den Durchbruch der in den Massen längst verbreiteten Bewegung auch auf parlamentarischer Ebene. 1911 bewährte sich für die Stichwahl der Reichsratswahl (vor allem in Wien) ein Wahlbündnis der Sozialdemokraten mit den Deutschnationalen. Danach war es möglich, im gemeinsamen Kampf gegen die »Römlinge« diesen auch dort die Mandate abzujagen, wo in der Erstwahl die Lueger-Partei noch die relative Mehrheit hatte erringen können. Damit rutschte letztere Partei 1911 auf den dritten Rang im letzten Abgeordnetenhaus der Monarchie ab; die Verbündeten von 1911 bestimmten dann im Umsturz den Gang der Dinge in Deutsch-Österreich. Die Christlichsozialen traten nolens volens auf den Boden der 1918 geschaffenen Tatsachen. Die von Legitimisten verbreitete Version, wonach die Reste der Lueger-Partei damals »ihren Kaiser verraten haben sollen«, ist eine Legende. Der aus russischer Kriegsgefangenschaft heimgekehrte Otto Bauer führte die Minorität der linken Linken in der SDAP auf dem Parteitag 1917 insofern zum Sieg, als seit damals für die SDAP der Klassenkampf Vorrang haben sollte gegenüber der Landesverteidigung. Unter Bruch der Verfassung 1867 zogen am 21. Oktober 1918 die deutschen Abgeordneten aus dem Abgeordnetenhaus aus, um eine Provisorische Nationalversammlung Deutsch-Österreichs zu bilden. Obwohl damals noch die Deutschnationalen in dem neuen Vertretungskörper die relative Mehrheit besaßen, bestimmten inmitten der umstürzenden Ereignisse die Sozialdemokraten Victor Adler, Karl Renner, Karl Seitz und Otto Bauer den Gang der Dinge. Bei der Wahl der Konstituierenden Nationalversammlung im Februar 1920 errang die SDAPÖ eine relative Mehrheit, ihr kam die weitgehende Zersplitterung im antimarxistischen Lager zugute. 1919/20 stellte die SDAPÖ in der Person Karl Renners den Staatskanzler, Karl Seitz übte die Funktion eines Staatsoberhauptes aus. Erst als Ignaz Seipel der von Spaltung bedrohten Christlichsozialen Partei Profil gab, verlor die SDAPÖ 1920 ihre Mehrheit im Parlament; 1920 bis 1932 war es die Christlichsoziale Partei, die im Verein mit anderen bürgerlichen Parteien die Regierungsmehrheit bilden und den ihr genehmen Bundeskanzler stellen konnte. So blieb die SDAPÖ bis zum Ende der Ersten Republik nicht nur in Opposition, es entstand in ihr eine zuweilen bis an den Rand der Obstruktion gehende Gegeneinstellung, die zumal Seipel als den »Prälaten ohne Milde« zum häßlichen Feindbild machte. 1930 eroberte die SDAPÖ wieder die relative Mehrheit im Nationalrat. Sie wies den 1931 von Seipel gemachten Vorschlag einer großen Koalition zurück, ebenso nachher ähnliche Bemühungen der Bundeskanzler Buresch und Dollfuß. Die später von Robert Danneberg gemachten Bemühungen, mit Dollfuß zu einem Arrangement im Kampf gegen den Nationalsozialismus zu gelangen, waren nach dem

Februaraufstand des Schutzbundes im Jahr 1934 nicht mehr erfolgversprechend. Im März 1933 gab Renner bei einer Abstimmung im Nationalrat aus rein parteipolitisch orientierten taktischen Erwägungen der Rumpfexekutive der SDAPÖ den Posten des Ersten Präsidenten preis. So löste er jene Kettenreaktion aus, die zur »Selbstausschaltung« des Nationalrates just in dem Zeitpunkt führte, als sich nach der Machtergreifung Hitlers in Berlin die NSDAP auch in Österreich anschickte, die Macht zu ergreifen. Kurz danach wurde der Schutzbund verboten. Anfang 1934 war die Zahl der sozialdemokratisch organisierten Gewerkschaftsmitlieder von fast 900000 im Jahr 1921 auf 480000 gesunken; die der nichtmarxistischen Gewerkschafter stieg von 50000 im Jahr 1922 auf 350000 im Jahr 1931. Dem Februaraufstand folgte das Verbot der SDAPÖ, ihrer Vorfeldorganisationen und Gewerkschaften.

Universitäten und Hochschulen: Die 1919 von der Heimkehrergeneration auch für die österreichischen Hochschulen in Würzburg geschaffene »Deutsche Studentenschaft« (DSt) war auf dem Volksbürgergrundsatz aufgebaut. In ihr stellten die Deutschnationalen und Deutschvölkischen, schließlich die Nationalsozialisten die kompakte Mehrheit. Von den insgesamt zehn Kreisen der DSt bildete nach 1919 die Studentenschaft an den Hochschulen Deutsch-Österreichs den Kreis X. Ende der zwanziger Jahre waren in der Kammer der Universität Wien die 40 Kammersitze folgendermaßen verteilt; Deutsch-völkische Liste 19, Katholisch-deutsche Hochschulgemeinschaft 15 Sitze, Völkisch-sozialer Block sechs Sitze. Die anfangs der dreißiger Jahre ständig an Schärfe zunehmenden Konflikte zwischen den Nationalen (zuletzt Nationalsozialisten) und den »Katholen« führten zum inneren Zerfall der DSt, schließlich zum Austritt der Katholen. 1932/33 nahmen die nun schon blutigen Auseinandersetzungen ein Ausmaß an, das z. B. in Wien der Polizei ein Einschreiten auf akademischem Boden erlaubte. Die behördliche Auflösung der DSt führte im Sommersemester 1934 zur Ernennung eines »Studentischen Führungsapparats« durch das Unterrichtsministerium, dem die Weiterführung der Institutionen der studentischen Selbstverwaltung übertragen wurde (Sachwalter: Josef Klaus, Universität Wien; Ernst Marboe, Technische Hochschule Wien; Fred Weiser, Hochschule für Welthandel, Wien; ebenso in Graz, Innsbruck, Leoben und Salzburg). Es gelang bis 1938, die allgemeine Unruhe im Land von den Hochschulen fernzuhalten.

Vaterländische Front: Im Mai 1933 von Engelbert Dollfuß als Sammelbewegung gegründet, wobei (anders als in den zwanziger Jahren) die aktuelle Auseinandersetzung mehr an die Front gegenüber dem Nationalsozialismus überging. Bundesführer (Frontführer) waren Dollfuß, nachher Starhemberg, zuletzt Schuschnigg. Von den auch nach 1945 hervorragenden Persönlichkeiten waren nicht wenige seinerzeit Amtswalter der VF, u. a.: Heinrich Gleißner, Alfons Gorbach, Karl Lugmayer, Alfred Maleta, Julius Raab, Fritz Bock. Nach dem Anschluß 1938 wurden Walter Trnik (bisher CV Marco-Danubia) und Albert Hantschk (bisher CV Aargau) von Staats wegen mit der Liquidierung der VF beauftragt.

Völkerbundanleihe: Auf Grund der Genfer Protokolle wurde der Bundesregierung 1922 eine Anleihe in Höhe von 650 Millionen Goldkronen gewährt und von den Regierungen Englands, Frankreichs, Italiens sowie der ČSR (!) garantiert. Ein vom Völkerbund bestellter Generalkommissär überwachte bis 1926 die strikte Durchführung der mit der Begebung der Anleihe von Österreich übernommenen Verpflichtung zu sparsamer Budgetgebarung. Der tatsächlich schließlich positive Effekt der Seipel-Sanierung wurde und wird vom politischen Gegner strikt verneint. 1932 erreichte Dollfuß gegen vehementen Widerstand der Opposition (SDAPÖ, Großdeutsche) auf Grund der sogenannten Lausanner Protokolle eine neuerliche Anleihe. Der Kampf um diese Völkerbundanleihe löste die folgende dramatische Entwicklung in voller Schärfe aus.

Volksbund der Katholiken Österreichs: 1909 als »Katholischer Volksbund für Österreich« gegründet, 1920 mit dem gleichgerichteten »Pius-Verein« verschmolzen. In gegnerischen Kreisen zuweilen als der »Kongo der Schwarzen« bezeichnet, wurden große Teile des Volksbundes im Jahr 1933 zum harten Kern der Vaterländischen Front. Mit dem Ausbau der Katholischen Aktion wurde ihm die kirchliche Basis nach 1934 entzogen, Reste besorgten das Volksbildungswerk in der KA.

Wahlrecht: Bis zum Ende der Ersten Republik galt das von Karl Renner entworfene Verhältniswahlrecht. Hierin gelang Renner eine sorgfältig ausgewogene Lösung verschiedener und zum Teil stark kontrastierender Interessen. Zum Wahlrecht aus 1906/07 kam damals das Wahlrecht für Frauen. Zugleich setzte die Regierung Renner 1918/19 die zeitgemäße Novellierung verschiedener Gemeindewahlrechtsordnungen durch. So auch jener in Wien, eine Neuerung, die zugleich das Ende des »Schwarzen Wien« und die Machtergreifung der SDAPÖ im Wiener Rathaus bedeutete. Bemerkenswert war die Tatsache, daß das von Renner ausgeklügelte Wahlrecht rein numerisch nicht exakt das Stärkeverhältnis widerspiegelte, wie das der Staatskanzler angekündigt hatte. Jedenfalls wurde es eine haltbare Hinterlassenschaft der Väter der Republik von 1918, und dabei blieb es, solange ein Grundkonsens der großen staatstragenden Kräfte im Land auch im Wirrwarr der Zeiten bestand.

Wien: Das »Rote Wien« von 1918/19 war nicht nur die »Feste Burg der SDAPÖ in Österreich«, sondern ein oft heiß umstrittener, aber immer mehr anerkannter positiver Ertrag kommunalpolitischer Leistungen. Am meisten umstritten blieb die Wohnbaupolitik, der man die Ausbeutung des Mittelstandes vorwarf. Die damals von Schülern Otto Wagners und Alfred Loos' und anderen erbauten Wohnhausanlagen behielten einen architektonischen Wert auch in späteren Zeiten, als in den Massen mehr Wohnkomfort verlangt wurde. Die zumal im Februar 1934 erhobene Beschuldigung, daß die einschlägige städtebauliche Planung sowie das Raumfunktionsprogramm verschiedener kommunaler Wohnhausanlagen auf mögliche künftige Notwendigkeiten im Häuserkampf abgestellt waren, ist ausdrücklich nicht nachzuweisen. Tatsache ist, daß nach dem vom Stabschef des Schutzbundes Major Eifler entworfenen Kampfplan eine Reihe von Wohnhausanlagen schwer umkämpfte Kampfstätten im Februar 1934 gewesen sind. Zu den führenden Persönlichkeiten der Wiener Kommunalpolitik 1919 bis 1934 gehörten Bürgermeister Karl Seitz, Finanzstadtrat Hugo Breitner, Stadtrat für Sozialwesen Julius Tandler; nach seiner Bewährung im Kampf um die Verfassungsreform 1929 trat Robert Danneberg immer mehr hervor, er wurde 1931 Breitners Nachfolger und nahm am 12. Februar 1934 an der entscheidenden Sitzung teil, bei der die Spitzen des Schutzbundes und der SDAPÖ die Eröffnung des Kampfes zur Unterstützung der Linzer Genossen beschlossen haben. Nach dem Februaraufstand 1934 wurde Richard Schmitz zum Regierungskommissär, nachher zum Bürgermeister der Stadt Wien ernannt. Sein Bemühen um die nunmehr »bundesunmittelbare Hauptstadt« war keineswegs dermaßen erfolglos, wie das nach 1945 hingestellt wurde. Der Versuch seines Vizebürgermeisters E. K. Winter, mit den unerschütterlichen Parteigängern der seit Februar 1934 verbotenen Arbeiterpartei zu einem Appeasement zu kommen, scheiterte 1936 ebenso wie die Aktivitäten der nachfolgenden, im Rahmen der VF entstandenen »Sozialen Arbeitsgemeinschaft« (SAG). In der SAG schienen immerhin Politiker auf, die nach 1945 in der SPÖ eine führende Rolle gespielt haben. Richard Schmitz wurde 1938 mit dem ausdrücklichen Hinweis, er hätte zusammen mit Kommunisten und anderem Gelichter einen Widerstand gegen die Machtergreifung der Hitlerbewegung zu organisieren versucht und so ein Blutbad riskiert, ins KZ eingeliefert.

Zeittafel

1927

15. Juli: Leitartikel in der »Arbeiter-Zeitung«, in dem Urteil im Schattendorfer Prozeß als Zeugnis der Klassenjustiz hingestellt und Geschworene als eidbrüchige Gesellen angeklagt werden.
Massendemonstration in Wien, Brand des Justizpalastes. Der von der SDAPÖ ausgerufene Generalstreik bricht binnen kurzem zusammen.

29. Oktober bis 1. November: Parteitag der SDAPÖ in Wien; nach Analyse der Ereignisse vom 15. Juli tritt Karl Renner für, Otto Bauer gegen Beteiligung an der Regierung der Republik ein.

1928

13. Jänner: Schwurgerichtsprozesse gegen Demonstranten vom 15. Juli 1927 enden mit Freisprüchen.

31. Jänner: Die seit 1918 bestehende Interalliierte Militärkontrolle wird beendet.

27. Juni: Albert Sever, Abgeordneter der SDAPÖ zum Nationalrat, stellt Antrag, das Kriegswirtschaftliche Ermächtigungsgesetz aus 1917, das nach 1918 unter Staatskanzler Renner in die Rechtsordnung der Republik übernommen wurde, aufzuheben. Es folgt kein entsprechender Beschluß.

7. Oktober: Gegenkundgebung des Republikanischen Schutzbundes wegen Aufmarsches der HW-Verbände in Wiener Neustadt; Bundesheer sichert konfliktfreien Ablauf bei den Kundgebungen.

12. November: Großkundgebung der HW in Innsbruck; im ganzen Bundesgebiet tritt HW angesichts der Ereignisse vom 15. Juli 1927 stärker hervor.

5. Dezember: Bundesversammlung wählt bei Stimmenthaltung der sozialdemokratischen Abgeordneten Wilhelm Miklas zum Bundespräsidenten.

1929

27. Jänner: Der christlichsoziale Arbeiterführer Leopold Kunschak lehnt im Gegensatz zu Bundeskanzler Ignaz Seipel *jede* Formation der HW ab.

3. April: Rücktritt des fünften und letzten Kabinetts Seipel.

4. Mai bis 25. September: Koalitionsregierung unter Beteiligung der Christlichsozialen, der Großdeutschen und des Landbundes unter Ernst Streeruwitz.

4. August: Steirischer Heimatschutz und Republikanischer Schutzbund stoßen in St. Lorenzen zusammen; die Toten und Verwundeten von St. Lorenzen werden Symbol in den sich immer mehr häufenden und verschärfenden Auseinandersetzungen der Wehrverbände; erstes Todesopfer der NSDAP (Vösendorf bei Wien).

September: Unaufhaltsamer Zusammenbruch der Bodencreditanstalt in Wien zwingt Credit-Anstalt zum Versuch einer Abstützung, die zur Krise der Credit-Anstalt führt.

25. September: Rücktritt der Regierung Streeruwitz, drittes Kabinett Schober unter Heranziehung von parteiungebundenen Fachministern.

24. Oktober: Der Börsenkrach in New York *(Schwarzer Freitag)* signalisiert Ausbruch der Weltwirtschaftskrise der dreißiger Jahre.

7. Dezember: Schober handelt mit sozialdemokratischer Opposition Reform der Bundesverfassung 1920 aus und bricht damit einer von der HW verlangten Reform die Spitze ab.

1930

17. Jänner: Der liberale Landbund, bisher strikter Gegner aller Wehrformationen, stellt selbst einen Wehrverband (Bauernwehren) auf, der sich im Juli 1934 am Kampf der SA gegen Regierung beteiligt.

20. Jänner: Österreich wird von den 1919 auferlegten Reparationen, den Forderungen der Nachfolgestaaten der Monarchie an Österreich und dem 1919 errichteten Generalpfandrecht befreit.

6. Februar: Freundschafts- und Schiedsgerichtsvertrag zwischen Österreich und Italien.

4. April: Bundesgesetz zum Schutz der Arbeits- und Versammlungsfreiheit (sogenanntes *Antiterrorgesetz*); erfaßt aber nicht Terror am Arbeitsplatz.

9. Mai: Ignaz Seipel gibt Führung der Christlichsozialen Partei an Carl Vaugoin ab.

18. Mai: In Korneuburg in Niederösterreich werden Teile der HW unter Bundesführer Richard Steidle auf ein Programm verpflichtet, von dem sich bald der Landesführer von Oberösterreich Ernst Rüdiger Starhemberg sowie der Steirische Heimatschutz ausdrücklich distanzieren (Riß in der Massenbewegung der Endzwanzigerjahre, der nie mehr geschlossen wird).

14. Juli: In London wird Investitionsanleihe in Höhe von 400 Millionen Schilling vergeben; Beginn einer Steuerung der Banken und der Finanzkrise durch den *Staat.*

2. September: Ernst Rüdiger Starhemberg wird Bundesführer der HW.

14. September: Bei den im Deutschen Reich im Kampf gegen die Regierung Brüning herangezwungenen Reichstagswahlen erleiden die Parteien der Mitte, aber auch die SPD Rückschläge, während die NSDAP von bisher 12 auf 107 Mandate aufrückt. (Keine Nachwirkung auf kurz darauf folgende Nationalratswahl in Österreich.)

25. September: Nach Rücktritt der Regierung Schober bildet Carl Vaugoin Minderheitsregierung.

9. November: Christlichsoziale Partei verliert als Folge der selbständigen Kandidatur des Heimatblocks (8 Mandate!) relative Mehrheit im Nationalrat; SDAPÖ stellt als mandatstärkste Fraktion den Ersten Vorsitzenden: Karl Renner; nur 66000 Stimmen für die NSDAP, die kein Mandat erwirbt.
Rücktritt der Regierung Vaugoin.

4. Dezember: Koalitionsregierung unter Otto Ender.

1931

26. Jänner: Freundschafts- und Schiedsgerichtsabkommen zwischen Österreich und Ungarn.

27. Jänner: HW unter Emil Fey und HW des Burgenlands verlassen HW unter Starhemberg.

3. bis 5. März: Geheimverhandlungen zwischen Außenminister Schober und reichsdeutschem Außenminister Curtius in Wien zwecks Anbahnung einer Zollunion zwischen dem Deutschen Reich und Österreich; Veröffentlichung des Vertrages am 19. März; Einspruch Frankreichs, Großbritanniens, Italiens und der ČSR.

2. Mai: Starhemberg gibt aus privaten Gründen interimistische Bundesführung der HW an Walter Pfrimer, Führer des Steirischen Heimatschutzes, ab (siehe Pfrimer-Putsch September 1931).

8. Mai: Zusammenbruch der Credit-Anstalt droht; Staat, Nationalbank und Haus Rothschild übernehmen Sanierung; Sturm auf die Konten; Ende Mai Höhepunkt der Krise, Großbritannien und Frankreich versprechen Kredit zur Überbrückung der Krise; Nationalrat genehmigt Vollmacht der Bundesregierung zur Übernahme der Haftung für die Schulden der Credit-Anstalt: SDAPÖ vermeidet es, Staatshaftung zu verhindern, belastet aber in der Öffentlichkeit die Regierung schwerstens.

18. Juni: Ignaz Seipel setzt sich für die Bildung einer Konzentrationsregierung unter Einbeziehung der SDAPÖ ein; Otto Bauer soll Vizekanzler werden; SDAPÖ lehnt Projekt ab.

20. Juni: Koalitionsregierung Buresch unter Beteiligung aller nichtsozialistischen Parteien, Schober Vizekanzler und Außenminister.

3. September: Außenminister Schober erklärt in Genf vor dem Völkerbund in aller Form, daß Österreich vom Zollunionsvertrag mit dem Deutschen Reich zurücktritt; Berlin folgt dem; Frankreich bringt trotzdem Verurteilung des Experiments durch Haager Schiedsgericht zustande.

12./13. September: Putschversuch des Steirischen Heimatschutzes unter stillschweigender Duldung durch Landeshauptmann Anton Rintelen; Aufbietung des von der HW als Bundesgenosse (!) gedachten Bundesheeres führt zum sofortigen Abbruch des Unternehmens.

9. Oktober: Wilhelm Miklas wird als Bundespräsident wiedergewählt (es unterbleibt die nach der Verfassungsreform 1929 mögliche Wahl durch das Volk).

6. November: Rost van Tonningen (später für nationalsozialistische Bewegung in den Niederlanden tätig) wird vom Völkerbund zum Finanzkontrollor für Österreich bestellt.

Ende 1931: Unterstützte Arbeitslose: 302 000, ausgesteuerte: rund 100 000.

1932

27. Jänner: Regierungskrise, Großdeutsche treten aus der Regierung aus, im Kabinett Buresch II verbleibt nur mehr der Landbund.

Februar: Plan des französischen Ministerpräsidenten Tardieu zur Bildung einer wirtschaftlich orientierten Donaukonföderation scheitert vor allem am erklärten Widerspruch von Eduard Beneš (ČSR).

16. März: Berlin erklärt sich gegen Tardieu-Plan; Viermächtekonferenz in London kann Tardieu-Plan wegen Widerstands Italiens nicht zur Verwirklichung bringen.

24. April: Landtagswahlen in Wien, Niederösterreich und Salzburg; erstmals bedeutende Erfolge der NSDAP (bisher insgesamt 66 000, diesmal 336 000 Stimmen); Christlichsoziale Partei kann 1930 zum Heimatblock abgewanderte Stimmen nicht mehr zurückgewinnen; leichte Stimmverluste der SDAPÖ; Großdeutsche, Landbund und Heimatblock verlieren an NSDAP.

6. Mai: Rücktritt der Regierung Buresch II, Engelbert Dollfuß bildet zusammen mit Landbund und Heimatblock (!) Koalitionsregierung, die im Nationalrat über eine Mehrheit von 83:82 Stimmen verfügt; Großdeutsche verschärfen ihre Oppositionsrolle, Ende des Bürgerblocks von 1922.

25. Mai: Steirischer Heimatschutz unter Walter Pfrimer geht zur NSDAP über.

14. Juli: Vertrag von Lausanne bringt Völkerbundanleihe in Höhe von 300 Millionen Schilling ; Dollfuß erzwingt gegen schwersten Widerstand der SDAPÖ und der Großdeutschen Ratifizierung des Abkommens durch Nationalrat.

2. August: Ignaz Seipel stirbt.

18. August: Johannes Schober stirbt.

September: Im oberitalienischen Stresa treffen sich die Großmächte zur Planung eines wirtschaftlichen Aufbaues in Mitteleuropa; Frankreich vermag als Präsidialmacht einschlägige Pläne nicht zum Tragen zu bringen; Stresa bleibt nun in den folgenden Jahren Tagungsort für internationale Begegnungen, die für Österreich von größter Bedeutung wurden. (*Stresafront:* Demokratien und Mussolini!)

20. September: Joseph Goebbels spricht in der Wiener Engelmann-Arena bei Massenkundgebung der NSDAP; der Ruf: »Hitler an die Macht!« findet begeisterten Zuspruch.
Als Nachfolger Gustav Piffls wird Universitätsprofessor Theodor Innitzer Erzbischof von Wien, später Kardinal.

September/Oktober: Gauparteitag der NSDAP Wien erreicht mit Massenkundgebung auf dem Heldenplatz (Redner: Joseph Goebbels, Ernst Röhm) Höhepunkt; Propagandamarsch in Arbeiterbezirken Wiens führt zu blutigen Zusammenstößen, vor allem in Simmering. Gleichzeitig schwere Schlägereien im Wiener Gemeinderat.

1. Oktober: Erstmalige Anwendung des Kriegswirtschaftlichen Ermächtigungsgesetzes aus 1917 zur Finalisierung der Sanierung der Credit-Anstalt.

17. Oktober: Emil Fey, Landesführer der WHW, wird Staatssekretär für das Sicherheitswesen.

6. November: Landtagswahl in Vorarlberg (letzte der Ersten Republik); erwarteter Durchbruch der NSDAP unterbleibt; Christlichsoziale können sich hier besser behaupten als in Wien und besser als SDAPÖ; Großdeutsche und Landbund liefern Hauptkontigent des Zuwachses der NSDAP.

Dezember: Großangelegte Störaktionen der NSDAP, vor allem in Wien (Gerngroß!), Panik, aber noch kein Blutvergießen.

1933

Jänner: Waffenlieferung des Duce an Ungarn wird auf dem Transport durch Österreich von sozialdemokratischen Bahnarbeitern entdeckt und in der Polemik der Regierung Dollfuß zur Last gelegt; Proteste Frankreichs in Rom und Wien.

1. März: Streik der Eisenbahnbediensteten wegen Verzögerung der Bezugsauszahlung und anderen Beschwerlichkeiten als Folgen der schwindenden Finanzmittel der öffentlichen Hand (gleichzeitig über eine halbe Million Beschäftigungslose, davon rund 400 000 *unterstützt*); SDAPÖ und Großdeutsche drängen auf Sondersitzung des Nationalrates und bringen Initiativanträge zugunsten der wegen Streikexzessen mit Disziplinarstrafen bedrohten Bahnbediensteten ein; ebenso Leopold Kunschak mit Unterstützung der Regierungsparteien.

4. März: Sukzessiver Rücktritt aller drei Präsidenten des Nationalrates als Folge von Unzukömmlichkeiten bei der von Karl Renner geleiteten Abstimmung über Initiativantrag der Großdeutschen; Plan zum Sturz der Regierung gelingt aber nicht; Lücke in der Geschäftsordnung führt zur Lähmung der Tätigkeit des in Session befindlichen, aber ohne Präsidium funktionsunfähigen Nationalrates.

7. März: Bundesregierung geht auf den von Sektionschef Robert Hecht entworfenen Plan ein, bei Funktionsunfähigkeit des Nationalrates Regierungsgeschäfte auf Grund des Kriegswirtschaftlichen Ermächtigungsgesetzes zu führen; der Bundespräsident beläßt Regierung im Amt; SDAPÖ, Großdeutsche und NSDAP demonstrieren dagegen auf allen politischen Ebenen. Eine vom großdeutschen, nicht mehr in Funktion befindlichen Dritten Präsidenten einberufene Sitzung des Nationalrates gelingt nicht, Rumpftagung wird polizeilich aufgelöst.

19. März: Auflösung des Republikanischen Schutzbundes in Tirol nach Zusammenstößen während der Streikaktionen bei den Bahnen. Die Bundesregierung tritt der Verschärfung der Opposition seitens der SDAPÖ unter Betonung ihres antimarxistischen Kurses mit Auflösung des Schutzbundes entgegen. Wiens sozialdemokratischer Bürgermeister Karl Seitz löst daraufhin als Landeshauptmann die HW auf, ohne damit durchzudringen. Aufstellung eines Freiwilligen Assistenzkorps aus den Reihen der HW und verwandter Wehrverbände.

13. April: Romreise des Bundeskanzlers Dollfuß zu kirchlichen Feiern; erste Begegnung mit dem Duce, der sich an der staatlichen Unabhängigkeit Österreichs interessiert zeigt.

23. April: Bei der Gemeinderatswahl in Innsbruck erreicht die Liste der NSDAP die relative Mehrheit; Folgen der Machtergreifung Hitlers am 30. Jänner geben der bisher wenig erfolgreichen NSDAP immer mehr Auftrieb.

Mai: Die gleichzeitige Vertretung des liberalen Landbundes und der

HW in der Bundesregierung wird unhaltbar, Dollfuß bildet seine Regierung um; der Landbund unter Ex-Vizekanzler Winkler schließt sich der Opposition im Lande an.
Gleichzeitig schließen die Großdeutsche Volkspartei und die NSDAP in Linz ein gegen die Regierung Dollfuß gerichtetes Kampfbündnis; vermehrter Abfluß von Mitgliedern des Landbundes und der Großdeutschen zur nationalsozialistischen Bewegung.

1. Mai: Der traditionelle Aufmarsch der Arbeiterschaft in Wien findet nicht statt; die Exekutive sperrt das Regierungsviertel in der Innenstadt ab.

5. bis 7. Mai: Auf dem Bundesparteitag der Christlichsozialen Partei in Salzburg wird Carl Vaugoin zum Bundesobmann gewählt; der Parteitag beschließt angesichts der Entwicklung im Reich nach der Machtergreifung Hitlers, die Politik des Bundeskanzlers Dollfuß zu unterstützen.

14. Mai: HW-Aufmarsch in Wien zur Erinnerung an die Türkenbefreiung von 1683; Marsch der Teilnehmer durch die Stadt festigt trotz heftigster gegnerischer Störungen erneut den Zusammenhalt in der HW unter Starhemberg; Handschlag zwischen Starhemberg und Dollfuß wird entscheidend für den beginnenden Kampf um den Ständestaat.

21. Mai: Proklamation der Gründung einer Vaterländischen Front (VF) als überparteilicher Zusammenschluß »aller Österreicher, die bewußt und überzeugt österreichisch gesinnt sind (und) die Vaterland und Heimat lieben«. Die Kampfrichtung der Regierung schwenkt von links in Richtung nationalsozialistische Bewegung um.

27. Mai: Auflösung der KPÖ.
Hitler verfügt Beschluß der Reichsregierung, über Österreich eine Tausend-Mark-Sperre zu verhängen, was bedeutet, daß jeder deutsche Staatsbürger, der nach Österreich reisen will, eine Visumgebühr in Höhe von 1000 Mark zahlen muß. Die Erwartung, daß damit in den vom Fremdenverkehr abhängigen Teilen Österreichs die Gegnerschaft zur Regierung Dollfuß verstärkt wird, erfüllt sich aber nicht überall. Zugleich vermehrte Terroranschläge der Nationalsozialisten.

29. Mai: Blutige Auseinandersetzung zwischen HW und SA in Innsbruck; Bundesheer wird als Assistenz der Exekutive eingesetzt.

5. Juni: Bundeskanzler Dollfuß und Unterrichtsminister Schuschnigg unterzeichnen in Rom ein Konkordat mit dem Heiligen Stuhl.

11. bis 13. Juni: Revolverattentat auf den Tiroler HW-Führer Richard Steidle; die Terroranschläge der Nationalsozialisten sind immer häufiger Sprengstoffanschläge. Der von Hitler für die österreichische NSDAP eingesetzte Landesinspekteur Theo Habicht wird in Linz arretiert und ins Reich abgeschoben; die Reichsregierung antwortet darauf mit der Verhaftung des österreichischen Presseattachés in Berlin; 52 in Österreich erscheinende Zeitungen werden im Deutschen Reich verboten.

19. Juni: Bei einem von Nationalsozialisten ausgeführten Bombenanschlag auf eine Abteilung des Freiwilligen Assistenzkorps (Christlichdeutsche Turner) nahe bei Krems werden 29 Mann verletzt, ein Turner wird getötet.
Die Bundesregierung verbietet die *Betätigung* für die NSDAP und den Steirischen Heimatschutz.

Juni/Juli: Bombenanschläge der Nationalsozialisten in Wien, Oberösterreich, Salzburg und in der Steiermark; der Versuch, in Tirol die Trisannabrücke zu sprengen und den Bahnverkehr mit dem Westen zu unterbinden, mißlingt.

7. Juli: Erste Einberufung in das Freiwillige Assistenzkorps aus den Reihen der HW und der Ostmärkischen Sturmscharen.

22. Juli: Mordanschlag auf Staatssekretär Emil Fey wird durch Verrat eines nationalsozialistischen Parteigängers verhindert.

Juli und folgende Monate: Der gewesene Landesinspekteur der österreichischen NSDAP Theo Habicht beginnt über den Sender München seine gegen die österreichische Regierung gerichteten Propagandareden. Da der Rundfunk im Dritten Reich unmittelbar dem Reichsminister für Volksaufklärung und Propaganda Joseph Goebbels untersteht, kann diese Aktion nur mit Wissen und Willen der Berliner Regierung geschehen.

19./20. August: Ausführliche Unterredung Dollfuß–Mussolini in Riccione; der Duce verspricht, die Politik der Regierung Dollfuß zur Wahrung der Unabhängigkeit Österreichs zu unterstützen, beginnt aber zugleich auf Dollfuß einen Druck zwecks Faschisierung Österreichs auszuüben. In der folgenden Korrespondenz der beiden Regierungschefs verwendet Dollfuß an keiner Stelle dieses Programm, vielmehr ist der Kanzler darauf aus, eine berufsständische Ordnung als Alternative zum Prinzip des Klassenkampfes einzuführen, womit er der damaligen Soziallehre der Kirche Rechnung trägt.

28. August: In Salzburg drängt Dollfuß seinen gewesenen Unterrichtsminister, den nunmehr erneut als Landeshauptmann der Steiermark tätigen Anton Rintelen, zu einer Betätigung außerhalb Österreichs; als Gesandter in Rom wechselt Rintelen deshalb die Front und geht zur nationalsozialistischen Bewegung über (25. Juli 1934!).

8. bis 12. September: Der 1932 geplante Allgemeine deutsche Katholikentag in Wien findet in Abwesenheit der Katholiken aus dem Reich statt (Tausend-Mark-Sperre). Feierlichkeiten zum 250. Jahrestag der Befreiung Wiens von der Türkenbelagerung 1683 bekommen dennoch großartigen Zuschnitt, so auch durch zahlreichen Besuch von Volksdeutschen aus aller Welt.

11. September: Trabrennplatzrede Dollfuß'; Programm für die VF als Trägerin des Staatsgedankens des Ständestaates; sozialer, christlicher und deutscher Staat auf ständischer Grundlage und damit Abgehen von der auf der Reinen Rechtslehre Kelsens begründeten Verfassung 1920; ausdrückliche Gegnerstellung zu Kapitalismus und Marxismus, Liberalismus und Nationalsozialismus; Kruckenkreuz als Symbol der VF, die alleinige Plattform der politischen Willensbildung im Land sein soll.

17. bis 19. September: Heeresminister Vaugoin erreicht bei Inspektion der Grenze zum Reich gleichzeitig Bereitschaft von HW *und* Schutzbund, sich im Falle eines Angriffs von außen dem militärischen Befehl des Heeres zu unterstellen und als selbständige Verbände anzutreten.

September: Kabinett Dollfuß II; Kanzler übernimmt Landesverteidigung und Sicherheit, Fey wird Vizekanzler, Kurt Schuschnigg Justiz- und Unterrichtsminister; der frühere Kanzler Otto Ender wird Minister ohne Ressort und zur Ausarbeitung einer neuen Verfassung berufen.

23. September: Zahl der Inhaftierungen nationalsozialistischer Parteigänger wächst dermaßen, daß in Wöllersdorf (Niederösterreich) ein Anhaltelager eingerichtet wird; Habicht vergleicht in Radioansprache humane Behandlung in KZs des Reiches mit inhumaner Unterdrückung der Insassen im österreichischen Anhaltelager.

27. September: Dollfuß vor der Vollversammlung des Völkerbundes; Hinweis auf Notwendigkeit des Bestandes eines unabhängigen Österreichs; mit Ausnahme Joseph Goebbels' stimmen die Delegierten mit ihrem Beifall zu.

Oktober: Starhemberg erreicht gegen teilweisen Widerstand in seiner HW deren korporativen Beitritt zur VF.

Auf dem Parteitag der SDAPÖ wird der den Anschluß betreffende Artikel des bisherigen Parteiprogramms gestrichen. Karl Renner, noch immer um einen Ausgleich mit der Regierung bemüht, legt ersten Entwurf eines Notstandsgesetzes vor und erhält mehrheitlich Zustimmung; Otto Bauer scheidet aus dem Parteivorstand aus.

3. Oktober: Der kurz zuvor aus der nationalsozialistischen Bewegung ausgetretene ehemalige Angehörige des Bundesheeres Rudolf Drtil verübt im Parlamentsgebäude einen Anschlag auf den Kanzler, der aber nur leicht verletzt wird.

14. Oktober: Das Deutsche Reich tritt aus dem Völkerbund aus.

10. November: Einführung der 1918 abgeschafften Todesstrafe als Abschreckungsmaßnahme wegen überhandnehmenden Terroranschlägen.

Weihnachten: Weihnachtshirtenbrief der österreichischen Bischöfe begrüßt grundsätzlich staatserhaltende Tätigkeit der Bundesregierung und wendet sich scharf gegen die nationalsozialistische Lehre, vor allem gegen die Rassenlehre.
Weihnachtsamnestie bringt auch für zahlreiche bisher inhaftierte Unterführer der nationalsozialistischen Bewegung die Freiheit und damit deren Einsatz in dem für Jänner 1934 angesagten verstärkten Kampf gegen die Regierung.

1933/34

440000 Beschäftigungslose, davon 350000 *unterstützte* Arbeitslose.

1934

Jänner: Die von den Sicherheitsbehörden erwartete verstärkte Terrortätigkeit der Nationalsozialisten läuft mit großer Heftigkeit an; Ziel ist es unter anderem, dem für Ende des Monats angekündigten Staatssekretär des Duce zu beweisen, daß die Bewegung trotz Verbots lebt und kämpft; in Kreisen der Illegalen ist bekannt, daß der Duce den Kanzler ständig bedrängt, sich mit der oppositionellen Jugend im Endkampf gegen die Sozialdemokratie in Österreich zu verbünden.

10. Jänner: Starhemberg erklärt, jede Gewaltanwendung mit Gewalt zurückzuweisen; er will sich dabei »einer unserem Vaterland entsprechenden Weise« der faschistischen Ideenwelt bedienen; Widerspruch aus konservativen Kreisen der Christlichsozialen.

18. Jänner: Dollfuß sucht den Klub der christlichsozialen Abgeordneten wegen der Rede Starhembergs zu beruhigen; dabei rechnet er vor allem damit, daß ihm die christlichen Arbeiterführer helfen werden, die »ehrlichen Arbeiterführer auf der Gegenseite« zu gewinnen. Dem folgt binnen 48 Stunden eine entschiedene Absage seitens der SDAPÖ und zugleich ein scharfer Protest gegen das Verbot des öffentlichen Verkaufs der »Arbeiter-Zeitung«, die sich bemüht, hinter der Habicht-Propaganda nicht zurückzubleiben.

23. Jänner: In Berlin wird eine Protestnote der österreichischen Regierung überreicht, die sich gegen die Anschläge der Nationalsozialisten in Österreich richtet, und dazu einiges Material zu dem begründeten Verdacht, daß hinter den Anschlägen oft die amtlichen Stellen im Reich stehen.

30. Jänner: Hitler würdigt in seiner großangelegten Reichtagsrede die Erfolge seiner Regierung, insbesondere zur Beseitigung der Arbeitslosigkeit; er geht kurz auf die Note der österreichischen Regierung ein und bezeichnet es als absurd, wenn Berlin verdächtigt werde, den österreichischen Staat »zu vergewaltigen«; dafür gäbe es keine Belege und Beweise; das einschlägige Dossier der Wiener Regierung ignoriert er sichtlich.

1. Februar: Antwortnote der Reichsregierung auf österreichische Proteste vom 23. Jänner erfolgt konform mit der Äußerung Hitlers im Reichstag, ohne auf die Sache irgendwie einzugehen.

2. Februar: In Wien demonstrieren 100000 Bauern aus Niederösterreich gegen die verstärkten nationalsozialistischen Aktivitäten gegen die Regierung.

4. Februar: Die Tiroler HW drängt die Landesregierung zum Einschwenken auf einen autoritären Kurs; scharfe Zusammenstöße mit christlichsozialen Mandataren, die sich der beginnenden Machtergreifung der HW im Landhaus widersetzen; Tiroler HW wird für einen Kordon entlang der Grenze zu Bayern aufgeboten.

6./7. Februar: In Linz und Wien versucht die HW, dem Beispiel der Tiroler HW zu folgen und die Landesregierungen unter ihre Kontrolle zu bringen; der niederösterreichische Landeshauptmann Reither weigert sich, mit den HW-Führern zu verhandeln; in Linz scheitert der Versuch vorerst gleichfalls.

8. Februar: Alarmstimmung in der SDAPÖ wegen erfolgreicher Waffensuche der Exekutive und der damit verbundenen Gefahr einer Entwaffnung des seit dem vorigen Sommer verbotenen Republikanischen Schutzbundes.

9. Februar: Letzte Sitzung des Wiener Gemeinderates in der Ersten Republik; einziger Punkt der Tagesordnung ist die Konvertierung einer Dollaranleihe; Leopold Kunschaks Appell zu einem *gemeinsamen* Vorgehen gegen die Entartung des deutschen Geistes im Nationalsozialismus sowie seine Warnung vor Gräbern, an denen Volk und Land zu stehen kommen könnten; dazu sprechen Stadtrat Danneberg als Referent zur Tagesordnung und Bürgermeister Seitz am Schluß der Sitzung mit einigem Vorbehalt, aber mit Achtung vor dem politischen Gegner.

11. Februar: Staatssekretär Fey spricht anläßlich einer Heldenehrung der HW in Großenzersdorf; wenn die HW am nächsten Tag, am Montag der Woche, wieder an die Arbeit gehen wird, soll sie ganze Arbeit leisten. Daß diese Passage den Aufstand des Schutzbundes im oberösterreichischen Linz hervorgerufen hat, ist nicht bewiesen worden.
Der Schutzbund in Linz schiebt die Verantwortung der Landesexekutive der SDAPÖ beiseite und nimmt sich vor, eine für den nächsten Tag erwartete Waffensuche der Exekutive in seinem Stützpunkt mit Gewalt zurückzuweisen.

12. Februar: In Linz fällt als erstes Todesopfer ein Angehöriger der staatlichen Exekutive, ebenso in Wien.
In Wien beschließt ein inkompetentes und inkomplettes Gremium der SDAPÖ, den Hilferuf aus Linz aufzunehmen, den Generalstreik auszurufen und die Waffendepots des Schutzbundes zu öffnen; Beginn der Februarkämpfe.

Quellen und Literatur

Publikationen, die handelnde Personen von damals hinterließen

Ausch, Carl, Als die Banken fielen, Wien 1968

Bauer, Otto, Eine Auswahl aus seinem Lebenswerk. Aufsätze, Zeitungsartikel, Reden, hg. von Julius Braunthal, Wien 1961

Bibl, Viktor, Die Tragödie Österreich, Zürich 1941

Brehm, Bruno, Am Rande des Abgrunds. Von Lenin bis Truman, Graz 1950

Csokor, Franz Theodor, Zeuge einer Zeit, Wien 1964

Czermak, Emmerich, Ordnung in der Judenfrage, Wien 1933

Deutsch, Julius, Ein weiter Weg. Lebenserinnerungen, Wien 1960

derselbe, Alexander Eifler, Wien 1947

Dobretsberger, Josef, Vom Sinn und Werden des neuen Staates, Graz 1934

Dubrovic, Milan, Veruntreute Geschichte. Die Wiener Salons und Literatencafés, Wien 1985

Eibl, Hans, Vom Sinn der Gegenwart, Wien 1933

Fey, Emil, Österreich über alles. Vom Isonzo bis zur Gegenwart, im Eigenverlag des Vereines Alt-Österreich, Wien 1934

Fischer, Ernst, Erinnerungen und Reflexionen, Hamburg 1969

Franzel, Emil, Der Bürgerkrieg in Österreich, Karlsbad 1934

Frisch, Hans, Gewaltherrschaft in Österreich 1933–1938. Eine staatsrechtliche Untersuchung, Leipzig 1938

Funder, Friedrich, Vom Gestern ins Heute. Aus dem Kaiserreich in die Republik (2 Bände), Wien 1952 ff.

Gedye, George Eric Rowe, Fallen Bastions. The Central European Tragedy, London 1942

Hammerstein, Hans, Österreichs kulturelles Antlitz, Wien 1935

Hartleb, Wladimir, Parole das Reich. Eine historische Darstellung der politischen Entwicklung in Österreich vom März 1933 bis März 1938, Wien 1939

Heinl, Eduard, Über ein halbes Jahrhundert. Zeit und Wirtschaft, Wien 1948

Helmer, Oskar, 50 Jahre erlebte Geschichte, Wien 1957

Klaus, Josef, Macht und Ohnmacht. Konfrontationen und Versuche, Wien 1971

Klein-Löw, Stella, Menschen und Porträts in Worten, Wien 1982
Kleinwächter, Friedrich F. G., Von Schönbrunn bis St. Germain. Das Entstehen der Republik Österreich, Graz 1964
Knoll, August Maria, Von Seipel zu Dollfuß, Wien 1934
derselbe, Das Ringen um die berufsständische Ordnung, Wien 1934
Koref, Ernst, Die Gezeiten meines Lebens, Wien 1980
Kraus, Karl, Die Dritte Walpurgisnacht, München 1954
Kreissler, Felix, Der Österreicher und seine Nation. Ein Lernprozeß mit Hindernissen, aus dem Französischen, Wien 1984
Langoth, Franz, Erinnerungen eines Politikers, Wels 1951
Leichter, Otto, Otto Bauer. Tragödie oder Triumph?, Wien 1970
Lorenz, Reinhold, Der Staat wider Willen, Berlin 1940
Löwenthal, Max, Doppeladler und Hakenkreuz, Innsbruck 1985
Ludwig, Erhard, Österreichs Sendung im Donauraum. Die letzten Dezennien österreichischer Innen- und Außenpolitik, Wien 1954
Maleta, Alfred, Der Sozialist im Dollfußösterreich, Linz 1936
Merkl, Adolf, Die ständisch-autoritäre Verfassung Österreichs. Ein kritisch-systematischer Grundriß, Wien 1935
derselbe, War Österreich ein Bestandteil des Deutschen Reiches?, in: Archiv des öffentlichen Rechts, 82. Band, 43. Band der Neuen Folge, Heft 4, S. 480 ff., Tübingen 1957
Messner, Johannes, Die berufsständische Ordnung, Innsbruck 1935
derselbe, Dollfuß, Innsbruck 1935
Pembaur, Walther, Im letzten Kampf um Österreich, Wien 1939
Renner, Karl, Von der Ersten zur Zweiten Republik, Wien 1953
Reichhold, Lorenz, Opposition gegen den autoritären Staat, Wien 1964
derselbe, Scheidewege einer Republik, Wien 1968
Reiter, Ludwig, Österreichische Staats- und Kulturgeschichte, Klagenfurt 1947
Rintelen, Anton, Erinnerungen an Österreich, München 1941
Salzer, Wilhelm, Erinnerungen 1918–1958, Linz o. J.
Schärf, Adolf, Österreichs Erneuerung 1945–1955. Das erste Jahrzehnt der Zweiten Republik, Wien 1955
Schreyvogl, Friedrich, Österreich, das deutsche Problem, Köln 1925
Schuschnigg, Kurt, Dreimal Österreich, Wien 1937
derselbe, Ein Requiem in Rot-Weiß-Rot, Zürich o. J.
derselbe, Im Kampf gegen Hitler. Die Überwindung des Anschlusses, Wien 1969
Seipel, Ignaz, Der Kampf um die Verfassung, Wien 1930
Spann, Othmar, Der Wahre Staat. Vorlesungen über Abbruch und Neubau der Gesellschaft, 4. Auflage, Jena 1937
derselbe, Die Haupttheorien der Volkswirtschaftslehre auf lehrgeschichtlicher Grundlage, 24. Auflage, Leipzig 1936
Starhemberg, Ernst Rüdiger, Memoiren, Wien 1971

Streeruwitz, Ernst Streer Ritter von, Springflut über Österreich. Erinnerungen, Erlebnisse und Gedanken aus bewegter Zeit 1914–1931, Wien 1937
Tschadek, Otto, Erlebtes und Erkanntes, Wien–Wiener Neustadt 1962
Voegelin, Erich, Der autoritäre Staat, Wien 1936
Weinberger, Lois, Tatsachen, Begegnungen und Gespräche. Ein Buch um Österreich, Wien 1948
Wimmer, Lothar, Zwischen Ballhausplatz und Downingstreet, Wien 1958
derselbe, Die Wirtschaftskrisenjahre 1929–1933, Salzburg 1936
Winkler, Franz, Diktatur in Österreich, Zürich 1936
Winter, Ernst Karl, Christentum und Zivilisation, Wien 1956
Zernatto, Guido, Die Wahrheit über Österreich, New York–Toronto 1939
Zuckerkandl, Bertha, Österreich intim. Erinnerungen 1892–1942, ergänzte und illustrierte (Lizenz-)Ausgabe, Wien 1981
Zuckmayer, Carl, Als wär's ein Stück von mir, Frankfurt am Main 1964

Wie es zum Teil nachher beschrieben worden ist

AEIOU, Gestalter der österreichischen Geschichte, hg. von Hugo Hantsch, Wien 1962
Bärnthaler, Irmgard, Die Vaterländische Front. Geschichte und Organisation, Wien 1971
Botz, Gerhard, Gewalt in der Politik. Attentate, Zusammenstöße, Putschversuche, Unruhen in Österreich 1918–1934, Wien 1976
Brook-Shepherd, Gordon, Engelbert Dollfuß, Graz 1961
Die österreichischen *Bundespräsidenten*, Wien 1963
Buttinger, Joseph, Am Beispiel Österreichs. Ein geschichtlicher Beitrag zur Krise der sozialdemokratischen Bewegung, Köln 1953
Diamant, Alfred, Die österreichischen Katholiken und die Erste Republik. Demokratie, Kapitalismus, Liberalismus und soziale Ordnung, aus dem Englischen, Wien 1964
Dollfuß an Österreich. Eines Mannes Wort und Ziel, hg. von Hofrat Edmund Weber, Wien 1935
Geheimer Briefwechsel Mussolini–*Dollfuß* (mit einem Vorwort von Vizekanzler Dr. Adolf Schärf), erläuternder Text von Karl Hans Sailer, Wien 1949
Franz, Georg, Kulturkampf gestern und heute (vor und nach dem Zweiten vatikanischen Konzil), München 1971
Goldinger, Walter, Geschichte der Republik Österreich, Wien 1962
Grobauer, Franz Joseph, Heiß umfehdet, wild umstritten. Österreich 1918–1938, Eigenverlag, o. J.

Gulick, Charles A., Österreich von Habsburg bis Hitler (5 Bände), Wien (1950?)
Hannak, Jacques, Karl Renner und seine Zeit. Versuch einer Biographie, Wien 1965
derselbe, Johannes Schober. Mittelweg in die Katastrophe, Wien 1966
Hautmann–Kropf, Die österreichische Arbeiterbewegung vom Vormärz bis 1945. Sozialökonomische Ursprünge ihrer Ideologie und Politik, Wien 1973
Hawlik, Johannes, Der Bürgerkaiser. Karl Lueger und seine Zeit, Wien 1985
Huebner, Hans, Dr. Otto Ender, Dornbirn 1957
Jedlicka, Ludwig, Ein Heer im Schatten der Parteien. Die militärpolitische Lage Österreichs 1918–1938, Graz 1965
derselbe, Vom alten zum neuen Österreich. Fallstudien zur österreichischen Zeitgeschichte 1900–1975, St. Pölten 1975
Das österreichische *Judentum,* Voraussetzungen und Geschichte, redigiert von Nikolaus Vielmetti, Wien 1982
Vom *Justizpalast* zum Heldenplatz. Studien und Dokumentationen 1927–1938, hg. von Ludwig Jedlicka und Rudolf Neck, Wien 1975
Klingenstein, Grete, Die Anleihe von Lausanne. Ein Beitrag zur Geschichte der Ersten Republik 1931–1934, Wien 1965
Kollmann, Eric, Theodor Körner. Militär und Politik, Wien 1973
Kretschmayr, Heinrich, Geschichte von Österreich, Wien 1936 (lag den damaligen Pflichtvorlesungen für Hörer aller Fakultäten zur staatsbürgerlichen Erziehung zugrunde)
Litschel, Rudolf Walter, 1934 – das Jahr der Irrungen, Linz o. J.
Ludner, Gottlieb, Seipel als Überwinder der Staatskrise vom Sommer 1922. Zur Geschichte der Entstehung der Genfer Protokolle 1922, Wien 1964
Die *Mazzesinsel.* Juden in der Wiener Leopoldstadt 1918–1938, hg. von R. Beckermann, 1984
Mikoletzky, Hanns Leo, Österreichische Zeitgeschichte, Wien 1962
Müller, Hans, Katholische Kirche und Nationalsozialismus, Dokumente 1930-1935, München 1963
Nick, Rainer – Anton *Pelinka,* Bürgerkrieg und Sozialpartnerschaft. Das politische System Österreichs. 1. und 2. Republik. Ein Vergleich, Wien 1983
Neue *österreichische* Biographie ab 1815, Große Österreicher (Band IX ff.) Wien 1923 ff.
Geschichte der Republik *Österreich,* unter Mitwirkung von Walter Goldinger, Friedrich Thalmann, Stephan Verosta, Adam Wandruszka, Heinrich Benedikt, Wien 1954
1918–1968. *Österreich* – 50 Jahre Republik, hg. vom Institut für Österreichkunde, Wien 1968

Österreich 1927–1938. Protokoll des Symposions in Wien 23.–28. Oktober 1972, hg. von Ludwig Jedlicka und Rudolf Neck, Wien 1974
Das größere *Österreich*. Geistiges und soziales Leben 1880 bis zur Gegenwart, hg. von Kristian Sotriffer, Wien 1982
Dokumentation zur *österreichischen* Zeitgeschichte 1928–1938, hg. von Ch. Klusacek und Kurt Stimmer, Wien 1982
Das *österreichische* Parlament. Das Parlamentsgebäude, hg. von der Parlamentsdirektion, Wien 1984
Österreichische Zeitgeschichte im Geschichtsunterricht, Bericht über die Expertentagung vom 14. XII. bis 16. XII. 1960 in Reichenau, hg. im Auftrag des Bundesministeriums für Unterricht von Anton Kolbabek
Patzer, Franz, Der Wiener Gemeinderat 1918–1934
derselbe, Streiflichter zur Wiener Kommunalpolitik 1919–1934, Wien 1978
Pelinka, Anton, Stand oder Klasse. Christliche Arbeiterbewegung 1933–1938, Wien 1972
Popp, Gerhard, CV in Österreich, Wien 1984
Pouley, Bruce F., Hahnenschwanz und Hakenkreuz. Steirischer Heimatschutz und österreichischer Nationalsozialismus, Wien 1972
Reimann, Viktor, Zu groß für Österreich. Seipel und Bauer im Kampf um die Erste Republik, Wien 1968
Reisberg, Arnold, Februar 1934, Hintergründe und Folgen, Wien 1974
Rennhofer, Friedrich, Ignaz Seipel, Wien 1978
Sassmann, Hanns, Kulturgeschichte Österreichs. Fortschritt ins Chaos, Wien 1935
Schambeck, Herbert, Leopold Kunschak und unsere Zeit (Vortrag zum 100. Geburtstag Kunschaks), Wien 1971
Schausberger, Norbert, Österreich. Der Weg der Republik 1918–1980, Graz 1980
Schopper, Hanns, Presse im Kampf. Geschichte der Presse während der Kampfjahre der NSDAP (1933–1938) in Österreich, Brünn o. J.
Skalnik, Kurt, Dr. Karl Lueger. Der Mann zwischen den Zeiten, Wien 1954
Slapnicka, Harry, Oberösterreich von der Monarchie zur Republik, Linz 1975
derselbe, Oberösterreich zwischen Bürgerkrieg und Anschluß 1927–1938, Linz 1975
Große Gestalten des österreichischen *Sozialismus,* hg. von Norbert Leser, Wien 1961
Stadler, Karl R., Austria, London 1970
Die *Streitkräfte* der Republik Österreich 1918–1968. Katalog zur Sonderausstellung im Heeresgeschichtlichen Museum 1968, Wien 1968
Trost, Ernst, Figl von Österreich, Wien 1972

Walter, Friedrich, Österreichische Verfassungs- und Verwaltungsgeschichte von 1500–1955, hg. von Adam Wandruszka, Wien 1972
Weinheber, Josef, Wien wörtlich, Salzburg 1948
Weissensteiner, Friedrich, Die rote Erzherzogin. Das ungewöhnliche Leben der Tochter des Kronprinzen Rudolf, Wien 1982
Wiltschegg, Walter, Die Heimwehr. Eine unwiderstehliche Volksbewegung?, Wien 1985

Zeitungen und Zeitschriften

Der Abend, herausgegeben von dem in der Umsturzzeit aus Ungarn gekommenen Imre Bekessy, während der zwanziger Jahre als ein sehr populäres Boulevardorgan in Konkurrenz mit der »Arbeiter-Zeitung«; Bekessy wurde angeblich von Friedrich Austerlitz persönlich als Erpresser und Revolverjournalist »hinausgejagt«.

Arbeiter-Zeitung, Titel Nachdruck der im Sommer 1848 in Wien erschienenen »Arbeiter-Zeitung«; seit Gründung der SDAP (1889) Zentralorgan der Partei, am 12. Februar 1934 eingestellt, ab 25. Februar 1934 in Brünn auf Dünndruckpapier hergestellt und illegal nach Österreich geschmuggelt (bis 1936).

Das Kleine Blatt, seit 1927 sozialdemokratische Tageszeitung im Kleinformat, nach 1934 unter Aufsicht von August Maria Knoll weitergeführt, nach 1945 Wochenblatt der SPÖ.

Das Kleine Volksblatt, seit 1929 »Tageszeitung für das christliche Volk«, im Kleinformat erschienen, 1938 gleichgeschaltet, nach 1945 Zentralorgan der ÖVP.

(Illustrierte) Kronen-Zeitung, seit 1905 Tageszeitung im Kleinformat, ungemein populär und als »Die bluatige Hack'n« viel gelesen, unpolitisch.

Neue Freie Presse, 1896 als liberales Tagesblatt für das Großbürgertum geschrieben, genoß vor 1918 Vertrauen der Regierung, 1938 eingestellt.

Neues Wiener Journal, traditionelles »Blatt der Gesellschaft«, zuletzt auch für HW Starhembergs geschrieben, 1938 eingestellt.

Neues Wiener Tagblatt, seit 1867 die führende liberale deutschsprachige Tageszeitung der Monarchie (für die auch Kronprinz Rudolf geschrieben hat); erschien in ihrer besten Zeit zwölfmal die Woche; 1938 bewußt pfleglich behandelt und geschickt gleichgeschaltet.

Neue Zeitung, im Ersten Weltkrieg ein Organ zur Erhaltung der »Moral im Hinterland«, nachher fast bedeutungslos, 1933 unter Vorzensur, im Juli 1933 zugleich mit dem Verbot der Tätigkeit für die NSDAP eingestellt.

Österreichischer Beobachter, herausgegeben ab Jänner 1934 von Hauptmann a. D. Viktor Tepfer (früher WHW) als ein Organ im Dienst der illegalen NSDAP; Schreibweise primär antisemitisch, zugleich aber gedacht als Werbung unter unzufriedenen Mitgliedern der HW für den Übertritt zur NSDAP.

Reichspost, auf dem 3. Österreichischen Katholikentag (Linz 1892) wurde die Forderung nach einem repräsentativen Organ für das katholische Volk aufgestellt. 1896 entstand die Reichspost, 1905–1938 war ihr Herausgeber und Chefredakteur Friedrich Funder. Die resolute Schreibweise des Blattes erregte angesichts der traditionellen lahmen Schreibweise katholischer Zeitungen Überraschung, nachher Empörung. Die 1938 für kurze Zeit versuchte Gleichschaltung mißlang, die Zeitung wurde für immer eingestellt. Die Lueger-Partei und ihre Nachfolgeorganisationen haben es nie zu einem Zentralorgan gebracht, wie dies die »Arbeiter-Zeitung« für die SDAPÖ wurde.

Tages- und Nachtkurier, Anfang 1934 von der illegalen Gauleitung der NSDAP in Wien herausgegeben, wurde die Zeitung von (SA-)Kolporteuren mit einigem Erfolg verteilt, bis sie eingestellt werden mußte.

Telegraf, seit 1935 als scheinbar liberales Blatt unter Ägide der Regierung entstanden; Gustav Canaval, vorher Herausgeber des Wochenblattes »Sturm über Österreich« gab dem dreimal täglich erscheinenden Organ einiges Format.

Wiener Neueste Nachrichten, um 1933 *die* Tageszeitung für »Nationale«. Nach Verbot der Betätigung für die NSDAP wurde die Tendenz der Zeitung immer häufiger von der illegalen Landesleitung der NSDAP beanstandet; 1937 verlor sie gewisse Großinserenten, nationalsozialistischen Lesern mißfiel die Nachgiebigkeit der Redaktion gegenüber dem Regierungskommissär.

Ab 1934 erschienen in allen Gauen der NSDAP in Österreich *illegale »Kampfblätter«;* die Ausgaben für Tirol und Kärnten wurden in München hergestellt und über die Grenze geschmuggelt. Dazu gab es örtliche Organe, die mit wechselnden Namen bald da, bald dort erschienen, bis die Behörde dahinterkam. Die illegale Pressearbeit und der Vertrieb der Blätter bildeten ein wichtiges Instrument zur Stärkung des Zusammenhalts der illegalen Partei und ihrer Gliederungen.

Boulevardzeitungen (erschienen im Varney-Verlag):
Der Tag, in den zwanziger Jahren für gewisse Kaffeehausleser unersetzliches Organ, das seinerzeit der Börsenspekulant Sigfried Bosel zustande gebracht hat.
Die Stunde, eine zum Teil mit Geldern der Prager Regierung vom Kriegsgewinnler Camillo Castiglione ins Leben gerufene Tageszeitung (Castiglione stellte sich später als ein Opfer der Seipel-Sanierung hin).

Die *Vaterländische Front* unterhielt auf verschiedenen Ebenen und für die meisten größeren Berufsgruppen Zeitungen und Mitteilungsblätter. So wurden vorhandene Gelder verzettelt, und die VF kam nie in die Lage, etwa eine Tageszeitung wie den »Völkischen Beobachter« (Zentralorgan der NSDAP mit örtlichen Sonderausgaben) einzusetzen.

Von den *Wehrverbänden* unterhielt die HW die »Österreichische Heimatschutzzeitung«, die Ostmärkischen Sturmscharen hatten als ihre Wochenzeitung »Sturm über Österreich«.

Die in den Bundesländern von *katholischen Pressevereinen* herausgegebenen Zeitungen haben ihre christlichsoziale Herkunft und Anschauung nie verleugnet. Sie scheuten sich dabei nicht, sowohl der VF als auch der HW zuweilen arg in die Quere zu kommen. Zur Schadenfreude der politischen Gegner blieben gewisse HW-Führer den Ergüssen dieser Zeitungen nichts schuldig.

Eine gewisse Ordnung in dem der Bundesregierung mehr oder weniger nahestehenden Pressewesen hat weder der Bundespressedienst des Bundeskanzleramts noch der Heimatdienst zustande gebracht. Man tröstete sich mit der Erklärung, es könne nicht Aufgabe der Stunde sein, in Österreich ein Medienwesen aufzuziehen, wie es Joseph Goebbels im Dritten Reich zustande gebracht hat (!).

Das Radio

Am 1. Oktober 1924 nahm die »Radio-Verkehrs-AG« (abgekürzt RAVAG) im Gebäude des ehemaligen Kriegsministeriums am Wiener Stubenring den Sendebetrieb auf. Sendeeinrichtungen in den Bundesländern folgten im Laufe der nächsten Jahre. Es dauerte nicht lange, da wußten Wiener Kabarettisten die Abkürzung RAVAG so zu deuten: *R*egelmäßige *A*bspielung *v*on *a*lten *G*rammophonplatten. Die Enkel der Hörer von damals (die übrigens der Sensation des Neuen ebenso verfielen wie nachher die Fernsehteilnehmer) haben ein halbes Jahrhundert später in einem heftigen Anfall von Nostalgie dem anfänglichen Programmablauf der RAVAG die verdiente Würdigung zuteil werden lassen.

Die kommentarlose Durchsage von Tagesnachrichten erfolgte anfangs unter Inanspruchnahme der Aussendungen der »Amtlichen Nachrichtenstelle« (ANA), die Nachfolgerin des 1880 gegründeten »Telegraphen-Korrespondenz-Büros« war. Es entstand aber bald nicht nur daher ein politischer Einfluß auf die Gestaltung des Nachrichtendienstes der RAVAG. Das zeigte sich am 15. Juli 1927 anläßlich der Ereignisse beim Brand des Justizpalastes. Nachdem die SDAPÖ die Ereignisse dieses Tages mit der Ausrufung eines Generalstreiks beantwortet hatte, war die Heeresleitung gezwungen, am 16. Juli für ihre Verbindung mit den örtlichen Kommanden unter Inanspruchnahme des Stubenringsenders zu sorgen. Am 17. Juli um 21 Uhr wurde über den Stubenringsender ein sogenanntes »amtliches Kommuniqué« verlautbart. Dieses war, wie ausdrücklich festgestellt, vorher von der RAVAG mit der SDAPÖ und der Gewerkschaftskommission vereinbart worden. Darin hieß es, daß die Erregung am Sonntag, dem 17. Juli, abgeklungen war. Beweis dafür war der Hinweis auf den normalen Verkehr der Straßenbahn in Wien und ein alltägliches Bild in den Straßen. Dazu kam der Hinweis, daß der Bürgermeister von Wien die Bildung einer Gemeindeschutzwache angeordnet habe, die im Einvernehmen mit der Polizei den Ordnungsdienst zu versehen hätte. Am Nachmittag des 17. Juli sei, so hieß es in dem Kommuniqué, die Vertrauensmännerkonferenz der SDAPÖ zusammengetreten, dort habe Otto Bauer über die Lage referiert. Demnach habe sich die SDAPÖ in den letzten Tagen nur von dem Gedanken leiten lassen, »einen Bürgerkrieg zu verhindern«. Tags darauf, am 19. Juli 1927, wurde die Betriebsanlage wieder der RAVAG übergeben. Der damalige RAVAG-Beirat, in dem die politischen Parteien vertreten waren, beschloß, den Rundfunk am 20. Juli zum Zeichen der Trauer einzustellen. An diesem Tag fand nämlich die Beisetzung der Opfer des 15. Juli 1927 statt.

Von anderen Anlässen abgesehen, wurde während des Februaraufstandes 1934 seitens der Bundesregierung ausgiebig von den Möglichkeiten des Rundfunks Gebrauch gemacht. Im Verlauf der Kampftage sprach der Bundeskanzler mehrmals über den Rundfunk. In der Nacht zum 13. Februar gab Justizminister Schuschnigg in einer Rundfunksendung bekannt, daß die Regierung »absolut Herrin der Situation« und willens sei, die Lage unter allen Umständen zu behaupten. Als Bundesminister für Unterricht habe er verfügt, daß am 13. Februar die Schulen geschlossen bleiben. Alle entscheidenden Maßnahmen der Bundesregierung, die im Gefolge der am 12. Februar 1934 begonnenen Kämpfe

ergriffen wurden, sind der Öffentlichkeit von der RAVAG verlautbart worden.
Die illegale NSDAP zog aus derlei Geschehen die Lehre und versuchte am 25. Juli 1934 zugleich mit der Geiselnahme des Bundeskanzlers das RAVAG-Gebäude in der Wiener Innenstadt dauernd in die Gewalt zu bekommen. Tatsächlich gelang so die Durchsage einer Nachricht, in der vom Rücktritt der Bundesregierung und von einer Regierung Rintelen die Rede war. Dann wurde die Verbindung zum Sender Bisamberg unterbrochen.
Vorbild für die beginnende reichliche Verwendung des Rundfunks für politische Zwecke war die erfolgreiche Rundfunktournee, die Adolf Hitler nach seiner Machtergreifung im Deutschen Reich am 30. Jänner 1933 unternommen hat. Joseph Goebbels, Reichsminister für Volksaufklärung und Propaganda, hat den Rundfunk zum wichtigsten Medium des Dritten Reiches gemacht. In Erinnerung sind auch die gegen die österreichische Regierung ab dem Sommer 1933 ausgestrahlten Sendungen des Senders München. Der autoritäre Staat in Österreich hat seinerseits die RAVAG mangels eigener brauchbarer Printmedien zum wichtigsten Instrument der Regierungspropaganda gemacht. Im Rundfunk haben sich am 11. März 1938 der Sturz der Bundesregierung und die Machtergreifung der Nationalsozialisten in allen Phasen quasi vor der Öffentlichkeit abgespielt.

Heinrich Drimmel

Trilogie
»Österreich 1918 bis 1938«

Bereits erschienen:

Vom Umsturz zum Bürgerkrieg
Österreich 1918–1927

In Vorbereitung:

Vom Kanzlermord zum Anschluß
Österreich 1934–1938

AMALTHEA